新編諸子集成

法言義疏

上

汪榮寶撰
陳仲夫點校

中華書局

圖書在版編目(CIP)數據

法言義疏/汪榮寶撰;陳仲夫點校. —北京:中華書局,
1987.3(2024.7 重印)
(新編諸子集成)
ISBN 978-7-101-00151-8

Ⅰ.法… Ⅱ.①汪…②陳… Ⅲ.①古典哲學-中國-
西漢時代②法言-注釋 Ⅳ.B234.992

中國版本圖書館 CIP 數據核字(2010)第 058565 號

責任編輯:石 玉
封面設計:周 玉
責任印製:陳麗娜

新編諸子集成
法 言 義 疏
(全二册)
汪榮寶 撰
陳仲夫 點校
*
中 華 書 局 出 版 發 行
(北京市豐臺區太平橋西里 38 號 100073)
http://www.zhbc.com.cn
E-mail:zhbc@zhbc.com.cn
大廠回族自治縣彩虹印刷有限公司印刷
*
850×1168 毫米 1/32 · 20¼印張 · 4 插頁 · 358 千字
1987 年 3 月第 1 版 2024 年 7 月第 8 次印刷
印數:22001-22500 册 定價:82.00 元

ISBN 978-7-101-00151-8

新編諸子集成出版説明

子書是我國古籍的重要組成部分。最早的一批子書産生在春秋末到戰國時期的百家争鳴中，其中不少是我國古代思想文化的珍貴结晶。秦漢以後，還有不少思想家和學者寫過類似的著作，其中也不乏優秀的作品。

二十世紀五十年代，中華書局修訂重印了由原世界書局出版的諸子集成。這套叢書匯集了清代學者校勘、注釋子書的成果，較爲適合學術研究的需要。但其中未能包括近幾十年特别是一九四九年後一些學者整理子書的新成果，所收的子書種類不够多，斷句、排印尚有不少錯誤，爲此我們從一九八二年開始編輯出版新編諸子集成，至今已出滿四十種。

新編諸子集成所收子書與舊本諸子集成略同，是一般研究者經常要閲讀或查考的書。每一種都選擇到目前爲止較好的注釋本，有的書兼收數種各具優長的注本。出版以來，深受讀者歡迎，還有不少讀者提出意見建議，幫助我們修訂完善這套書，在此謹致謝忱。

本套書目前以平裝本行世，每種單獨定價。近期我們還將出版精裝合訂本，以滿足不同層次讀者的需求。

後續整理的重要子書，將納入新編諸子集成續編陸續刊出，敬請讀者關注。

中華書局編輯部

二〇一〇年一月

點校説明

法言是楊雄（公元前五三年——公元一八年）具有代表性的哲學著作之一。漢書楊雄傳載其自序云：「雄見諸子各以其知舛馳，大氐詆訾聖人，卽爲怪迂析辯詭辭，以撓世事。雖小辯，終破大道而惑衆，使溺於所聞，而不自知其非也。及太史公記六國，歷楚、漢，訖麟止，不與聖人同是非，頗謬於經。故人時有問雄者，常用法應之，譔以爲十三卷，象論語，號曰法言。」足見本書之作，其主旨在於捍衛和發揚儒家學說。但與此同時，他也在一定程度上依據唯物主義觀點，對當時流行於世的天人感應、鬼神圖讖等宗教迷信思想進行了批判，深得同時代唯物主義思想家桓譚的贊賞，並對東漢傑出的唯物主義哲學家王充有較大的影響。應該肯定，法言在我國古代唯物主義發展史上據有一定的地位，是研究這一課題的人相當重要而不可或缺的一部書。

法言的文辭雖不象楊雄另一部具有代表性的哲學著作太玄那樣晦澀，但仍相當艱深。北宋司馬光曾經把它和孟子及荀子作過一番比較，他説：「孟子之文直而顯，荀子之文富而麗，楊子（指法言。）之文簡而奥。唯其簡而奥也，故難知。」正因爲如此，自漢以來，至於北宋中期，爲之作注釋者，時有其人。可以考知的有楊雄弟子侯芭注六卷，吴宋衷註十三卷，晉李軌解一卷，（以上見隋書經籍志。侯、宋二家已亡佚。）隋辛德源注二十三卷，（見隋書本傳。已亡佚。）唐柳宗元注，北宋宋咸重廣註十卷及吴祕註。又音義一卷，不具撰者姓名，據清人秦恩復考證，當出五代、宋初間。司馬光也很推崇法言，自謂「少好此書，研精竭慮，歷年已多」，及其既老，乃裒合當時僅存之李、柳、宋（咸）、吴四家並音義，「附以己意」，著成集註。

司馬光在其爲集註所作的序中曾說：「韓文公稱荀子，以爲在軻、雄之間。又曰：『孟子醇乎醇者也，荀與楊大醇而小疵。』三子皆大賢，祖六藝而師孔子。孟子好詩、書，荀子好禮，楊子好易，古今之人共所宗仰。如光之愚，固不敢議其等差。然楊子之生最後，監於二子，而折衷於聖人，潛心以求道之極致，至於白首，然後著書，故其所得爲多，後之立言者莫能加也。雖未能無小疵，然其所潛最深矣，恐文公所云亦未可以爲定論也。」對法言作出了很高的評價。自程頤始謂法言「曼衍而無斷，優柔而不決」，蘇軾復責其「以艱深之詞，文淺易之説」，至朱熹作通鑑綱目，更大書而特書「莽大夫楊雄死」，以貶斥其爲人。於是楊雄的人品和著作日益爲儒者所輕，在宋、明理學壟斷學壇的整個時期，也就幾乎没有甚麽人肯花大氣力再爲法言全書作注的了。

清代，漢學復興，諸子之學也隨之大盛，法言又重新爲人們所重視。著名學者如王念孫、王引之父子，以及孫星衍、孫詒讓、俞正燮、俞樾等都對它作了許多考訂和研究。至於注釋，當推近人汪榮寶通注全書的法言義疏最爲詳備。

汪榮寶（公元？年——一九三三年）字衮甫，吴縣（今江蘇省蘇州市）人，三十年代初，曾任我國駐日本公使。汪氏爲近代學者，夙治聲音訓詁之學，有很深的造詣。他篤嗜楊子法言，從一八九五年起就開始「斠訂異文，於李弘範諸家之説有未安者，間加糾正」。日積月累，所得漸多，乃思貫串以爲義疏。一八九九年，屬草粗竟，成法言箋記一種。一九〇一年，他的友人錢維驥在上海邱公恪家嘗得見之，盛稱其「考證精確，異乎俗儒之嚮壁虚造」。其後，他復於宦學之暇，不斷對舊作增删改易，「原稿塗乙既徧，乃以别紙疏之」，足見用力之勤。雖屢作屢輟，時有間斷，十餘年後，卒創一家之言，成法言疏證十三卷，付諸印刷，並陸續蒐集校印時未及纂入的零星箋記，汰繁存要，别爲校補一卷，附諸篇末，於一九一一年夏刊行於世。自撰叙録，略評前人五家注之短長：「李辭華妙，頗乖義法。柳書殘缺，略存梗概。著作（指宋咸）、司封（指吴祕），特多穿鑿。温公時下己意，未云盡善。斯蓋時代所限，非夫前修之病。」故疏證「凡諸訓釋，悉秉先儒；稱引書傳，並標篇目。其有曲文奥旨，愚所未喻，謹守『丘蓋不言』之義，冀免嚮壁虚造之誚。亦知繁文碎義之病，庶逃無所用心之責」。其用心之良苦，功夫之深邃，下筆之謹慎，可以想見。曹元忠、錢維驥分別爲之序。曹序稱其「搜羅古佚，闡發奧蘊，精審詳慎，無愧楊雄功臣。將由李軌而上，與侯芭、宋衷争席焉」。錢序云其「視嚮者於上海所見之書，詳乃十倍」；盛贊其推闡義理之富，校訂誤文之允，訓詁之精，句讀之善；譬之爲子雲之將相，桓譚之伯仲。但榮寶意猶未足，乃於其弟叔初書請再版之際，復加校閱，精益求精，嚴自苛求，以爲「謬誤疏漏，不可勝數」。初時尚欲就原書有所增損，已而毅然重作。唯以「官事無閒，或經歲而成一卷」，至一九三一年夏，他在駐日公使任上時，才成三卷。不久，他藉口萬寶山慘案交涉不力，引咎自責，掛冠而歸，寓居燕京，始得全力以赴，取李注本更加斟酌，積半年之久，續成全書，改題曰義疏，交上海商務印書館排印。不幸又遭一二八閘北之禍，稿本隨書館并被焚毀。他心猶未甘，復「收拾放逸，更定體例，嚴訂程課，爲之不輟」，歷時歲餘，至一九三三年五月，終於完成了這部長達五十萬字左右的皇皇巨著，題名法言義疏。榮寶曾對他所親近的人説：「此書竟成，雖死無憾已！」不久卽卧病不起，旬餘而卒。總計汪氏自始治法言起，迄於義疏之成，斷續相繼，一共經歷了四十年左右，費時不可謂之不久，用力不可謂之不勤，這部書真説得上是他畢生心血的結晶了。胡玉縉爲之序，稱其「匪惟（楊雄）功臣，抑亦知己也已」。黄侃爲作後序，謂「楊子之書，歷千載而得先生爲之疏釋，皦然如晦之見明」。二者均對他作出了很高的評價，弁於書首，不復贅引。

法言本係擬經而作，義疏即以治經之法治之，考源流，明正叚，審正俗，辨異文，補舊注，一秉漢學家師法，乾、嘉諸老遺規。校勘注釋，不嫌其詳，於五家注及音義之外，還薈萃了清代以來各家的研究成果，並且旁徵博引，增加了大量的校釋和論述，尤以涉及小學和歷史方面者居多。經初步統計，引書達三百種左右，足見其内容之豐富。雖然有的地方不免失之煩蕪叢雜，瑣碎乖僻，但總的説來，確實是對我們研讀法言大有補益的一部書。汪榮寶在義疏自序中説：「始余書（指疏證）惟疏正文，不列舊注。及後細觀李祠部注，雖時或右道左儒，失子雲本指，而古言古義往往而在，有不可廢者。乃兼存李注，並爲校釋。」其實，這不過是一句籠統的話。細讀疏證，於五家注及音義並非全然不取，只是擇其善者益者而存之，不象義疏那樣詳備，並且把李注擺在突出的地位罷了。

法言義疏以前只有一九三四年一種刊本，我此番點校的就是這個本子。其法言正文、李注和音義，基本上沿用清嘉慶二十四年（公元一八一九年）秦恩復重刻宋治平監本，唯因其與各種傳記及六臣注文選等所引法言正文及李注往往不同，且有所不如，故又不全從治平本。柳、宋（咸）、吴、司馬四家注，則大都取自新纂門目五臣音註揚子法言。我在點校這部書時，曾以原刊本同秦刻本、明刊和日本刊新纂門目五臣音註本、稻香吟館刊盧氏校本以及法言疏證進行了對校；注解中引用的書，大部分也核對了原書，凡有所校正，都在當頁出了校記。對法言正文的標點，盡量根據汪氏的校釋，按照他的理解來斷句。因爲如果不這樣做而遽加改正，則他的某些校釋和辨證就將成爲無的放矢，使人不解，勢必無法保留，非删去不可，所以我們也就只得將錯就錯了。汪氏義疏引書每多删節，於史、漢等史籍尤爲甚焉，往往於一篇引文中作多處删節，有的一處且長達數百上千字，爲避免用删節號和過多地運用引號，衹得借古人引書不必照抄原文，可以删節，不能增改的慣例，除個别特殊情況外，均置於同一冒號之下、引號之中，概不出校。

歷來校釋和刊行的法言，多據楊雄自序，以一篇爲一卷，共十三卷。也有作十卷的，如宋咸重廣註及新纂門目五臣音註。義疏則依注釋之繁簡，有以一篇爲一卷者，有以一篇分爲二卷或三卷者，共作二十卷。這麼做，既保存了原著十三篇的名稱，又能起到平衡各卷篇幅的作用，我認爲是很合宜的，所以一仍其舊，不予變動。

義疏原刊本於法言正文一概作大字單行；李注則不具姓名，而以中字單行，綴於有關的正文之下；義疏則用小字雙行夾注，綴於有關的正文或李注之下。爲減少排印困難，變更如下：不分正文、李注、義疏，均改作單行。正文用小四號字，其他一律用小五號字。義疏前均加〔疏〕字，以别於李注。此書係裒合衆家之説，雜以己意而成，夾叙夾議，上下交錯，前後糾纏，引文又多，故中間不再分段，以免過於煩雜瑣碎。

爲方便讀者，現將劉師培先生所著楊子法言校補、(含法言逸文、楊子法言校補校勘記。)法言補釋各一種加以點校，附於書末。

希望這個點校本能給讀者提供一些方便，但因個人學術水平有限，難免錯誤百出，敬請讀者不吝指正。

在點校這部書的過程中，北京大學圖書館善本書室的全體同志爲我提供了許多方便，謹致謝意。

陳仲夫

一九八四年十二月

法言義疏序

同邑汪君衮父，夙治聲音訓詁之學，又工詞章，今之孔顨軒、孫淵如、汪容甫也。篤嗜楊子法言，嘗爲之疏證，刊行已二十載矣。嗣病其未盡善，重加改訂，增益十之六七。辛未夏，余再度東遊。君任駐日公使，在使館出視其藁，才成三卷。余謂：「君可稱仕優則學者也。」君笑曰：「當今之世，仕奚能優？將舍之而專事於學。」未幾，掛冠歸，寓舊京，距余居十里弱。承不鄙棄，每草就若干葉，卽馳伻送余商榷，月必數往復。偶有獻替，泰半采録。迺者全書告竣，屬弁一言。爰爲之序曰：漢自文帝始置五經博士，武帝大合天下之書；又尉律定學僮十七以上始試，諷籀書九千字，乃得爲史。風聲所樹，涂徑斯開。故楊子，辭賦家，而兼通經、小學。有清自康、乾間迭開博學宏詞科，乾隆又開經學科，又開四庫館，文治休明，軼炎漢而上。故君生晚近，而猶得仰沐餘風。是書如吾子之「虎別」及「紵絮」，問道之「堯爵」，五百之「載魄」，重黎之「無妄」，明其爲用京房易；淵騫之「俠介」，孝至之「螭虎」，明其爲用歐陽書；學行之「螟蠕」及「考甫」，吾子之「夏屋」，修身之「圃田」，先知之「東征」及「述職」，孝至之「關雎」，明其爲用魯詩；先知之「實予」，孝至之「邵陵」，明其爲用公羊傳。凡斯之屬，參攷互證，塙然見師承之所在，是乾、嘉諸老遺法也。學行之「桐子」爲「僮子」，吾子之「愛身」爲「㝅身」，「狌（案：説文無「狌」。）犴」爲「批扞」，「枯澤」爲「涸澤」，「無擇」爲「無斁」，修身之「糟莩」爲「糟孚」，「捽茹」爲「啐茹」，問道之「礙諸」爲「凝諸」，問明之「誟乎」爲「孛乎」，「儃舜」爲「嬗舜」，寡見之「好假」爲「好叚」，「沖天」爲「衝天」，五百之「關百」爲「丗百」，「噫者」爲「意者」，「如單」爲「而殫」，先知之「政核」爲「政覈」，重黎之「時激」爲「時憿」，「擅秦」爲「嬗秦」，「勿乎」爲「曶乎」，「伎曲」爲「駮曲」，「腊肉」爲「䏣肉」，「扼欹」爲「扼攲」，淵騫之「俠介」爲「夾介」，「無悟」爲「無牾」，「愀如」爲「𣪠如」，君子之「巫鼓」爲「誣鼓」，孝至之「緼絮」爲「蘊絮」，「五兩」爲「五緉」，「蠢迪」爲「蠢岫」，「純績」爲「純繪」，自序之「幽弘」爲「幽宏」，「諸範」爲「諸笵」，明乎其爲正叚；吾子之「確乎」爲「塙乎」，「帡幪」爲「屏幏」，修身之「犒師」爲「槁師」，問道之「眩眩」爲「峪峪」，問神之「能喊」爲「能諴」，寡見之「樓航」爲「樓沆」，五百之「幹楨」爲「榦楨」，先知之「作昞」爲「作炳」，「不鏗」爲「不晵」，重黎之「灞上」爲「霸上」，「虎㓨」爲「虎劉」，「劘虎」爲「摩虎」，淵騫之「鴙而」爲「惕而」，「堙谷」爲「垔谷」，「皓皓」爲「晧晧」，君子之「侻也」爲「娧也」，「偟乎」爲「皇乎」，明乎其爲正俗。此類詳審上下文義，一準諸許書，亦乾、嘉諸老遺法也。（説文爲許氏一家之書，非欲以是爲天下繩尺，故今、古文不盡兼録。又傳刻遺奪，經典中如「由」、「希」、「免」、「妥」等字皆不載，許引楊子説凡十二字，蓋卽訓纂篇中文。而太玄、法言、方言中其字爲許所不錄者頗夥，爲俗字？抑爲古文、奇字？惜無人專輯一書而攷證之。）其他辨異文，補舊注，一字務求其來歷，一義務取其旁通。如修身之「善惡混」，本世碩；問道之「亡愈」，本繁露；重黎之「三擅」，本史記；淵騫之「非夷」，本誡子書。既得其依據，又引美新「聽聆」以證五百「聆聽」，引難蓋天八事及豫州箴以證重黎「應難」及「屏營」，引太玄以證君子「睟而」及「自恣」，使一家之說互明；引張騫傳等以明問道之「反自炫形」爲「反身幻形」，引說苑以明重黎之「自令之」爲「鮑白令之」，引子華子以明先知之「不抎」，引說苑、墨子等以明重黎之「井榦」及「葛溝」，使古書皆爲我注腳。實事求是，隨在見漢學家師法。同一「衙衙」，而問明爲往來無定，五百爲思慮不決；同一「蠢迪」，而孝至爲動擾，自序爲作爲；同一評淮南之出入，而西京雜記所載爲賞其文辭，君子爲裁以義理。李弘範標刺莽之辭，今更考莽傳以充其類；秦敦夫覆治平之本，今又據原刻以訂其譌。前者得其大通，後者具見細緻。楊書本以擬經，今卽以治經之法治之，匪惟功臣，抑亦知己也已。宋人不明經、小學，妄議其以艱深文淺易，使得是書而讀之，有不怡然理順，渙然冰釋者乎！然安知其不於正叚、正俗之辨，反目爲怪異；博引、旁證之處，反譏爲瑣碎乎？太史公曰：「非好學深思，心知其意，難爲淺見寡聞者道。」不幾有同慨乎？漢書本傳云，太玄、法言，「劉歆嘗觀之，謂雄曰：『吾恐後人用覆醬瓿。』王邑、嚴尤謂桓譚曰：

『雄書能傳於後世乎？』譚曰：『必傳。』」余非君山，然決是書之必傳無疑。論衡佚文篇云：「子雲作法言，蜀富人賫錢千萬，願載於書，子雲不聽。」今余名屢見書中，方自謂厚幸。而蜀志秦宓傳云：「如李仲元不遭法言，令名必淪。其無虎豹之文故也。」余非仲元，則又將引以爲愧爾。癸酉，閏五月，吴縣胡玉縉識於舊京之鉏高，時年七十有五。

右序遞去，衮父已病，飭其三世兄慈明齎函謙謝，並詢梁四公記中事，已非親筆。猶憶前數年欲爲説文義疏，屬余開列應采書約三百餘種，以購求費不貲而止。時丁氏詁林未出也。今年四月，余謂丁書雖陋，可備翻閲，法言義疏畢，盍從事説文？則謂説文非十年不爲功，將撰韓詩外傳疏證。余謂陳瑑書無傳本，陳士珂書太略，近人楊氏書未知何如？君作必勝。衮父亦頗自負。孰意是書甫成，病竟不起，余挽聯所以有「楊幸韓不幸」之語也。此衮父近十年之志向，人或不知，爰屬慈明附刊於序後。九月，玉縉記。

法言義疏後序

楊子以希聖之資，遭五百之會，所爲法言，繼迹孟、荀，次於經傳。徒以義訓奇佩，文辭簡奥，學者失其句讀，迷其旨趣。注家自李弘範右道左儒，已非楊子之義。至令朱元晦疑其全出黄、老，詆爲腐生，不亦誣乎！袞甫先生早治此書，中歲爲之疏證，已行於世。年過五十，隱處燕都，復取李注本更加斟酌，改題曰義疏，以付上海書肆刊之。倭寇之禍，并稾本焚焉。先生彊志絶人，記誦無失，自力疏録，歲餘復完。謂所親曰：「此書竟成，雖死無憾已。」旋卽寢疾，旬餘而卒。用思困神，信有之與？楊子值漢道中微，巨君泯夏，以容默處當世，以空文垂後來。先生亦值海水羣飛，九州麻亂，雖名奉使，實等乘桴，辰告遠猷，曾無省録。譽滿天下，無過以文采見稱。世但見晚歸好時，迹同陸賈之優游，豈知老託玄亭，心希楊子之寂寞哉！然楊子之書，歷千載而得先生爲之疏釋，皦然如晦之見明，則先生之心，後世亦必有知者，誠可無恨也。侃以頑質，弱冠獲交於先生之弟旭初，久乃以論韻承先生俯與商榷，又以篇什獨蒙奬藉，爲之延譽。往歲避兵北行，數得請見，曾以疏稾數卷委侃平定，且命爲序。因循未成，而先生没。諸子亟刊遺箸，未久畢功。旭初令綴語篇終，以踐宿諸。侃媿非君山之知，願執侯鋪之禮，撫斯青簡，如接音徽，泫然不知涕之何從也。昭陽作噩，秋九月，後學蘄春黃侃。

法言義疏自序

光緒己亥、庚子之際，余官京師，嘗以所爲法言疏證就正於鄉先生葉鞠裳太史。太史以爲説楊氏書者，未能或之先也。宣統辛亥之夏，印行於世，疏證十三卷本是也。久之，版絶。會舍弟叔初主講中央大學文學院，授周、秦諸子，遂及法言，思得余書爲馮藉，書請再版。乃復加校閲，謬誤疎漏，不可勝數。初就原書有所增損，已而毅然重作。官事無閒，或經歲而成一卷，棄之篋衍久矣。辛未之夏，歸卧舊京，乃得庚續舊稿。積半年之力，成書八九卷，併舊稿陸續寄上海商務印書館排印。閘北之變，館毁於火，余稿熸焉。而德意志漢堡大學聞余有是作，介北海圖書館來請分惠。不得已，舉殘稿寫真數卷付之。於是收拾放逸，更定體例，嚴訂程課，爲之不輟。始余書惟疏正文，不列舊注，及後細觀李祠部注，雖時或右道左儒，失子雲本指，而古言古義往往而在，有不可廢者。乃兼存李注，並爲校釋。迄癸酉閏月，成書二十卷，名曰法言義疏。昔温公自序集注，謂「少好此書，研精竭慮，歷年已多。今老矣，計智識所及，無以復進，輒采諸家所長，附以己意。愚心所安，未必皆是，冀來者擇焉」。余之淺陋，何足以望温公！然於是書用力之多，其甘苦亦頗有與昔賢相似者。世事日新，學術變革，居今而爲此業，將爲識者所笑。顧此亦愚心所安，庶來者之擇焉而已。

癸酉，閏五月，吴汪榮寶。

目録

法言義疏一

學行卷第一

〔注〕夫學者，所以仁其性命之本，本立而道生，是故冠乎衆篇之首也。〔疏〕音義本標題如此，論語學而，皇侃義疏云：「降聖以下，皆須學成。故學記云：『玉不琢，不成器；人不學，不知道。』是明人必須學乃成。此書既遍該衆典，以教一切，故以學而爲先也。」按：法言象論語，故亦以學行爲首矣。十三篇皆取篇首語二字爲標目。

法言〔疏〕治平本題「揚子法言」，在「學行卷第一」之上。按：論衡案書云：「董仲舒著書不稱子者，意殆自謂過諸子也。」子雲自序云：「雄見諸子各以其知舛馳，大氐詆訾聖人，卽爲怪迂析辯詭辭，以撓世事。雖小辯，終破大道而或衆，使溺於所聞而不自知其非也。及太史公記六國，歷楚、漢，訖麟止，不與聖人同是非，頗謬於經。故人時有問雄者，常用法應之，譔以爲十三卷，象論語，號曰法言。」是此書作，意在於糾繩諸子，故更立名號，明非諸子之儔，則舊題法言上有揚子者，後人妄加也。詩大題下，孔穎達正義云：「詩者，一部之大名；國風者，十五國之總稱，不冠於周南之上，而退在下者。案：鄭注三禮、周易、中候尚書，皆大名在下。孔安國、馬季長、盧植、王肅之徒，其所注者，莫不盡然。然則本題自然，非注者移之，定本亦然，當以皆在第下，足得總攝故也。班固之作漢書，陳壽之撰國志，亦大名在下，蓋取法於經典也。」臧氏琳經義雜記云：「魏、晉之儒，如何晏論語、郭璞爾雅釋文本皆小題在上，尚依漢儒之舊。小題所以在上者，以當篇之記號，欲其顯也；大題所以在下者，總攝全書之意也。然則小題在上，大題在下，乃經典通義。班書、陳志竝猶取法，況子雲此書本象論語，其例不容獨異，則舊題法言在學行之上者，亦非也。名曰法言者，說文：「灋，刑也。平之如水，從水；廌，所以觸不直者去之，從廌、去。法，今文，省。」按引伸爲典則之稱。爾雅釋詁云：「法，常也。」論語云：「法語之言，能無從乎？」孝經云：「非先王之法言不敢道。」荀子大略云：「少言而法，君子也。」此子雲名書之旨也。漢書藝文志「揚雄所序三十八篇」，入儒家。班自注云：「太玄十九，法言十三，樂四，箴二。」則法言在漢世乃與太玄、樂、箴同爲一書，初不別出單行。此子雲所自爲詮次，以成一家之言者，故謂之揚雄所序。序者，次也。其自序一篇，當在此三十八篇之末，爲揚書之總序。漢書揚雄列傳卽全錄此序爲之，故贊首云「雄之自序云爾」，與司馬遷列傳篇末「遷之自序云爾」文同。遷傳乃全錄史記自序，則此傳亦全錄揚書自序可知。惟傳末「法言文多不著，獨著其目」以下云云，乃班氏所增益。故顏師古注云：「自法言目之前，皆是雄本自序之文也。」蓋自序既爲揚書三十八篇之總序，則法言十三卽在本書，何有更著其目於序末之理？故師古所謂「自法言目之前」者，決非兼包法言目而言，而自謂法言目在外也。段氏玉裁書漢書揚雄傳後云：「『雄之自序云爾』，自是總上一篇之辭。若法言序目前既云『法言文多不著，獨著其目』矣，又何必贅此語？師古注亦曰：『自法言目之前，皆是雄本自序之文也。』師古正恐人疑爲結法言序目之辭，故辨之曰：『法言目之前皆是。』傳首序世系，師古注曰：『雄之自序譜牒，蓋爲疎謬。』是師古以班傳皆錄雄自序甚顯明。班氏錄雄自序爲之傳，如文心雕龍所云『太史公錄司馬相如自序爲之傳』也。鄭仲師注周禮遂人職云：『揚子雲有田一廛。』仲師卒於建初八年，於時漢書初成、仲師古必見，實用自序語。漢書記雄之年、壽、卒、葬，皆於贊中補載，而不繫諸傳，與他篇體例不同，則傳文爲録雄自序，不增改一字無疑。唐初自序已無單行之本，師古特就贊首一語顯之。宋洪容齋隨筆謂雄所爲文盡見於自序及漢志，初無所謂方言。其謂方言非子雲書，非也；其直稱班傳爲自序，則是也。」按：若膺此論，可謂明辨以析。惟謂「雄之自序云爾」爲兼包法言目而言，則爲誤解顔注。蓋顔意以贊首一語緊承傳末備載法言目以後，苟不加別白，則似班氏所附益之法言目亦爲雄本自序之文，故特著此注，以明傳末所載法言目不在贊首所謂自序之内，非爲恐人誤解自序爲專指法言目也。假如段説，則注但云「以上皆雄本自序之文」足矣，何必別異其詞，斷自法言目之前爲自序文耶？此由段不悟自序爲楊書三十八篇之總序，而疑其嘗有單行之本故云爾。實則古人自序皆附見所著書末，史、漢、論衡猶可考見，未有無所附麗，單行一序者。唐初，楊書三十八篇本雖已無存，而不得謂太玄、法言舊本絶無附録此序者。詩伐檀孔疏稱「揚子雲有田一廛」，亦不以爲漢書，正與鄭司農注周禮同爲引用自序語耳。師古既以傳首所序楊氏世系爲疎，苟非親見自序，必不輕信其爲出於子雲，則段所謂唐初序無單行之本，師古特就贊首一語推之者，亦臆説也。楊雄字今相承從手，作「揚」。段又云：「劉貢父漢書注云楊氏兩族，赤泉氏從木，子雲自序其受氏從手，而楊修書稱『修家子雲』，又似震族。貢父所見雄自序，必是唐以後僞作。雄果自序其受氏從手，不從木，爲漢書音義者必載其説。即音義不載，師古注必引用。何唐以前竝無此論，至宋而後有之？且班氏用序爲傳，但曰『其先食采於楊，因氏焉』；『楊在河、汾之間』。考左氏傳，霍、楊、韓、魏皆姬姓國，而滅於晉。羊舌肸食采於楊，故亦稱楊肸，其子食我，亦稱楊石。漢書地理志『河東郡楊縣』，應仲遠謂卽古楊侯國。説左傳、漢書家未有謂其字從手者，則雄何得變其受氏之始而從手也？修與雄姓果不同字，斷不曰『修家子雲』，以啟臨淄侯之蚩笑，修語正可爲辨僞之一證。造僞自序者，殆因班傳『無它楊於蜀』一語，師古注固云『蜀諸姓楊者皆非雄族』，不言諸楊姓者皆從木，與雄從手異也。廣韻從手『揚』字之下不言姓，從木『楊』字注云：『姓出弘農、天水二望，本自周宣王子尚父，幽王邑諸楊，號曰楊侯，後并於晉，因爲氏。』近時字書又以此語係之從手揚氏之下，目爲揚雄自序，是又非貢父所見僞自序。今貢父所見僞自序不知存否，而據班贊，則班傳之外別無自序，其謂雄姓從手者，僞說也。」王氏念孫漢書雜志云：「念孫按：若膺之論致確。景祐本、汪本、毛本『楊』、『揚』二字雜出於一篇之中，明監本則皆改爲『揚』，其分見於各志、各傳者，景祐本、汪本、毛本從木者尚多，而監本則否。余考漢郎中鄭固碑云：『君之孟子有楊烏之才。』烏即雄之子也，而其字從木，則雄姓之不從手益信矣。」榮按：同聲通用，古書常例，託名幖幟，尤無正假可言。謂雄姓從手，與「楊」不同，斯爲妄論；必以作「揚」爲謬，亦乖通義。今所引用，悉依原書，楊、揚竝施，無取膠執也。藝文類聚四十、御覽五百五十八引揚雄家牒云：『子雲以甘露元年生，以天鳳五年卒，葬安陵坂上。所厚沛郡桓君山平陵如子禮，弟子鉅鹿侯芭共爲治喪，諸公遣世子、朝臣、郎、吏行事者會送。桓君山爲斂賻，起祠塋；侯芭負土作墳，號曰『玄冢』。』

李軌注〔疏〕音義：「軌字弘範，東晉尚書郎、都亭侯，撰周易音、尚書音、春秋公羊音、小爾雅音各一卷，泰始、泰寧、咸和起居注共六十七卷，又撰齊都賦一卷、集八卷，見隋書經籍志。」按：經典釋文序録云「爲易音者三人」，「李軌字弘範，江夏人，東晉祠部郎中、都亭侯」。玄應一切經音義引李洪範，「弘」作「洪」。隋志：晉泰始起居注二十卷、晉咸寧起居注十卷㊀、晉泰康起居注二十一卷㊁、晉咸和起居注十六卷，均李軌撰，凡六十七卷。此音義「泰寧」二字，乃

「咸寧、泰康」之誤。

學行之，上也；言之，次也；教人，又其次也；咸無焉，爲衆人。〔注〕此三者，教之大倫也。皆無此三者，民斯爲下矣。〔疏〕「學，行之，上也」者，荀子儒效云：「學至於行之而至矣。行之，明也；明之，爲聖人。」「言之，次也」者，左傳襄公篇云：「其次有立言。」孔穎達正義云：「謂言得其要理，足可傳記。傳稱『史逸有言』，論語稱『周任有言』，及此『臧文仲既没，其言存，立於世』，皆其身既没，其言尚存。老、莊、荀、孟、管、晏、楊、墨、孫、吳之徒制作子書，屈原、宋玉、賈誼、揚雄、馬遷、班固以後撰集史傳及制作文章，使後世學習，皆是立言者也。」「教人，又其次也」者，中庸云：「脩道之謂教。」荀子脩身云：「以善先人者謂之教。」然則教人未有不本言行者。此別諸言行而云教，謂彼時經師以教授諸經爲業者也。論衡書解云：「著作者爲文儒，説經者爲世儒。」立言即著作之儒，教人即説經之儒。教人者，己無所作，而惟述一師之説以爲傳授，故又次於立言也。充説亦謂文儒高於世儒，其義同也。「咸無焉，爲衆人」者，淮南子脩務高誘注云：「衆，凡也。」

或曰：「人羨久生，將以學也，可謂好學已乎？」曰：「未之好也，學不羨。」〔注〕仲尼志道，朝聞夕死；楊子好學，不羨久生。〔疏〕「人羨久生」云云者，説文：「羨，貪欲也。」音義：「好學，呼報切，下同。」凡人之貪久生，將以縱欲而已，若有人學而自知不足，而願得緩須臾無死，以益其炳燭之明，亦君子愛日以學之意，宜若可以好學許之

㊀「十卷」原本作「二十卷」，據隋書經籍志改。

㊁「二十一卷」原本作「二十卷」，據隋書經籍志改。

也。「未之好也，學不羨」者，詩皇矣云：「無然歆羨。」論語云：「君子之於天下也，無莫也。」鄭玄注云：「無所貪慕。」司馬光云：「死生有命，富貴在天。好學者修己之道，無羨於彼。有羨者，皆非好學者也。」

天之道不在仲尼乎？〔注〕不在，在也。言在仲尼也。**仲尼駕説者也，不在茲儒乎？**〔注〕駕，傳也。茲，此也。**如將復駕其所説，則莫若使諸儒金口而木舌。**〔注〕金寶其口，木質其舌，傳言如此，則是仲尼常在矣。〔疏〕天之道，謂若易、春秋所垂教，聖人微言之所在也。論語云：「夫子之文章，可得而聞也；夫子之言性與天道，不可得而聞也。」鄭玄注云：「天道七政，變動之占。」何晏集解云：「天道者，元亨日新之道。」劉氏寶楠正義云：「集解釋天道，本易言之，與鄭氏之據春秋言吉凶禍福者，義皆至精，當兼取之。」宋氏翔鳳論語發微云：「易明天道以通人事，故本隱以之顯。春秋紀人事以成天道，故推見至隱。」天官書曰：「孔子論六經，紀異而説不書，至天道、命不傳，傳其人不待告，告非其人，雖言不著。」漢書李尋傳贊曰：「幽贊神明，通合天人之道者，莫著乎易、春秋。然子貢猶云『夫子之文章，可得而聞；夫子之言性與天道，不可得而聞』已矣。」班氏以易、春秋爲性與天道之書，故引子貢之言以實之。顏師古注以易、春秋爲夫子之文章者，誤。文章自謂詩、書、禮、樂也。然則天道者，易與春秋之義也。「不在仲尼乎」者，論語云：「文王既没，文不在茲乎？」劉氏逢禄論語述何云：「春秋憲章文王。傳曰：『王者孰謂？謂文王也。』禮樂制度，損益三代，亦文王之法也。」「仲尼駕説者也」者，説文：「駕，馬在軛中。」方言：「税，舍車也。」經傳多以「説」爲之。詩甘棠「召伯所説」，定之方中「説于桑田」，碩人「説于農郊」，株林「説于株野」，蜉蝣「於我歸説」，周禮「典路掌王及后之五路，辨其名物，與其用説。若有大祭祀，則出路，贊駕説」，又「趣馬掌駕説之頒」，是也。實皆「捝」之假。説文：「捝，解捝也。」説駕本謂舍車，因以爲休息之喻，諱言死則亦曰説駕。史記李斯傳云「吾未知所税駕也」，謂未知死所也。陸士衡弔魏武帝文云「將税駕於此年」，謂將死於是歲也。然則仲尼駕説，猶云仲尼既没。古「也」、「矣」字多互用，詳見王氏引之經傳釋詞。駕説者也，猶云没矣。文選潘安仁西征賦、江文通雜體詩、陸士衡弔魏武帝文，李善注三引此，皆作「仲尼之駕税矣」，文異而義同也。「不在茲儒乎」者，謂仲尼没而斯文之傳在今諸儒也。淮南子要略云：「孔子脩成、康之道，述周公之訓，以教七十子，使服其衣冠，脩其篇籍，故儒者之學生焉。」藝文志云：「儒家者流，游文於六經之中，留意於仁義之際，祖述堯、舜，憲章文、武，宗師仲尼，以重其言。」「如將復駕其所説」云云者，音義：「復駕，扶又切。」按：復駕其所説，謂修聖道於孔子既没之後，譬復駕其已舍之車，有若孔子復生然也。音義引柳宗元云：「金口木舌，鐸也。使諸儒駕孔子之説如木鐸也。」按周禮小宰鄭玄注云：「古者，將有新令，必奮木鐸以警衆，使明聽也。木鐸，木舌也。文事奮木鐸，武事奮金鐸。」賈公彦義疏云：「以木爲舌，則曰木鐸；以金爲舌，則曰金鐸。」淮南子時則高注云：「鐸，木鈴也，金口木舌爲鐸，所以振告萬民也。」論語云：「天將以夫子爲木鐸。」孔安國注云：「言天將命孔子制作法度，以號令於天下。」按：即所謂制春秋之義，以俟後聖也。使諸儒金口而木舌者，欲其宣揚聖人制作之義，亦如奮木鐸以警衆也。注「駕，傳也」。按：此妄人所改。西征賦、弔魏武帝文注再引法言此文，李軌注：「税，舍也。」是弘範不以駕説爲傳言可知。今各本作「駕，傳也」，乃校書者誤讀「説」爲如字，又因後注「儒言如此」，「儒」誤作「傳」，遂以「駕説」爲「傳言」，而妄改此「説，舍也」字爲「駕，傳也」字，以傅合之耳。注「傳言如此，則是仲尼常在矣」。按：仲尼常在，乃釋復駕所説之義，謂已舍之車復御，無異聖人未没。弘範之不以「駕説」爲「傳言」，益可證明。而此注更有「傳言」字者，古從「需」之字或書作「叀」，易既濟「繻有衣袽」，子夏作「襦」；

孟郁修堯廟碑「潓術之宗」，假「濡」爲「儒」，而書作「潓」。「惠」、「專」形近易誤。儀禮聘禮鄭注：「紡，紡絲爲之，今之縳也」。釋文：「縳，劉音須。一本作『縛』。」蓋此注書「儒」爲「僡」，傳寫者少見「僡」，遂誤爲「傳」矣。「儒言如此」，承「金寶其口，木質其舌」而云，謂諸儒能立言如此。

或曰：「學無益也，如質何？」曰：「未之思矣。夫有刀者礲諸，有玉者錯諸，不礲不錯，焉攸用？〔注〕礲、錯，治玉名。礲而錯諸，質在其中矣。否則輟。」〔注〕長輟，猶言不爲耳。否，不也。輟，止也。此章各盡其性分而已。〔疏〕「學無益也，如質何」者，謂材美者無恃於學，材下者學無所施也。說苑建本云：「子路曰：『南山有竹，弗揉自直，斬而射之，通於犀革，又何學爲乎？』」論語云：「朽木不可雕也，糞土之牆不可圬也。」王肅注云：「喻雖施功，猶不成也。」皆學無益於質之喻。此文當兼備此二義也。「未之思矣」，明世德堂五臣注本作「未之思也」。宋咸云：「苟思矣，何無益焉？」按：謂或人之爲此言，乃不思之過，非謂學而不思故無益也。「有刀者礲諸」云云者，音義：「礲諸，盧紅切。」按：說文「礱，䃺也」；又「厝，厲石也」，引詩「佗山之石，可以爲厝」。經傳皆以「錯」爲之音義焉。「攸，於虔切。下『焉知』同。」爾雅釋言云：「攸，所也。」司馬云：「雖有良金以爲刀，不礲則不能斷割；雖有美玉，不錯則不能成器。如是則何所用矣？」「礲而錯諸，質在其中」者，謂材美者學則增其智，其下者亦以愈其愚。質在其中云者，明有益於用，而無傷於質。「否則輟」，即「不礲不錯，焉攸用」之義，重言之者，明學不可以須臾已。注「礲、錯，治玉名」。按：治平本作「治之名」，世德堂本作「石名也」，皆誤。今依淳熙八年吳郡錢佃重刊元豐國子監本訂正。注「長輟，猶言不爲耳」。按：各本皆無此語，今依錢本補。注「輟，止也」。按：爾雅釋詁：「輟，已也。」已、止義同。注「此章各盡其性分而已」。

按：「章」乃「言」之誤，言各盡其性分而已，乃釋「否則輟」之義。司馬云：「不學則盡其天質而止矣，不復能進益光大也。」即李義之引伸。

螟蠕之子殪，而逢蜾蠃祝之曰：「類我，類我。」久則肖之矣。速哉！七十子之肖仲尼也。〔注〕肖，類也。蜾蠃遇螟蠕而受化，久乃變成蜂爾。七十子之類仲尼，又速於是。〔疏〕此章乃用詩義以明教誨之功之大也。「螟蠕之子」云云者，音義：「螟蠕，上音冥，下音靈。殪，於計切。蜾蠃，上音果，下郎果切。祝之，之又切。」螟蠕，今毛詩、爾雅皆作「螟蛉」。此作「蠕」，蓋魯詩異文。陳氏喬樅詩經四家異文考云：「『蠕』與『蛉』同。如『蘦落』亦作『零落』。」按：說文蠕、蛉異字，亦異物。蠕，螟蠕，桑蟲也；蛉，蜻蛉也。則螟蛉字以作「蠕」爲正。說文：「殪，死也。」釋名釋喪制：「殪，翳也，就隱翳也。」蜾，小篆作「蝸」，說文：「蝸，蝸蠃、蒲盧，細要土蠭也。」重文「蜾」，從「果」。又說文：「詶，詛也。」經傳通作「祝」。又說文：「肖，骨肉相似也。」詩小宛云：「螟蛉有子，蜾蠃負之，教誨爾子，式穀似之。」法言此文，全本此詩爲說。「祝之」云云，即負之之謂；久而肖之，即似之之謂。毛訓負爲持，鄭箋以爲「負持而去，煦嫗養之」。馬氏瑞辰毛詩傳箋通釋據夏小正「正月雞桴粥」傳「桴，嫗伏也」，讀負爲伏，而通之於「孚」，謂負之即孚育之，解最精當。鄭云「煦嫗養之」，實用嫗伏之意，惟不云負即是伏，而增「持」、「去」字說之，於義轉紆。此文「祝之曰類我類我」，即象其嫗伏之事，取蟲聲以爲形容耳。式穀似之，毛傳無文，鄭以似之爲似蜾蠃，謂「今有教誨汝之萬民用善道者，亦似蒲盧，言將得而子也」。近人說詩者，又以似當讀爲似續之「似」，而訓爲嗣有，以似之爲似爾子，謂嗣有汝之萬民。其辭支離，殊不可通。法言此文則以蒲盧之孚育桑蟲，使其肖己，爲與人當教誨其子，使其象賢。古謂不肖爲無似，此以肖釋似，最爲通義。似之，謂似己也，之字卽指教誨者自身而言。朱子集傳所謂「不惟獨善其身，又當教其子使爲善者」，其義本此。如此說詩，不特上下四句事理同一，且與首章「明發不寐，有懷二人」，下章「夙興夜寐，無忝爾所生」均相貫通。子雲於詩多用魯義，本篇「正考甫嘗睎尹吉甫矣」，吾子「夏屋之爲帡幪」，先知「周公東征，四國是王；召伯述職，蔽芾甘棠」，孝至「周康之時，頌聲作乎下，關雎作乎上」皆是。疑此文云云，卽本小宛魯故。古人以爲細腰之屬純雄無雌，不能生子，謂之貞蟲。莊、列、淮南俱有其文。純雄無子，故必取他蟲子養爲己子，因而有祝變之說。陸璣草木鳥獸蟲魚疏云：「蜾蠃取桑蟲負之于木空中，或書簡筆筒中，七日而化爲其子。里語曰：『呪云：「象我象我。」』」莊子天運司馬彪注云：「取桑蟲祝使似己。」張華博物志物性篇亦云：「細腰無雌，蜂類也，取桑蟲與阜螽子呪而成子。」陳氏喬樅魯詩遺說考云：「茂先引詩十月之交，用魯詩文，則此亦魯詩也。自陶弘景本草注始云：『細腰土蜂之作房者，自生子，如粟米大，捕草上青蜘蛛滿房中，仍塞口，以擬其子大爲糧。其入蘆管中者，亦取草上青蟲。』因以前人說詩，言細腰之物無雌，教祝青蟲變成己子者爲謬。其後掌禹錫本草注、嚴有翼藝苑雌黃、董彥辰聞辨新録、葉大慶考古質疑、范處義解頤新語、戴侗六書故、楊慎丹鉛録、王廷相雅述篇均從陶說，而羅願爾雅翼謂陶說實當物理，箋疏及子雲之語疏矣。」近人考訂此事者，皆以目驗所得，益信舊說之妄。王氏夫之詩經稗疏云：「蓋蜾蠃之負螟蛉，與蜜蠭採蜜以食子同。物之初生，必待飼於母，胎生者乳，卵生者哺，細腰之屬則儲物以使其自食，計日食盡而能飛，一造化之巧也。釋詩者因下有『似之』之文，遂依附蟲聲以取義。蓋蟲非能知文言六義者，人之聽之，髣髴相似耳。彼蜾蠃者何嘗知，何以謂之似？何者謂之我乎？物理不審而穿鑿立說，釋詩者之過，非詩之過也。」孫氏繼答潘仿泉論螟蛉蜾蠃書云：「因所見而類推之，細腰之有子，是卵非化，了無疑義也。人見蟲入蜂出，遂疑爲化生，又因其鳴聲之似，而撰爲祝辭。以綫所見，其爲是聲者，乃結房如管不取蟲之蜂，又鱗次結房取蟢子，與攫取螽斯埋地之蜂，其聲相近而較低，古人倚其聲以命名，若蜾蠃，若蠮螉，若蒲盧，皆類我之轉也。攫取桑蟲之蜂不聞有鳴聲，說者比類傅會，且以概天下之細腰盡有雄無雌，雖原本於莊、列，庸可信乎？」以上諸說，皆得之實驗者，然亦非絕無異論。李含光本草音義云：「呪變成子，近亦數有見者。」朱氏駿聲說文通訓定聲云：「細腰者化，今目驗知未盡然。惟一種入竹管中，嘗啓其封，有青蟲數枚，未見其子。古語所云，或指此也。」榮按：詩人託物比興，以意取象，不須盡符事實，必執物理求之，斯乃高叟之固至。法言此文，則亦姑據傳說，以資罕譬。夫蟲之不能人言，恒情所曉，寧俟參以目驗，始悟其妄？故知「類我」之云，但取託諷，無關博物，以此爲病，豈復通方之論？然則船山所譏，子雲固不受也。文選劉伯倫酒德頌，李善注引此文作「螟蛉之子，蜾蠃祝之，曰：『類我，類我。』久則肖之矣」，無「殪而逢」三字。又「祝之曰類我類我」，御覽九百四十五引作「祝曰類我」。「速哉，七十子之肖仲尼」者，藝文志云：「七十子喪而大義乖。」顏師古注云：「七十子，謂弟子達者七十二人，舉其成數，故云七十。」又儒林傳云：「七十子之徒散游諸侯。」注云：「七十子，謂弟子達者七十七人也。稱七十者，但言其成數也。」按：孔子世家云「身通六藝者七十有二人」，而仲尼弟子列傳云「受業身通七十有七人」。今考弟子列傳，自顏回至公西蒧，凡七十七人。漢書地理志亦云：「弟子受業而通者，七十有七人。」又今本孔子家語七十二弟子解篇末云：「右件夫子七十二人，弟子皆升堂入室者。」而弟子列傳司馬貞索隱云：「孔子家語亦有七十七人，惟文翁孔廟圖作七十二人。」臧氏庸拜經日記云：「是可證史記、漢書、家語皆七十七人。孔子世家身通六藝者七十有二人，當據弟子列傳正之。孟子曰『如七十子之服孔子也』，太史公曰『學者多稱七十子之徒』，此皆舉成數言之耳。」是也。酒德頌注引此文作「速哉！二三子之化仲尼也」。按：游、夏大賢，猶不過得聖人之一體，七十子學有淺深，材有高下，豈得盡肖仲尼？則作「二三子」者，於義爲優。二三子之肖仲尼，謂若冉牛、閔子、顏淵具體而微。注「肖類」至「於是」。按：酒德頌注引此文，李軌注云：「螟蠕，桑蟲也。蜾蠃，蜂蟲也。肖，類也。蜂蟲無子，取桑蟲蔽而殪之，幽而養之，祝曰：『類我！』久則化而成蜂蟲矣。速疾哉！二三子受學仲尼之化疾也。」與今各本絶異，知弘範舊文爲後人改竄多矣。

學以治之，思以精之，朋友以磨之，〔注〕切磋琢磨。**名譽以崇之，不倦以終之，可謂好學也已矣。**〔注〕上士聞此五者，勤而行之，不可謂不好也。〔疏〕前文云：「礲而錯諸，質在其中矣。」礲、錯，皆治也。後文云：「學者所以修性也。」修亦治也。學記云：「學無當於五官，五官弗得不治。」皆謂學以治之也。學而不思則罔，故思以精之。説文：「精，擇也。」本書寡見云：「精而精之，是在其中矣。」獨學而無友，則孤陋而寡聞，故朋友以磨之。磨亦治也。學記云：「相觀而善之謂摩。」鄭注云：「摩，相切磋也。」陸德明釋文：「本或作『䃺』。」按：摩、䃺皆「磨」之假。説文作「䃺」，石磑也。引伸爲研治之稱。不以人爵爲貴，故名譽以崇之。孟子云：「令聞廣譽施於身，所以不願人之文繡也。」生無所息，故不倦以終之。按：此節論爲學之本末，「學以治之」，義雖可通，疑當作「學以始之」，與「不倦以終之」文義尤相應也。治、始形近易誤，史記夏本紀「來始滑」，索隱云：「古文尚書作『在治忽』。」可證。一年視離經辨志㊀，始學之事也；九年知類通達，强立而不反，不倦之德也。始於學，終於不倦，所謂「念終始典于學」，學者之能事畢矣。注「上士」至「好

㊀原本「志」字空缺，據禮記學記補。

也」。按：老子云：「上士聞道，勤而行之。」

孔子習周公者也，顏淵習孔子者也，羿、逢蒙分其弓，良捨其策，般投其斧而習諸，孰曰非也？或曰：「此名也，彼名也，處一焉而已矣。」曰：「川有瀆，山有嶽，高而且大者，衆人所能踰也。」〔注〕言諸賢之有妙藝，猶百川之有四瀆，衆山之有五嶽，而川可度，嶽可登。高而且大者，惟聖人之道，如天不可升也。〔疏〕孔子祖述堯、舜，憲章文、武，而云習周公者，以孔子所習詩、書、禮、樂多周公之書也。劉氏寶楠論語述而正義云：「周公成文、武之德，致治太平，制禮作樂，魯是周公之後，故周禮盡在魯。夫子言『舍魯何適』，又屢言『從周』，故綴周之禮。其修春秋，繩之以文、武之道，成一王法，與周公制作之意同也。」「顏淵習孔子」者，莊子田子方云：「顏淵問於仲尼曰：『夫子步亦步，夫子趨亦趨，夫子馳亦馳，夫子奔逸絕塵，而回瞠若乎後矣。』」「羿、逢蒙分其弓」云云者，音義：「羿，五計切。逢蒙，薄江切。」按：說文：「羿，射師。」經傳省作「羿」。逢蒙，漢書人表、藝文志、王褒傳均作逢門，荀子王霸、正論諸篇、史記龜策傳均作蠭門，莊子山木作蓬蒙，呂氏春秋具備作蠭蒙，惟孟子離婁作逢蒙，與此同。世德堂本作逢蒙，俞氏樾平議云：「分字之義不可通，當讀爲『焚』，正與下文『良捨其策，般投其斧』一律。」按：說文：「分，別也。」別，分解也。後漢書寇恂傳「今日朕分之」，章懷太子注云：「分，猶解也。」說文：「弛，弓解弦也㊀。」分、弛同訓解，則分弓猶云弛弓矣。左傳哀公篇：「郵無恤御簡子。」杜預注云：「郵無恤，王良也。」孔疏云：「古者，車駕四馬，御之爲難，故爲六藝之一，於書傳多稱之。」說文「捨，釋也」；「策，馬箠也」。音義：「般，音班。」檀弓云：「季康子之母死，公輸若方小，斂，般請以

㊀ 今本說文無「弦」字。

機封。」鄭注云「般若之族多技巧者」，字亦作「班」。孟子「公輸子之巧」，趙岐注云「公輸子魯班，魯之巧人也」，亦作「盤」；墨子公輸云「公輸盤爲楚造雲梯之械」，是也。王氏引之經義述聞云：「魯公輸般字若，與鄭公子班字子如同義。若猶如也。」說文：「投，擿也。」又：「斧，所以斫也。」司馬云：「三子皆以其術名於世，則其才必有過人者。鄉使捨其術而習聖人之道，烏有不可也？」「處一焉而已」者，吳祕云：「或人謂有道之名，有藝之名，有名無二。」「川有瀆」云云者，釋名釋水云：「天下大水四，謂之四瀆，江、河、淮、濟是也。瀆，獨也，各獨出其所而入海也。」說文：「嶽，東岱，南靃，西華，北恒，中泰室，王者之所以巡狩所至。」又說文：「踰，越也。」「能踰」，各本作「不能踰」，此據音義妄改。音義出「不能踰也」，云：「俗本脫『不』字，諸本皆有。」今按李、宋、吳本皆無「不」字，觀各注文可明。俞云：「『也』字古通作『邪』。荀子正名：『其求物也，養生也，粥壽也。』楊注：『也皆當爲邪，問之辭。』今依此讀之。衆人所能踰也，猶曰衆人所能踰邪？雖無『不』字，其旨亦同。疑楊子原文本如此，其有『不』字者，乃後人不達古語而臆加之。音義所斥爲俗本者，轉是古本矣。」按：俞說是也。此破或說齊等周、孔於羿、逢蒙諸子，而設喻以明之。作反詰語，自較正言尤峻。言川之大者爲瀆，山之高者爲嶽，衆人之名猶山川，聖人之名之高大猶嶽瀆，嶽瀆非山川所能竝，聖人之名豈衆人所能及耶？注「言諸賢」至「升也」。按：此爲李本無「不」字之證。宋咸云：「觀正文之意，當云高而且大者，衆人所不能踰也，脫其『不』字矣。何以明之？或人問般、羿、周、孔之名如一，楊以川有瀆、山有嶽而對之，是謂般、羿之徒猶山川，周、孔之道猶嶽瀆，自然小大不同，高低有異矣。故下篇亦云仲尼之道猶四瀆也。由是詳之，楊之旨皆以嶽瀆比聖人明矣。注不能辨，但依誤文以爲之解，反謂聖人之道如天不可升。且正文安有如天之說哉？儻謂楊此文以嶽瀆爲易踰，不足方聖人，則下文以仲尼比四瀆爲非矣。楊豈首尾自相反如是耶？」俞云：「今按正文初無如天之説，李氏增益其義，誠非楊子雅意。然宋著作謂其依誤文爲解，則非然也。李云高而且大者惟聖人之道，如天不可升也，則其所據本作『高而且大者，衆人所不能踰也』，明矣。使無『不』字，何以有天不可升之説哉？推尋李意，直以論語有『他人丘陵，仲尼日月』之説，疑嶽瀆未足擬聖人之高大，故必極之於天，然後見人之不能踰也。以是言之，李本當有『不』字，宋氏糾之，反爲疏矣。」按曲園此説，實爲誤解李注。正惟李所據本無「不」字而讀「也」如字，故不得不以嶽瀆爲譬羿、逢蒙、良、般，雖高且大，猶復可度可登，而別以天不可升譬聖人之道，爲子雲言外之意。假如本作「不可踰也」，又何必更增此義？然則李本固無「不」字，但李未得其説耳。

或問：「世言鑄金，金可鑄與？」〔注〕方術之家言能銷五石，化爲黄金，故有此問。曰：「吾聞覿君子者，問鑄人，不問鑄金。」或曰：「人可鑄與？」曰：「孔子鑄顔淵矣。」〔注〕鑄之令殆庶幾。或人踧爾曰：「旨哉！問鑄金，得鑄人。」〔注〕踧爾，驚貌。旨，美也。喜於問財而得爲人，富莫大焉，利莫重焉。〔疏〕「世言鑄金」云云者，説文：「鑄，銷金也。」史記封禪書云：「是時，李少君亦以祠竈、穀道、却老方見上。少君言上曰：『祠竈則致物，致物而丹砂可化爲黄金。』」又云：「欒大言：『臣之師曰黄金可成。』」漢書劉向傳云：「上復興神僊方術之事，而淮南有枕中鴻寶、苑祕書，書言神僊使鬼物爲金之術。」又淮南王安傳云：「招致賓客方術之士數千人，作爲内書二十一篇，外書甚衆。又有中篇八卷，言神僊黄白之術。」關尹子四符云：「譬如金之爲物，可令異金鑄之爲一金。」是世有鑄金之説。音義：「鑄與，音余，下同。」按：世德堂本凡音余之「與」皆作「歟」。「吾聞覿君子者」云云者，説文：「儥，見也。」經傳皆作「覿」。爾雅釋詁云：「覿，見也。」吳云：「楊子以或者非問之問，故答以鑄人。」按：本書君子云：「或問仙之實。曰：『無以爲也。有與無，非問也。問也者，忠孝之問也。』」與此義同。「孔子鑄顏淵」者，司馬云：「借令顏淵不學，亦常人耳。遇孔子而教之，乃庶幾於聖人。化它物爲黄金，何以異此？」「或人踧爾」云云者，音義：「踧爾，子六切。」按：說文：「𢼸，惄然也。」經傳通用「踧」。注「方術之家言能銷五石，化爲黄金」。音義：「五石，俗本作『玉石』，誤。」按：抱朴子登涉云：「五石者，雄黄、丹砂、雌黄、礬石、曾青也。」注「鑄之令殆庶幾」。按：繫辭云：「子曰：『顏氏之子，其殆庶幾乎！有不善未嘗不知，知之未嘗復行也。』」注「踧爾，驚貌」。按：論語「君在，踧踖如也」，馬融注云：「踧踖，恭敬貌也。」注「旨，美也」。按：說文：「旨，美也。从甘，匕聲。」

學者，所以修性也。視、聽、言、貌、思，性所有也。學則正，否則邪。〔疏〕此章與善惡混之說相爲表裏，乃子雲論性之獨見，法言要義之所在也。「修」，世德堂本作「脩」，下皆同。廣雅釋詁云：「修，治也。」書洪範云：「二、五事：一曰貌，二曰言，三曰視，四曰聽，五曰思。」按本書修身云：「人之性也善惡混，修其善則爲善人，修其惡則爲惡人。」是修性者，長善去惡之謂。學則正，所謂修其善爲善人；否則邪，所謂修其惡爲惡人也。子雲論學，推尊孟子，以爲知不異於孔子。而其論性，則不取性善之說，乃與孟子所斥「或說性可以爲善，可以爲不善」者相似，故程子以子雲爲不識性。而近儒爲孟子之學者，又推闡荀、楊論性之旨，以爲二子之言似異而實同。戴氏震孟子字義疏證云：「荀、楊所謂性者，古今同謂之性，卽後儒所謂氣質之性，但不當遺義理而以爲惡耳！在孟子時，則公都子引『或曰：性可以爲善，可以爲不善。或曰：有性善，有性不善』。言不同，而所指之性同。荀子見於聖人生而神明者，不可概之人人，其下皆學而後善，順其自然則流於惡，故以惡加之。論似偏，與有性不善合。然謂禮義爲聖心，是聖人之性獨善，實兼公都子兩引

『或曰』之說。楊子見於長善則爲善人，長惡則爲惡人，故曰『人之性也善惡混』，又曰『學則正，否則邪』。與荀子論斷似參差而匪異。」愚謂東原此論，實爲誤解子雲。子雲但言性善惡混，不言性惡。而此文所云「學則正，否則邪」者，乃謂性必修而後能長善而去惡，非謂性本惡，而不學則不善也。蓋子雲之意以爲人性之中有理有欲，理勝欲則爲善，欲勝理則爲惡，理欲之消長，則視人之所以修之何如，存理以遏欲，是爲修其善，窮欲以滅理，是爲修其惡。而性於何見？則見之於心知、百體之運行，是爲視、聽、言、貌、思。修性之效於何求？則求之於博文約禮之事，是爲學。學記云：「學無當於五官，五官弗得不治。」朱氏彬禮記訓纂引戴岷隱云：「學何有於五官？然視、聽、言、貌、思非學則不得其正。」此爲善解子雲之言。太玄玄棿云：「維天肇降生民，使其貌動、口言、目視、耳聽、心思有法則成，無法則不成。」此云學則正，否則邪，卽有法、無法之謂。然則子雲固謂此五事者，性之見端，學則得其正而免於邪，不學則反是，而未嘗以發此五事者之本體爲邪，必以學之力矯之而後正。與荀子之以人性之本然爲惡，而善乃全由於後起之人爲者，其立論之根本絕不相同也。孔子以克己復禮爲仁，而語其目則曰：「非禮勿視，非禮勿聽，非禮勿言，非禮勿動。」子雲釋克己之義曰：「勝己之私之謂克。」見本書問神。朱子論語集注云：「克，勝也。己，謂身之私欲也。私勝，則動容周旋無不中禮，而日用之間莫非天理之流行矣。」卽用子雲語。己不能無私，由於性不能無欲。欲不必惡，而縱欲卽惡。縱欲之念亦與生俱來，驗之於日用之視、聽、言、貌、思而其端立見，故必有以節之，使五事皆得其正，而後性乃有善而無惡，是之謂克己，是之謂修性。禮在於是卽學在於是。然則子雲之論性，與孔子無所不合，而不得謂其遺義理而以爲惡也，亦明矣。蓋孔門論性，無不兼理、欲而言，卽無不以存理遏欲爲治性之要，未有離耳、目、鼻、口、心知、百體以爲性者，故亦未有捨容貌、顏色、辭氣以爲學者。樂記云：「人生而靜，天之性也；感於物而動，性之欲也。物至知知，然後好惡形焉。好惡無節於內，知誘於外，不能反躬，天理滅矣。夫物之感人無窮，而人之好惡無節，則是物至而人化物也。人化物也者，滅天理而窮人欲者也。於是有悖逆詐僞之心，有淫泆作亂之事。」又云：「是故君子反情以和其志，比類以成其行，姦聲亂色，不留聰明，淫樂慝禮，不接心術，惰慢邪辟之氣，不設於身體，使耳、目、鼻、口、心知、百體皆由順正，以行其義。」此於子雲之言若合符節，而以之爲不識性，則其所謂性者，非儒者之所謂性也。阮氏元性命古訓云：「性字從心，卽血氣、心知也。有血氣無心知，非性也；有心知無血氣，亦非性也。血氣、心知皆天所命，人所受也。人既有血氣、心知之性，卽有九德、五典、五禮、七情、十義。故聖人作禮樂以節之，修道以教之，因其動作，以禮義爲威儀。威儀所以定命。定如詩「天保定爾，亦孔之固」之「定」。能者勤於禮樂威儀，以就彌性之福禄；不能者惰於禮樂威儀，以取棄命之禍亂。是以周以前聖經古訓皆言勤威儀以保定性命，未聞如李習之之說，以寂明通照復性也。」文達此論，曲鬯旁通，深協經義。知此，則可見子雲之學之醇乎醇，而不疑其擇焉而不精矣。

師哉！師哉！桐子之命也。〔注〕桐，洞也。桐子，洞然未有所知之時，制命於師也。再言之者，歎爲人師，制人善惡之命，不可不明慎也。務學不如務求師。〔注〕求師者，就有道而正焉。師者，人之模範也。模不模，範不範，爲不少矣。〔注〕傷夫欲爲而不得其道者多矣。〔疏〕「師哉！師哉！桐子之命」者，音義：「桐子，音通，與侗同，亦音同，未成人也。漢書曰：『毋桐好逸。』」按：讀桐爲侗，義固可通，然侗子連文，殊無所據，實卽僮子耳。說文：「僮，未冠也。」廣雅釋言：「僮，稺也。」國語魯語：「使僮子備官而未之聞邪？」韋昭注云：「僮，僮蒙不達也。」經傳通用

「童」。孟子：「人之患在好爲人師。」趙岐章指云：「故曰：『師哉！師哉！桐子之命。』不慎則有患矣。」孫奭音義云：「桐子與童字同。」周氏廣業章指考證云：「古本旁注『桐』讀爲『僮』。」蔣氏仁榮音義考證云：「郝敬讀書通云：『童通作桐。』安世歌『桐生』之桐，幼穉也；楊子學行篇『桐子』，竝與童、侗同。」按：人穉曰僮，木小曰桐。說文「榮，桐木也」；「桐，榮也」；「榮，從木，熒省聲」。熒者，屋下鐙燭之光。鐙燭之光，則小光也。故凡從熒省得聲之字，多有小義。謍，小聲也；禜，小瓜也；滎，絶小水也；嫈，小心態也。此皆以聲兼義，與榮同例。漢書本傳顏注云：「榮謂草本之英。」管子禁藏房玄齡注云：「英謂草木之初生也。」桐、榮互訓，知桐木卽小木。至梧桐之桐，則所謂本無其字，依聲託事者，非「榮，桐木」之本訓。經義述聞云：「桐之言，童也，小木之名也。淮南兵略訓：『夫以巨斧擊桐薪，不待利時良日而後破之。』桐薪對巨斧，蓋言其小者也。然則此以桐爲僮者，聲、義皆近也。」說苑建本云：「人之幼穉童蒙之時，非求師正本無以立身全性。」按：此文所謂「命」，卽立身全性之意。「務學不如務求師」者，荀子勸學云：「學莫便乎近其人。禮、樂法而不說，詩、書故而不切，春秋約而不速，方其人之習君子之說，則尊以偏矣，周於世矣。」楊倞注云：「謂賢師也。」御覽四百四引桓譚新論云：「諺言：『三歲學，不如一歲擇師。』」「師者，人之模範」云云者，說文：「模，法也。」又：「笵，法也。」經傳通作「範」。司馬云：「師者，先正己而後能正人。」注「桐，洞也。桐子，洞然未有所知之時」。俞云：「按：桐者，『侗』之假字。法言序云：『天降生民，倥侗顓蒙。』卽此桐子之『桐』。李注曰：『桐，洞也。桐子，洞然未有所知之時。』夫洞有通達之義，故淮南子原道篇『遂兮洞兮』，高誘注曰：『洞，達也。』此乃云『洞然未有所知』，義不可通。疑注文『洞』字卽『侗』字之誤。莊子山木篇『侗乎其無識』，正李注所本矣。」按：俞說深得李意，音義云「桐子」與「侗」同，卽引伸注義耳。

一閧之市，不勝異意焉；〔注〕賣者欲貴，買者欲賤，非異如何？一卷之書，不勝異説焉。一閧之市，必立之平；一卷之書㊀，必立之師。〔注〕市無平必失貴賤之正，書無師必謬典、謨之旨。〔疏〕「一閧之市，不勝異意」者，音義：「一閧，下降切。」按：與「巷」同字。孟子：「鄒與魯鬨。」音義引張鎰云：「鬨，胡弄切，鬭聲；從門下共者，下降切，義與巷同。此字從門，與鬥不同，是巷字古或作門下共，而俗書鬨字亦變鬥爲門。廣韻：『鬨，鬭也。俗作閧。』故不識閧爲古巷字者，遂誤認爲鬨矣。」此文宋咸注云：「閧，鬭也。言市聲如鬭而閧然。」按：文選任彦昇宣德皇后令，李注引法言，作「一巷之市」，是「一閧」之非「一鬨」甚明。吳云「一閧猶一巷也」，得之。古者市皆別爲區域，不與人家雜處，市有垣，有門，有樓，其中有巷。市垣謂之闤，市門謂之闠，市樓謂之旗亭，而市巷亦謂之閧。左太沖蜀都賦劉淵林注云「闠，市巷也」，是也。一巷之市與一卷之書相比爲義，一卷之書，書之至少者；一巷之市，市之至小者。今文人承用多作「一鬨」，乃襲宋咸之謬。音義：「不勝，音升。」「異意」，選注引作「異價」。「一卷之書不勝異説」者，藝文志云：「仲尼没而微言絶，七十子喪而大義乖，故春秋分爲五，書分爲四，易有數家之傳。戰國從衡，真僞分爭，諸子之言，紛然殽亂。」儒林傳云：「一經説至百餘萬言。」按：「異説」，選注引作「異意」。「一閧之市，必立之平」者，音義：「之平，皮命切。鄭司農云：『質劑，月平價也。』」按：淮南子時則「是故上帝以爲物平」，高注云：「平，正。讀評議之評。」廣韻：「評，皮命切，平言又音平。」司農説見周禮小宰、司市、質人諸職注。漢書景武功臣表云：「梁期侯當千，太始四年，坐賣馬一匹，賈錢十五萬，過平，臧五百以上，免。」是漢時物價皆官爲制定，謂之平，過平爲贓。每月更定，故謂之月平。孔氏廣森禮學巵言云「蓋市價以時貴

㊀「書」字原本訛作「師」，據四部叢刊影宋治平本法言改。

賤，故每月更平之」，是也。「一卷之書，必立之師」者，漢時經傳皆置博士。劉歆傳：「歆移書讓太常博士云：『至孝文皇帝，天下衆書往往頗出，皆諸子傳說，猶廣立於學官，爲置博士。』」趙岐孟子題辭云：「孝文皇帝欲廣遊學之路，論語、孝經、孟子、爾雅皆置博士。後罷傳記博士，獨立五經而已。」百官公卿表云：「武帝建元五年，初置五經博士。」儒林傳贊云：「初，書惟有歐陽，禮，后；易，楊；春秋，公羊而已。至孝宣世，復立大、小夏侯尚書，大、小戴禮，施、孟、梁丘易，穀梁春秋。至元帝世，復立京氏易。平帝時，又立左氏春秋、毛詩、逸禮、古文尚書。」注「賣者」至「如何」。按：注專以貴賤爲言，似所據本亦作「異價」，與選注所引本同。「非異如何」者，非異而何也。「如」、「而」字古通。

習乎習！〔注〕歎所玩也。**以習非之勝是也，況習是之勝非乎？於戲！學者審其是而已矣。或曰：「焉知是而習之？」曰：「視日月而知衆星之蔑也，仰聖人而知衆說之小也。」**〔注〕大小之相形，高下之相傾。〔疏〕逸周書常訓云：「民生而有習有常，以習爲常，以常爲慎。」按：慎、順古通。大戴禮保傅云：「孔子曰：『少成若性，習貫之爲常。』」「習乎習」者，甚歎之詞。論語云：「孝乎惟孝。」包咸注云：「孝乎惟孝者，美大孝之辭。」古書多有此句例，詳閻氏若璩古文尚書疏證。「以習非之勝是也」，治平本無「也」字，依集注補。音義：「於戲，上音烏；下音呼，又虛宜切。」匡謬正俗云：「烏呼，歎辭也。古文尚書悉爲『於戲』字。」「學者審其是而已矣」者，說文：「宷，悉也。知宷，諦也。篆文審從番㊀。」經傳皆作「審」焉。「知是而習之」者，莊子齊物論云：「物無是非㊁。」又云：「彼亦一是

㊀「審」，說文作「宷」。
㊁「是非」，莊子齊物論作「非是」。

非，此亦一是非，果且有彼是乎哉？果且無彼是乎哉？」此是非之難審也。「視日月而知衆星之蔑也」云云者，方言云：「小，江、淮、陳、蔡之間謂之蔑。」郭璞注云：「蔑，小貌也。」司馬云：「人苟盡心於聖人之道，則衆説之不足學易知矣。」按：諸子之言，紛然殽亂，此之所是，或彼之所非，惟折中於聖人而是非立見。本書吾子云：「或曰：『人各是其所是，而非其所非，將誰使正之？』曰：『萬物紛錯，則懸諸天；衆言淆亂，則折諸聖。』」春秋繁露深察名號云：「聖人之所命，天下以爲正。正朝夕者視北辰，正嫌疑者視聖人。」竝與此文同義。御覽六百十三引鄒子曰：「見日月而知衆星之照微也，仰聖人而知衆説之少觀也。」按：鄒子乃晉鄒湛。此湛書用法言語耳。

學之爲王者事，其已久矣。堯、舜、禹、湯、文、武汲汲，仲尼皇皇，其已久矣。〔疏〕顧氏炎武日知録云：「三代之世，凡民之俊秀皆入大學，而教之以治國平天下之事。孔子之於弟子也，四代之禮樂以告顔淵，五至、三無以告子夏，而又曰『雍也，可使南面』。然則内而聖，外而王，無異道矣。其繫易也，曰：『九二曰見龍在田，利見大人，何謂也？子曰：龍德而正中者也。庸言之信，庸行之謹，閑邪存其誠，善世而不伐，德博而化。易曰：見龍在田，利見大人，君德也。』故曰師也者，所以學爲君也。」按：卽學爲王者事之義。廣雅釋訓云：「伋伋、慞慞，劇也。」王氏念孫疏證云：「問喪云：『望望然，汲汲然，如有追而弗及也。』汲與伋通。問喪云：『皇皇然若有求而弗得也。』皇與慞通。」按：重言形況，以聲爲義，無正字也。司馬云：「仲尼雖不王，乃所學則王也。」朱子語類云：「學之爲王者事，不與上文屬，只是言人君不可不學底道理。所以下文云『堯、舜、禹、湯、文、武汲汲，仲尼皇皇』，以數聖人之盛德，猶且如此。問：『仲尼皇皇如何？』曰：『夫子雖無王者之位，而有王者之德，故作一處稱揚。』」按：學之爲王者事，謂古人爲學，皆所以學爲君，非僅謂人君不可不學。堯、舜、禹、湯、文、武學而得志，則大行其道；孔子學而不得志，則制春秋之義，以俟後聖。其爲王者之事，一也。

法言義疏二

或問「進」。曰：「水。」或曰：「爲其不捨晝夜與？」曰：「有是哉！滿而後漸者，其水乎？」〔注〕水滿坎而後進，人學博而後仕。或問「鴻漸」。曰：「非其往不往，非其居不居，漸猶水乎！」〔注〕鴻之不失寒暑，亦猶水之因地制行。「請問木漸」。曰：「止於下而漸於上者，其木也哉！亦猶水而已矣。」〔注〕止於下者，根本也；漸於上者，枝條也。士人操道義爲根本，業貴無虧；進禮學如枝條，德貴日新。〔疏〕「或問進」者，問仕進之道也。易漸云：「進得位，往有功也。」王制云：「大樂正論造士之秀者，以告于王，而升諸司馬，曰進士。」鄭注云：「進士，可進受爵祿也。」本書君子云：「或曰：『子於天下則誰與？』曰：『與夫進者乎！』或曰：『貪夫位也，慕夫祿也，何其與？』曰：『此貪也，非進也。』」明或問所謂進，必謂仕進也。「爲其不捨晝夜與」者，音義：「爲其，于僞切，下『爲道』、『爲利』同。」不捨晝夜，論語子罕文，彼作「不舍」。捨，正字；舍，通用字。此設爲或人不悟答義，謬以爲仕進之道當學水之進而不已也。「有是哉」者，論語云：「子路曰：『有是哉，子之迂也！』」皇疏云：「子路聞孔子以正名爲先，以爲不是，故云有是哉。」按：驚怪之詞，謂不意子之迂遠如此也。此文「有是哉」，亦謂不意或人之謬解如此也。滿而後漸，即盈科而行之謂。劉氏寶楠論語子罕正義云：「法言所謂進，與夫子言逝義同。逝者，往也，言往進也。春秋繁露山川頌篇云：『水則源泉混混沄沄，晝夜不竭，既似力者；盈科後行，既似持平者；循微赴下，不遺小間，既似察者；循溪谷不迷，或奏萬里而必至，既似知者；障防山而能清淨，既似知命者；不清而入，潔清而出，既似善化者；赴千仞之壑，入而不疑，既似勇者；物既困於火，而水獨勝之，既似武者；咸得之生，失之而死，既似有德者。孔子在川上曰：逝者如斯夫，不舍晝夜！此之謂也。』董引論語以證似力一節，非以論全德也。至法言所謂滿而後漸，則又一義。孟子離婁篇：『徐子曰：仲尼亟稱於水，曰：水哉！水哉！何取於水也？孟子曰：源泉混混，不舍晝夜，盈科而後進，放乎四海。有本者如是，是之取爾。』此即滿而後漸之義，亦前義之引申。」按：法言此文所云進，自指仕進而言，與孔子歎逝義別。滿而後漸，乃學而優則仕之喻，亦無所謂前義之引申。劉解誤也。「或問鴻漸」者，鴻漸，易漸文，彼虞翻注云：「鴻，大鴈也；漸，進也。」按：此難滿而後漸之義，謂水雖必盈科而後進，而鴻則乘時而翱翔已耳。必學優而後仕，則鴻漸何以稱焉？「非其往不往」云云者，夏小正「九月遰鴻鴈」，傳云：「遰，往也。」按：自北而南也，從我見言之曰來，從其居言之曰往。淮南子時則：「仲秋之月，候鴈來。」高注云：「候時之鴈從北漠中來，過周雒，南至彭蠡也。」又：「季秋之月，候鴈來。」注云：「蓋以爲八月來者，其父母也；是月來者，蓋其子也。」月令作「鴻鴈來」。淮南、小戴謂之來，小正傳及此謂之往，其義同也。又小正「正月，鴈北鄉」，傳云：「先言鴈而後言鄉者，何也？見鴈而後數其鄉也。鄉者，何也？鄉其居也，鴈以北方爲居。何以謂之居？生且長焉爾。何不謂之南鄉也？曰非其居也。」月令鄭注云：「凡鳥隨陰陽者，不以中國爲居。」「漸猶水」也者，言鴻之往來有候，居處有常，猶水之流必循理，萬折必東，以喻君子之仕非其道不由，非其位不處也。「請問木漸」者，此又難非其往不往，非其居不居之義。易漸云：「山上有木漸，君子以居賢德善俗。」然則漸不一象，仕不一術。鴻漸之說，即有如上文所答者，而山木之漸乃是因地利，順自然，以成其高，疑人之仕進亦或可以勢厚爲憑藉。「止於下而漸於上」云云者，說文：「木，冒也，冒地而生，東方之行。從中，下象其根。」徐鍇繫傳云：「屮者，木始甲坼也。萬物皆始於微。合抱之木，生於毫末，故木從屮。木之性，上枝旁引一尺，下根亦引一尺，故於文木上下均也。」言木必根深而後枝茂，猶水必源盛而後流長，以喻君子必下學而後上達也。注「水滿坎而後進，人學博而後仕」。按：孟子云：「流水之爲物也，不盈科不行；君子之志於道也，不成章不達。」趙岐注云：「盈，滿也；科，坎也。流水滿坎乃行，以喻君子學必成章乃仕進也。」邠卿以仕進解達，正用法言釋孟子。弘範此注，乃更以趙義釋法言也。

吾未見斧藻其德若斧藻其楶者也。〔注〕斧藻猶刻桷丹楹之飾。楶，櫨也。〔疏〕「斧藻其德」，各本皆作「好斧藻其德」。按：文選王元長曲水詩序、張茂先女史箴，李注再引此文，均無「好」字。御覽一百八十八引與選注同。本書音義遇呼報切之「好」，多爲作音，此獨無文，是音義本亦無此字。今各本有之，乃校書者依論語「吾未見好德如好色者也」妄增。彼文以好色爲喻，此文自以斧藻其楶爲喻，增「好」字無義，今訂正。音義：「楶，音節。」「者也」，世德堂本作「者歟」，誤。　注「斧藻猶刻桷丹楹之飾」。按：爾雅釋器云：「斧謂之黼。」郭璞注云：「黼文畫斧形，因名云。」考工記云：「畫繢之事，白與黑謂之黼。」玉藻鄭注云：「雜采曰藻。」則斧、藻皆謂文飾。　注「楶櫨也」。按：說文：「楶，欂櫨也。」爾雅釋宮：「栭謂之楶。」郭注云：「楶即櫨也。」

鳥獸觸其情者也，衆人則異乎！〔注〕人由禮義閑其邪情，故異於鳥獸也。賢人則異衆人矣，〔注〕奉宣訓誨。聖人則異賢人矣。〔注〕制立禮教。禮義之作，有以矣夫。〔注〕言訓物者，其豈徒哉！人而不學，雖無憂，如禽何？〔注〕是以聖人作，爲禮以教人，使人以有禮，知自別於禽獸。〔疏〕「鳥獸觸其情者也」者，易繫辭：「觸類而長之。」虞注云：「觸，動也。」說苑脩文引傳曰：「觸情縱欲，謂之禽獸。」衆人，謂凡人。「衆人則異乎」者，言所異幾希也。韓詩外傳云：「不肖者，精化始具，而生氣感動，觸情縱欲，而求可樂。」「賢人則異衆人」云云者，白虎通聖人云：「千人曰英，倍英曰賢，萬人曰傑，倍傑曰聖。」「禮義之作，有以矣夫」者，荀子禮論云：「夫人一之於禮義，則兩得之矣；一之於情性，則兩失之矣。」詩關雎序云：「發乎情，民之性也。止乎禮義，先王之澤也。」「人而不學，雖無憂，如禽何」者，說文：「㥑，愁也。」經傳通作「憂」。白虎通田獵云：「禽是鳥獸之總名。」荀子勸學云：「故學數有終，若其義，則不可須臾舍也。爲之，人也；舍之，禽獸也。」注「是以」至「禽獸」。按：曲禮文。

學者，所以求爲君子也。求而不得者有矣㊀，夫未有不求而得之者也。〔注〕有其具，猶或不能成其事，無其志，必不能立其業。〔疏〕哀公問云：「君子也者，人之成名也。」白虎通號云：「或稱君子者何？道德之稱也。君之爲言，羣也；子者，丈夫之通稱也。」按：「求而不得者有矣夫」，於義可疑。下文云：「顏徒易乎？曰睎之則是。」又云：「不欲睎則已矣，如欲睎，孰禦焉？」又篇末云：「立道，仲尼不可爲思矣。術業，顏淵不可爲力矣。曰：『未之思也，孰禦焉？』」然則學者患不求爲君子耳，無容有求而不得者。今云「有矣夫」，明與「睎之則是」諸文相反。御覽六百十三引鄒子曰「博學者，所以求爲君子也。求而不得鮮矣，未有不求而得之者也」，全本此文，而「有矣夫」作「鮮矣」，疑鄒湛所見法言如此。文選曹子建與吳季重書，李注引此文作「求而不得者有矣」，無「夫」字，御覽六百七引亦同，尤不可通。明「有

㊀「有矣」，習俗誤以下文「夫」上屬，與「有矣」連讀，汪氏仍之，而頗覺其非，故曰「於義可疑」，而以「夫」字爲從前校書者所妄增。今正以「夫」爲發語詞，與下文「未有」連讀，於義固無可疑。汪氏按語以爲「有」當作「鮮」，「夫」字係妄增者，差矣。

矣」必「鮮矣」之誤。今法言各本皆作「有矣夫」，蓋校書者習見論語「君子而不仁者有矣夫，未有小人而仁者也」，據以妄改，與上文「吾未見斧藻其德」妄增「好」字例同。

睎驥之馬，亦驥之乘也。睎顏之人，亦顏之徒也。或曰：「顏徒易乎？」曰：「睎之則是。」曰：「昔顏嘗睎夫子矣，正考甫嘗睎尹吉甫矣，〔注〕正考甫，宋襄公之臣也。尹吉甫，周宣王之臣也。吉甫作周頌，正考甫慕之而作商頌。**公子奚斯嘗睎正考甫矣。**〔注〕奚斯，魯僖公之臣也，慕正考甫，作魯頌。**不欲睎則已矣，如欲睎，孰禦焉？」**〔疏〕「睎驥之馬」云云者，説文：「睎，望也。」經傳多作「希」。論語：「驥不稱其力。」皇疏云：「驥者，馬之上善也。」音義：「之乘，繩證切。」詩渭陽「路東乘黄」，毛傳云：「四馬也。」晉書虞溥傳引此作「希驥之馬，亦驥之乘。希顏之徒，亦顏之倫。」文選李蕭遠運命論，李注引與今本同，惟「睎」皆作「晞」。「顏徒易乎」，音義：「易乎，以豉切。」「曰睎之則是」，世德堂本無「曰」字。「曰昔顏嘗睎夫子矣」云云者，此更端之辭，故句首更有「曰」字。檀弓：「公瞿然失席，曰：『是寡人之罪也。』曰：『寡人嘗學斷斯獄矣。』」左傳哀公篇：「乞曰：『不可得也。』曰：『市南有熊宜僚者。』」皆其例。説詳俞氏樾古書疑義舉例。此文「曰」字，俞云當在「正考甫」句上，因或人問顏徒易乎，故應之曰「睎之則是，昔顏嘗睎夫子矣」。又恐或人聞此，疑夫子大聖，非人所能睎，故又曰「正考甫嘗睎尹吉甫矣，公子奚斯嘗睎正考甫矣」。楊子之意，自以顏睎夫子爲主，正考甫、公子奚斯不過泛舉之，以小見大，以淺見深。若其閒無「曰」字以别之，則漫無主賓之辨矣。榮按：「睎之則是」，專就睎顏而言，乃答問之語。以下三事，則更自發意，廣爲舉證，既非問義所及，故别著「曰」字，以見更端。至此三事雖有大小、深淺之異，而其所以證明「睎之則是」之義則同，語勢貫注，無容閒隔。俞説非也。汪氏中釋夫子云：「古者孤卿大夫皆稱子，稱子而不成詞，則曰夫子。夫者，人所指名也。以夫配子，所謂取足以成詞爾。孔子爲魯司寇，其門人稱之曰子，曰夫子。後人沿襲以爲師長之通稱，而莫有原其始者。」「嘗」，世德堂本作「常」。「不欲睎」，世德堂本作「如不欲睎」。按：此涉下文而衍。「孰禦焉」者，爾雅釋言云：「禦，禁也。」注「正考甫」至「商頌」。按：此魯詩說也。史記宋世家贊云：「襄公之時，修行仁義，欲爲盟主，其大夫正考父美之，故追道契、湯、高宗所以興，作商頌。」遷爲申公再傳弟子，說詩皆本魯義。裴駰集解云：「韓詩商頌章句亦美襄公。」是韓義同魯，法言多魯詩說，故亦以商頌爲正考甫作。毛詩那序云：「微子至于戴公，其間禮樂廢壞，有正考甫者，得商頌十二篇於周之大師，以那爲首。」國語魯語記閔馬父語云：「昔正考父校商之名頌十二篇於周大師。」則古文說以商頌爲正考甫得之周太師，非其所作；又以爲戴公時人，非襄公之臣。左傳昭公篇云：「正考父佐戴、武、宣。」孔子世家文同。今按十二諸侯年表，戴公末年，當周平王五年乙亥，下距襄公元年，當周襄王二年辛未，閱一百十七年。若考甫逮事戴公，雖甚壽考，不當至襄公時尚存。此與宋世家所云不合。魏氏源詩古微云：「考父佐戴、武、宣，不逮事襄公。或宋襄所作惟殷武一篇，其前四篇則考父作之，至襄公而追録其詩，遂序以爲美襄。猶秦風車鄰、駟驖録於襄公之世，而序以爲美襄公，事同一例。」榮謂今、古文說所傳各異，不能强同；史公博取百家，時多牴牾，亦無須曲解，魏說未爲允也。詩嵩高、烝民竝云：「吉甫作誦。」潛夫論三式云：「周宣王時，輔相大臣以德佐治，亦獲有國，故尹吉甫作封頌二篇。」注「奚斯」至「魯頌」。按：詩閟宫云：「新廟奕奕，奚斯所作。」毛傳以所作爲作廟，而詩乃史克作。駉小序云：「駉，頌僖公也。僖公能遵伯禽之法，儉以足用，寬以愛民，務農重穀，牧于坰野，魯人尊之，於是季孫行父請命于周，而史克作是頌。」孔疏云：「其義通於下三篇，亦是行父所請，史克所作也。」是古文説不以閟宮之詩爲奚斯作。據法言此文，則知魯詩解奚斯所作爲作詩，與韓詩同。班孟堅兩都賦序云：「故皋陶歌虞，奚斯頌魯，同見采于孔氏，列于詩、書。」李注引韓詩薛君章句云：「奚斯，魯公子也。是詩公子奚斯所作也。」段氏玉裁經韻樓集云：「此章自『徂來之松』至『新廟奕奕』七句，言魯修造之事。下奚斯所作三句，自陳奚斯作此閟宮一篇，其辭甚長，且甚大，萬民皆謂之順也。作詩之自舉其名者，小雅節南山曰：『家父作誦，以究王訩，式訛爾心，以畜萬邦。』巷伯曰：『寺人孟子，作爲此詩，凡百君子，敬而聽之。』大雅嵩高曰：『吉甫作誦，其詩孔碩，其風肆好，以贈申伯。』烝民曰：『吉甫作誦，穆如清風，仲山甫永懷，以慰其心。』併此篇爲五云。奚斯所作，卽吉父、家父作誦之辭也。曰『孔曼且碩，萬民是若』，卽其詩孔碩，以畜萬邦之意也。『所』字不上屬，『所作』猶作誦、作詩之云。以作爲韻，故不曰作誦、作詩耳。漢人言詩者，無不如是。偃師武虛谷援揚子法言，後漢書曹褒傳、班固傳，及諸石刻之文度尚碑、太尉劉寬碑、綏民校尉熊君碑、費汎碑、楊震碑、沛相楊統碑、曹全碑、張遷表，一一可證。文選兩都賦『皋陶歌虞，奚斯頌魯』，注云：『韓詩魯頌曰：新廟奕奕，奚斯所作。薛君曰：奚斯，魯公子也，言其新廟奕奕然盛，是詩公子奚斯所作也。』分釋二句甚明。學者多謂毛詩與韓大異。毛傳曰：『有大夫公子奚斯者作是廟也。』愚謂毛詩『廟』字必『詩』字之誤。傳之原本必重舉奚斯所作，而釋之曰：『有大夫公子奚斯者作是詩也。』剪割毛傳者，盡去其複舉之文，則以新廟閟公廟也，有大夫公子奚斯者作是廟也，相聯爲順，而改『詩』爲『廟』，此其與韓不同之故。以『奚斯所作』上屬者，乃鄭箋之説，非古説也。」榮謂若膺分析此詩句讀，及以節南山諸篇釋此詩文例，以明奚斯所作之爲作頌，而非作廟，義極精確，足證魯、韓舊説之不可易。惟謂毛傳作是廟之「廟」字亦必「詩」字之誤，則近武斷。毛詩與魯、韓固不須強同也。文選謝玄暉拜中軍記室辭隨王箋，李注引「希驥之馬，亦驥之乘也」，李軌曰：「希，望也。」又李蕭遠運命論注引「顏嘗晞夫子矣」，李軌曰：「希，望也。言顏回嘗望孔子也。」今各本無此注。

或曰：「書與經同，而世不尚，治之可乎？」曰：「可。」或人啞爾笑曰：「須以發策決科。」〔注〕射以決科，經以策試，今徒治同經之書，而不見策用，故笑之。曰：「大人之學也，爲道；小人之學也，爲利。子爲道乎？爲利乎？」或曰：「耕不穫，獵不饗，耕獵乎？」曰：「耕道而得道，獵德而得德，是穫饗已。」〔注〕耕獵如此，利莫大焉。吾不覩參、辰之相比也。」是以君子貴遷善。遷善者，聖人之徒與！〔注〕去惡遷善，兼總仁義也。徒猶弟子也。百川學海，而至于海；〔注〕行之不息，歸之不已。丘陵學山，不至于山，是故惡夫畫也。〔注〕畫，止。〔疏〕白虎通五經云：「經所以有五，何？經，常也，有五常之道，故曰五經。樂仁，書義，禮禮，易智，詩信也。」又云：「五經何謂？易、尚書、詩、禮、春秋也。」陳氏立疏證云：「以易、尚書、詩、禮、春秋爲五經，與上異，蓋兼存兩說也。」文選蔡伯喈郭有道碑「遂考覽六經」，李注云：「五經及樂經也。」子雲劇秦美新「制成六經」，李注云：「經有五，而又有樂，故云六經也。」是皆以易、書、詩、禮、春秋爲五經，併樂經爲六也。漢書武帝本紀，元朔五年，置五經博士。同經之書，謂若論語、孝經之屬，漢時謂之傳記。孟子題辭云：「孝文皇帝欲廣遊學之路，論語、孝經、孟子、爾雅皆置博士，後罷傳記博士，獨立五經而已。」是也。「世不尚」，謂不立學官。「啞爾」者，音義：「啞爾，於革切。」說文：「啞，笑也。」易震云：「笑言啞啞。」釋文引馬融云：「笑聲。」「發策決科」者，漢書蕭望之傳云：「以射策甲科爲郎。」顏注云：「射策者，謂爲難問疑義，書之於策，量其大小，署爲甲乙之科，列而置之，不使彰顯。有欲射者，隨其所取，得而釋之，以知優劣。」史記儒林傳序，索隱引如淳云：「漢儀，弟子射策，甲科百人，補郎中；乙科二百人，補太子舍人，皆秩比二百石。次郡國文學，秩百石。」「大人之學也，爲道」云云者，孟子云：「從其大體爲大人，從其小體爲小人。」趙注云：「大體，心思禮義；小體，縱恣情欲。」按：世德堂本兩「也」字各在「爲道」、「爲利」字下。「耕不穫，獵不饗」云云者，説文：「穫，刈穀也。」又：「享，獻也。」周禮大司馬云：「獻禽以祭社。」鄭注云：「田止，虞人植旌，衆獻其所獲禽也。」是獵饗字正當作「享」。經傳通用「饗」。「是穫饗已」，世德堂本作「是穫饗也」。御覽六百七引亦作「也」。「吾不覿參辰之相比也」者，參辰，説文作「曑曟」，或省作「參晨」。經傳多以「晨」爲「晨」，而以「辰」爲「晨」。文選陸士龍答兄機詩，李注引此作「吾不見參商之相比也」。又蘇子卿詩注引與今本同；又引宋衷注云：「辰，龍星也；參，虎星也。我不見龍、虎俱見。」天官書云：「參爲白虎，三星直者，是爲衡石。下有三星，兑，曰罰，爲斬艾事。其外四星，左、右肩股。」按參之正體止三星，其狀平列，故謂之衡石，兼左、右肩股，數之爲七。以衡石三星與罰三星併數爲六，所謂參伐連體。罰即伐也。此連體六星亦通謂之參，或通謂之伐，或兼舉二名曰參伐。夏小正「五月參則見」，傳云：「參也者，伐星也。」詩小星「維參與昴」，毛傳云：「參，伐也。」此通謂之參也。考工記「熊旗六斿以象伐也」。鄭注云：「伐屬白虎宿，與參連體而六星。」此通謂之伐也。公羊傳昭公篇：「伐爲大辰。」何休解詁云：「伐謂參伐也。」徐彦疏云：「正以伐在參旁，與參連體而六星，故言伐謂參伐。伐與參爲一候故也。」此兼舉二名也。爾雅釋天云：「天駟，房也。大辰，房、心、尾也。大火謂之大辰。」郭注云：「龍爲天馬，故房四星謂之天駟。龍星明者以爲時候，故曰大辰。大火，心也，在中最明，故時候主焉。」按：房四星，心三星，尾九星，通謂之大辰。心當中一星尤明大，色赤如火，故心亦謂之大火，特專蒙大辰之名也。汪氏中釋曟曑二文云：「東方七宿，最明大者莫如心，西方七宿，最明大者莫如參，故古人多用之以紀時令。於文參從晶，大火爲大晨，晨亦從晶，竝象二星之形，而曐即從之，故知晨參之用，該乎列宿矣。」音義：「相比，毗志切。」天官書云：「魁下六星，兩兩相比者，名曰三能。」又：「危東六星，兩兩相比，曰司空。」正義云：「比，近也。」按：參屬西宮，辰屬東宮，此見彼伏，永不竝出。左傳昭公篇云：「昔高辛氏有二子，伯曰閼伯，季曰實沈，居于曠林，不相能也，日尋干戈，以相征討。后帝不臧，遷閼伯于商丘，主辰，商人是因，故辰爲商星；遷實沈于大夏，主參，唐人是因，故參爲晉星。」故凡人事相離反者，皆以參辰爲喻。此句舊解爲冒下之辭，長沙章工部華云：「參辰喻道利，參辰不相比者，言爲道之學與爲利之學不相爲謀，義當上屬爲一節。」按：章說至當，可破曲園錯簡之疑，說見下文。「君子貴遷善」云云者，易益云：「風雷益，君子以見善則遷，有過則改。」荀子大略云：「君子之學如蛻，幡然遷之。」音義：「徒與，音余，下皆同。疑者別出。」孟子云：「能言距楊、墨者，聖人之徒也。」趙注云：「徒，黨也。」按：此又承上而正告之言。苟知爲道之學與爲利之學不相爲謀，則當決然去利而就道，是謂遷善；不能遷善謂之畫，故下文又設二譬以明之。世德堂本「遷善者」作「遷善也者」。「百川學海」云云者，廣雅釋丘云：「小陵曰丘。」說文：「陵，大𠂤也。」釋名釋山云：「大阜曰陵。」司馬云：「百川動而不息，故至於海；丘陵止而不進，故不至於山。學者亦猶是矣。」按百川之於海，丘陵之於山，各相類似，而百川能到海，丘陵不能爲山者，百川能遷，而丘陵則畫也。御覽六百七引「而至于海」作「而歸於壑」；又五十三引「惡夫畫也」作「惡夫住者」。注「射以決科，經以策試」。按：此八字於義未順，必有脫誤。注「徒猶弟子也」。按：孟子「其徒數十人」，趙注云：「其徒，學其業者也。」呂氏春秋「誣徒視徒如己」，高注云：「徒謂弟子也。」注「畫，止」。按：論語「力不足者中道而廢，今女畫」，孔注云：「畫，止也。力不足者當中道而廢，今汝自止耳，非力極也。」劉疏云：「說文曰：『畫，界也，象田四界。聿，所以畫之。』引申之，凡有所界限而不能前進者，亦爲畫。故此注訓止。」

頻頻之黨，甚於鷃斯，亦賊夫糧食而已矣。〔注〕鷃斯羣行啄穀，諭人黨比游宴，賊害糧食，有損無益也。朋而不心，面朋也；友而不心，面友也。〔注〕匿怨，仲尼之所恥；面朋，楊子之所譏。〔疏〕「頻頻之黨甚於鷃斯」者，廣雅釋訓云：「頻頻，比也。」說文：「攩，朋羣也。」經傳通用「黨」。離騷王逸注云：「黨，朋也。」音義：「鷃斯，羊茹切。鸒，雅烏。」按：詩小弁云：「弁彼鸒斯，歸飛提提。」毛傳云：「鸒，卑居。卑居，雅烏也。提提，羣貌。」孔疏云：「鸒，卑居，釋鳥文也。卑居又名雅烏。郭璞曰：『雅烏小而多羣，腹下白，江東呼爲鵯烏。』是也。此鳥名鸒，而云斯者，語辭。猶蓼彼蕭斯，菀彼柳斯。傳或有『斯』者，衍字，定本無『斯』字。以劉孝標之博學，而類苑鳥部立鸒斯之目，是不精也。此鳥性好羣聚，故云『提提，羣貌』。」今本爾雅作「鷃斯，鵯鶋」。釋文出「斯」，云：「本多無此字。案：『斯』是詩人協句之言，後人因將添此字也。而俗本遂斯旁作鳥，謬甚。」是斯爲語詞，孔、陸說同。而法言云鷃斯者，陳氏奐詩毛氏傳疏云：「此用詩辭以足句耳。」是也。「亦賊夫糧食而已矣」者，詩桑柔云：「降此蟊賊，稼穡卒痒。」爾雅釋蟲云：「食節賊。」李巡注云：「食禾節者，言貪狠，故曰賊也。」按：此文云賊，即以蟊賊爲喻，猶云蠹也。周禮廩人，鄭注云：「行道曰糧，謂精也。止居曰食，謂米也。」「朋而不心」云云者，司馬云：「言朋友當以誠心相與切磋琢磨，不可心知其非而不告，但外貌相媚悅，羣居游戲，相從飲食而已。」俞云：「君子貴遷善與參辰之不相比意不相承，頻頻之黨與惡畫之義亦不相承，疑此兩節傳寫互誤。楊子蓋因參辰之不相比而戒人之黨比游宴，故曰：『頻頻之黨，甚於鷃斯。』廣雅釋訓曰：『頻頻，比也。』李軌注亦以黨比游宴釋之，則與參辰之不相比，意正一貫矣。至君子貴遷善，乃申明惡畫之義。遷善，是不畫也。今訂正如左：『吾不覩參辰之相比也。頻頻之黨，甚於鷽斯，亦賊夫糧食而已矣。百川學海，而至於海；丘陵學山，不至於山，是故惡夫畫也。是以君子貴遷善。遷善者，聖人之徒與！』」按：「書與經同」至「參辰不相比」爲一節；「君子貴遷善」又承上而申言之，至「惡畫」爲一節；「頻頻之黨」至「友而不心，面友也」，則別爲一章，文義甚明。曲園不知參、辰喻道、利，乃以相比字與頻頻字皮傅生義，謂楊子因參辰之不相比，而戒人之黨比游宴。然則君子之不黨不比者，爲皆取法於參辰耶？斯爲謬矣！

注「匿怨，仲尼之所恥」。按論語云：「匿怨而友其人，左丘明恥之，丘亦恥之。」皇疏引范甯云：「藏怨於心，詐親於形外，揚子法言曰：『友而不心，面友也。』亦丘明之所恥。」

或謂子之治產，不如丹圭之富。曰：「吾聞先生相與言，則以仁與義；市井相與言，則以財與利。如其富！如其富！」或曰：「先生生無以養也，死無以葬也，如之何？」曰：「以其所以養，養之至也；以其所以葬，葬之至也。」〔注〕養不必豐，葬不必厚，各順其宜，惟義所在。〔疏〕丹圭者，史記貨殖傳云：「白圭，周人也。當魏文侯時，李克務盡地力，而白圭樂觀時變，故人棄我取，人取我與，能薄飲食，忍嗜欲，節衣服，與用事僮僕同苦樂，趨時若猛獸鷙鳥之發。故曰：『吾治生產，猶伊尹、呂尚之謀，孫吳用兵，商鞅行法是也。』蓋天下言治生，祖白圭。」孟子云：「白圭曰：『吾欲二十而取一。』」又云：「白圭曰：『丹之治水也，愈於禹。』」趙注云：「白圭，周人也，節以貨殖，欲省賦利民。」又云：「丹，名；圭，字也。」朱子集注亦云周人；又引林氏據史記以爲圭爲此論，蓋欲以其術施之國家也。是皆以孟子之白圭，即貨殖傳之白圭。蓋本法言此文爲說。閻氏若璩四書釋地續云：「韓非書白圭相魏。鄒陽書：『白圭戰亡六城，爲魏取中山。』又：『白圭顯於中山，中山人惡之魏文侯，文侯投以夜光之璧。』魏拔中山，在文侯十七年癸酉，下逮孟子乙酉至梁，凡七十三年，爲國之將相者，尚能存於爾時乎？縱存於爾時，尚能爲國築隄防治水害乎？苟皆能之，孟子與之晤對，其爵之尊，壽之高，當何如隆禮，而但曰『子之』、『吾子』之云乎？我故斷其爲兩人也。」毛氏奇齡說與閻氏同。周氏廣業孟子四考云：「白圭，貨殖傳云當魏文侯時，樂觀時變。鄒陽書曰白圭爲魏拔中山，文侯賜以夜光之璧。計其年且長以倍，不當自名曰丹，孟子呼爲吾子，故閻百詩、毛初晴竝言有兩白圭。與孟子言者名丹，字圭，不得與史强合。今考韓非子云：『白圭之行堤也，塞其穴，故無水難。』正鄭國爲壑之證。呂氏春秋審應覽有白圭與惠施折辨語，則其爲另一人，似無可疑。然史又稱白圭自言：『吾治生產，猶商鞅行法。』據竹書紀年，秦封衞鞅於商，在梁惠成王三十年，是圭後於鞅甚明。國策昭王時白圭始見，而拔中山者，言樂羊，不言白圭。呂氏春秋及新序載孟嘗君、白圭問答，於魏文侯皆稱謚，恐史與鄒陽之說誤以武侯爲文侯也。」宋氏翔鳳孟子趙注補正引管氏同云：「戰國時蓋有三白圭。鄒陽書白圭戰亡六城，爲魏取中山。魏取中山在文侯十七年，下逮孟子至梁之歲七十三年矣，此魏之白圭也。貨殖傳白圭樂觀時變，人棄我取，人取我與，此又一白圭也。孟子之書自謂治水愈禹，欲二十而取一，此又一白圭也。三者名同而人異，太史公誤以貨殖之白圭列於魏文侯時。圭之言曰：『圭治生產，猶伊尹、呂尚之謀，孫吳用兵，商鞅行法。』白圭拔中山，去商鞅之死七十三年，去鞅爲大良造亦六十三年，彼何以稱及鞅哉？夫拔中山者，蓋樂羊、吳起之流，貨殖之白圭則富商大賈，不必嘗仕宦，其爲時不可知也。太史公誤謂與李悝竝世，然言圭善治生而不言仕魏，則雖誤而猶未甚也。要不若圭自言者之足據。若孟子之白圭，蓋好爲高言而不通曉事體，微特不能上及文侯，其與逐利趨時若贄鳥猛獸之發者，亦豈一人哉？」榮按：鄒陽書之白圭，與孟子之白圭，年代懸隔，自不得謂非兩人。若貨殖傳之白圭，則固自言：「吾治生產，猶商鞅行法。」其非鄒陽書之白圭，顯然可見。正即孟子所見欲二十取一，自稱治水愈禹者，何以謂此又一白圭耶？史記白圭傳首二語，乃追敍之辭，與傳末「天下言治生」云云，文義相應，所以誌生產事業之沿革，時世風尚之異同。李悝爲魏文侯作盡地力之教，詳見漢書食貨志。李克即李悝，悝、克古音同部，故得通用。傳意謂自魏文侯以來，天下言治生者，祖李悝，以盡地力爲務。至白圭出而一變其術，以觀時變、決取舍爲務，於是天下言治生者，亦一變其宗師，舍悝而祖圭。此即由農利而進於商利之說，本不謂圭與悝竝世，更未嘗謂其仕魏文侯也。百詩以下，讀史記不精，又牽引鄒陽書，併爲一談，妄意治產之圭與名丹之圭當爲兩人，乃以子雲、邠卿、朱子、林氏爲謬，且以史公爲誤。夫魏文侯與商鞅之後先不相及，曾仕文侯爲將相者之不得稱及商鞅，稍治史事者所知。何有一傳之中，方謂其與魏文侯同時，又稱其以商鞅行法自擬？史公即兼收百家，不容牴牾至此。于庭謂貨殖傳之白圭與孟子之白圭當是一人，所見甚是，而未能明言其所以故，特詳辨之。白圭名丹，而云丹圭者，名字連稱，古人常例，惟多先字後名。左傳文公篇孔疏云：「古人連言名字者，皆先字後名。」又僖公篇疏云：「古人之言名字者，皆先字後名而連言之。」是也。此先名後字者，按家語弟子解，原亢字子籍，而史記弟子傳稱原亢籍。又弟子傳商瞿字子木，而漢書儒林傳稱商瞿子木。又弟子傳嬌子庸疵、周子家豎、光子乘羽、田子莊何、王子中同，漢書悉改爲橋庇子庸、周醜子家、孫虞子乘、田何子裝、王同子中。則知先名後字，漢時稱人之例然也。其名丹字圭者，經義述聞云：「圭讀爲黊，聲近假借也。說文：『黊，鮮明黃色也，從黃，圭聲。蘳，黃華，從艸，黊聲，讀若墮壞。』是黃謂之黊也。名丹字黊，與名赤字華同義。華亦黃也。」焦氏循孟子正義云：「說文丹部云：『丹，巴、越之赤石也。』說苑脩文篇云：『圭者，玉也。』考工記匠人注云：『圭之言珪，潔也。』潔者，潔白也。玉之白者爲圭，石之赤者爲丹，赤熾盛而以潔白消之，此名字所以取歟？」焦、王說異，理當爲優。自序云：「揚季官至廬江太守，有田一壥，有宅一區，世世以農桑爲業，家產不過十金。」故或以治產相譏也。「吾聞先生相與言」云云者，文選皇甫士安三都賦序，李注云：「先生，學人之通稱也。」初學記引風俗通云：「市，亦謂之市井。言人至市，有所鬻賣者，當於井上洗濯，令香潔，然後到市也。或曰古者二十畝爲井田，因井爲市，故云也。」四書釋地續云：「後漢劉寵列傳：『拜會稽太守，山民愿朴，乃有白首不入市井者。父老自稱山谷鄙生，未嘗識郡朝。』郡朝，太守之廳事也。此可證市井貼在國都言。注引風俗通義，以井爲井田，則在野矣，非市交易之處，井共汲之所。張守節曰：『古人未有市及井，若朝聚井汲水，便將貨物於井邊貨賣，故言市井。』」陳氏立公羊傳宣公篇義疏云：「因井爲市，蓋始於三代以前。初作井田時，民情儉樸，無非尋常日用，故於井田間交易，非謂汲水之井也。後世漸趨於文，百貨交易，必於都會聚集之所，因亦謂之市井。」榮謂井者，方里之謂。古者市皆別處，蓋以方里之地爲之，故謂之市井。三輔黃圖廟記云：「長安市有九，各方二百六十六步，凡四里爲一市。」此則後代都市之制，廣袤倍增，然正可因此以想見三代恆常之市，其地不過方里也。漢書貨殖傳引管子曰：「士相與語仁義於宴閒，商相與語財利於市井。」明古有是言，故云「吾聞」也。「如其富！如其富」者，論語云：「桓公九合諸侯，不以兵車，管仲之力也。如其仁！如其仁！」孔注云：「誰如管仲之仁！」按：法言重言「如其」者三見：此文：「如其富！如其富！」吾子：「如其智！如其智！」淵騫：「如其寢！如其寢！」凡句法相同者，其解釋當相似，故通於此而扞格於彼之說，必非作者之旨。俞云：「如其富，言如何其以富也。重言之者，深疾之之辭。此句法本於論語之『如其仁！如其仁』。孔注增字解經，頗非經旨。以楊子之意推之，則如其仁者，不許之也。孔子於管仲但許其事功之盛，而未嘗予之以仁。故其意若曰：『論管仲者，但以事功論之足矣，如何其以仁也？如何其以仁也？』卽下章『民到於今受其賜』，可謂推許之至，而於仁字固不一及也。非楊子此文，則孔子之意不見矣。吾子篇：『或問屈原智乎？曰：如玉如瑩，爰見丹青，如其智！如其智！』此與孔子之論管仲，正可互明。蓋若管仲者，論其事功可也，不必論其仁也。若屈原者，論其志節可也，不必論其智也。」榮按：論語如其仁之爲深許管仲，義無可疑。彼鄭注亦云：「重言如其仁者，九合諸侯，功濟天下，此仁爲大。死節，仁小者也。」義同孔注。假如俞說，如其仁者，不許之之辭，若管仲者，但論其事功可也，不必論其仁也。則按之上下文義，盡成矛盾，此說斷非經旨。經傳釋詞云：「如猶乃也。言管仲不用民力而天下安，乃其仁！乃其仁也！」劉疏以爲此訓最當，蓋不直言爲仁，而言如其仁，明專據功業言之。然此說按之論語及吾子篇之「如其智」，於義似協，以釋此文「如其富」，已嫌不順，若施之淵、騫之「如其寢」，則絕不可通。是子雲亦必不訓如爲乃，可知也。今細繹之，竊謂子雲解論語，實同孔義。此文如其富云者，其字指上文之丹圭，謂士相與語不及財利，若必以財利爲言，則吾豈如丹圭之富也。以此推之，吾子云「如其智」者，其卽指屈原，謂誰如屈原之智也。淵、騫云「如其寢」者，其指上文淵、騫之徒。徒者，弟子也。謂兩賢得游孔子之門，以揚其名，豈如其弟子之湮没不彰也。如此解之，於論語及本書三文，似皆可通，當得爲子雲本意也。公羊傳隱公篇「如勿與而已矣」，解詁云：「如卽不如，齊人語也。」然則以如爲誰如，爲豈如，猶以如爲不如。蓋古人自有語急、語舒之例，不可謂增字以解之，必於文義未安也。音義云：「俗本下句作『如其義』，非。」按：集注引宋、吳本及今漢魏叢書本，下句均作「如其義」；又世德堂本不重此句，皆非。「或曰先生」云云者，此承上文「先生相與言」云云，而以養生送死之事相難，以見空言仁義之有所不可行也。世德堂本作「生無以養，死無以葬」，無兩「也」字。「以其所以養」云云者，吳云：「生事之以禮，不必豐也。死葬之以禮，不必厚也。孔子曰：『啜菽飲水，盡其歡，斯之謂孝。斂手足形還葬而無椁，稱其財，斯之謂禮。』」按：治平本「以其所以葬」作「以其所葬」，與上句不一律。秦氏恩復校謂上句衍下「以」字。陶氏鴻慶讀法言札記云：「以其所葬，五臣注本作『以其所以葬』，當從之。此答或人生無以養、死無以葬之問，故云然。李注云：『惟義所在。』吳注云：『生事之以禮，死葬之以禮。』義也，禮也，皆指所以養、所以葬而言。溫公集注不言李本之異，是李本與各本同也。秦校反謂以其所以養句衍下『以』字，文理未協，恐不可從。」按：陶說是也。治平本偶脫此「以」字耳。

或曰：「猗頓之富以爲孝，不亦至乎？顏其餒矣！」曰：「彼以其粗，顏以其精；彼以其回，顏以其貞。〔注〕回，邪也。貞，正也。顏其劣乎？顏其劣乎？」〔注〕至足者，外物不能累其內。〔疏〕「猗頓之富」者，音義：「猗頓，於離切。」史記貨殖傳云：「猗頓用盬鹽起，而邯鄲郭縱以鐵冶成業，與王者埒富。」集解云：「孔叢曰：『猗頓，魯之窮士也，耕則常飢，桑則常寒，聞朱公富，往而問術焉。朱公告之曰：子欲速富，當畜五牸。於是乃適西河，大畜牛羊於猗氏之南。十年之間，其息不可計，貲擬王公，馳名天下。以興富於猗氏，故曰猗頓。』」按孔叢陳士義文，「西河」當作「河東」。漢書地理志，河東郡有猗氏。文選賈誼過秦論，李注引孔叢正作「乃適河東」。「顏其餒矣」者，說文：「餒，飢也。」司馬云：「或人以爲顏氏之親當不免於餒也。」「彼以其粗」云云者，音義：「其粗，千胡切。」司馬云：「養體爲粗，養志爲精；驕亂争疾爲邪，屢空不改其樂爲正。」按：精、貞爲韻。「顏其劣乎」者，說文：「劣，弱也。」按：經傳以爲優之反。此與上文「如其富！如其富」同義，謂以精與貞言，則吾以顏氏之孝爲至。子若言富，則顏誠不能與猗頓比也。吳胡部郎玉縉云：「此卽上文『養之至』義，謂顏豈劣乎？其，豈也。」注「回，邪也。貞，正也」。按說文：「𧗀，衺也。」經傳皆通作「回」、「邪」。易：「乾，元、亨、利、貞。」子夏傳云：「貞，正也。」

或曰：「使我紆朱懷金，其樂可量也。」曰：「紆朱懷金者之樂，不如顏氏子之樂。顏氏子之樂也，內；〔注〕至樂內足，不待於外。紆朱懷金者之樂也，外。」〔注〕內樂不足，是故假於金朱外物爾，乃說樂也。或曰：「請問屢空之內。」〔注〕欲以此義嘲楊子也。曰：「顏不孔，雖得天下不足以爲樂。」「然亦有苦乎？」曰：「顏苦孔之卓之至也。」或人瞿然曰：「茲苦也，祇其所以爲樂也與！」〔疏〕「紆朱懷金」者，音義：「紆朱，邕俱切。」張平子東京賦：「紆皇組。」薛綜注云：「紆，垂也。」按說文：「紆，詘也。一曰縈也。」續漢書輿服志云：「諸侯王，赤綬。」注引徐廣云：「太子及諸侯王，金印、龜紐，纁朱綬。」然則猶言爲侯王也。音義：「其樂，音洛，下同。」「可量也」，治平本作「不可量已」；世德堂本作「不可量也」，文選范蔚宗宦者傳論李注、後漢書宦者傳章懷太子注引同，此皆校書者妄改。惟毛本文選鮑明遠擬古詩注引作「可量也」，爲古本之僅存者。楊書多以「也」爲「邪」，說見各本條。妄人不知「也」字之義，遂增「不」字。而治平本直改「也」爲「已」，愈失其真。俞云：「『其樂可量也』，猶云『其樂可量邪』？與上文衆人所能踰也，文法一律。」榮按：此乃設想之辭。「其樂可量邪」，見歆羨無極之意。若增「不」字而讀「也」如字，或改「也」爲「已」，全失屬辭之妙矣。「不如顏氏子之樂」者，易繫辭云：「顏氏之子，其殆庶幾乎？」論語云：「子曰：『賢哉，回也！一簞食，一瓢飲，在陋巷，人不堪其憂，回也不改其樂。賢哉，回也！』」鄭注云：「貧者人之所憂，而顏淵志道，自有所樂，故深賢之。」「顏氏子之樂也，內；紆朱懷金者之樂也，外」者，呂氏春秋慎人引子貢曰：「古之得道者，窮亦樂，達亦樂。所樂非窮達也，道得於此，則窮達一也。」世德堂本「紆朱懷金」下無「者」字。「請問屢空之內」者，論語：「回也，其庶乎！屢空。」何晏集解云：「言回庶幾聖道，雖數空匱，而樂在其中矣。一曰：『屢猶每也，空猶虛中也。以聖人之善道，教數子之庶幾，猶不至於知道者，各內有此害。其於庶幾每能虛中者，惟回懷道深遠。不虛心不能知道。』」潘氏維城論語古注集箋云：「案說文無『屢』字。古祇作『婁』，說文云：『婁，空也。』則與下『空』字同義。然下文云『億則屢中』、『空中』殊不成義，當以新附屢字訓數之說爲得。」劉疏云：「詩節南山：『不宜空我師。』毛傳：『空，窮也。』引申之，凡貧窮無財者，亦謂之空。史記伯夷列傳：『然回也屢空，糟糠不厭。』鹽鐵論地廣云：『夫賤不害知，貧不妨行。顏淵屢空，不爲不賢；孔子不容，不爲不聖。』後漢賈逵傳：『帝謂馬防曰：賈逵母病，此子無人事於外，屢空，將從孤竹之子於首陽矣。』是漢人解屢空皆爲空匱，注前說是也。」俞氏樾羣經平議，據說文婁空連文，謂：「古語有如此，許君猶及知之。凡物空者無不明。以人言，則曰『離婁』；以屋言，則曰『麗廔』。孔子以婁空稱顏子，蓋謂顏子之心通達無滯，亦若窗牖之麗廔闓明也。終日不違，無所不說，竝其證也。」榮按：論語以顏子屢空與子貢貨殖對舉，明以貧富爲言，不仁者不可以久處約，屢空者能久處約之驗。久處約而不改其樂，非中心安仁者不能，所以爲庶幾。此躬行實踐之美，較諸泛論心德，遠爲深切著明。平叔漸染玄風，故有虛中之詁。其後王輔嗣、顧歡、太史叔明之徒，敷暢斯旨，益以寂虛、遺忘、大通、頓盡諸辭詮釋空字，斯則語涉禪悅，去古彌遠。曲園傅會許書，衍爲空明之論，義尤膚淺。法言此章，皆論儒者安貧樂道之學。此用屢空字，自亦解爲數匱，與集解前一說同也。「屢空之內」，謂屢空者之內樂何事也。「顏不孔，雖得天下不足以爲樂」者，此明顏子所樂非他，乃在得孔子而師事之，以孔子之道爲至樂，雖王天下不與易，爲真能道顏子之樂事者。明乎此，則知程子云：「簞瓢陋巷非可樂，蓋自有其樂爾。」及云：「昔受學周茂叔，每令尋顏子所樂何事。」舍昔賢親師樂道之義不言，而故爲隱約難知之説以疑學者，遠不若子雲此言之親切而有味也。「然亦有苦乎」者，此問辭而省「曰」字。古人多有此法，説詳古書疑義舉例。「顏苦孔之卓之至也」者，論語云：「顏淵喟然歎曰：『仰之彌高，鑽之彌堅；瞻之在前，忽焉在後。夫子循循然善誘人，博我以文，約我以禮，欲罷不能，既竭吾才。如有所立卓爾，雖欲從之，末由也已。』」鄭注云：「卓，絶望之辭。」按：謂高遠窮絶瞻望也。説文：「𠦝，高也。」古文作「卓」。潘氏集箋云：「經義述聞：『儀禮覲禮：匹馬卓上。卓之言，超也，絶也，獨也。』廣雅：『趠，絶也。』李善西都賦注：『逴躒，猶超絶也。』趠、逴與卓，古並同聲，其義一也。漢書河間獻王傳：『卓爾不羣。』説苑君道篇：『踔然獨立。』説文：『稦，特止也。』徐鍇傳曰：『特止，卓立也。』踔與稦、卓，古亦同聲，皆獨貌也。據此，則卓爾者，形容夫子之道之超然特立；故鄭以爲絶望之辭也。揚子法言學行篇『顏苦孔之卓』指此。」劉疏云：「道不外學，學不外禮。夫子十五志學，三十而立。志學即博文也。立即立於禮也，亦即約禮也。如有所立卓爾，謂禮之所立，無非道也。顏子於博約之後，服習既久，故舉其所已知者以自明，求其所未知者以自勉。」莊子田子方篇：「顏子曰：『夫子步亦步，夫子趨亦趨，夫子馳亦馳，夫子奔逸絶塵，而回瞠若乎後矣。』奔逸絶塵，則夫子之所立卓爾也；回瞠若乎後，則欲從末由也。惟欲從末由，故仰鑽既竭，而彌高彌堅也；在前可瞻，而忽焉在後也。此顏子之未達一間也。然雖欲從末由，而終是欲罷不能，故夫子又言：『回，吾見其進，未見其止矣。』」按：既竭吾才，欲從末由，故謂之苦。世德堂本無「之至」二字。「或人瞿然」云云者，音義：「瞿然，音句。」説文：「𥄎，舉目驚𥄎然也。」經傳通作「瞿」。莊子徐无鬼「子綦瞿然喜曰」，司馬彪注云：「喜貌。」又李頤注云：「驚視貌。」音義：「祇其，音支，適也。」按：欲從末由，而仍未見其止，故所苦正其所樂而已。後漢書宦者傳注引此文。李軌注：「朱，朱紱也。金，金印也。」選注分引宦者傳論及擬古詩下。今法言各本無此注。注「欲以此義嘲楊子也」。按：論衡別通云：「富人之宅，以一丈之地爲內，內中所有，柙匱所贏，縑布絲綿也。貧人之宅，亦以一丈爲內，內中空虛，徒四壁立，故曰貧。」弘範意以或人以內外字可兼通居處而言，因以內爲室中之義，戲言屢空之家，復何所有，而云樂耶？故云欲以此義嘲楊子。實則法言此文乃欲申論顏子所樂何事，特假問發之。內者，內樂之省。正以屢空之遇，當使人困心衡慮，不堪其憂。今云內樂，果爲何義？故云「請問屢空之內」。以爲嘲謔之詞，非也。

曰：「有教立道，無止仲尼；有學術業，無止顏淵。」或曰：「立道，仲尼不可爲思矣。術業，顏淵不可爲力矣。」曰：「未之思也，孰禦焉？」〔注〕孔子習周公，顏回習孔子，無止之者。〔疏〕此別爲一章，與上不屬。以承或人之語之後，故特著「曰」字以起之。「無止」，各本皆作「無心」。音義云：「天復本竝作『無止』。」按：心、止隸形相近而誤，今據訂正。俞云：「術當讀爲述。禮記祭義：『結諸心，形諸色，而術省之。』鄭注曰：『術當爲述。』韓勑後碑『共術韓君德政』，張表碑『方伯術職』，樊敏碑『臣子褒術』，竝以術爲述，皆其證也。述業與立道正相對，有教立道，作者之謂聖也；有學述業，述者之謂明也。又按音義曰：『天復本心作止。』當從之。言立道不止，則爲仲尼；述業不止，則爲顏淵也。李、宋、吳本竝作『心』，於義難通。溫公從之，非是。」按：俞說是也。經傳釋詞云：「有猶或也。」言或以立道爲教，進而不已，斯仲尼矣；或以述業爲學，進而不已，斯顏淵矣。即前文「晞之則是」之意。思、力互文。

法言義疏三

吾子卷第二〔注〕崇本在乎抑末，學大道絶乎小辯也。　法言　李軌注

或問「吾子少而好賦」。曰：「然。童子彫蟲篆刻。」〔注〕少年之事。俄而，曰：「壯夫不爲也。」〔注〕悔作之也。或曰：「賦可以諷乎？」曰：「諷乎！〔注〕駭歎之聲也。諷則已，不已，吾恐不免於勸也。」〔注〕相如作大人賦，武帝覽之，乃飄飄然有陵雲之志。或曰：「霧縠之組麗。」〔注〕言可好也。曰：「女工之蠹矣。」〔注〕霧縠雖麗，蠹害女工；辭賦雖巧，惑亂聖典。劒客論曰：「劒可以愛身。」〔注〕言擊劒可以衞護愛身，辭賦可以諷諭勸人也。曰：「狴犴使人多禮乎？」〔注〕言擊劒使人狴犴多禮，辭賦使人放蕩惑亂也。

〔疏〕「吾子少而好賦」者，音義：「少而，詩照切。好賦，呼報切。」自序云：「先是蜀有司馬相如作賦，甚弘麗温雅，雄心壯之，每作賦，常擬之以爲式。」傳贊云：「辭莫麗於相如，作四賦。」按：四賦者，甘泉、河東、羽獵、長楊也，並見自序。藝文志，揚雄賦十二篇，列賦第二類，結題「右賦二十一家，二百七十四篇」。班自注云：「入揚雄八篇。」周氏壽昌漢書注校補云：「前賦二十家，應是莊雅之作，以屈原、相如、武帝知之。此二十一家，疑有類俳倡嫚戲者，以枚皋知之。又注云：『入揚雄八篇。』殆卽逐貧賦、解嘲、解難之類，凡規諷設辭，皆入其中。」榮按：本類收揚賦十二篇，而注云入八篇，明七略原録四

篇，班增八篇也。原録四篇，必即傳贊所謂四賦，莊雅無異相如，何以彼則入第一類，此則入第二類？且又何以解於第三類之以孫卿賦爲首耶？班之爲此分類，自當有説，然必不如周氏所云，以枚皋有類俳倡嫚戲，子雲皆是規諷設辭，故爲一類也。「童子彫蟲篆刻」者，説文：「彫，琢文也。」「篆，引書也。」蟲者，蟲書。刻者，刻符。説文序云：「秦書有八體：一曰大篆，二曰小篆，三曰刻符，四曰蟲書，五曰摹印，六曰署書，七曰殳書，八曰隸書。漢興，有草書。尉律：『學僮十七以上始試，諷籀書九千，乃得爲吏。又以八體試之，郡移大史，并課最者以爲尚書史。』」繫傳云：「按漢書注，蟲書即鳥書，以書幡信，首象鳥形，即下云鳥蟲是也。」又：「按蕭子良以刻符、摹印合爲一體。臣以爲符者，内外之信，若晉鄙奪魏王兵符，又云借符以罵宋。然則符者，竹而中剖之，字形半分，理應別爲一體。」是蟲書、刻符尤八書中纖巧難工之體，以皆學僮所有事，故曰「童子彫蟲篆刻」。言文章之有賦，猶書體之有蟲書、刻符，爲之者勞力甚多，而施於實用者甚寡，可以爲小技，不可以爲大道也。「俄而曰壯夫不爲」者，公羊傳莊公篇「俄而可以爲其有矣」，解詁云：「俄者，謂須臾之間，創得之頃也。」曲禮云：「三十曰壯。」自序云：「雄以爲賦者，又頗似俳優淳于髡、優孟之徒，非法度所存，賢人君子詩賦之正也，於是輟不復爲賦。」「可以諷乎」者，詩關雎序釋文云：「用風感物謂之諷。」甘泉賦李注云：「不敢正言謂之諷。」朱氏駿聲説文通訓定聲云：「風動物而無形，故微言婉詞謂之風。漢書志、傳凡幾十見，皆作『風』，注乃云讀爲『諷』，反以借字爲正字，失之矣。」藝文志云：「傳曰：『不歌而誦謂之賦，登高能賦可以爲大夫。』言感物造耑，材知深美，可與圖事，故可以爲列大夫也。古者，諸侯、卿大夫交接鄰國，以微言相感，當揖讓之時，必稱詩以諭其志。蓋以別賢不肖，而觀盛衰焉。故孔子曰『不學詩，無以言』也。春秋之後，周道寖壞，聘問歌詠，不行於列國，學詩之士，逸在布衣，而賢人失志之賦作矣。大儒孫卿及楚臣屈原，離讒憂國，皆作賦以風，咸有惻隱古詩之義。」然則賦之本旨在於風諭，故以爲問。「諷乎」者，此複舉問語而反問之，本書多有此例。如問道云「嬰犢乎」，重黎云「倮乎」，皆是。世德堂本無此二字，非。「諷則已」云云者，漢書司馬相如傳贊云：「揚雄以爲靡麗之賦，勸百而諷一，猶騁鄭、衛之聲，曲終而奏雅。」自序云：「雄以爲賦者，將以風之。必推類而言，極麗靡之辭，閎侈鉅衍，競於使人不能加也。既迺歸之於正，然覽者已過矣。往時武帝好神仙，相如上大人賦，欲以風帝，反縹縹有陵雲之志。繇是言之，賦勸而不止，明矣。」均足與此文相發明。「不已」，卽彼所云不止。論衡譴告云：「孝武皇帝好仙，司馬長卿獻大人賦，上乃僊僊有凌雲之氣。孝成皇帝好廣宮室，揚子雲上甘泉頌，妙稱神怪，若曰非人力所能爲，鬼神力乃可成。皇帝不覺，爲之不止。」按：子雲之悔其少作，實由於此。「霧縠之組麗」者，説文：「絫，細縛也。」漢書禮樂志「廁霧縠」，顏注云：「言其輕細若雲霧。」又相如傳「垂霧縠」，張揖注云：「縠縐如霧。」音義：「組麗，音祖。」書禹貢，馬融注云：「組，文也。」御覽八百十六引此，作「霧縠之麗」，無「組」字。「女工之蠹」者，説文：「蠹，木中蟲。」引伸爲賊害之稱。國策秦策，高誘注云：「蠹，害也。」鹽鐵論散不足云：「衣服靡麗，布帛之蠹也。」劍客論蓋兵技巧家之書，藝文志有劍道三十八篇。又司馬遷傳云：「在趙者，以傳劍論顯。」顏注云：「劍論，劍術之論也。」劍客論當卽此類。鹽鐵論箴石云「若夫劍客論、博弈辯」，則假以爲雄談析辯之稱，明必彼時通行習見之書也」。「劍可以愛身」者，愛讀爲䉈。説文：「䉈，蔽不見也。」廣雅釋詁云：「薆，鄣也，字亦作薆。」爾雅釋言云：「薆，隱也。」方言云：「翳，薆也。」古通作「愛」。詩靜女「愛而不見」，方言郭注引作「薆而不見」。廣雅云：「翳，愛也。」按：薆之本義爲隱蔽，引伸之爲保鄣。漢書雋不疑傳云：「劍者，男子武備，所以衞身。」愛身卽衞身之意。狴犴讀爲批扞。擊虛謂之批，堅不可入謂之扞，皆劍術之要。所謂爲劍者示之以虛，開之以利，後之以發，先之以至也。說文：「𢪛，反手擊也。」經傳多省作「批」。莊子養生主云：「批大郤。」郭象注云：「有際之處，因而批之令離。」史記孫子吳起傳云：「批亢擣虛。」亢讀爲阬，阬亦虛也。淮南子說林云：「故解捽者，不在於捌格，在於批伉。」高注云：「推擊其要也。」此批之說也。說文：「扞，忮也。」段注云：「忮當作枝。」按：枝，格也。學記云：「發然後禁，則扞格而不勝。」鄭注云：「扞格，堅不可入之貌。」漢書董仲舒傳，顏注云：「扞，距也。」此扞之說也。蓋擊人之虛，而自爲堅不可入以距人，是爲批扞。墨子脩身云：「批扞之聲，無出之口。」易林睽之賁云：「批捍之言，我心不快。」皆此義也。史記蔡澤傳云：「批患折難。」按：折難無義，必「扞難」之誤，扞、折隸形相似也。楚公子比字子干，王氏引之名字解詁以爲本於牧誓「比爾干」。此望文生訓，蓋亦取於批扞以爲義也。然則批扞連文，古人常語。此以狴犴字爲之者，疑亦出劍客論，古書多同聲通用也。「狴犴使人多禮乎」者，蓋擊劍之道，坐作進退，咸有法則，猶禮之於升降上下，皆有節文，故爲此術者，必有學劍使人多禮之說。而此卽用其語以反詰之，謂批扞之術豈能使人多禮，以明劍可愛身之亦爲妄也。猶賦家之說，謂賦可以諷，而不知靡麗之辭，豈能使人歸於正也。注「駭歎之聲也」。陶氏鴻慶讀法言札記云：「李於『諷乎』注云：『駭歎之聲。』非也。此因或人之問而許之之辭。蓋諷爲五諫之一，爲賦之旨，取足以諷而止。若靡麗相尚，則非惟不足諷諫，反勸誘之使人於淫矣。」按：陶說非也。諷乎云者，言賦而可以諷乎？明無其效也。凡諷之旨，將以止人之過，而歸之於正也。賦而能諷，則覽者當止而不爲。今乃爲之不止，則是賦者勸而已矣，何諷之有？故云：「諷乎？」李謂駭歎之聲，正得楊意。如陶說，則上下文義全不相應矣。注「擊劍使人狴犴多禮」。按音義：「狴，邊衣切；犴，音岸，獄也。太玄曰：『蹕于狴獄。』家語曰：『獄犴不治。』」則以狴犴爲牢獄之謂。按：說文：「陛，牢也，所以拘非人。從非，陛省犨。」陛卽陛之異文。易林比之否：「失意懷憂，如幽狴牢。」又，說文：「豻，胡地野狗也。」或作「犴」。古亦以爲獄稱。詩小宛：「宜岸宜獄。」釋文云：「韓詩作『犴』，鄉亭之繫曰犴，朝廷曰獄。」此音義說所本，宋、吳、司馬均依此爲說。宋云：「若使擊劒可衞身，則囹圄之牢有三木之威，囚者多恭，豈使人多禮乎？言不能也。」吳云：「言劒之威，人莫敢犯，豈牢獄之威，使人多禮乎？」司馬云：「人在牢獄之中，不得動搖，因謂之多禮。不知已陷危辱之地，不若不入牢獄之爲善也。劒雖可以衞身，不若以道自防，不至於用劒之爲善也。」按：温公之說，略同著作。囚者不能動搖，因謂之多禮，近於謔矣。吳說甚簡，未詳所云。若謂劒佩之衞身，猶刑法之輔治，而牢獄之威，不能使人畏法而重禮，豈一劒之威，乃能使人不犯耶？舉大明小，義亦可通。然此文前後皆論辭賦，劒可以愛身，明與霧縠之麗同是假物取譬，以見好賦之固非無說。今云牢獄之威，將何所取？喻賦則乖於事類，喻劒則不應問旨，更令上下文理都成阻隔。然則音義此讀，殊不可從。治平本此文李注云：「言狴犴使人多禮，辭賦使人放蕩惑亂也。」語意乖舛，必非弘範之舊。世德堂本此注作「言擊劒使人狴犴多禮，辭賦使人放蕩惑亂也」，則與上句注云「言擊劒可以衞護愛身，辭賦可以諷諭勸人也」，句法一律，似較治平本爲近是。然擊劒使人狴犴多禮，亦不成義。疑「多禮」當作「無禮」，今作「多」者，乃涉正文而誤。觀宋駁李注云：「今注文與好賦相聯。」段解之復以狴犴爲擊劒之形貌。」可悟宋所見李注必尚作「狴犴無禮」，故知其爲狀擊劒之貌。是弘範不讀狴犴如字，顯然可見。惜其文太略，又爲後人竄亂，遂不可通耳。

或問：「景差、唐勒、宋玉、枚乘之賦也，益乎？」曰：「必也淫。」〔注〕言無益於正也。「淫、則柰何？」曰：「詩人之賦麗以則，〔注〕陳威儀，布法則。辭人之賦麗以淫。〔注〕奢侈相勝，靡麗相越，不歸於正也。如孔氏之門用賦也，則賈誼升堂，相如入室矣。如其不用何？」〔疏〕音義：「景差，初佳切。舊本作景瑳。」按：史記屈原傳云：「楚有宋玉、唐勒、景差之徒者，皆好辭而以賦見稱。」索隱云：「揚子法言及漢書古今人表皆是景瑳。」按：今漢書人表尚作「景瑳」，而法言各本均作「景差」，乃校者依史記等書改之。藝文志無景差賦。楚辭大招序云：「大招者，屈原之所作也。或曰景差，疑不能明也。」志有唐勒賦四篇，注云：「楚人。」又宋玉賦十七篇，注云：「楚人，與唐勒竝時，在屈原後也。」音義：「枚乘，繩證切。」枚乘傳云：「枚乘，字叔，淮陰人也，爲吳王濞郎中。漢既平七國，景帝召拜乘爲弘農都尉。以病去官，復游梁。梁客皆善屬辭賦，乘尤高。」志有枚乘賦九篇。詩關雎序，孔疏云：「淫者，過也。過其度量，謂之爲淫。」按：法言此文，當有脱誤。論語「必也」字凡七見：「君子無所争，必也，射乎！」「何事於仁？必也，聖乎！」「必也，臨事而懼，好謀而成者也。」「聽訟，吾猶人也。必也，使無訟乎！」「必也，正名乎！」「不得中行而與之，必也，狂狷乎！」「人未有自致者也，必也，親喪乎！」皆於前文所否之外，別求一義以當之，謂有之，則惟此而已。若然，則「必也，淫」，不與文義相反乎？竊意原文當作「或問：『景差、唐勒、宋玉、枚乘之賦也，益乎？』曰：『淫㈠，必也則。』」言景差諸人之賦不免於淫，故爲無益。賦之益者，所惟則乎！故後文直云：「淫、則柰何！」淫、則二字平列爲義，則非語辭，即「麗以則」之「則」，謂淫與則之別若何？正蒙此文而言。若如今本，則非特義不可通，亦令後文則字上無所承，失文例矣。李注「言無益於正也」，即解淫字之義，當在「必也」字上。此蓋校書者見「必也，則。淫則奈何」連文，誤以「則」爲語辭，於義不順，遂將「必也」字移置正文「淫」字上，而更删去一「則」字，遂使正文與注均不可解矣。詩人之賦，謂六義之一之賦，即詩也。周

㈠「淫」下原有旁書小字「句」，蓋作者以示句讀，今删。

禮：「大師教六詩：曰風，曰賦，曰比，曰興，曰雅，曰頌。」班孟堅兩都賦序云㈠：「賦者，古詩之流也。」李注云：「毛詩序曰：詩有六義焉，二曰賦。故賦爲古詩之流也。」爾雅釋詁云：「則，法也。」「詩人之賦麗以則」者，謂古詩之作，以發情止義爲美。卽自序所謂：「法度所存，賢人君子詩賦之正也。」故其麗也以則。藝文志顔注云：「辭人，謂後代之爲文辭。」「辭人之賦麗以淫」者，謂今賦之作，以形容過度爲美。卽自序云：「必推類而言，閎侈鉅衍，使人不能加也。」故其麗也以淫。藝文類聚五十六引摯虞文章流別論云：「古之作詩者，發乎情，止乎禮義。情之發，因辭以形之；禮義之指，須事以明之，故有賦焉。所以假象盡辭，敷陳其志。古詩之賦，以情義爲主，以事類爲佐。今之賦，以事形爲本，以義正爲助。情義爲主，則言省而文有例矣；事形爲本，則言富而辭無常矣。文之煩省，辭之險易，蓋由於此。夫假象過大，則與類相遠；逸辭過壯，則與事相違；辨言過理，則與義相失；麗靡過美，則與情相悖。此四過者，所以背大體而害政教。是以司馬遷割相如之浮說，揚雄疾辭人之賦麗以淫。」按：過卽淫也。仲治此論，推闡楊旨，可爲此文之義疏。「如孔氏之門用賦也」云云者，用賦，謂以賦爲教也。「也」讀爲邪。賈誼、相如，史記、漢書均有傳。藝文志有賈誼賦七篇，司馬相如賦二十九篇。論語云：「由也，升堂矣，未入於室也。」皇疏云：「若近而言之，卽以屋之堂室爲喻。若推而廣之，亦謂聖人妙處爲室，麤處爲堂。故子路得堂，顔子入室。」顔云：「言孔子之門，既不用賦，不可如何。謂賈誼、相如無所施也。」孔氏之門，志引作「孔子之門人」。按：志有「人」字，非也，詳王氏念孫漢書雜志。又「升堂」志引作「登堂」。御覽五百八十七引此作「若孔氏之門而用賦」。

㈠「都」字原本訛作「部」，今改。

或問「蒼蠅、紅紫」。曰：「明視。」〔注〕蒼蠅間于白、黑，紅、紫似朱而非朱也。問「鄭、衛之似」。曰：「聰聽。」或曰：「朱、曠不世，如之何？」曰：「亦精之而已矣。」〔疏〕「蒼蠅紅紫」者，詩青蠅云：「營營青蠅，止于樊，豈弟君子，無信讒言。」鄭箋云：「蠅之爲蟲，汙白使黑，汙黑使白，喻佞人變亂善惡也。」按：此魯詩說也。劉向九歎云：「若青蠅之僞質兮。」王逸注云：「僞，猶變也。青蠅變白使黑，變黑成白，以喻讒佞。詩云：『營營青蠅』，言讒人若青蠅，變轉其語，以善爲惡也。」陳氏喬樅魯詩遺説考云：「鄭箋與叔師語合，是鄭亦用魯訓之義。」是也。論語云：「紅、紫不以爲褻服。」皇疏云：「五方正色：青，赤，白，黑，黄。五方間色：緑爲青之間，紅爲赤之間，碧爲白之間，紫爲黑之間，緇爲黄之間也。故不用紅、紫，以其是間色也。」又引穎子嚴云：「南方火，火色赤。火剋金，金色白。以赤加白，故爲紅，紅爲南方間也。北方水，水色黑。水剋火，火色赤。以黑加赤，故爲紫，紫爲北方間也。論語云：『惡紫之奪朱也。』孟子云：『孔子曰：惡似而非者，惡紫恐其亂朱也。』」「鄭、衛之似」者，樂記云：「鄭、衛之音，亂世之音也。」又云：「魏文侯問於子夏曰：『吾端冕而聽古樂，則惟恐臥；聽鄭、衛之音，則不知倦。』」又云：「子夏對曰：『鄭音好濫，淫志；宋音燕女，溺志；衛音趨數，煩志；齊音敖辟，喬志。此四者皆淫於色而害於德，是以祭祀弗用也。』」按：備舉之，則鄭、宋、衛、齊之音皆爲溺音。舉一以例其餘，則曰鄭。偶文爲名，則曰鄭、衛。論語云：「惡鄭聲之亂雅樂也。」孟子云：「孔子曰：『惡鄭聲。』恐其亂樂也。」「朱、曠不世」者，朱，離婁；曠，師曠。孟子離婁，趙注云：「離婁，古之明目者，黄帝時人。黄帝亡其玄珠，使離朱索之。離朱，卽離婁也。」師曠，晉平公之樂太師也，其聽至聰。莊子駢拇釋文云：「離朱，司馬云：『黄帝時人，百步見秋豪之末，一云見千里針鋒。』孟子作離婁。」又云：「師曠，司馬云：『晉賢大夫也，善音律，能致鬼神。』史記云：『冀州南和人，生而無目。』」「不世」，謂不代有。「亦精之而已矣」者，精視則明，精聽則聰，人皆可爲，無待朱、曠。以喻讒諂姦慝，審察則自知，不必上智乃能辨也。　注「蒼蠅間于白、黑」。俞云：「蒼蠅當以聲言，此乃與紅、紫竝以色言，義似可疑。李注曰：『蒼蠅間於白、黑。』夫蒼蠅則何間於白、黑之有？疑揚子原文本作『蒼駹』。駹與蒼皆色也。周易說卦傳：『震爲龍。』虞翻本『龍』作『駹』，云：『駹，蒼色，字亦通作尨。』文選思玄賦：『尉尨眉而郎潛兮。』舊注曰：『尨，蒼也。』是蒼、駹同義，故得連文。廣雅釋器：『蒼，青也。』故亦曰青駹。史記匈奴傳：『其西方盡白馬，東方盡青駹，北方盡烏驪，南方盡騂馬。』然則李注所稱間於白黑，其卽本史記爲說與？」按：青蠅變亂黑白，魯詩舊訓，漢人以爲常言。易林革之解云：「青蠅汙白，恭子離居。」論衡商蟲云：「讒言傷善，青蠅汙白。」蒼蠅卽青蠅。曹子建贈白馬王彪詩云：「蒼蠅間白黑，讒巧令親疏。」李善注引廣雅云：「間，毁也。」此正弘範語所本。俞乃云：「蒼蠅則何間於黑白之有？」疏陋已甚。古無蒼蠅亂聲之說，惟陸佃埤雅嘗分青蠅、蒼蠅爲二種，謂青蠅善亂色，蒼蠅善亂聲，故詩以青蠅刺讒，而雞鳴曰「匪雞則鳴，蒼蠅之聲」也。其爲謬妄，不足置辨。俞云蒼蠅當以聲言，毋乃類是。至牽引匈奴傳之文，以爲蒼駹之證，尤皮傅無理。夫蒼蠅喻讒，蒼駹將何所取義耶？

或問：「交五聲、十二律也，或雅，或鄭，何也？」〔注〕交猶和也。五聲，宮、商、角、徵、羽也。十二律者，十二月之律呂也。**曰：「中正則雅，多哇則鄭。」**〔注〕中正者，宮商，温雅也。多哇者，淫聲，繁越也。**請問「本」。曰：「黃鍾以生之，中正以平之，確乎，鄭、衛不能入也！」**〔注〕聲平和，則鄭、衛不能入也。學業常正，則雜說不能傾也。事得本，則邪佞不能謬也。〔疏〕「交五聲十二律」者，司馬云：「交，俱也。」按：孟子云：「上下交征利。」趙注云：「又言，交爲俱也。」焦疏云：「交又訓俱。高誘注淮南，韋昭注國語，皆如此訓。」「或雅或鄭」者，論語云：「惡鄭聲之亂雅樂也。」樂記孔疏引異義云：「今論語説鄭國之爲俗，有溱、洧之水，男女聚會，謳歌相感，故云鄭聲淫。左氏説煩手淫聲謂之鄭聲者，言煩手躑躅之音使淫過矣。許君謹案鄭詩二十一篇，説婦人者十九，故鄭聲淫也。」白帖引通義云：「鄭國有溱、洧之水，會聚謳歌相感。今鄭詩二十一篇，説婦人者十九，故鄭聲淫也。」又云：「鄭重之音使人淫，故也。」俞氏正燮癸巳類稿云：「鄭對雅言之。雅，正也。鄭，從奠，下也，定也，重也。聲相應故生變，變成方謂之音。春秋昭二十年傳所謂『一氣、二體、三類、四物、五聲、六律、七音、八風以相成，清濁、大小、短長、疾徐、哀樂、剛柔、遲速、高下、出入、周疏以相濟，君子聽之，以平其心』。昭元年傳，醫和言：『先王樂有五節，遲速本末以相及，中聲以降，五降之後，不容彈矣。於是有煩手淫聲，慆堙心耳，乃忘平和。』今其聲鄭，則奠定專一，沈下滯重。樂記所謂『新樂進俯退俯，姦聲以濫，溺而不止』。乃不變，不成，不濟。五降後之淫聲，狄成滌濫，而民淫亂正。奠下之謂鄭，從奠聲，奠亦義也。鄭重乃主定慎重之義，申之則謂鄭重爲頻繁之意也。」按理初發明左氏古義，頗言之成理。惟此文先云「問鄭、衞之似」，後云「確乎，鄭、衞不能入也」，則此雅、鄭對擧，鄭卽鄭、衞之「鄭」，明不用左氏説也。「交五聲、十二律，或雅或鄭」，喻六藝之文，古今無二，而或以致治，或以文姦也。「中正則雅」者，白虎通禮樂云：「樂尚雅何？雅者，古正也，所以遠鄭聲也。」風俗通音聲云㊀：「雅之爲言，正也。」樂記云：「紀綱既正，天下大定，然後正六律，和五聲，弦詩頌㊁，此之謂德音。德音之謂樂。」是也。「多哇則鄭」者，王氏念孫讀書志餘云：「引之曰：『多讀爲哆。哆，邪也。』下文云述正道而稍邪哆者有矣，未有述邪哆而稍

㊀ 今本風俗通義「音聲」作「聲音」。

㊁ 「弦詩頌」，樂記作「弦歌詩頌」四字。

正也。哆與多，古字通用。孟子梁惠王篇云：『放僻邪侈。』字亦與哆同。多、哇皆邪也，中亦正也，正則雅，邪則鄭，多哇與中正相反也。」按：說文：「迆，衺行也。」引伸之，得爲凡衺之稱。邪侈、邪哆，字皆迆之假，此以多爲之。猶左傳哀公篇「魏曼多」，史記晉、魏世家作「魏侈」，趙世家作「魏哆」也。音義：「多哇，烏瓜切。」說文：「哇，諂聲也。」引伸之爲姦邪。廣雅釋詁云：「哇，衺也。」「邪則鄭」者，白虎通禮樂云：「鄭國土地民人，山居谷浴，男女錯雜，爲鄭聲以相誘悅懌，故邪僻聲皆淫色之聲也。」是也。「黃鍾」，世德堂本作「黃鐘」，古字通用。「黃鍾以生之」者，律歷志云：「五聲之本，生於黃鐘之律九寸爲宮，或損或益，以定商、角、徵、羽，九六相生，陰陽之應也。黃鐘，黃者中之色，君之服也；鐘者，種也。天之中數五，五爲聲，聲上宮，五聲莫大焉。地之中數六，六爲律，律有形有色，色上黃，五色莫盛焉。故陽氣施種於黃泉，孳萌萬物，爲六氣元也。」呂氏春秋音律云：「黃鐘生林鐘，林鐘生太簇，太簇生南呂，南呂生姑洗，姑洗生應鐘，應鐘生蕤賓，蕤賓生大呂，大呂生夷則，夷則生夾鐘，夾鐘生無射，無射生仲呂。三分所生，益之一分以上生。三分所生，去其一分以下生。」按：黃鐘之管九寸，爲律元。下生林鐘，三分去一，故林鐘六寸。林鐘上生太簇，三分益一，故太簇八寸。太簇下生南呂，三分去一，故南呂五寸又三分寸之一。南呂上生姑洗，三分益一，故姑洗七寸又九分寸之一。姑洗下生應鐘，三分去一，故應鐘四寸又二十七分寸之二十。應鐘上生蕤賓，三分益一，故蕤賓六寸又八十一分寸之二十六。蕤賓又上生大呂，三分益一，故大呂八寸又二百四十三分寸之百四。大呂下生夷則，三分去一，故夷則五寸又七百二十九分寸之四百五十二。夷則上生夾鐘，三分益一，故夾鐘七寸又二千一百八十七分寸之千七十五。夾鐘下生無射，三分去一，故無射四寸又六千五百六十一分寸之六千五百二十四。無射上生仲呂，三分益一，故仲呂六寸又萬九千六百八十三分寸之萬二千九百七十四也。「中正以平之」者，樂記云：「是故君子反情以和其志，比類以成其行。姦聲亂色，不留聰明；淫樂慝禮，不接心術；惰慢邪辟之氣，不設於身體。使耳、目、鼻、口、心知、百體皆由順正，以行其義。然後發以聲音，而文以琴瑟，動以干戚，飾以羽旄，從以簫管。奮至德之光，動四時之和，以著萬物之理。是故清明象天，廣大象地，終始象四時，周還象風雨，五色成文而不亂，八風從律而不姦，百度得數而有常。小大相成，終始相生，倡和清濁，迭相爲經。故樂行而倫清，耳目聰明，血氣和平，移風易俗，天下皆寧。」是其義也。「確乎，鄭、衞不能入」者，音義：「確乎，俗本作『榷』，非。」按：說文：「塙，堅不可拔也。」卽「確」字。易文言云：「確乎，其不可拔。」釋文：「確乎，鄭云：『堅高之貌。』」注「五聲，宮、商、角、徵、羽也。十二律，十二月之律呂也」。按：律歷志云：「聲者，宮、商、角、徵、羽也。商之爲言，章也，物成孰，可章度也。角，觸也，物觸地，而出戴芒角也。宮，中也，居中央，暢四方，唱始施生，爲四聲綱也。徵，祉也，物盛大而緐祉也。羽，宇也，物聚臧，宇覆之也。律有十二，陽六爲律，陰六爲呂。律以統氣類物，一曰黃鐘，二曰太族，三曰姑洗，四曰蕤賓，五曰夷則，六曰無射。呂以旅陽宣氣，一曰林鐘，二曰南呂，三曰應鐘，四曰大呂，五曰夾鐘，六曰仲呂。」按：黃鐘，十一月律；大呂，十二月律；太族，正月律；夾鐘，二月律；姑洗，三月律；仲呂，四月律；蕤賓，五月律；林鐘，六月律；夷則，七月律；南呂，八月律；無射，九月律；應鐘，十月律，故云十二月之律呂。析言之，則陽六爲律，陰六爲呂。總言之，則律呂通謂之律也。注「多哇，淫聲，繁越也」。按：文選謝靈運擬鄴中集詩，又嵇叔夜養生論，李注再引法言「哇則鄭」，無「多」字。又引李軌注：「哇，邪也。」治平本李注無此語。吳曹侍讀元忠云：「反於中正爲邪。哇訓邪聲，此其本字。假借爲『䵷』。漢書王莽傳贊：『紫色䵷聲。』紫色卽用上文『蒼蠅紅紫』，䵷聲卽用『哇則鄭』之文。故應劭注云：『紫，間色；䋐，邪音也。』李注用應舊訓，其本本無『多』字，淺學人欲整齊句法而增之。知治平本注云：『多哇，淫聲，繁越也。』以繁越釋多，非李義也。」榮按：君直以莽傳贊「紫色䋐聲」爲卽用法言語，其說甚精。然則孟堅固以此爲子雲刺莽之微文矣。惟謂「多」字乃淺學者欲整齊句法增之，則未必然。多、哇同訓，恐非淺學所知。謂繁越非李義則可，謂李本本無「多」字則不可也。

或曰：「女有色，書亦有色乎？」曰：「有。女惡華丹之亂窈窕也，書惡淫辭之淈法度也。」

〔疏〕「女惡華丹之亂窈窕」者，音義：「惡，烏路切。」文選曹子建洛神賦云：「鉛華弗御。」李注：「鉛華，粉也。」釋名釋首飾云：「脣朱，以丹作之，象脣赤也。」方言云：「美狀爲窕，美心爲窈。」按：窈窕疊韻連語。文選顏延年秋胡詩，李注引韓詩薛君章句云：「窈窕，貞專貌。」是也。漢書杜欽傳云：「禮，壹娶九女，求窈窕，不問華色。」「書惡淫辭之淈法度」者，孟子云：「吾爲此懼，閑先聖之道，距楊、墨，放淫辭，邪說者不得作。」趙注云：「淫，放也。」焦疏云：「禮記哀公問云：『淫德不倦。』注云：『淫，放也。』周禮：『宮正去其淫怠與其奇衺之民。』注云：『淫，放濫也。』楊、墨不習六經，違悖先聖之道，作爲爲我、兼愛之言，因而天下之人亦不習六經。由楊、墨之言，而又放濫之，遂成一無父無君之害，所謂淫辭也。」音義：「淈，古忽切。」說文：「淈，濁也。」經典或作「汩」，洪範：「汩陳其五行。」應劭注云：「汩，亂也。」

或問：「屈原智乎？」曰：「如玉如瑩，爰變丹青。如其智！如其智！」〔注〕夫智者達天命，審行廢，如玉如瑩，磨而不磷。今屈原放逐，感激爰變，雖有文彩，丹青之倫爾。〔疏〕音義：「屈原，九勿切。」史記屈原傳云：「屈原者，名平，楚之同姓也。爲楚懷王左徒，上官大夫與之同列爭寵，而心害其能，因讒之，王怒而疏屈平。屈平憂愁幽思，而作離騷。頃襄王立，以其弟子蘭爲令尹。令尹子蘭卒使上官大夫短屈原於頃襄王。頃襄王怒而遷之，遂自投汨羅以死。」自序云：「怪屈原文過相如，至不容，作離騷，自投江而死。悲其文，讀之未嘗不流涕也。以爲君子得時則大行，不得時則龍蛇。遇不遇，命也，何必湛身哉！」故或以其智爲疑。「如玉如瑩」者，音義：「如瑩，烏定切，又音榮。石次玉者，一曰玉色。逸論語曰：『如玉之瑩。』」按：説文：「瑩，玉色也。一曰石之次玉者。逸論語曰：『如玉之瑩。』」段注云：「此蓋引證玉色之義。」按：如「玉如瑩」，即如玉之瑩也。定海黃先生經説略云：「詩：『匪紹匪游。』毛傳云：『不敢繼以敖游。』按：詩人作歌，多助語以成句，每無意義可求。如剥菹非平列字，曰『是剥是菹』，是剥以爲菹也。始謀非平列字，曰『爰始爰謀』，于是始其謀也。宣畝非平列字，曰『迺宣迺畝』，乃宣其畝也。此曰『匪紹匪游』，亦非平列字。毛傳最合古訓。孔疏謂：『各言匪，每一義。』則剥菹、宣畝等亦可平分爲二義乎？則此文玉瑩亦非平列字，猶云如玉如其瑩耳。疑子雲所據逸論語如此。」「爰變丹青」者，廣雅釋詁云：「變，化也。」丹青猶云采色。聘義云：「孚尹旁達，信也。」鄭注云：「孚讀爲浮，尹讀如竹箭之筠，浮筠謂玉采色也。采色旁達，不有隱翳，似信也。」左太沖蜀都賦云：「符采彪炳。」劉逵注云：「符采，玉之横文也。」山海經郭璞注引王子靈符應云：「赤如雞冠，黄如蒸栗，白如割肪，黑如純漆，玉之符采也。」然則丹青謂玉采。屈原以忠信之質，蔚爲文章，猶玉以皎潔之色，化爲華采。此與君子篇「丹青初則炳，久則渝」異義。彼謂繪事之所施，乃人爲之飾；此謂玉色之所見，則自然之美也。屈原傳云：「屈平正道直行，竭忠盡智，以事其君。濯淖汙泥之中，蟬蜕於濁穢，以浮游塵埃之外，不獲世之滋垢，皭然泥而不滓者也。推此志也，雖與日月争光可也。」「如玉如瑩，爰變丹青」，即泥而不滓，可與日月争光之義。再言「如其智」者，謂誰如屈原之智，説見學行疏。君子比德於玉，智即玉德之一。聘義云：「縝密以栗，知也。」管子水地云：「夫玉鄰以理者，知也。」荀子法行云：「夫玉者，栗而理知也。」説苑雜言云：「玉有六美，近之栗理者，君子比智焉。」説文：「玉有五德，其聲舒揚，專以遠聞，智之方也。」然則以玉喻德，而智在其中。昭質無虧，以成文采，智孰有過於此者？此子雲深致贊美之義也。注「夫智者」至「倫爾」。按：此顯悖楊意。龔鼎臣東原録云：「嘉祐中，予在國子監，與監長錢象先進學官校定李軌注楊子法言。後數年，乃於唐人類書中見『如玉如瑩』一義，惜其未改正也。『或問：屈原智乎？曰：如玉加瑩，爰見丹青。』軌注曰：『夫智者達天命，如玉加瑩，磨而不磷。』往日不知其誤，遂改軌注，以就文義爾。」則龔所校法言，李注「如瑩」本作「加瑩」，以其與正文不合，故改「加」爲「如」。及見唐人類書，乃悟唐本法言正文本作「加瑩」。注文「如玉加瑩，磨而不磷」八字當連讀，乃以磨訓瑩也。「感激爰變」亦當作爰見，於義方順。謂原被放逐，而感憤之情見於文辭也。然弘範解此二句，以上句爲喻智者，以下句爲喻屈原之不智，則語意不貫，無論爲「如瑩」，爲「加瑩」，爲「爰變」，爲「爰見」，皆不可通。此秦序所謂弘範所學，右道左儒，每違子雲本指者，斷不足取。俞云：「華嚴經音義引倉頡篇曰：『瑩，治也。』爾雅釋鳥篇釋文曰：『瑩，磨瑩也。』『如玉加瑩，爰見丹青』，言屈原之放逐，猶玉加磨瑩而成文采也。當據龔説訂正。」榮按：俞以磨瑩成文説此二句，較李義自優。然「如玉之瑩」出逸論語，許君取證玉色之義，則不當訓治可知。以磨治喻放逐，亦不如以玉色喻忠信之質爲尤合。初學記二十一引此文及李注，與各本同，惟無「審行廢」三字。龔所見唐人類書，未知何種，不必可信也。又按：吳仁傑兩漢刊誤補遺云：「法言玉瑩丹青之答，説者亦謂不予之之詞。按逸論語『如玉之瑩』，子雲蓋用其意。則如瑩之『如』，當訓爲而。爰，易也。丹青非繪事之謂，蓋言丹砂、空青，周官『入玉石丹青於守藏之府』是也。子雲以爲三閭不肯喔咿嚅唲，從俗富貴媮安，寧殺身以全其潔，如玉而瑩，其可變易而爲丹青也哉！故玉可碎，瑩不可奪。子雲之予原，亦孔子予管仲之意歟？」此深得子雲之旨，惟以爰變丹青爲反言，則以未悟丹青卽爲符采之義，故亦不得其解也。

或問：「君子尚辭乎？」曰：「君子事之爲尚。〔注〕貴事實，賤虛辭。事勝辭則伉，辭勝事則賦，事、辭稱則經。〔注〕夫事功多而辭美少，則聽聲者伉其動也。事功省而辭美多，則賦頌者虛過也。事、辭相稱，乃合經典。足言足容，德之藻矣。」〔注〕足言，夸毗之辭；足容，戚施之面。言皆藻飾之僞，非篤實之真。〔疏〕「或問君子尚辭乎」，世德堂本「或問」作「或曰」，文選皇甫士安三都賦序，李注引亦作「或曰」。易文言云：「脩辭立其誠，所以居業也。」左傳襄公篇云：「叔向曰：『辭之不可以已也如是夫！子產有辭，諸侯賴之。若之何其釋辭也？』」故有此問。「君子事之爲尚」者，史記自序云：「孔子曰：『我欲載之空言，不如見之行事之深切著明也。』」「事勝辭則伉」者，音義：「伉，口浪切，健也。何休曰：『有辯護伉正者爲里正。』陸德明：『一音苦杏切。』」按：讀爲炕。說文：「炕，乾也。」漢書五行志，顏注云：「凡言炕陽者，枯涸之意，謂無惠澤於下也。」事勝辭者，言之無文，有類枯槁，故云炕也。「辭勝事則賦」者，卽所謂辭人之賦麗以淫也。吳胡部郎玉縉云：「伉卽陳伉之伉。見說文人部。今論語作『亢』，卽爾雅『亢鳥嚨』之亢，故字子禽。」「事勝辭則伉」言其辭之咽，與下「辭勝事則賦」爲辭之敷相對。「事、辭稱則經」者，音義：「稱則，尺證切。」考工記鄭注云：「稱猶等也。」儀禮聘禮記云：「辭無常，孫而說。辭多則史，辭少則不達，辭苟足以達，義之至也。」治平本「事、辭稱」上重衍「事」字，今據各本刪。「足言足容，德之藻矣」者，俞云：「按學行篇曰：『吾未見斧藻其德若斧藻其楶者也。』然則『德之藻矣』自是美之之辭。容猶用也。釋名釋姿容曰：『容，用也。』字亦通作『庸』。莊子胠篋篇『容成氏』，六韜大明篇作

『庸成氏』，庸亦用也。『足言足容』，謂既足以言之，又足以用之，斯其言非空言，爲德之藻飾也。今試連上文讀之：『或問：君子尚辭乎？曰：君子事之爲尚。事勝辭則伉，辭勝事則賦，事、辭稱則經。』然則『足言足容』，所謂事辭稱者，正申明君子事之爲尚也。」按：舊注皆以此八字自爲一章，不與上文連屬。俞讀容爲用，以爲卽申明上文之語，於義爲長，今從之。荀子禮論：「法禮、足禮，謂之有方之士。」楊倞注云：「足，謂無闕失。」然則「足言足容」謂觀其辭則無闕於言，驗之事則無闕於用，本末兼備，所以爲德之文也。胡部郎云：「此卽中庸『足以興』、『足以容』之義。曰足言，而又曰足容，正以見事之爲尚，而不專尚辭也。既明且哲，以保其身，德之藻爲何如矣！」按：言足以興，默足以容，似不得云「足言足容」，此說恐非也。

注「聽聲者伉其動也」。按：治平本如此，當有誤。世德堂本作「聽聲者伉直也」，似爲近之，而「聽聲」字終不可解。

注「足言」至「之真」。按：弘範讀「足言足容」爲論語「足恭」之「足」，故音義云：「足言，將住切，又如字。下同。」卽用論語「足恭」釋文也。彼孔注云：「足恭，便僻之貌也。」皇疏引繆協云：「足恭者，以恭足於人意，而不合於禮度。斯皆適人之適，而曲媚於物也。」劉疏云：「此讀足爲將樹反，是也。」然則李意亦謂此足言足容者，是求足人意而不合禮度之言語、容色也。「夸毗」、「戚施」者，爾雅釋訓云：「籧篨，口柔也。戚施，面柔也。夸毗，體柔也㊀。」邢昺疏引李巡云：「籧篨，巧言好辭以饒人，是謂口柔。戚施，和言悅色以誘人，是謂面柔。屈己卑身，求得於人，曰體柔。」是足言當云籧篨之辭。而云夸毗者，析言之，則籧篨、戚施、夸毗三者各有專指；通論之，則巧言亦得云夸毗也。胡氏承珙毛詩後箋引援鶉堂筆記云：「隋書何妥傳論當時改作之弊云：『莫不用其短見，便自夸毗，邀射名譽，厚相誣罔。』此則夸毗之義與毛、鄭不同。

㊀ 原本「體」訛作「禮」，據下文邢昺疏引「李巡云」改。

承珙按：法言吾子篇『足言足容』注云：『足言，夸毗之辭。』亦不用爾雅。是隋、唐間有此解，非古義也。」榮按：胡說殊泥。且弘範晉人，亦不得云隋、唐間有此解也。藻飾之僞者，李既以足言足容爲巧言令色，自不得不以德藻爲貶辭，故以藻爲藻飾，而訓爲僞也。呂氏春秋知度云：「情者不飾。」高注云：「飾，虛也。」虛、僞同義。司馬云：「足言善詞令，足容盛威儀，有德則爲文章，無德則爲澆僞。」則以此爲兼美惡二義，語近依違，似非楊旨。

法言義疏四

或問：「公孫龍詭辭數萬以爲法，法與？」曰：「斷木爲棊，梡革爲鞠，亦皆有法焉。不合乎先王之法者，君子不法也。」〔注〕大匠之誨人也，必以規矩；君子之訓物也，必以仁義。〔疏〕公孫龍者，史記孟荀列傳云：「趙有公孫龍，爲堅白同異之辯。」索隱云：「卽仲尼弟子。」按：仲尼弟子列傳云：「公孫龍，字子石，少孔子五十三歲。」集解引鄭玄云：「楚人。」顧氏炎武日知錄云：「漢書注：『公孫龍，趙人，爲堅白異同之說，與平原君同時。』去夫子近二百年，殆非也。」按藝文志：公孫龍子十四篇，入名家，注云：「趙人。」又毛公九篇，注云：「與公孫龍竝游平原君趙勝家。」此與弟子傳之公孫龍，蓋同名而異人。弟子傳之公孫龍，楚人，字子石；堅白異同之公孫龍，趙人，字子秉，見列子仲尼殷敬順釋文。是不但年代相隔，其國與字亦判然殊異，索隱既誤以子秉卽子石，亭林因疑子石非孔子弟子，皆爲疎也。「詭辭數萬以爲法」者，音義：「詭辭，九委切。」說文：「恑，變也。」引伸爲詐僞。經典通作「詭」。荀子非十二子云：「不法先王㊀，不是禮義，而好治怪說，玩琦辭，甚察而不惠，辯而無用，多事而寡功，不可以爲治綱紀。然而其持之有故，其言之成理，足以欺惑愚衆，是惠施、鄧析也。」琦辭卽詭辭，皆「恑」之假。莊子天下云：「桓團、公孫龍，辯者之徒。飾人之

㊀原本「王」訛作「生」，據荀子非十二子篇改。

心，易人之意，能勝人之口，不能服人之心，辯者之囿也。」荀子脩身云：「夫堅白同異、有厚無厚之察，非不察也。」楊倞注云：「此言公孫龍、惠施之曲説異理，不可爲法也。公孫堅白論曰：『堅、白、石三可乎？曰：不可。二可乎？曰：可。謂目視石，但見白，不知其堅，則謂之白石；手觸石，則知其堅，而不知其白，則謂之堅石。是堅、白終不可合爲一也。』司馬彪曰：『堅白，謂堅石非石，白馬非馬也。同異，謂使異者同，同者異。』」孔叢子公孫龍篇云：「公孫龍者，平原君之客也，好刑名，以白馬爲非白馬。或謂子高曰：『此人小辨，而毁大道，子盍往正諸？』子高曰：『大道之悖，天下之交往也，吾何病焉！』或曰：『雖然，子爲天下故，往也。』子高適趙，與龍會平原君家。謂之曰：『僕居魯，遂聞下風，而高先生之行也，願受業之日久矣。然所不取於先生者，獨不取先生以白馬爲非白馬爾。誠去非白馬之學，則穿請爲弟子。』公孫龍曰：『先生之言悖也，龍之學，正以白馬爲非白馬者也。今使龍去之，則龍無以教矣。令龍無以教，而乃學於龍，不亦悖乎？且夫學於龍者，以智與學不逮也。今教龍去白馬非白馬，是失教也。失教而後師之，不可也。』又云：『且白馬非白馬者，乃子先君仲尼之所取也。龍聞楚王張繁弱之弓，載忘歸之矢，以射蛟兕於雲、夢之囿。反而喪其弓，左右請求之。王曰：止也。楚人遺弓，楚人得之，又何求乎？仲尼聞之，曰：楚王仁義，而未遂。亦曰人得之而已矣，何必楚乎？若是者，仲尼異楚人於所謂人也。夫是仲尼之異楚人於所謂人，而非龍之異白馬於所謂馬，悖也。先生好儒術而非仲尼之所取也，欲學而使龍去所以教，雖百龍之智，固不能當其前也。』」又云：「公孫龍又與子高氾論於平原君所，辨理至於臧三耳。公孫龍言臧之三耳甚辨析，子高弗應，俄而辭出。明日復見，平原君曰：『疇昔公孫之言信辨也，先生實以爲何如？』答曰：『然，幾能臧三耳矣。雖然，實難。願得又問於君：今爲臧三耳甚難，而實非也；謂臧兩耳甚易，而實是也。不知君將從易而是者乎？亦其從離而非者乎？』」此公孫龍詭辭數萬以爲法之大略也。「斷木爲棊」者，音義：「斷木，都管切。」說文：「棊，博棊。」繫傳云：「棊者，方正之名也。古通謂博弈之子爲棊。」按：有博棊，有弈棊。博、弈異法，而所用之子通有棊名。方言云：「簙謂之蔽，或謂之箘。秦、晉之間，謂之簙；吳、楚之間，或謂之蔽，或謂之箭裏，或謂之簙毒，或謂之夗專，或謂之匴璇，或謂之棊。所以投簙謂之枰，或謂之廣平。所以行棊謂之局，或謂之曲道。」說文：「簙，局戲也，六箸、十二棊也。」楚辭招魂云：「菎蔽象棊，有六簙些。」王逸注：「投六箸，行六棊，故謂六簙也。」此博棊也。方言云：「圍棊謂之弈。自關而東，齊、魯之間，皆謂之弈。」班固弈旨云：「北方之人謂碁爲弈。」說文：「弈，圍棊也。」廣雅釋言云：「圍棊，弈也，此弈棊也。」孟子告子，焦疏云：「博蓋卽今之雙陸，弈爲圍棊，今仍此名矣。以其局同用板平承於下，則皆謂之枰。以其同行於枰，皆謂之棊。」是也。博棊，古以竹爲之，說文：「箘，箘簬也，一曰博棊也。」亦以木爲之，韓非子外儲說云：「秦昭王令工施鉤梯而上華山，以松柏之心爲博，箭長八尺，棊長八寸，而勒之曰：『昭王嘗與天神博於此矣。』」亦用石爲之，山海經中山經云：「休與之山，其上有石焉，名曰帝臺之棊。」又南山經云：「漆吳之山多博石。」是也。其弈棊之子，今多用石，古亦以木爲之。韋弘嗣博弈論云：「枯棊三百。」李注引邯鄲淳藝經云：「白、黑棊子各一百五十枚。」此明謂弈棊，而云枯棊者，是用枯木爲之。說文：「枯，木名也。」夏書曰：「惟箘、簵、枯。」今書作「楛」，馬注云：「楛，木名，可以爲箭。」鄭注云：「肅愼氏貢楛矢，知楛中矢榦。」蓋楛之質堅，可以爲矢，故斲以爲棊，猶箘、簬性勁，故以爲矢，亦以爲棊也。「捖革爲鞠」者，捖，各本皆作「梡」。音義：「梡革，音緩，又音欵。斷木也。」此不得其義。司馬云：「梡舊本作捖。」今據訂正。說文「刓，摶也」；「摶，圜也」。字亦作「捖」，淮南子俶眞云：「嫥捖剛柔。」高注云：「和調也。」嫥捖，卽摶刓也。孫氏詒讓札迻云：「梡爲坑之假字。坑革，言以革爲圓丸也。考工記：『冶氏重三坑。』注：『鄭司農云：坑，量名，讀爲丸。』列子黃帝篇『累坑二而不墜』，莊子達生篇『坑』作『丸』。此坑亦謂丸也。」按：孫説亦通。音義：「爲鞠，居六切。」説文：「鞠，蹋鞠也。」文選曹子建名都篇，李注引郭璞三蒼解詁云：「鞠，毛丸，可蹋戲。」史記衞將軍驃騎列傳云：「穿域蹋鞠。」索隱云：「鞠戲以皮爲之，中實以毛，蹴蹋爲戲也。」「亦皆有法」者，列子説符釋文引古博經云：「博法，二人相對坐，向局。局分爲十二道，兩頭：當中名爲水。用棊十二枚，法六白、六黑。又用魚二枚，置於水中。其擲采以瓊爲之。二人互擲采行棊。棊行到處卽豎之，名爲驍棊，卽入水食魚，亦名牽魚。每一牽魚獲二籌，翻一魚獲三籌。若已牽兩魚而不勝者，名曰被翻雙魚，彼家獲六籌，爲大勝也。」淮南子泰族云：「故事有利於小而害於大，得於此而亡於彼者。故行棊者或食兩而路窮，或予踦而取勝，偷利不可以爲行，而智術可以爲法㈠。」按：食兩而路窮，謂已食兩魚而不勝者；予踦而取勝，謂翻一魚獲三籌者也，此博棊之有法也。御覽七百五十三引桓譚新論云：「俗有圍棊之戲，或言是兵法之類。及爲之，上者遠棊疏張，置以會圍，因而伐之，成多得道之勝。中者則務相絕遮要，以爭便求利，故勝負狐疑，須計數而定。下者則守邊隅，趨作罫目，自生於小地。」弈旨云：「夫博懸於投，不專在行，故優者有不遇，劣者有僥倖。踦挐相凌，氣勢力爭，雖有雄雌，未足以爲平也。至於弈則不然。高下相推，人有等級，若孔氏之門，回、賜相服。循名責實，謀以計策，若唐、虞之朝，考功黜陟。器用有常，施設無祈，因敵爲資，應時屈伸，此弈棊之有法也。」史記蘇秦傳，集解引別録云：「蹴鞠者，傳言是黃帝所作，或曰起戰國之時。蹋鞠，兵勢也，所以練武士，知有材也。皆因嬉戲而講練之。」藝文志有蹴鞠二十五篇，入兵家。顏注云：「蹴鞠，陳

㈠「可以」上原本有「不」字，據淮南子泰族訓删。

力之事，故附於兵法焉。」此蹴鞠亦有法也。「不合乎先王之法者，君子不法也」者，荀子非相云：「凡言不法先王，不順禮義，謂之姦言。雖辨，君子不聽。」楊注云：「公孫龍、惠施、鄧析之屬也。」

觀書者譬諸觀山及水，升東嶽而知衆山之邐迤也，況介丘乎？浮滄海而知江河之惡沱也，況枯澤乎？舍舟航而濟乎瀆者，末矣；舍五經而濟乎道者，末矣。〔注〕末，無。弃常珍而嗜乎異饌者，惡覩其識味也；委大聖而好乎諸子者，惡覩其識道也。〔疏〕「升東嶽而知衆山之邐迤」者，「嶽」治平本作「岳」，依各本改。學行云「山有嶽」，可證。爾雅釋山云：「泰山爲東嶽。」「邐迤」各本皆作「峛崺」。音義：「峛崺，上力紙切，下移爾切。」司馬云：「宋、吴本『峛崺』作『邐迤』。」按：吴季重答東阿王書云：「夫登東嶽者，然後知衆山之邐迤也。」用法言語，而字作「邐迤」，當是所據本如此。李注引法言亦作「邐迤」，足證宋、吴本此條乃舊本之偶存者也，今據改。説文無峛崺，有邐迆：「邐，行邐邐也」；「迆，衺行也」。「迆」卽「迤」字。爾雅釋丘釋文引説文正作「迤」。邐迤，疊韻連語。釋丘云：「邐迤沙丘。」郭注云：「旁行連延。」是也。「介丘」者，宋云：「介，小也。」按：周禮司市鄭注云：「介次，市亭之屬別小者也。」是介有小義。俞云：「廣雅釋詁：『介，獨也。』此『介』字當訓獨，與衆山相對。」爲義亦通。「浮滄海而知江河之惡沱」者，音義：「惡沱，上哀都切，下徒何切。」班孟堅答賓戲：「振拔洿塗。」李注引説文云：「洿，濁水不流也。塗，泥也。」按：洿塗亦疊韻連語，卽濁水不流之貌，急言之曰洿，長言之曰洿塗，無二義也。惡沱卽洿塗。亞聲、它聲，古不同部，此以惡沱爲疊韻者，漢時魚、歌同用之列然也。「枯澤」者，周禮司書，鄭注云：「山林川澤童枯則不税。」孔疏云：「川澤無水曰枯。」荀子致士云：「淵枯則龍魚去之。」按：本字當作「涸」。説文：「涸，渴也。」周禮草人，鄭注云：「渴澤故水處也。」枯、涸皆從古聲，故得通用。「捨舟航而濟乎瀆者」云云者，「捨」治平本作「舍」，依名本改。學行「良捨其策，不捨晝夜」可證。音義：「舍，書也切。下同。」方言云：「舟，自關而東或謂之舟，或謂之航。」説文作「斻」，方舟也。「弃常珍而嗜乎異饌者」云云者，「弃」世德堂本作「棄」。説文：「弃，古文棄。」段注云：「棄中體似『世』，唐人諱『世』，故開成石經及凡碑、板皆作『弃』。」則此治平本作弃者，承唐本之舊也。周禮膳夫云：「珍用八物。」鄭注云：「珍謂淳熬、淳毋、炮豚、炮牂、擣珍、漬熬、肝、膋也。」音義：「惡覩，音烏。下同。」廣雅釋詁云：「委，棄也。」音義：「好乎，呼報切。下『好書』、『好説』同。」藝文志云：「諸子十家，其可觀者九家而已。皆起於王道既微，諸侯力政，時君世主，好惡殊方，是以九家之説，蠭起竝作，各引一端，崇其所善，以此馳説，取合諸侯。」按：諸子十家者，一儒，二道，三陰陽，四法，五名，六墨，七從横，八雜，九農，十小説也。不數小説，故云「可觀者九家而已」。本書君子云：「或曰：『子小諸子，孟子非諸子乎？』曰：『諸子者，以其知異於孔子也。孟子異乎？不異。』」然則諸子非盡不可好，惟當捨其異於孔子者耳。注「末，無」。按：檀弓：「不忍一日末有所歸也。」鄭注云：「末，無也。」

山峌之蹊，不可勝由矣；向牆之户，不可勝入矣。〔注〕峌，谷也。曰：「惡由入。」曰：「孔氏。孔氏者，户也。」曰：「子户乎？」曰：「户哉！户哉！吾獨有不户者矣。」〔注〕惡夫不由聖人之道者也。

〔疏〕「山峌之蹊不可勝由」者，音義：「山峌，户經切，又口耕切。孟子曰：『山徑之蹊。』」按：孟子云：「山徑之蹊間介然，用之而成路。」彼「山徑」亦「山峌」之假。説文：「徑，步道也。」釋名釋道云：「步所用道曰蹊。」是蹊、徑同詁，不得云「山蹊之蹊」。彼趙注云：「山之領有微蹊。」則讀徑爲頸也。御覽一百八十四引法言亦作「山徑」，此據孟子改之。「向牆之户，不可勝人」者，論語云：「人而不爲周南、召南，其猶正牆面而立也與？」馬注云：「如向牆而立也。」朱子集注云：「言卽其至近之地，而一物無所見，一步不可行。」按：山𡵺之蹊，道之險阻而難行者；向牆之戶，戶之有所窒礙而不可通者，皆以喻諸子。「孔氏者，戶也」者，戶者，自堂入室之戶也。論語云：「誰能出不由戶？何莫由斯道也？」劉疏云：「宮室之制，外半爲堂，內半爲室。室有南壁，東開戶以至堂。」說文：「戶，護也。半門曰戶，象形。」一切經音義十四引字書云：「一扇曰戶，兩扇曰門。」禮器云：「未有入室而不由戶者。」彼文言人行事必由禮，如入室不能不由戶，故此文亦言出當由戶，何莫由斯道。意與禮器同也。按：法言此文，以室喻道，故以戶喻孔氏。言孔氏者，自堂入室之戶，非諸子向牆之戶也。「子戶乎」者，蒙上而言之，謂子亦以孔氏爲戶乎？「吾獨有不戶者矣」者，經傳釋詞云：「獨猶寧也，豈也。矣猶乎也。」然則「吾獨有不戶者矣」，猶云吾寧有不戶者乎？御覽一百八十四引作「我戶哉，無獨有不戶者矣」，此不達古書詞例而妄改之。注「𡵺，谷也」。按：治平本無此注，今據世德堂本補。吳云：「𡵺宜讀爲陘。陘，山中絕也。蹊，徑也。言山中絕之徑，不可勝由矣。」按：音義二音，實兼此二義。前一音卽讀爲陘，後一音乃讀𡵺如字。廣韻：「𡵺，口莖切，入耕；陘，戶經切，入青也。」說文：「𡵺，谷也」；「陘，山絕坎也」。二說竝通。然與向牆之戶爲比，似以山絕坎之義爲合。經義述聞云：「說文：『陘，山絕坎也。』陘之爲言，𩱙也。廣雅：『𩱙，隔也。』隔絕不相連之稱也。凡兩山中斷以成隘道者，皆謂之陘。故述征記云：『太行山自河內北至幽州，凡有八陘。』或曰山阪謂之陘。廣雅：『陘，阪也。』孟子盡心篇：『山徑之蹊閒介然。』趙注云：『山徑，山之領。』徑與陘通，領亦阪也。」法言吾子篇作『山𡵺之蹊』。」

或欲學蒼頡、史篇。〔注〕多知奇難之字，故欲學之。曰：「史乎！史乎！愈於妄闕也。」〔注〕再言史乎者，善之也。言勝於不學而妄名，不知而闕廢。〔疏〕蒼頡者，蒼頡篇也。音義：「蒼頡，户結切。」按：荀子解蔽作「倉頡」。藝文志：「蒼頡一篇。」注云：「上七章，秦丞相李斯作。爰歷六章，車府令趙高作。博學七章，太史令胡毋敬作。」序云：「漢興，閭里書師合蒼頡、爰歷、博學三篇，斷六十字以爲一章，凡五十五章，并爲蒼頡篇。」説文序云：「斯作蒼頡篇，中車府令趙高作爰歷篇，太史令胡毋敬作博學篇，皆取史籀、大篆。或頗省改，所謂小篆者也。」繫傳云：「蒼頡、爰歷、博學，通謂之三蒼。」按：此取篇首二字爲名。孫氏星衍倉頡篇序云：「倉頡始作，其例與急就同。名之倉頡者，亦如急就以首句題篇，凡將、飛龍等皆是。詞或三字、四字，以至七字，備取六藝羣書之文，以便幼學循而誦之，故七略目之小學。」史篇者，史籀篇也。志：「史籀十五篇。」注云：「周宣王太史作。」説文序云：「及宣王太史籀著大篆十五篇，與古文或異。」段注云：「大篆十五篇，亦曰史籀篇，亦曰史篇。王莽傳：『徵天下史篇文字。』孟康云：『史籀所作十五篇，古文書也。』此『古文』二字，當易爲『大篆』。大篆與倉頡古文或異，見於許書十四篇中者，備矣。凡云籀文作某者，是也。或之云者，不必盡異也，蓋多不改古文者矣。大篆之名，上別乎古文，下別乎小篆，而爲言曰史篇者，以官名之；曰籀篇、籀文者，以人名之。」按：漢書本傳贊：「史篇莫善於倉頡。」則以史篇爲大名，蒼頡亦史篇之一。古者史官主文字，故凡小學書類通謂之史篇。至此文以史篇與蒼頡竝舉，則自指史籀而言，與傳贊所稱同名而異實。許書引史籀多單稱史篇，如云「奭，史篇名醜」；「姚，史篇以爲姚，易也」；「匋，史篇讀與『缶』同」，皆是。御覽二百十三引漢官儀云：「能通蒼頡、史篇者補蘭臺令史。」亦以二者竝列，皆謂三蒼、史籀也。説文序云：「孝宣皇帝時，召通蒼頡讀者張敞從受之，涼州刺史杜業、沛人爰禮、講學大夫秦近亦能言之。孝平皇帝時，徵禮等百餘人，令説文字未央庭中，以禮爲小學元士。黄門侍郎揚雄采以作訓纂篇。」然則當時蒼頡已成絕學，朝旨復興之，而子雲又斯學之專家，故時人有欲從受其説也。「史乎！史乎！愈於妄闕」者，妄謂詭更正文，虛造不可知之書；闕謂不見通學，未常覩字例之條。三蒼爲小篆之學，史籀爲大篆之學，信而有徵，故愈於妄；多識古字，故愈於闕。注「再言史乎者，善之也」。按：論語：「使乎！使乎！」集解引陳羣云：「再言使乎，善之也，言使得其人也。」即此注所本。

或曰：「有人焉，自云姓孔，而字仲尼。入其門，升其堂，伏其几，襲其裳，則可謂仲尼乎？」曰：「其文是也，其質非也。」「敢問質。」曰：「羊質而虎皮，見草而説，見豺而戰，〔注〕戰，悸。忘其皮之虎矣。」〔注〕羊假虎皮，見豺則戰；人假僞名，考實則窮。〔疏〕此刺新室之辭也。「自云」之「自」，治平本作「曰」。秦校云：「『曰』當作『自』。」各本作「自」而奪「云」，今訂正。國語晉語，韋注云：「伏，隱也。」孟子：「隱几而卧。」趙注云：「隱倚其几。」説文：「褻，重衣也。」經傳多以「襲」爲之。王莽傳云：「始建國元年，莽曰：『王氏，虞帝之後也，出自帝嚳。』又曰：『姚、嬀、陳、田、王氏，凡五姓者，皆黃、虞苗裔，予之同族也。』」正「自云姓孔，字仲尼」之類。其依仿典、誥，空言古法，是入門、升堂、伏几、襲裳之類也。音義：「見草而説，音悦。」天復本作『見羊而悦』。」按：文選袁道彥雜詩：「羊質服虎文。」魏文帝與吳質書：「以犬羊之質，服虎豹之文。」陳孔璋檄豫州：「被以虎文。」李注三引此文，皆作「見草」，惟兩引作「悦」，一引作「説」。御覽七百六十七，又九百二，再引均作「見草而悦」。羊、草形近易誤，羊爲草食之屬，故見草而悦。然羊性尤好羣，則作見羊而悦者，於義亦通。説、悦古今字。「見豺而戰」者，蒼頡篇云：「豺似狗，白色，爪牙迅快，善搏噬也。」「忘其皮之虎矣」，世德堂本「矣」作「也」。注「戰，悸」。按說文：「顫，頭不正也。」段作「不定」云。引伸爲凡不定之稱。淮南子説山云：「故寒顫者，懼亦顫。」經傳通用「戰」。爾雅釋詁云：「戰，懼也。」説文：「悸，心動也。」

聖人虎別，其文炳也。〔注〕如虎之別百獸，炳然殊異。君子豹別，其文蔚也。〔注〕蔚然有文章，而次虎也。辯人貍別，其文萃也。〔注〕萃然有文采，異於貓、貉。貍變則豹，豹變則虎。〔疏〕「聖人虎別」以下四句，易革象文。聖人，今易作「大人」；虎別、豹別，今易作「虎變」、「豹變」。按：變、別皆「辨」或「辬」之異文。辨、別義同，辨、變聲近，故或以「辨」爲「別」，或以「辨」爲「變」也。周禮小宰：「聽稱責以傅別。」鄭司農注：「傅別，故書作『傅辨』。」士師：「正之以傅別約劑。」鄭注：「故書『別』爲『辨』。」是「辨」、「辯」或爲「別」之例。易文言：「由辯之不早辯也。」釋文：「由辯，如字。馬云：『別也。』荀作『變』。」孟子：「萬鍾則不辯禮義而受之。」音義：「不辯，丁本作『變』，云於義當爲『辯』。」辯，別也。是辯或爲變之例。虎變、豹變，易本作「辬」，讀辬如字，則爲別矣。子雲於易多用京氏。本篇「紵絮三千」，用京氏易「繻有衣袽」；五百篇「月未望則載魄於西，既望則終魄於東，其遡於日乎」，本京氏易占重黎篇；「仕無妄之國」，解無妄爲無望，與京義合。晁悦之易詁訓傳引京氏易，虎變、豹變皆作「辬」。然則此作「別」者，卽本京氏讀辬如字故也。音義：「虎別，彼列切。下同。」按：辨之爲言，辨也。説文：「辬，駁文也。」蒼頡篇：「辬，文貌也，雜色爲辬也。」字亦作「斑」。司馬長卿上林賦：「被斑文。」李注：「斑文，虎豹之皮也。」曹子建七啟：「拉虎摧斑。」注：「斑，虎文也。」辨、辯、辬，語異而源同，皆取於分別以爲義。體之分別曰辨，詞之分別曰辯，文之分別曰辬。虎別、豹別、貍別，卽虎辬、豹辬、貍辬之謂。「聖人虎別，其文炳也」者，易馬融傳云：「虎變，威德折衝，萬里望風而信，以喻舜舞干羽，而有苗自服；周公修文德，越裳獻雉。」説文：「炳，明也。」虞云：「乾爲大明，四動成離，故其文炳也。」「君子豹別，其文蔚也」者，易釋文：「文蔚，音尉，又紆弗反。」虞云：「蔚，蔇也。」按：說文：「蔇，草多貌。」陸績云：「兌之陽爻稱虎，陰爻稱豹。豹，虎類而小者也。君子小於大人，故曰『豹變，其文蔚』也。」干寶云：「君子，大賢，次聖之人，謂若太公、周、召之徒也。豹，虎之屬；蔚，炳之次也。」毛氏奇齡仲氏易引王湘卿云：「虎文疎而著曰炳，豹文密而理曰蔚。」「辯人貍別，其文萃也」者，新書道術云：「論物明辯謂之辯。」荀子非相云：「君子必辯，凡人莫不好言其所善，而君子爲甚焉。是以小人辯言險，君子辯言仁也。言而非仁之中也，則其言不若其默也，其辯不若其吶也；言而仁之中也，則好言者尚矣，不好言者下矣，故仁言大矣。起於上，所以導於下，政令是也；起於下，所以應於上，謀救是也。故君子之行仁也無厭，志好之，行安之，樂言之，故言君子必辯。」此辯人之義。方言云：「貔，關西謂之貍。」說文：「貍，伏獸，似貙㊀」；「貔，豹屬」。則許君分貔、貍爲二，與方言異。按：儀禮大射儀，鄭注云：「貍之言不來也。」史記封禪書云：「貍首者，諸侯之不來者。」徐廣云：「貍一名不來。」是則本爲二名，音與不來相似，故借以爲不來者之喻。字亦作「豾䝚」。方言云：「江、淮之間謂之䝚，北燕、朝鮮之間謂之豾。」是也。貔、豾，貍、䝚，皆一聲之轉，合音言之，則曰貔，曰豾，省其發聲，則曰貍，曰䝚。貔之與貍，實爲同物。惟其種類既蕃，故更加別異，或蒙貍名，或專貔號。本草集解云：「貍有數種：大小如狐，毛雜黃、黑，有斑如貓，而圓頭大尾者，爲貓貍；有斑如貙虎，而尖頭方口者，爲虎貍；似虎貍而尾有黑白錢文相間者，爲九節貍；有文如豹，而作麝香氣者，爲香貍。」然則許云貍伏獸似貙者，卽虎貍；云貔豹屬者，卽九節貍、香貍之類。此以貍別次豹別之後，明爲豹屬之貔，而非似貙之貍矣。說文：「萃，草貌。」按：蔇爲草多貌，萃爲草貌，故以萃次蔚。「貍變則豹，豹變則虎」者，貔，豹屬，故變則爲豹；豹似虎，故變則爲虎。謂辯人

㊀「貙」字原本訛作「貔」，據說文改。

勉而行之，則可以爲君子；君子進德不息，則可幾於聖人也。按：上文引易作「虎別」、「豹別」，則字不作「變」可知。此「貍變」、「豹變」云云，乃子雲自以己意論斷，非用易語，「豹變」字偶與今易合耳。此承上章文是質非而申論之，言邪佞不能爲仁，忠信可以睎聖。剛健篤實，斯輝光日新，德行純備，而後可言制作。若夫不仁之人，勞心作僞，雖復緣飾六藝，點竄二典，徒竊虎皮，無關豹變也。注「異於貓、貉」。按：方言云：「貔，關西謂之貓。」則貓卽貔也。貉讀爲貈，說文：「貈，似狐，善睡獸。」引論語曰：「狐貈之厚以居。」今經典皆以貉爲之。

好書而不要諸仲尼，書肆也。〔注〕賣書市肆，不能釋義。好說而不要諸仲尼，說鈴也。〔注〕鈴以諭小聲，猶小說不合大雅。君子言也無擇，〔注〕非法不言，何所擇乎？聽也無淫。〔注〕非正不聽，何有淫乎？擇則亂，淫則辟。〔注〕言有可擇則穢亂，聽有淫侈則邪僻。述正道而稍邪哆者有矣，未有述邪哆而稍正也。〔注〕習實生常。〔疏〕「好書而不要諸仲尼，書肆也」者，音義：「不要，一遙切。」說文：「肆，極陳也。」假爲市。稱市陳列百物以待賈，故卽謂之肆。賣書之市，雜然竝陳，更無去取。博覽而不知折中於聖人，則羣書殽列，無異商賈之爲也。御覽六百八及八百二十八引作「好書不能要諸仲尼」。「好說而不要諸仲尼，說鈴也」者，說文：「鈴，令丁也。」說鈴，謂聲小而衆。前篇云：「莫若使諸儒金口而木舌。」金口木舌，鐸也。大者爲鐸，小者爲鈴，說鈴與木鐸相對也。此句「不要」，世德堂本作「不見」，誤也。「君子言也無擇」者，擇讀爲殬。說文：「殬，敗也。」商書曰：「彝倫攸殬。」今洪範作「斁」。鄭注云：「言王所問所由敗也。」與許同義。呂刑云：「敬忌，罔有擇言在身。」王氏引之經義述聞云：「殬、斁、擇，古音竝同。『敬忌，罔有擇言在身』，言必敬必戒，罔或有敗言出乎身也。表記引作『敬忌而罔有擇言在躬』。而，女也。言女罔或有敗言出乎身也。孝經：『口無擇言，身無擇行。』口無敗言，身無敗行也。説尚書、禮記、孝經者多以爲無可擇，殆似迂回，失之。太玄玄棿曰：『言正則無擇，行中則無爽，水順則無敗。無敗，故久也；無爽，故可觀也；無擇，故可聽也。』法言吾子篇『君子言也無擇』云云。然則邪哆之言，謂之擇言。故孝經云『非法不言，非道不行，口無擇言，身無擇行』也。蔡邕司空楊公碑曰：『用罔有擇言失行在於其躬。』擇言與失行竝言，蓋訓擇爲敗也，此又一證矣。」「聽也無淫」者，聽謂聽言，淫猶過也，義詳前文。「擇則亂」者，洪範「斁」與「敘」對文，敘者次第，則斁者無次也。廣雅釋詁云：「敗，壞也。」呂氏春秋義賞，高注云：「敗，破也。」凡物破碎，則失其本來之敘，失敘，則爲亂也。詩駉「思無斁」，泮水「徒御無斁」，皆不失其敘之義。知「擇則亂之」云，必古訓有然也。「淫則辟」者，音義：「則辟，芳辟反。」按：讀爲僻。説文：「僻，一曰從旁牽也。」引伸爲傾邪。詩板釋文云：「僻，邪也。」經傳多以辟爲之。淫者，過度之謂。物過其正則爲邪，故曰「淫則辟」。王制云：「志淫好辟。」「述正道而稍邪哆者」云云者，音義：「哆，昌者切，又尺氏切。」按：邪哆疊字爲義，哆亦邪也，乃「迆」之假。説文：「迆，衺行也。」前文云「多哇則鄭」，則假多爲之。孟子云：「放僻邪侈。」則假侈爲之。彼音義云丁作「移」，則又假移爲之。義皆爲邪也。「稍正」，音義云：「天復本作『稍正道』。」按：天復本非也。正與邪哆對文。「未有述邪哆而稍正」，猶云未有述邪哆之道而稍正。「正」下不得更有「道」字。注「非法不言，何所擇乎」。按：表記鄭注云：「言己外敬而心戒懼，則無有可擇之言加於身也。」讀擇如字。此李注云云，即本鄭義。然法言此文以擇與淫對舉，而訓爲亂，則不以爲選擇之擇可知。且非法不言，正選言之精，而謂之何所擇，義尤難通。注「習實生常」。按：「實」乃「貫」之形誤。大戴禮保傅云：「少成若性，習貫之爲常。」

孔子之道，其較且易也！〔注〕言較然易知。或曰：「童而習之，白紛如也，〔注〕言皓首而亂。何其較且易。」曰：「謂其不姦姦，不詐詐也。〔注〕不姦姦者，以虛受人也；不詐詐者，以正教人也。如姦姦而詐詐，雖有耳目，焉得而正諸？」〔注〕姦姦者，以姦欺姦；詐詐者，以詐欺詐。〔疏〕「孔子之道，其較且易也」者，音義：「其較，音角。且易，以豉切，下竝同。」按：「也」讀爲「邪」，歎美之辭。「童而習之，白紛如也」者，史記自序引司馬談六家要指云：「儒者以六藝爲法。六藝經傳以千萬數，累世不能通其學，當年不能究其禮，故曰博而寡要，勞而少功。」是其說也。「謂其不姦姦，不詐詐也」者，干正謂之姦，不誠謂之詐，聖人正己以正人，則姦邪者化；誠身以成物，則詐僞者不至。論語云：「季康子問政於孔子，孔子對曰：『政者，正也。子帥以正，孰敢不正！』」大戴禮哀公問云：「公曰：『敢問何謂爲政？』孔子對曰：『政者，正也。君爲正，則百姓從政矣。君之所爲，百姓之所從也，君所不爲，百姓何從？』」又主言云㊀：「上者，民之表也。表正，則何物不正？」此所謂不姦姦也。論語云：「不逆詐，不億不信。」皇疏引李充云：「物有似真而僞，亦有似僞而真者，信僭則懼及僞人，詐濫則懼及真人。寧信詐，則爲教之道弘也。人而無信，不知其可也。然閑邪存誠，不在善察，若見失信於前，必億其無信於後，則容長之風虧，而改過之路塞矣。」此所謂不詐詐也。正以化姦，誠以應詐，所以爲較且易也。「如姦姦而詐詐，雖有耳目，焉得而正諸」者，姦姦者，以姦爲姦而治之；詐詐者，以詐爲詐而禦之也。刑所以止姦，任刑而姦益繁；法所以防詐，法密而詐愈巧。不正其本，而恃耳目以爲察，終於徒勞而無益，此儒者之所不爲也。注「言較然易知」。按：弘範此注，似讀較爲「皎」或「皦」。說文：「皎，月之白也」；「皦，玉石之白

㊀「主」字原本訛作「王」，據大戴禮記改。

也。」引伸之，得爲凡明白之稱。廣雅釋詁云：「較，明也。」即其義。當音古了切。此音義音角，則訓爲直。爾雅釋詁云：「較，直也。」釋文：「較，古學反。」大射義鄭注：「鵠之言，較較直也。」釋文言「較音角」是也。

多聞則守之以約，〔注〕所守簡要。多見則守之以卓。〔注〕所覩廣遠。寡聞則無約也，寡見則無卓也。〔注〕少聞無要約之守，少見無卓絶之照。〔疏〕「多聞則守之以約，多見則守之以卓」者，論語云：「君子博學於文，約之以禮。」朱子集注云：「約，要也。」君子學欲其博，故於文無不考，守欲其要，故其動必以禮。」劉疏云：「博文者，詩、書、禮、樂與凡古聖所傳之遺籍是也。文所以載道，而以禮明之者也。禮即文之所箸，以行之者。博學於文則多聞、多見，可以畜德，而於行禮驗之。禮也者，履也，言人所可履行之也。禮箸於經曲之大，而慎於視聽言動之際。凡人能以所行納於軌物，而無所違，是之謂約。約者，約束。非謂省約，與上『博』字爲反對也。」按：楚楨釋博文之義，是也。以約爲約束，非也。孟子云：「博學而詳説之，將以反説約也。」又云：「守約而施博者，善道也。」皆博、約對舉。荀子不苟云：「推禮義之統㊀，分是非之分，總天下之要，治海内之衆，若使一人。故操彌約而事彌大，五寸之矩，盡天下之方也。」淮南子主術云：「所守甚約，所制甚廣。」亦以約爲廣大之對。淮南子高注云：「約，要也，少也。」何氏焯義門讀書記云：「約，漢人讀曰『要』。」是也。此云多聞則守之以約，即謂守之以要也。戴氏震孟子字義疏證云：「約謂脩其身。六經、孔、孟之言，語行之約，務是脩身而已；語知之約，致其心之明而已。未有空指一而使人知之求之者。致其心之明，自能權度事情，無幾微差失，又焉用求一知一哉！」榮按：多聞，自謂博文之事；守之以約，自謂約禮之事。文者，六藝之文；禮者，六藝之

㊀「統」字原本訛作「解」，據荀子不苟改。

一。偏通六藝，是謂博；專於執禮，是謂約。荀子勸學云：「學惡乎始？惡乎終？曰：其數則始乎誦經，終乎讀禮；其義則始乎爲士，終乎爲聖人。」始乎誦經者，博學於文也；終乎讀禮者，約之以禮也。然則多聞守之以約，乃孔子教人之定程，七十子之所同爾者也。多見則守之以卓，卓亦約也。聞見、約卓皆互文，約、卓又韻語也。俞云：「莊子大宗師篇：『彼特以天爲父而身猶愛之，而況其卓乎？』郭象注云：『卓者，獨化之謂也。』是卓有獨義。說苑君道篇：『踔然獨立。』踔與卓同。多聞則守之以約，多見則守之以卓，竝謂聞見宜多，而所守宜少也。「寡聞則無約也，寡見則無卓也」者，孟子：「博學而詳說之，將以反說約也。」彼趙注云：「廣學，悉其微言，而說之者將以約說其要義，不盡知則不能要言之。」按：不偏通六藝者，不能知禮意，即無以得其要也。

緑衣三百，色如之何矣？紵絮三千，寒如之何矣？〔注〕緑衣雖有三百領，色雜不可入宗廟；紵絮雖有三千紙，單薄不可以禦冬寒。文賦雜子，不可以經聖典。〔疏〕「緑衣三百，色如之何」者，詩緑衣云：「緑兮衣兮，緑衣黄裏。」毛傳云：「緑，間色；黄，正色。」又序云：「緑衣，衛莊姜傷己也。妾上僭，夫人失位，而作是詩也。」「紵絮三千，寒如之何」者，說文：「紵，縈屬，細者爲絟，粗者爲紵。」周禮典枲，鄭注云：「白而細疏曰紵。」毛詩草木鳥獸蟲魚疏云：「紵亦麻也。」絮，音義不爲作音，則讀如字。按：此用京氏易「繻有衣絮」，當讀女居切。今易既濟作「繻有衣袽」。彼釋文云：「衣袽，說文作『䋈』，子夏作『茹』，京作『絮』。」周禮羅氏及考工記弓人，鄭司農注兩引「繻有衣絮」，字皆作「絮」。彼釋文竝云：「衣絮，女居反。」段氏玉裁周禮漢讀考、李氏富孫易經異文釋皆以司農注「衣絮」爲「䋈」之誤。按：易釋文明以「京作絮」與「說文作䋈」分爲二事，則司農所據自是京氏易，不得謂爲誤文。古字同聲通用，絮、䋈皆「袽」之假，何必作「䋈」

之是，而作「絮」之非耶？易虞注云：「袽，敗衣也。」說文無「袽」有「⿱奴衣」，云「敝衣」，即「袽」字。然則紵絮者，謂麻質之敗衣。子雲於易京氏，故字作「絮」也。經義述聞云：「說文『襦，⿰㬎隹衣也』；『⿰㬎隹，溫也』。⿰㬎隹衣所以禦寒也。易通卦驗曰：『坎主冬至，四在兩坎之間』。固陰沍寒，不可無⿰㬎隹衣以禦之。乃或不衣完好之襦，而衣其敗壞者，則不足以禦寒。譬之人事，患至而無其備，則可危也。故曰襦有衣袽，終日戒。故象傳曰君子以思患而豫防之。」按：「綠衣」本詩語，「色如之何」即用詩義爲說，則紵絮之「絮」本易語，「寒如之何」亦必用易義爲說。疑京氏卽以終日戒爲備寒之意。述聞所解，不爲無據也。三百、三千言其多，綠衣喻邪僻之言，紵絮喻破碎之說，雖極繁富，一無所用。注「綠衣雖有三百，領色雜，不可入宗廟」。按：詩綠衣鄭箋云：「『綠』當爲『褖』。褖兮衣兮者，言褖衣自有禮制也。」然此云「色如之何」，明以間色爲義。淮南子精神云：「逯然而來。」高注云：「『逯』讀詩綠衣之『綠』。」陳氏喬樅魯詩遺說考云：「楊雄、高誘竝用魯詩，而於此篇皆作『綠衣』，是魯與毛同。鄭君箋詩，定『綠衣』爲『褖衣』之誤，其義獨異，疑本之齊詩，據禮家師說爲解也。」榮按：易林觀之革云：「黃裏綠衣，君服不宜，淫湎毀常，失其寵光。」易林用齊詩，而亦讀綠如字，則知間色之義，三家無異說矣。弘範云：「色雜不可入宗廟」，綠衣不可以爲祭服，言衆妾不可以共祭祀也。

君子之道有四易：簡而易用也，要而易守也，炳而易見也，法而易言也。御覽四百三引作「君子之道有四」，無「易」字。

震風陵雨，〔注〕陵，暴。然後知夏屋之爲帡幪也；〔注〕帡幪，蓋覆。虐政虐世，然後知聖人之爲郛郭也。〔注〕郛郭限內外，禦姦宄；聖人崇仁義，正愆違。〔疏〕「震風陵雨」者，怒風暴雨也。太玄：「釋震于廷。」

范望注云：「震，怒也。」陸士衡贈顧彦先詩云：「振風薄綺疏。」李注引鄭禮記注云：「振，動也。風以動物，故謂之振。」按：震、振古字通用，振風卽震風。演連珠云：「震風洞發，則夏屋有時而傾。」士衡正用法言語耳。「陵」，世德堂本作「淩」；御覽十，又四百一，兩引，一作「淩」，一作「陵」。二字古亦通用。演連珠：「迅風陵雨，不謬晨禽之察。」陵雨字本此。「然後知夏屋之爲帡幪」，演連珠注引作「然後知厦屋帡幪」，御覽四百一引亦作「厦屋」。詩權輿：「夏屋渠渠。」毛傳云：「夏，大也。」鄭箋云：「屋，具也。言君始於我厚設禮食，大具以食我。」王肅駁鄭，以爲屋則立之於先君，食則受之於今君，故居大屋而食無餘。孔疏申鄭，以爲此詩皆說飲食之事，不得言屋宅。按：魯、韓皆以夏屋爲宮室之事。楚辭哀郢王注云：「夏，大殿也。」引詩云：「於我乎夏屋渠渠。」又招魂注云：「夏，大屋也。」引詩同。淮南子本經高注云：「夏屋，大屋也。」高、王皆用魯詩，此訓當出魯故。孔疏引崔駰七依說宮室之美云：「夏屋蘧蘧。」王文考魯靈光殿賦，李注引七依作「夏屋蘧蘧」，明必魯詩異文。通典五十五引韓詩云：「殷，商屋而夏門也。」又引傳云：「周，夏屋而商門。」則韓詩雖不以夏爲大，而以屋爲屋字則同。士冠禮鄭注云：「周制，卿大夫以下，其室爲夏屋。」又檀弓注云：「夏屋，今之門廡，其形旁廣而卑。」彼孔疏云：「殷人以來，始屋四阿。夏家之屋，惟兩下而已，無四阿，如漢之門廡。」御覽一百八十一引崔凱云：「禮，人君宮室之制，爲殷屋，四夏也；卿大夫爲夏屋，隔半以北爲正室，中半以南爲堂。」此皆韓詩說也。陳氏喬樅韓詩遺說考云：「商屋、夏屋，爲殷、周宮室之異制，後人因以爲人君及卿大夫尊卑之等差。殷屋卽重屋，四夏卽四阿，以其正中爲室，四面有霤，重承壁材也。夏屋以近北爲正室，中半以南爲堂，其制與商屋殊。後人定宮室之制，人君宮殿始有重屋四阿，卿大夫以下但爲南北簷，皆以近北爲正室，中半以南爲堂，如周人夏屋之制，故亦稱夏屋耳。」按：法言此文單以夏屋爲大屋之義，不闕宮室制度，與王逸、高誘說合。此子雲習魯詩之證也。音義：「帡幪，李善曰：『帡，莫經切；幪，莫公切，覆也。帡又音幷，又音萍』。」按：李善語見演連珠注。「虐政虐世」者，說文：「虐，殘也。從虍，足反爪人也。」今字省「人」。「郛郭」者，說文：「郛，郭也。」按：郛郭之「郭」，說文作𩫏，「𩫏，度也，民所度居也。從回，象城𩫏之重兩亭相對也」。繫傳云：「重城也。」「虐政虐世，然後知聖人之爲郛郭」者，謂無道之世，惟篤守聖人之道者足以自全，猶「舉世寒，貂狐煥」之意也。注「陵，暴」。按：演連珠注引此文李軌注作「陵雨，暴雨也」。廣雅釋言云：「凌，暴也。」義出法言此文，當是侯芭、宋衷舊義。注「帡幪，蓋覆」。按：廣雅釋詁云：「幏帡，覆也。」王疏云：「帡之言，屏蔽也。」引法言此文及注。又云：「幪與幏同。」按：說文無帡幪，「屏，蔽也」；「幏，蓋衣也」，即其字。世德堂本此注上有「夏，大也」三字。

古者楊、墨塞路，孟子辭而闢之，廓如也。後之塞路者有矣，竊自比於孟子。〔疏〕「楊、墨」，治平本作揚，今依世德堂本。「楊、墨塞路」云云者，孟子云：「楊子取爲我，拔一毛而利天下不爲也；墨子兼愛，摩頂放踵，利天下爲之。」趙注云：「楊子，楊朱也；墨子，墨翟也。」按：楊朱書今無可考，列子有楊朱篇，具載楊朱之言，及孟孫陽與禽滑釐問答之語，蓋道家之流。故禽子云：「以子之言問老聃、關尹，則子言當矣。」彼釋文云：「楊朱，或云字子居，戰國時人，後於墨子。」藝文志有墨子七十一篇，云：「名翟，宋大夫，在孔子後。」又云：「墨家者流，蓋出清廟之守。茅屋采椽，是以貴儉；養三老五更，是以兼愛；選士大射，是以上賢；宗祀嚴父，是以右鬼；順四時而行，是以非命；以孝視天下，是以上同。此其所長也。及蔽者爲之，見儉之利，因以非禮；推兼愛之意，而不知別親疏。」按：墨子今存五十二篇。孟子云：「聖王不作，諸侯放恣，處士橫議，楊朱、墨翟之言盈天下。天下之言，不歸楊，則歸墨。」又云：「楊、墨之道不息，孔子之道不著，是邪說誣民，充塞仁義也。仁義充塞，則率獸食人，人將相食。吾爲此懼，閑先聖之道，距楊、墨，放淫辭，邪說者不得作。」塞路卽充塞仁義之喻。牟融理惑論云：「楊、墨塞羣儒之路，車不得定，人不得步，孟子闢之，乃知所從。」此則因法言文而加之以形容者也。說文：「闢，開也。」按：闢與塞相反爲義。辭而闢之，謂著書以開通已塞之路，卽闡明仁義之道是也。後人習用此文者，皆以辯闢爲闢楊、墨，因而有闢佛老、闢邪說等語。則讀爲荀子解蔽「闢耳目之欲」之「闢」。彼楊注云：「闢，屏除也。」義雖可通，然非法言本旨矣。廓，說文作「䨰」，雨止雲罷皃。經傳多作「廓」。一切經音義引字林云：「廓，空也。」「後之塞路者」云云者，自序云：「雄見諸子各以其知舛馳，大氐詆訾聖人，卽爲怪迂析辯詭辭，以撓世事。雖小辯，終破大道而或衆。」按：卽本書所斥狙詐之家，及申、韓、莊、鄒之屬，皆後之塞路者也。

或曰：「人各是其所是，而非其所非，將誰使正之？」曰：「萬物紛錯則懸諸天，衆言淆亂則折諸聖。」或曰：「惡覩乎聖而折諸？」曰：「在則人，亡則書，其統一也。」〔疏〕「萬物紛錯則懸諸天」者，詩漢廣毛傳云：「錯，雜也。」說文作「逪」。懸猶正也。說文無「懸」，古止作「縣」。考工記云：「豆中縣。」鄭注云：「縣，縣繩正豆之柄。」按：縣繩所以知正，若今言垂線也。墨子法儀云：「百工爲方以矩，爲圜以規，直以繩，正以縣。」是縣所以爲正，故正卽謂之懸也。懸諸天，謂辨方正位者，萬象雜陳，無可依據，則觀於天文以正之也。考工記云：「匠人營國，水地以縣，置槷以縣，眡以景。爲規識日出之景與日入之景，晝參諸日中之景，夜考之極星，以正朝夕。」詩定之方中毛傳云：「度日出、日入，以正東西。南視定，北準極，以正南北。」是也。「衆言淆亂則折諸聖」者，說文無「淆」，「殽，相雜逪也」，卽「淆」字。藝文志云：「諸子之言，紛然殽亂。」乃用法言語，而字正作「殽」，蓋古本如此。說文「斲，斷也」，篆文作「折」。孔子世家云「中國言六藝者，折中於夫子」，是也。春秋繁露深察名號云：「正朝夕者視北辰，正嫌疑者視聖人。」義同此文。「在則人，亡則書」者，與聖人竝世，則親就其人而正焉；生於聖人既没之後，則正之以其書。苟聖人之書不亡，則何患乎不覩聖也？「其統一也」者，說文：「統，紀也。」白虎通三綱六紀云：「紀者，理也。」

法言義疏五

修身卷第三

〔注〕求己以反本，守母以存子，此其大要。〔疏〕修，世德堂本作「脩」，下竝同。注「守母以存子」。按：老子云：「既知其子，復守其母。」

法言　李軌注

修身以爲弓，矯思以爲矢，立義以爲的，奠而後發，發必中矣。〔注〕無敵於天下也。〔疏〕「矯思以爲矢」者，説文：「矯，揉箭箝也。」段注云：「引伸之爲凡矯枉之稱。」蒼頡篇云：「矯，正也。」漢書嚴安傳：「矯箭控弦。」顏注云：「矯，正曲使直也。」音義：「矯思，斯恣切。」「立義以爲的」者，説文：「旳，明也。」段注云：「引伸爲射旳。」經傳多從「白」，作「的」。射義：「發彼有的。」鄭注云：「的謂所射之識也。」「奠而後發，發必中矣」者，書禹貢：「奠高山大川。」夏本紀作「定」，奠卽定之假。古音奠、定同也。音義：「必中，丁仲切。」繫辭云：「易曰：『公用射隼于高墉之上，獲之无不利。』子曰：『隼者，禽也，弓矢者，器也；射之者，人也。君子藏器於身，待時而動，何不利之有？』」姚氏配中周易姚氏學云：「藏器於身，故曰公用射隼，不言弓矢也。時，時位，君子之高墉也。高墉則所見者博，隼无所匿。君子有時位，則所處者高，動无所壅，而道可行矣。法言曰：『修身以爲弓，矯思以爲矢，立義以爲的，奠而後發，發必中矣。』此君子之器也。」榮按：「修身以爲弓，矯思以爲矢」，所謂藏器於身也。「奠而後發」，所謂待時而動也。

人之性也，善惡混。〔注〕混，雜也。荀子以爲人性惡，孟子以爲人性善，而楊子以爲人性雜。三子取譬雖異，然大同。儒教立言尋統，厥義兼通耳。惟聖罔念作狂，惟狂克念作聖。楊子之言，備極兩家，反復之喻，於是俱暢。修其善則爲善人，修其惡則爲惡人。〔注〕所謂混也。氣也者，所以適善惡之馬也與？〔注〕御氣爲人，若御馬涉道，由通衢則迅利，適惡路則駑蹇。〔疏〕「人之性也，善惡混」云云者，司馬云：「孟子以爲人性善，其不善者，外物誘之也。荀子以爲人性惡，其善者，聖人教之也。是皆得其一偏，而遺其本實。夫性者，人之所受於天以生者也，善與惡必兼有之，猶陰之與陽也。是故雖聖人不能無惡，雖愚人不能無善，其所受多少之間則殊矣。善至多而惡至少，則爲聖人；惡至多而善至少，則爲愚人；善惡相半，則爲中人。聖人之惡不能勝其善，愚人之善不能勝其惡，不勝則從而亡矣。故曰：『惟上智與下愚不移。』雖然，不學則善日消而惡日滋，學焉則惡日消而善日滋，故曰：『惟聖罔念作狂，惟狂克念作聖。』必曰聖人無惡，則安用學矣？必曰愚人無善，則安用教矣？譬之於田，稻、粱、藜、莠，相與竝生，善治田者，薅其藜、莠，而養其稻、粱；不善治田者，反之。善治性者，長其善而去其惡；不善治性者，反之。孟子以爲仁、義、禮、智皆出乎性者也，是豈可謂之不然乎？然殊不知暴慢、貪惑亦出乎性也。是信稻、粱之生於田，而不信藜、莠之亦生於田也。荀子以爲争奪殘賊之心，人之所生而有也，不以師法、禮義正之，則悖亂而不治，是豈可謂之不然乎？然殊不知慈愛、羞惡之心亦生而有也，是信藜、莠之生於田，而不信稻、粱之亦生於田也。故楊子以爲人之性善惡混。混者，善惡雜處於心之謂也，顧人所擇而修之何如耳。修其善則爲善人，修其惡則爲惡人，斯理也，豈不曉然明白矣哉！如孟子之言，所謂長善者也；如荀子之言，所謂去惡者也。楊子則兼之矣。韓文公解楊子之言，以爲始也混，而今也善、惡，亦非知楊子者也。」温公此注，反復推勘，曲暢旁通，深協子雲之旨。今按論衡本性云：「周人世碩以爲人性有善有惡，舉人之善性養而致之，則善長；惡性養而致之，則惡長。如此則性各有陰陽，善惡在所養焉。故世子作養書一篇。宓子賤、漆雕開、公孫尼子之徒亦論情性，與世子相出入，皆言性有善有惡。」是善惡混之説，實本世碩。藝文志世子二十一篇。注云：「名碩，陳人也，七十子之弟子。」則此説出於七十子。故宓子賤、漆雕開之徒，其論竝同，明必孔門之舊聞也。古人論性，皆統性、情而言之。樂記云：「人生而静，天之性也。感於物而動，性之欲也。」孔疏云：「自然謂之性，貪欲謂之情。」然則性者，情之元始；情者，性之别見。而欲生於情，則性固有欲矣。白虎通情性云：「性情者何？性者，陽之施；情者，陰之化也。人稟陰、陽氣而生，故内懷五性、六情。情者，静也。性者，生也。此人所稟六氣以生者也。故鉤命決曰：『情生於陰，欲以時念也。性生於陽，以就理也。陽氣者仁，陰氣者貪，故情有利欲，性有仁也。』」説文：「情，人之陰氣，有欲者。性，人之陽氣，性善者也。」此皆從人性發現之後而分别之，以善者歸之性，以有欲者歸之情。實則情該於性，非有二物矣。春秋繁露深察名號云：「天地之所生，謂之性情。性情相與爲一，瞑情亦性也。謂性已善，柰其情何？故聖人莫謂性善累其名也。身之有性情也，若天之有陰陽也。言人之質而無其情，猶言天之陽而無其陰也。」論衡本性又引董仲舒性情之説曰：「天之大經，一陰一陽；人之大經，一情一性。性生於陽，情生於陰。陰氣鄙，陽氣仁。曰性善者，是見其陽者也；曰性惡者，是見其陰者也。」是知析言之，則陽曰性，陰曰情；統言之，則情亦性也。不能離情以言性，即不能謂性有仁而無欲。欲不必惡，而縱欲卽爲惡。惡生於欲，卽根於性。是故離情以言性，性且虚無而不可名；兼性情以言性，則善惡混云者，乃至當不易之理矣。孟子言性善，然亦云口之於味也，目之於色也，耳之於聲也，鼻之於臭也，四肢之於安佚也，性也，有命焉，君子不謂性也。戴氏震字義疏證云：「謂者猶云藉口於性耳。君子不藉口於性以逞其欲，則孟子亦以欲爲性也。荀子言性惡，然亦云途之人皆有可以知仁義法正之質，皆有可以能仁義法正之具。」又云：「有血氣之屬，莫知於人；故人之於其親也，至死無窮。則荀子亦以仁、義、孝、弟爲性也。宋賢皆尊孟而黜荀、楊，然張子云『形而後有氣質之性』，朱子云『氣質之性，固有美惡之不同』，則正與子雲之論性合。子雲所謂性，固兼氣質而言也。朱子又云：『氣質所稟，雖有不善，而不害性之本善。性雖本善，而不可以無省察矯揉之功，則雖本善之性，而不修亦不能爲善矣。』」宋氏翔鳳論語説義云：「問：『孟子言性善；荀子言性惡；董子以性喻禾，善喻米，其理豈大相異乎？抑可通乎？』答曰：『周易者，窮理盡性至命之書也。易之乾元即謂性善，坤元即謂性惡。釋乾元在初九，曰：『潛龍勿用，陽在下也。』陽是善，故曰：『元者，善之長也。』釋坤元在初六，曰：『履霜堅冰，陰始凝也。』陰是惡，故曰：『積不善之家，必有餘殃。』然初六爻辭言堅冰，乾爲冰，乾位西北，故云堅冰。此坤初凝乾元之義。初六變乃當位，則坤無元，凝乾元以爲元。觀乾初不變，知陽靜爲性，而性出於天。觀坤初凝乾，知陰動爲情，而情本於性。察動靜、陰陽、情性之際，而善惡之理明矣。言性善者曰：『必先有善，而後知其惡也。』此推本之論也。言性惡者曰：『必見其惡，而後知其善也。』此後起之議也。聖人設教，本非一端，民可使由，不可使知。人秉陽氣而生，具此生理，即具此善性。一念之惡，即絶生理。故言性善者，推本之論也，化獘之後，失其秉彝。賈生書引孔子曰：『少成若天性，習貫如自然。』又曰：『習與智長，故切而不愧。況與心成，故中道若性。』儒者以五常爲性，以六欲爲情。然中庸言：『喜怒哀樂之未發，謂之中；發而皆中節，謂之和。』是情之未發者即性，性之已發者即情。故中庸言性不言情。情性一理，情自性出。觀其既發，則性已有惡；發皆中節，則能性其情。故言性惡者，後起之議也。禮爲防淫之書，春秋誅亂臣賊子，故禮家荀子、春秋家董生俱不言性善。易言天道，詩、書言德化，故十翼及詩古文家毛公、今文家韓嬰，俱言性善。孟子誦詩讀書，故道性善，稱堯、舜。蓋以推本之論明天，以後起之議治人，胥聖人之教也。」由于庭之說觀之，言性善者，源於易、詩、書，言性惡者，源於禮、春秋，而易義又兼之。益可證善惡混之說爲通合天人之道，而孟、荀猶皆一偏之論矣。「氣也者，所以適善惡之馬也與」者，司馬云：「夢得曰：『志之所至，則氣隨之。』言不可不養以適正也。乘而之善，則爲忠，爲義；乘而之惡，則爲慢，爲暴。」按：孟子云：「夫志，氣之帥也；氣，體之充也。夫志至焉，氣次焉，故曰：『持其志，無暴其氣。』」趙注云：「言志所嚮，氣隨之。」注「混，雜也」。按：讀爲「溷」。說文：「溷，亂也。」漢書五行志：「溷肴亡別。」顏注云：「溷肴，謂雜亂也。」

或曰：「孔子之事多矣，不用，則亦勤且憂乎？」曰：「聖人樂天知命，樂天則不勤，知命則不憂。」〔疏〕「孔子之事多矣」者，事謂能事。荀子大略，楊注云：「事，所能也。」論語云：「夫子聖者與？何其多能也！」「不用，則亦勤且憂乎」者，本書先知云：「或問民所勤。」此「勤」字與同詁，勤亦憂也。呂氏春秋古樂「勤勞天下」，又不廣「勤天子之難」，高誘注竝云：「勤，憂。」太玄以勤準坎，坎亦憂也。太玄內云：「坎我西階。」范注云：「坎，憂也。」是也。穀梁傳僖公篇云：「不雨者，勤雨也。」謂憂雨也。彼釋文勤雨如字，糜氏音覲，此以别於勤動字，故異其音也。今用於此義者，多假「廑」爲之，字亦作「慬」。廣韻：「慬，憂哀，巨斤切。」與勤音同也。「聖人樂天知命」云云者，音義：「樂天，音洛。」繫辭云：「樂天知命，故不憂。」

或問「銘」。曰：「銘哉！銘哉！有意於慎也。」〔注〕歎美戒慎之至。〔疏〕字林云：「銘，題勒也。」國語晉語，韋注云：「刻器曰銘。」注「歎美戒慎之至」。按：再言銘哉，是歎美之辭。中庸云：「是故君子戒慎乎其所不睹，恐懼乎其所不聞。」是戒、慎同義。詩定之方中，毛傳云：「作器能銘。」孔疏云：「所以因其器名而書以爲戒也。」文心雕龍銘箴云：「昔帝軒刻輿几以弼違，大禹勒筍簴而招諫。成湯盤盂，著日新之規；武王户席，題必戒之訓。周公慎言於金人，仲尼革容於欹器。則先聖鑒戒，其來久矣。」皆戒慎之義。

聖人之辭，可爲也；〔注〕所謂文章可得而聞。使人信之，所不可爲也。是以君子彊學而力行。

〔注〕貴令信敬素著。〔疏〕音義：「『聖人之辭，可爲也；使人信之，所不可爲也』，天復本作『不可爲也，使人敬之』。」按：「聖人之辭，可爲也」者，謂可依放而得之；「使人信之，所不可爲也」者，有其辭而無其德，人不信也。天復本蓋以「可爲也使人信之」連讀爲義，故「不可爲也」下有「使人敬之」字。兩「也」字皆讀爲「邪」。若曰聖人之言有衆人所能行者，有衆人所不能行者。衆人能行耶，則以爲聖人之不我欺而益信之；不能行耶，則以爲聖人之不可幾及而益敬之。説雖可通，義轉膚淺。此蓋因李注「信敬」連文，而妄於正文增益者。「君子彊學而力行」者，儒行云：「夙夜強學以待問，力行以待取。」彊、強古字通，彊亦力也。力行，音義無音，則讀如字。按：儒行釋文：「儒行，下孟反。下『力行』同。」則此亦當讀去聲。言聖人之所以能使人信者，不惟其辭，而惟其學與行。故求爲聖人者，亦不惟務爲聖人之辭，而當務爲聖人之學與行也。緇衣云：「君子寡言而行，以成其信。」中論貴驗云：「孔子曰：『欲人之信己也，則微言而篤行之。』」皆其義。注「所謂文章可得而聞」。按：治平本脱此注，今據世德堂本補。此可證弘範以「聖人之辭可爲也」七字爲句，益足見天復本之非李義矣。注「貴令信敬素著」。按：此弘範以敬釋信，非分信、敬爲二義。廣雅釋詁云：「信，敬也。」

珍其貨而後市，〔注〕貨珍，價必貴。修其身而後交，〔注〕身修，交必固。善其謀而後動成道也。〔注〕無所不通。〔疏〕「珍其貨而後市」者，爾雅釋詁云：「珍，美也。」廣雅釋詁云：「市，買也。」按：此以爲賣則市者，買賣之通稱，猶買謂之沽，賣亦謂之沽也。論語：「沽酒市脯。」劉疏云：「沽與酤同。說文云：『酤，一曰買酒也。』廣雅釋詁：『酤，賣也。』酤爲買賣通稱，說文、廣雅各舉其一耳。」是也。「修其身而後交」者，楚辭湘君王注云：「交，友也。」成道，謂成功之道。太玄玄錯云：「成者，功就不可易也。」

君子之所慎言禮書。〔注〕慎言無口過，慎禮無失儀，言、禮是慎，兼之於書。〔疏〕禮謂冠、婚、喪、祭之事。箸於竹帛謂之書。言以接人，禮以正俗，書以傳後。慎言，故言而世爲天下則；慎禮，故行而世爲天下法；慎書，故百世以俟聖人而不惑。

上交不諂，下交不驕，則可以有爲矣。或曰：「君子自守，奚其交？」曰：「天地交，萬物生；人道交，功勳成，奚其守？」〔注〕天地之交以道，人道之交以理，俱當順天人之道理，而無所迕逆也。〔疏〕「上交不諂，下交不驕」者，說文：「讇，諛也。」重文「諂」，從臽。論語云：「貧而無諂，富而無驕。」皇疏引范甯云：「不以正道求人爲諂也。」又皇疏云：「陵上慢下曰驕也。」繫辭云：「君子上交不諂，下交不瀆，其知幾乎？」侯果注云：「上謂王侯，下謂凡庶。君子上交不至諂媚，下交不至瀆慢，悔吝无從而生，豈非知微者乎？」「則可以有爲」者，「有」讀爲「友」。論語：「有朋自遠方來。」釋文：「有，本作『友』。」魯公子友字季父，鹽鐵論殊路作「季有」，是二字古互通，爲語助也。詳見經傳釋詞。可以友爲，猶云可與言友也。音義：「可以有爲，俗本作『可以爲友』，非是。」此蓋傳寫者不知「爲」字之義，故倒「友爲」之字爲「爲友」。然正可見法言此文之「有」本作「友」矣。「君子自守，奚其交」者，解嘲云：「哀帝時，丁、傅、董賢用事，諸附離之者，起家至二千石。時雄方草創太玄，有以自守，泊如也，故此以爲問。」「天地交，萬物生；人道交，功勳成」者，易泰云：「泰，小往大來，吉亨。則是天地交而萬物通也。」乾鑿度云：「泰者，天地交通，陰陽用事，長養萬物也。」隨：「初九，出門交有功。象曰：『出門交有功，不失也。』」鄭注云：「臣出君門，與四方賢人交，有成功之象也。」風俗通愆禮云：「易稱天地交，萬物生；人道交，功勳成。」蓋易緯文，生、成韻語。吳胡部郎玉縉云：「有爲對自守而言，功勳成卽可以有爲之驗。」按：此章論交友之道，非論有爲。自守對交而言，非與有爲相對，胡說恐誤。

好大而不爲，大不大矣；好高而不爲，高不高矣。〔疏〕音義：「好大，呼報切。」按：兩句均當於「爲」字句絕。好而不爲，則大者無以成大，高者無以成高也。

仰天庭而知天下之居卑也哉！〔注〕覩聖道然後知諸子之淺小。〔疏〕天官書云：「三能、三衡者，天廷也。」廷、庭古字通。晉書天文志云：「帝坐一星，在天市中星西，天庭也。」音義：「卑也，如字。又音婢。」注「覩聖道然後知諸子之淺小」。按：學行云：「視日月而知衆星之蔑也，仰聖人而知衆説之小也。」君子云：「聖人之書、言、行，天也。」故知天庭喻聖道，卑居喻諸子也。

公儀子、董仲舒之才之邵也，〔注〕公儀子爲魯相，婦織於室，遣去之；園有葵，拔棄之，不與民争利也。董仲舒爲江都相，下帷三年，不闚園。此二子才德高美。使見善不明，用心不剛，儔克爾？〔注〕儔，誰。〔疏〕説文：「剛，彊斷也。」論語云：「吾未見剛者。」皇疏云：「剛謂性無慾者也。」按：見善明者，智也；用心剛者，勇也。明、剛亦韻語。注「公儀」至「閼園」。按：史記循吏傳云：「公儀休者，魯博士也。以高第爲魯相，奉法循理，無所變更，百官自正，食祿者不得與下民爭利，受大者不得取小。客有遺相魚者，相不受。客曰：『聞君嗜魚，遺君魚，何故不受也？』相曰：『以嗜魚，故不受也。今爲相，能自給魚。受魚而免，誰復給我魚者？吾故不受也。』食茹而美，拔其園葵而棄之。見其家織布好，而疾出其婦，燔其機。云：『欲令農士工女安所售其貨乎？』」又儒林傳云：「董仲舒，廣川人也。以治春秋，孝景時爲博士。下帷講誦，弟子傳以久次相受業，或莫見其面。蓋三年董仲舒不觀於舍園，其精如此。進退容止，非禮不行，學士皆師尊之。」漢書藝文志有董仲舒百二十三篇。　注「此二子才德高美」。按：繫辭：「象者，材也。」韓康伯注云：「材，才德也。」是才、德可通謂之才。才、材古字通。　説文：「邵，高也。」字當從卩。經典通用「邵」。廣雅釋詁：「邵，高也。」又小爾雅廣詁：「邵，美也。」是邵兼高、美二義。世德堂本此注首有「邵，高也」三字。按：才德高美，高美字卽釋邵義，無取偏舉，更成贅設。今依治平本。　注「儔，誰」。按：此爾雅釋詁文。説文：「誰，何也。」言使非二子智勇具備，何能高美如此也。

或問「仁、義、禮、智、信之用」。曰：「仁，宅也。義，路也。禮，服也。智，燭也。信，符也。〔注〕仁如居宅，可以安身。義如道路，可以安行。禮如衣服，可以表儀。智如燈燭，可以照察。信如符契，可以致誠。處宅，由路，正服，明燭，執符，君子不動，動斯得矣。」〔疏〕「或問」，世德堂本作「或曰」，誤也。白虎通情性云：「五性者何？謂仁、義、禮、智、信也。仁者，不忍也，施生愛人也。義者，宜也，斷決得中也。禮者，履也，履道成文也。智者，知也，獨見前聞，不惑於事，見微知著也。信者，誠也，專一不移也。」「君子不動，動斯得矣」者，本書君子云：「君子言則成文，動則成德。」得卽成德之謂。注「信如符契，可以致誠」。按：說文：「符，信也。漢制以竹長六寸分而相合。」繫傳云：「史記：『漢文帝三年始爲銅虎符、竹使符㊀。』注云：『銅虎符一至五，國家當發兵，遣使至郡合符㊁，符合乃聽受之。竹使符皆以竹箭，五枚，長五寸，旁鐫篆書第一至第五，以代古之珪璋，從簡易也。』」又說文：「契，大約也。」曲禮：「獻粟者執右契。」鄭注云：「契，券要也。」孔疏云：「契謂兩書一札，同而列之。」是也。銅虎、竹使，非民生日用之物，故廣其義於契，明符是凡所以爲信者之總稱也。

有意哉！孟子曰：「夫有意而不至者有矣，未有無意而至者也。」〔疏〕「有意哉」，歎美所引孟子之言之有意也。史記張釋之馮唐傳云：「太史公曰：『張季之言長者，守法不阿意；馮公之論將率，有味哉！有味哉！』」有意卽有味之謂。所引孟子，今七篇無是語，蓋外篇文。孟子題辭云：「又有外書四篇：性善辨、文說、孝經、爲政。其文不能弘深，不與內篇相似，非孟子本真，後世依放而託之者也。」風俗通窮通云：「孟軻作書，中外十一篇。」按：七篇爲中，四篇爲外，故十一篇。王應麟困學紀聞云：「法言修身篇引『孟子曰』云云，今孟子無此語，其在外書歟？」方仲美孟子集語此條作「孟子居齊，公孫丑、王子墊侍側，孟子喟然而嘆」云云，乃以意妄加。「夫有意而不至者有矣」，此「有意」謂志於道，與句首「有意」字異義。「不至」，謂中道而廢。

或問「治己」。曰：「治己以仲尼。」或曰：「治己以仲尼，仲尼奚寡也！」曰：「率馬以驥，不

㊀「三年」，史記孝文本紀作「二年」。

㊁「郡」字原本訛作「都」，據史記孝文本紀改。

亦可乎？」或曰：「田圃田者，莠喬喬；思遠人者，心忉忉。」〔注〕雖有喬喬之莠，其穀不可得；雖懷忉忉之思，遠人不可見。言仲尼之道深遠，不可以彊學。曰：「日有光，月有明。三年不目日，視必盲；三年不目月，精必矇。〔注〕不見日月而盲矇，以諭不學爲闇人。熒魂曠枯，糟莩曠沈，〔注〕莩，熟也。擿埴索塗，冥行而已矣。」〔注〕埴，土也。盲人以杖擿地而求道，雖用白日，無異夜行。夜行之義，面牆之諭也。〔疏〕「治己」者，禮記大傳鄭注云：「治猶正也。」「率馬以驥」者，説文：「逹，先導也。」經傳通用「率」。「田圃田者，莠喬喬」云云者，或人引詩，以爲志大功寡之喻，言治己以仲尼，徒勞無益也。音義：「田圃田，上『田』音佃，下『田』如字，圃音甫；莠，羊久切；喬喬音驕，詩作『驕』。」按：世德堂本「圃」作「甫」，此承温公據宋、吴本所改，集注可證。詩甫田云：「無田甫田，維莠驕驕。無思遠人，勞心忉忉。」此引詩「甫」作「圃」，「驕」作「喬」者，蓋魯詩異文。車攻：「東有甫草。」班孟堅東都賦，李注引韓詩作「圃草」，是三家詩「甫」作「圃」之例，實皆「橆」之假。説文：「橆，豐也。」此本字也。毛傳云：「甫，大也。」卽讀爲橆也。馬高六尺曰驕，木高而曲曰喬，二字古書通用。中庸：「居上不驕。」釋文：「驕，本或作『喬』。」此文喬喬，則又重言形況，本無正字。傳箋於驕驕皆無釋。按：漢廣：「翹翹錯薪。」傳云：「翹翹，薪貌。」廣雅釋訓：「翹翹，衆也。」卽其義。爾雅釋訓：「忉忉，憂也。」「日有光，月有明」者，論語云：「仲尼，日月也。」「三年不目日」云云者，廣雅釋詁云：「目，視也。」説文：「盲，目無牟子也。矇，不明也。」音義：「必矇，音蒙，瞽也。」言不覩孔子之道，猶不見日月。不見日月，久則目盲；不覩孔子之道，久則心頑。光、明、盲、矇皆韻語。「熒魂曠枯，糟莩曠沈」者，音義：「熒魂，户扃切。」糟當依舊本作「精」，精、糟形近而誤。熒魂、精莩皆疊字爲義，熒魂謂神，精莩謂光也。熒讀爲老子「載營魄」之「營」，營亦魂也。彼河上公注云：「營魄，魂魄也。」又王弼注云：「營魄，神之常居處也。」素問調經論：「取血於營。」王冰注云：「營主血，陰氣也。」淮南子俶真：「燒其精營，慧然而有求於外。」精營當連讀，亦謂精神也。說文：「魂，陽氣也。」詩：「出其東門。」釋文引韓詩云：「魂，神也。」是熒魂者，神氣也。陸士衡文賦：「攬營魂而探賾。」營魂卽熒魂，士衡用法言語也。淮南子本經，高注云：「精，光明也。」亦通作「晶」。說文：「晶，精光也。」苹讀爲聘義「孚尹旁達」之「孚」。彼鄭注云：「謂玉采色也。」家語問玉，王肅注云：「孚尹，玉貌。」說文「璠」篆下引孔子曰：「美哉璵璠，遠而望之，奐若也；近而視之，瑟若也。一則理勝，二則孚勝。」繫傳云：「孚謂玉之光采也。」一切經音義引纂文云：「孚瑜言美色也。」音轉爲「符」。左太沖蜀都賦：「符采彪炳。」劉注云：「符，采玉之橫文也。」是精苹猶言光采。曠者，久廢之謂。「熒魂曠枯」，謂目之神氣久廢而枯槁；「精苹曠沈」，謂目之光采久廢而湛沒也。皆承三年不目日月而言。「擿埴索塗，冥行而已矣」者，音義：「擿埴，他歷切；下宮職切。索塗，山責切。」按：說文：「擿，搔也」；「索，入家搜也」。引伸爲凡搜求之稱。冥，幽也。御覽八百十七引「治己以仲尼，奚寡矣」，又引注云：「言學孔子道多，而成者何少也？」按：今各本皆無此注。注「雖有」至「彊學」。按：甫田序云：「甫田，大夫刺襄公也。無禮義而求大功，不脩德而求諸侯，志大心勞，所以求者非其道也。」傳云：「大田過度而無人功，終不能獲。」然則甫田之旨，在刺志大心勞，求而不獲者。治己而以仲尼，志大心勞，孰過於此？弘範此注，正得此文引詩之意。魯詩遺說考云：「詩意言爲國之道，當自近始，毋厭小而務大，毋忽近而圖遠。」鄭箋亦云：『喻人欲立功致治，必勤身脩德，以成高大。』法言引此詩爲修身之證，義亦猶是也。」按：法言引詩，自爲或人設難之詞，非爲修身之證，陳說殊誤。又按：「不可以彊學」，治平本「彊」作「治」，乃「強」之形誤，今依世德堂本。注「苹，熟也」。按音義：「糟苹，李軌讀『糟』如字；苹音浮，熟也。」似弘範讀莩爲烰。説文「烰，烝也」；引詩「烝之烰烰」。毛詩作「浮」。然「糟烰曠沈」，義實難通㊀。音義引柳宗元曰：「熒，明也。熒魂，司見之用者也。『糟』當爲『精』、『莩』如葭莩之『莩』，目精之表也。言魂之熒明，曠久則枯；精之輕浮，曠久則沈。不面日月，則目之用廢矣，以至於索塗冥行而已。」舊本亦作「精莩」。俞云：「熒魂以喻輕清之氣，糟莩以喻重濁之質。糟者，酒之滓；莩者，米之皮也。其輕清者日以枯，其重濁者日以沈，斯盲矣。」榮按：俞以糟莩爲喻重濁之質，夫重濁之質無取其上浮，盲者亦不因重濁之質日沈而致盲，此説殊不可從。子厚破糟爲精，是矣。而以精莩爲目精之表，則亦失其義。　注「埴，土也」。按：説文：「埴，黏土也。」

或問：「何如斯謂之人？」曰：「取四重，去四輕，則可謂之人。」曰：「何謂四重？」曰：「重言，重行，重貌，重好。言重則有法，行重則有德，貌重則有威，好重則有觀。」〔注〕可觀望也。「敢問四輕。」曰：「言輕則招憂，行輕則招辜，貌輕則招辱，好輕則招淫。」〔疏〕「取四重，去四輕」者，論語云：「君子不重則不威。」皇疏云：「重爲輕根，静爲躁本，君子之體，不可輕薄也。」「重言，重行，重貌，重好」，司馬云：「宋、吴本作『言重，行重，貌重，好重』。」按：此涉下文而誤。音義：「重行，下孟切，下『行重』、『行輕』同。『重好』，呼報切，下『好重』、『好輕』、『好問』竝同。」「言重則有法，行重則有德」者，太玄玄挩云：「擬行於德，行得其中；擬言於法，言得其正。言正則無擇，行正則無爽。」「貌重則有威」者，論語云：「君子正其衣冠，尊其瞻視，儼然，人望而畏之，斯不亦威而不猛乎？」音義：「有觀，古玩切。」按：觀者，示也。考工記云：「嘉量既成，以觀四國。」鄭注云：「以觀示於四方，使人放象之。」

㊀「難」字原本作「雖」，形近而訛，今據文義改。

釋文：「以觀，古亂反，示也。」「好重則有觀」者，好是懿德，所以視民不佻。「行輕則招辜」者，說文：「辜，辠也。」「好輕則招淫」者，王制云：「志淫好辟。」鄭注云：「民之志淫邪，則其所好者不正。」

禮多儀。〔注〕美其多威儀也。或曰：「日昃不食肉，肉必乾；日昃不飲酒，酒必酸。賓主百拜而酒三行，不已華乎？」曰：「實無華則野，華無實則賈，華實副則禮。」〔注〕華實相副，然後合禮。文質彬彬，然後君子。〔疏〕「禮多儀」者，禮謂士禮，今所謂儀禮也。漢書景十三王傳云：「河間獻王所得書，皆古文先秦舊書，周官、尚書、禮、禮記。」是漢世獨稱十七篇爲禮也。中庸云：「威儀三千。」孔疏云：「卽儀禮，行事之威儀。儀禮雖十七篇，其中事有三千。」按：三千，言其多也。「日昃不食肉」云云者，說文：「𣅡，日在西方時也。」「昃」卽「𣅡」之譌體。小徐本失部有「昃」，非。說詳段氏「𣅡」篆下注。又說文：「酸，酢也。」按：酒味變也。聘義云：「聘射之禮，至大禮也。質明而始行事，日幾中而后禮成，非強有力者，弗能行也。故強有力者，將以行禮也。酒清，人渴而不敢飲也；肉乾，人飢而不敢食也；日莫人倦，齊莊正齊而不敢解惰，以成禮節。」「賓主百拜而酒三行」者，三行獻醋酬也。古飲酒之禮，主人酌賓，謂之獻。賓還酌主人，謂之醋。主人又自飲以酌賓，謂之酬。而後一獻之禮成焉。酒三行，是士飲酒禮也。樂記云：「壹獻之禮，賓主百拜，終日飲酒而不得醉焉，此先王之所以備酒禍也。」鄭注云：「壹獻，士飲酒之禮。百拜，以喻多。」孔疏云：「凡饗禮，案大行人云：上公九獻，侯伯七獻，子男五獻，竝依命數。其臣介則孤同子男，卿大夫略爲一節，俱三獻。則天子諸侯之士同壹獻。言百拜喻多者，案今鄉飲酒之禮是壹獻，無百拜。今云百拜，故喻多也。」「實無華則野，華無實則賈」者，音義：「則賈，音古。俗本作『史』，後人改之爾。舊本皆作『賈』，謂賈人衒鬻過實。下篇云『衒玉賈石』是也。」按：說文：「賈，市也。」周禮大宰，鄭注云：「處曰賈。」野、賈韻語，本作「史」者，蓋或據論語野、史對文改之。世德堂本作「史」，此承溫公依宋、吳本所改，集注可證。真西山文集、楊實之字說引亦作「史」，則所據卽集注本也。「華實副則禮」者，漢書禮樂志，顏注云：「副，稱也。」禮器云：「先王之立禮也，有本有文。忠信，禮之本也；義理，禮之文也。無本不立，無文不行。」按：實卽本也，華卽文也。

山雌之肥，其意得乎？或曰：「回之簞瓢，臞如之何？」曰：「明明在上，百官牛羊，亦山雌也；闇闇在上，簞瓢捽茹，亦山雌也，何其臞？千鈞之輕，烏獲力也；簞瓢之樂，顏氏德也。」

〔注〕千鈞之重，烏獲舉之而輕，多力耳。簞食瓢飲，顏氏處之而樂，德盛也。〔疏〕「山雌之肥」者，論語云：「山梁雌雉，時哉！時哉！」皇疏云：「言人遭亂世，翔集不得其所，是失時矣。而不如山梁間之雉，十步一啄，百步一飲，是得其時，故歎之也。獨云雌者，因所見而言也。」易遯：「上九，肥遯，无不利。」侯果注云：「最處外極，无應於內，心无疑戀，超世高舉，果行育德，安時无悶，遯之肥也。故曰：『肥遯，无不利。』則潁濱巢、許當此爻矣。」王弼注云：「憂患不能累，矰繳不能加，是以肥遯无不利也。」孔疏引子夏傳云：「肥，饒裕也。」按：遯得其時，故謂之肥。「回之簞瓢，臞如之何」者，言賢人在下，身淪道隱，不得謂肥。說文「簞，笥也」；「瓢，蠡也」。段注云：「以一瓠劙爲二曰瓢，亦曰蠡。」論語云：「子曰：『賢哉，回也！一簞食，一瓢飲，在陋巷，人不堪其憂，回也不改其樂。賢哉，回也！』」音義：「臞如，其俱切，瘠也。」按：臞瘠，爾雅釋言文。說文：「臞，少肉也。」「明明在上」云云者，爾雅釋訓云：㊀「明明，察也。」詩江漢：「明明天子。」司馬云：「百官牛羊，若堯

㊀「訓」字原本訛作「言」，據爾雅改。

之所以養舜也。」按：孟子云：「帝使其子九男二女，百官牛羊，倉廩備，以事舜於畎畝之中。」趙注云：「百官致牛羊，倉廩致粟米之饒，備具饋禮，以奉事舜於畎畝之中。」焦疏云：「周禮掌訝，若將有國賓客至，則戒官脩委積。注云：『官謂牛人、羊人、舍人、委人之屬。』賈氏疏云：『以委積有牛、羊、豕、米、禾、芻、薪之等，舍人掌給米稟，委人掌芻薪之委。』是牛、羊、粟、米皆有官掌之，故云『百官致牛羊，倉廩致粟米之饒』。」倉廩亦百官所致也。此言明王在上，君子得行其道。雖如舜於畎畝之中，受百官牛羊倉廩之饋，亦時也。」「闇闇在上」云云者，天問云：「明明闇闇，惟時何爲？」音義：「捽茹，上音在忽切，下音人恕切，菜也。」俞云：「捽讀爲啐。禮記雜記篇：『主人之酢也，嚌之；衆賓兄弟，則皆啐之。』鄭注云：『嚌、啐皆嘗也，嚌至齒，啐入口。』」按：當讀爲「⿰口率」。說文：「⿰口率，小飲也。」啐卽⿰口率之假。此以捽爲之，其義亦同。方言云：「茹，食也。吳、越之間，凡貪食者謂之茹㊀。」然則捽茹猶言飲食耳。言天下無道，君子隱居，以求其志。如顏子之一簞食，一瓢飲，亦時也，不改其樂，何臞之有！「千鈞之輕」云云者，說文：「鈞，三十斤也。」孟子云：「然則舉烏獲之任，是亦烏獲而已矣。」趙注云：「烏獲，古之有力人也，能移舉千鈞。」史記秦本紀云：「武王有力好戲，力士任鄙、烏獲、孟說皆至大官。」韓非子觀行云：「烏獲輕千鈞而重其身，非其身重於千鈞也，勢不便也。」音義：「之樂，音洛。」

或問：「犂牛之鞹與玄騂之鞹有以異乎？」曰：「同。」「然則何以不犂也？」曰：「將致孝乎鬼神，不敢以其犂也。〔注〕宗廟貴純色，君子貴純德。如封羊刺豕，罷賓犒師，惡在犂不犂也！」

〔注〕封羊義見易。〔疏〕「犂牛之鞹」云云者，論語云：「子謂仲弓曰：『犂牛之子騂且角，雖欲勿用，山川其舍諸？』」集解

㊀ 凡貪食者謂之茹，方言「食」上有「飲」字。

云：「犖，雜文。」皇疏云：「雜文曰犖。」或音犁；犁，雜文也。或音梨，謂耕犖也。釋文：「犖牛，利之反，雜文曰犖。又力之反，色如貍也。又力兮反，耕犖之牛。」按：近人多據説文「犂，耕也」之訓，謂「犖」卽「犂」省，犖牛卽耕牛，因以平叔雜文之説爲非。惟經義述聞云：「犖與騂對舉，當以何注雜文之訓爲長。犖牛之子騂且角，則用以祀山川。猶列子説符篇云『黑牛生白犢，以薦上帝』耳。犖者，黃、黑相雜之名也。魏策：『幽莠之生也似禾，驪牛之黃也似虎。』『驪』與『犖』通。東山經：『鱅鱅之魚，其狀如犖牛。』郭注云：『犖牛，白牛似虎文者。』則犖牛卽驪牛矣。廣韻：『黧，黑而黃也。』『黧』亦與『犖』通。然則犖牛者，黃黑相雜之牛也。淮南説山訓云：『髡屯、犖牛，既犐以犙，決鼻而羈，生子而犧，尸祝齋戒，以沈諸河。河伯豈羞其所從出，辭而不享哉？』犧與犖相對爲文，犧爲純色，則犖爲不純色者矣。故高注云『犖牛，不純色』，引論語『犖牛之子騂且角』云云。據此，則雜文之訓確不可易，不得以爲誤也。經云：『犖牛之子騂且角，雖欲勿用，山川其舍諸？』是騂牛宜用之以祭，而犖牛色雜不宜用，淮南説林訓所謂『騂駁不入牲』也。若以犖爲耕，則耕牛何必無純色者，無以見其不可用矣。且犖牛爲雜文之牛，故東山經云：『鱅鱅之魚，狀如犖牛。』以犖牛之狀與他牛不同也。若以爲耕牛，則耕牛之狀與凡牛不異，東山經但云『其狀如牛』足矣，何所取於耕犖之牛，而用以相況乎？」按：王辨甚精。説文：『黐，黐黃也，一曰楚雀也，其色黎黑而黃。」然則鳥黃黑者謂之黐，牛黃黑者謂之犖，其義同也。音義：「鞹，苦郭切；騂，息營切。」説文：「鞹，皮去毛也。」檀弓云：「夏后氏尚黑，牲用玄。周人尚赤，牲用騂。」鄭注云：「玄，黑類也。騂，赤類。」按：法言此文以犖與玄、騂對舉，而謂去毛則無以異，是明以犖爲雜文，不以爲耕。知集解之説，乃漢師古義也。「然則何以不犖也」者，此或人問辭而省「曰」字也。司馬云：「或者言凡人顧其中心何如耳，何必外貌之禮文！」「將致孝乎鬼神，不敢以其犖」

者，論語云：「菲飲食而致孝乎鬼神。」馬注云：「致孝乎鬼神，祭祀豐潔也。」「刲羊刺豕」云云者，音義：「刲羊，苦圭切。」說文：「刲，刺也。」楚語云：「刲羊擊豕。」音義：「罷賓，音疲，勞也。犒，考告切㈠。」按：罷、犒同意，罷者勞其疲勞，犒者勞其枯槁，皆慰恤之稱。說文：「疲，勞也。」經典通用「罷」。儀禮覲禮云：「侯氏再拜稽首，出自屏南，適門西，遂入門左，北面立，王勞之。」鄭注云：「勞之，勞其道勞也。」犒者，槁之俗。說文：「槀，木枯也。」引伸爲因槁而潤之之稱。潤槁曰槁，猶慰勞曰勞也。周禮小行人：「若國師役，則令槁禬之。」故書「槁」爲「槀」。鄭司農云：「『槀』當爲『槁』，謂槁師也。」釋文：「槁禬，苦報反。」此僅異其音，字仍作「槁」也。左傳僖公篇：「公使展禽犒師。」孔疏引服虔云：「以師枯槁，故饋之飲食。」淮南子氾論：「犒以十二牛。」高注云：「牛、羊曰犒，共其枯槁也。」明犒卽槁也。字亦作「𩞄」，斥彰長田君碑云：「史見勞，𩞄芳馨馥芬。」是則以牛、羊言曰犒，以酒言曰𩞄，皆隸體之變也。音義：「惡在，音烏。」此章之意，乃承前章「實無華則野」而更設問以明之㈡。鞹以喻實，玄、騂以喻華，鞹同則何取乎玄、騂，言實是則何求於華也。答義謂雖有忠信之質，猶當文之以禮樂者，此君、師之道則然。若夫一官一邑，小知之事，片善曲藝，皆有可使，固不必得成德之士而爲之也。注「刲羊義見易」。按：歸妹云：「士刲羊无血，无攸利。」虞注云：「刲，刺也。」

有德者好問聖人。或曰：「魯人鮮德，奚其好問仲尼也？」〔注〕言魯定、哀公，孟、仲、季孫皆問仲尼。曰：「魯未能好問仲尼故也。如好問仲尼，則魯作東周矣。」〔疏〕「魯人鮮德」者，音義：「鮮德，息淺

㈠「切」字原本訛作「反」，據音義改。
㈡「問」字原本訛作「間」，據文義改。

切。」説文：「尠，是少也。」經傳通作「鮮」。按：祿去公室，政逮大夫，不能變而至道，是其鮮德之證也。「如好問仲尼」，世德堂本「如」作「如其」。「則魯作東周矣」者，論語云：「公山弗擾以費畔，召，子欲往。子路不説，曰：『末之也已，何必公山氏之之也？』子曰：『夫召我者，而豈徒哉？如有用我者，吾其爲東周乎！』」集解云：「興周道於東方，故曰東周也。」按：孔子世家云：「定公九年，孔子年五十，公山不狃以費畔季氏，使人召孔子。孔子循道彌久，温温無所試，莫能己用，曰：『蓋周文、武起豐、鎬而王，今費雖小，儻庶幾乎！』欲往。子路不悦，止孔子。孔子曰：『夫召我者，豈徒哉？如用我，其爲東周乎！』」是史公説孔子自擬文、武。文、武起豐、鎬而王，豐、鎬在西。今魯在東，若起魯而王，是以魯爲東方之豐、鎬，故曰「吾其爲東周」。此文「魯作東周」，卽用其義，謂魯用孔子則王也。鹽鐵論褒賢云：「孔子曰：『如有用我者，吾其爲東周乎！』庶幾成湯、文、武之功，爲百姓除殘去賊，豈貪祿樂位哉？」説苑至公云：「孔子懷天覆之心，挾仁聖之德，憫時俗之汙泥，傷紀綱之廢壞，服重歷遠，周流應聘，乃俟幸施道以子百姓，而當時諸侯莫能任用。是以德積而不肆，大道屈而不伸，海内不蒙其化，羣生不被其恩，故喟然歎曰：『而有用我者，則吾其爲東周乎！』」二書解此均與史公義同，蓋西漢論語家師説如此。後世學者多所忌諱，重言革命之事，故變其義曰「興周道於東方」，而鄭康成以爲東周據時成周，王輔嗣則以爲不擇地而興周室，杜元凱又以爲指平王以下所都之王城，皆爲曲説。

或問：「人有倚孔子之牆，弦鄭、衛之聲，誦韓、莊之書，則引諸門乎？」曰：「在夷貉則引之，倚門牆則麾之，〔注〕「莊周與韓非同貫，不亦甚乎？惑者甚衆，敢問何謂也」？曰：「莊雖借諭以爲通妙，而世多不解。韓誠觸情以言治，而險薄傷化。然則周之益也，其利迂緩；非之損也，其害交急。仁既失中，兩不與耳。亦不以齊其優劣，比量多少也。統斯以往，何嫌乎哉？」又問曰：「自此以下，凡論諸子，莫不連言乎莊生者，何也？」答曰：「妙指非見形而不及道者之言所能統，故每道其妙寄，而去其麤迹。一以貫之，應近而已。」惜乎衣未成而轉爲裳也。」

〔注〕衣，上也；裳，下也。聖典，本也；諸子，末也。轉上爲下，捨本而逐末者，是可惜。〔疏〕「人有倚孔子之牆」云云者，説文：「倚，依也。」論語云：「夫子之牆數仞，不得其門而入，不見宗廟之美，百官之富。」「弦」，世德堂本作「絃」。按：説文無「絃」。弦，弓弦也，假借爲琴瑟弦之稱。今施於弓者作「弦」，施於琴瑟者作「絃」，此妄爲分别，古弦歌字皆止作「弦」也。「鄭、衛之聲」，義見前篇。説文：「誦，諷也。」藝文志：韓子五十五篇，注云「名非，韓諸公子，使秦，李斯害而殺之」；莊子五十二篇，注云「名周，宋人」。按：韓非五十五篇，今竝存，與漢志合；莊子郭象注本止三十三篇，以志校之，亡十九篇也。韓、莊所學不同，此竝稱者，史記老莊申韓列傳云：「莊子散道德放論，要亦歸之自然；韓子引繩墨，切事情，明是非，其極慘礉少恩，皆原於道德之意。」是其義也。音義：「引諸門乎，本或作『問』。」按：「門」謂孔子之門，即論語云「不得其門而入者也」。作「問」，義不可通。「在夷貉則引之」云云者，音義：「夷貉，莫白切。」説文：「夷，東方之人也。貉，北方豸種。」荀子勸學云：「干越、夷貉之子，生而同聲，長而異俗。」麾讀爲「揮」，説文：「揮，奮也。」按：謂振去之也。「在夷貉則引之」，嘉其處僻遠而知慕中國之化；「倚門牆則麾之」，惡其已近聖人之宇，而猶惑於邪僻之俗、異端之説，是亦不可教誨也已矣。注：「莊周」至「而已」。按：泰康以來，天下共尚無爲，學者以莊、老爲宗，而黜六經，故其言如此。秦序謂弘範所學右道左儒，每違子雲本指者，謂此類也。又按：「其害交急」，「交」讀爲「絞」。絞、急同義。論語：「直而無禮則絞。」鄭注：「絞，急也。」「道其妙寄」，治平本作「遺其妙寄」，今依世德堂本。注「衣上」至「可惜」。按：論語云：「君子上達，小人下

達。」集解云：「本爲上，末爲下也。」陶氏鴻慶讀法言札記云：「衣裳之喻，與上文意不相涉。李注云云，說殊紆曲。疑此句本在上文『如好問仲尼，則魯作東周矣』句下，傳寫誤著於此耳。問神篇云㊀：『衣而不裳，未知其可也。』李注云：『有上無下，猶有君而無臣。』此言衣裳，義與彼同。言孔子不用於魯，有德無位，但垂空文以教世也。下文『聖人耳不順乎非，口不肄乎善』云云，當在『倚門牆則麾之』句下，合爲一章，則文義俱足矣。」按：陶說非也。衣未成而轉爲裳，即小人下達之謂。李注以本末爲言，義本平叔，文理明白，無煩改置。

聖人耳不順乎非，〔注〕惟正之聽。口不肄乎善；〔注〕性與天道，發言成章，不肄習。賢者耳擇、口擇；〔注〕耳擇所聽，口擇所言。衆人無擇焉。〔注〕觸情任意。或問「衆人」。曰：「富貴生。」〔注〕苟貪富貴，不義而生。「賢者」。曰：「義。」〔注〕行義以達其道。「聖人」。曰：「神。」〔注〕神德行也。觀乎賢人，則見衆人；觀乎聖人，則見賢人；觀乎天地，則見聖人。天下有三好：衆人好己從，賢人好己正，聖人好己師。天下有三檢：衆人用家檢，〔注〕家人自以爲法。賢人用國檢，聖人用天下檢。天下有三門：由於情欲，入自禽門；〔注〕所謂觸情。由於禮義，入自人門；由於獨智，入自聖門。

〔疏〕「聖人耳不順乎非」者，論語：「六十而耳順。」皇疏引李充云：「耳順者，聽先王之法言，則知先王之德行，從帝之則，莫逆於心，心與耳相從，故曰耳順也。」按：順乎正，故不順乎非。「口不肄乎善」者，音義：「肄乎，羊至切。」按：「肄」當爲「違」，隸形相近而誤。違與順相反爲義。論語云：「君子無終食之間違仁。」不順乎非，故不違乎善。「賢者耳擇、口擇」

㊀「神」字原本訛作「道」，據本書問神篇改。

者，非禮勿聽，是耳擇也；非禮勿言，是口擇也。「衆人無擇焉」者，妄言、妄聽，無是非善惡之別也。「『衆人』。曰：『富貴生。』『賢者』。曰：『義。』」者，御覽四百二十一引尸子云㊀：「賢者之於義，曰貴乎？義乎？曰：『義，是故堯以天下與舜。』曰富乎？義乎？曰：『義，是故子罕以不受玉爲寶。』曰生乎？義乎？曰：『義，故務光投水而殪。』三者人之所重，而不足以易義。」「『聖人』。曰：『神。』」者，孟子云：「聖而不可知之謂神。」衆人之情，凡可以富貴、可以生者則趨之，不問其他。賢者則裁之以義。義者，事之宜也。故富與貴是人之所欲也，不以其道得之不處也。生亦我所欲，義亦我所欲，二者不可得兼，舍生而取義者也。聖人則神而明之，從心所欲不踰矩，難以恆理測矣。「觀乎天地，則見聖人」者，司馬云：「天地，聖人之所取法。」「天下有三好」云云者，音義：「三好，呼報切，下同。」司馬云：「己師，爲己之師也。」按：「己從」謂從己，「己正」謂正己，則「己師」謂師己也。「聖人好己師」者，言而世爲天下則，行而世爲天下法，若孔子制春秋之義以爲後王師矣。「天下有三檢」云云者，檢讀爲譣。說文：「譣，譣問也㊁。」引伸爲占譣。經傳通作「驗」，或作「檢」。衆人以其家之肥瘠爲憂樂，故用家爲占。賢者則推之於國，聖人則推之於天下也。「天下有三門」云云者，音義：「人門，俗本作『仁』，誤。」按：仁、人古字通。入聖門者亦必由禮義，神而明之，無所不通，斯聖人矣。此以獨智與禮義分爲二者，謂造詣有淺深，入自人門，進而不已，則可以入聖門也。「獨智」者，神明之域。荀子勸學云：「其義則始乎爲士，終乎爲聖人。真積力久則入。」又不苟云：「誠心守仁則形，形則神，神則能化矣。誠心行義則理，理則明，明則能變矣。變化代興，謂之天德。」又勸

㊀「四百二十一」原本訛作「四百二十二」，據御覽改。
㊁說文「問」上不重「譣」字。

學云：「積善成德，而神明自得，聖心備焉。」此「由於獨智，入自聖門」之義。禮義爲人禽所由分，以有禮自別於禽獸者，乃爲人之始。由是而真積力久，以馴至於神明之域，則睎聖之事也。陶氏鴻慶讀法言札記云：「『由於獨智，入自聖門』。『智』當讀爲『知』，卽君子慎獨之義。」按：慎獨不得謂由於獨知，此說非也。注「性與天道，發言成章，不肆習」。按：論語：「夫子之言性與天道，不可得而聞也。」舊解或以性與天道四字連讀，與猶合也，謂聖人之言自然合於天道。晉書紀瞻傳云：「陛下性與天道，猶復役機神於史籍。」是也。詳見錢氏大昕潛研堂集。弘範解論語亦如此，故引以爲不肆習之證。然性合天道，正不違乎善之義，謂聖人不勉而中，則可；謂其不肆乎善，則於義未安也。注「耳擇所聽，口擇所言」。按：若然，則前篇注云「非法不言，何所擇乎」，與此注適成矛盾，益可證彼文「君子言也無擇」之「擇」當讀爲「殬」矣。注「神德行也」。按：繫辭云：「顯道，神德行。」孔疏云：「言易理備盡天下之能事，故可以顯明无爲之道，而神靈其德行之事。」注「家人自以爲法」。按：弘範讀「檢」爲「蠢迪檢柙」之「檢」。晉書庾峻傳云：「此其出言合于國檢。」卽用法言語，亦以爲國法之意，與弘範義合。然家人自以爲法，不得云用家檢。且天下之本在國，國之本在家，誠令家以爲法，正見刑于之有道，何以謂之衆人？然則此義亦未安也。

或問：「士何如斯可以禔身？」〔注〕禔，安。曰：「其爲中也弘深，〔注〕中者，心志也。弘深猶敦重也。其爲外也肅括，則可以禔身矣。」〔注〕外者，威儀也。肅，敬也；括，法也。〔疏〕音義：「禔身，是支切，又音支，又音題。」「士何如斯可以禔身」者，繫辭云：「君子安其身而後動。」家語入官云：「子張問入官於孔子，孔子曰：『安身取譽爲難。』」然則安身者，士行之本，故欲問其道。說文：「宏，屋深響也。」引伸爲凡深大之稱，經傳通作「弘」。爾雅釋詁云：

「弘，大也。」「弘深」者，大而深也。「肅括」者，敬而法也。「其爲中也弘深」者，能有容也。「其爲外也肅括」者，不可狎也。有容則嫉怨寡矣，不可狎則恥辱遠矣，斯安身之道也。　注「禔，安」。按：易坎：「祇既平。」釋文：「祇，京作『禔』，安也。」說文：「禔，安福也。」　注「中者，心志也。　弘深猶敦重也」。按：文王世子云：「禮樂交錯於中。」鄭注云：「中，心中也。」說文：「惇，厚也。」經傳通以「敦」爲之。按：厚重者，言乎其體；弘深者，言乎其量。雖通謂之大，而義自有別。其爲中也弘深，明以量言，非以體言，可以爲寬廣，不可以爲厚重。弘範此義，蓋爲疎矣。　注「外者，威儀也。肅，敬也；括，法也」。按：詩抑云：「抑抑威儀，惟德之隅。」鄭箋云：「人密審於威儀抑抑然，是其德必嚴正也。古之賢者，道行心平，可外占而知內。如宮室之制，內有繩直，則外有廉隅。」孔疏云：「言內有其德，則外有威儀。」說文：「肅，持事振敬也。」又說文：「括，絜也。」按：絜者，結束之謂。劉越石答盧諶詩李注引韓詩章句云：「括，約束也。」約束衺曲，以爲正直，謂之括；其器謂之栝。說文：「栝，檃也。」字亦作「隱括」。公羊解詁序云：「故遂隱括使就繩墨焉。」徐疏云：「括謂檢括。」是也。然則括之本義爲矯曲使直，故引伸之得爲法則之稱。廣雅釋詁云：「括，灋也。」

君子微慎厥德，悔吝不至，何元憞之有？〔注〕微，纖也。悔吝，小疵也。元憞，大惡。〔疏〕音義：「元憞，徒對切。」「君子微慎厥德」云云者，繫辭云：「善不積不足以成名，惡不積不足以滅身。小人以小善爲無益而弗爲也，以小惡爲无傷而弗去也，故惡積而不可弇，罪大而不可解。」然則大罪起於小惡，慎之於微，則小惡必去，而安有大罪之能成也！　注「微，纖也。悔吝，小疵也。元憞，大惡」。按：說文：「纖，細也。」繫辭云：「悔吝者，言乎其小疵也。」又云：「憂悔吝者存乎介。」韓注云：「介，纖介也。」卽此注所本。說文：「憝，怨也。」憞卽憝之變體，字亦作「譈」。康誥：「凡民罔不憝。」孟子引作「譈」，亦或以「諄」爲之。廣雅釋詁云：「諄，辠也。」

上士之耳訓乎德，〔注〕訓，順。下士之耳順乎己。〔注〕苟欲令人順己。〔疏〕「上士之耳順乎德」者㊀，聞善則服也。「下士之耳順乎己」者，聞諛言則悦也。　注「訓，順」。按：說文：「順，理也。」引伸爲循，爲從。經傳多以「訓」爲之。洪範「于帝其訓」、「是訓是行」，史記宋微子世家皆作「順」。詩烈文「四方其訓之」，左傳哀公篇引作「四方其順之」。「順乎己」，世德堂本「順」作「訓」。

言不慙、行不恥者，孔子憚焉。〔注〕言不違理，故形不慙；行不邪僻，故心不恥。言行能如此，仲尼所敬㊁。憚，難也。〔疏〕論語云：「其言之不怍，則爲之也難。」馬融注云：「怍，慙也。內有其實，則言之不慙；積其實者，爲之難也。」皇疏引王弼云：「情動於中，而外形於言，情正實而後言之不怍。」按：「孔子憚焉」者，謂孔子以爲難能也。即據論語「其爲之也難」生義。　注「憚，難也」。按：說文：「憚，忌難也，一曰難也。」

㊀「士」字原本訛作「下」，據正文改。

㊁「敬」下原本有偏書小字「句」，蓋作者以示句讀，今刪。

法言義疏六

問道卷第四

〔注〕夫道者，弘乎至化，通乎至理也。〔疏〕本篇皆糾繩諸子之語。自「道、德、仁、義、禮譬諸身乎」至「未若父母之懿也」，多論道家之失。「狙詐之家」一章，論兵家之失。「申、韓之術，不仁之至矣」至「如申、韓！如申、韓」，論刑名家之失。「莊周、申、韓」以下，又雜論諸子也。

法言　李軌注

或問「道」。曰：「道也者，通也，無不通也。」〔注〕萬物由之以通。或曰：「可以適它與？」〔注〕言道既可以通中國而適夷狄，學亦可以統正典而兼諸子也。曰：「適堯、舜、文王者爲正道，非堯、舜、文王者爲它道，君子正而不它。」〔疏〕「道也者，通也，無不通也」者，說文：「通，達也。」聖道無所不通，猶大路無所不達。太玄達：「次五達于中衢，大小無迷。」測曰：『達于中衢，道四通也。』」「可以適它與」者，大學鄭注云：「『它技，異端之技也。』」按：謂道既無所不通，則亦可由是以通於百家之說。藝文志云：「『易曰：『天下同歸而殊塗，一致而百慮。』今異家者各推所長，窮知究慮，以明其指。雖有蔽短，合其要歸，亦六經之支與流裔。」然則諸子之言，本由聖人之道而出，爲聖人之道者，何不可通於諸子之術耶？「它」，世德堂本作「他」，下同。「適堯、舜、文王者爲正道」云云者，此孔子之志，春秋之義也。孔子作春秋，口授弟子，大要在乎法堯、舜，述文王。故開宗明義既繫正月於王，明人道之始，而終書西狩獲麟，以比堯、舜之隆，鳳皇來儀。弟子傳其義，則於篇首述之曰：「王者孰謂？謂文王也。」於篇終述之曰：「撥亂世，反諸正，莫近諸春秋。其諸君子樂道堯、舜之道也與！」明乎經世之事，太平之效，非三聖人者莫與歸也。子思述其義於中庸，則曰：「仲尼祖述堯、舜，憲章文、武。」鄭注云：「此以春秋之義明孔子之德。」是也。故序録尚書，則託始二典；而於匡人之厄，又曰：「文王既没，文不在兹乎！」蓋孔子之志可推見者如此。自餘衰周諸子，若農家者流爲神農之言，道家者流爲黄帝之言，墨家者流爲夏后氏之言，捨堯、舜、文王而依託古聖，别立宗旨，則董生所謂非六藝之科、孔子之術者，皆子雲所謂它道也。

或問「道」。曰：「道若塗若川，車航混混，不捨晝夜。」〔注〕車之由塗，航之由川，混混往來交通。或曰：「焉得直道而由諸？」〔注〕塗、川皆形曲也，此亦因形以取譬。曰：「塗雖曲而通諸夏則由諸，川雖曲而通諸海則由諸。」〔注〕以諭經學通於聖道。或曰：「事雖曲而通諸聖則由諸乎？」〔注〕大解曲通歸正之義。〔疏〕「或問道」，集注引宋、吴本無「道」字，故宋、吴皆以「道若塗若川」云云爲或問之語，而下無答文，乃子雲鄙或人之問，非所問而不應也。此因緣誤文，妄自生義，無異郢書燕説矣。「車航混混」者，廣雅釋訓云：「混混，流也。」「不捨晝夜」，論語子罕文，此喻道之不可須臾離也。「或曰『焉得直道而由諸』」，音義：「天復本無『或曰』二字。焉，於虔切。下以意求之。」「塗雖曲而通諸夏則由諸」云云者，説文：「夓，中國之人也。」按：經傳以爲中國之稱。隸省「臼」作「夏」。通諸之「諸」義如「於」，儀禮鄉射禮鄭注云：「諸，於也。」由諸之「諸」義如「之」，士昏禮記注云：「諸，之也。」「或曰：事雖曲而通諸聖則由諸乎」，音義：「天復本無『或曰』二字。」按：與上文同，皆二人之詞，而中省「曰」字例，説詳古書疑義舉例。各本有

「或曰」字，義較易明。又按：音義兩出此文「或曰」云云，次「請問禮莫知」之下、「天與」之上，是其所據本此章當在「焉以爲德」之後，「或問天」之前。今本移此，蓋校書者以與上章同是問道，故使以類相從歟？注「大解曲通歸正之義」。按：司馬云：「楊子設爲或人意痞，以結上意耳。」

道、德、仁、義、禮，譬諸身乎？〔注〕不可無之於一。夫道以導之，德以得之，仁以人之，義以宜之，禮以體之，天也。〔注〕五者人之天性。合則渾，離則散，一人而兼統四體者，其身全乎！〔注〕四體合則渾成人，五美備則混爲聖，一人兼統者，德備如身全。〔疏〕「道、德、仁、義、禮，譬諸身乎」者，全體謂之身。後文云：「一人而兼統四體者，其身全乎！」明身爲大名，體爲小名。說文「身，躳也」；「體，總十二屬也」。段注云：「首之屬有三：曰頂，曰面，曰頤。身之屬三：曰肩，曰背，曰尻。手之屬三：曰厷，曰臂，曰手。足之屬三：曰股，曰脛，曰足。」是許以體爲大名，身爲小名，適與此相反。按：爾雅釋詁云：「身，我也。」墨子經上云：「體，分於兼也。」然則全謂之身，分謂之體，經籍相承以爲通詁。許君此解，有異常行也。「道以導之」云云者，管子君臣云：「道也者，上之所以導民也。」釋名釋言語云：「道，導也，所以通導萬物也。」說文：「導，引也。」樂記云：「德者，得也。」釋言語云：「德，得也，得事宜也。」中庸云：「仁者，人也。」鄭注云：「『人』讀如『相人偶』之『人』，以人意相存問之言。」春秋繁露仁義法云：「仁之爲言，人也。」中庸又云：「義者，宜也。」釋言語云：「義，宜也，裁制事物，使合宜也。」禮器云：「禮也者，猶體也。」釋言語云：「禮，體也，得事體也。」「合則渾，離則散」者，音義：「則渾，户昆切。」按：列子天瑞云：「氣形質具而未相離謂之渾淪。」渾卽渾淪之謂。說文：「㪔，分離也。」經典通用「散」。太玄玄瑩云：「其所循也直，則其體也渾。其所循也曲，則其體也散。」亦渾、散對文。「一人而兼統四體者，其身全乎」者，此證明合則渾之義。道、德、仁、義、禮稱名不同，同施於事則一。猶人之四體所處各異，而運行則通。差別道、德、仁、義、禮，而去彼取此，猶欲分析四體，用其一而廢其餘也。老子云：「故失道而後德，失德而後仁，失仁而後義，失義而後禮。」是道家分道、德、仁、義、禮爲五等，道爲上，德次之，仁次之，義又次之，禮爲下。此文卽所以明彼說之非者也。注「五者人之天性」。按：司馬云：「天性自然，不可增損。」注「四體」至「身全」。按：弘範此注，循文釋義，雖未盡楊旨，而大體不誤。陶氏鴻慶讀法言札記云：「人，卽上文『人以仁之』之『人』。禮記中庸篇：『仁者，人也。』鄭注云：『人也，讀如相人偶之人。』是人卽仁也。四體指道、德、義、禮言之。道、德、義、禮以仁爲本，故曰以一人而兼統四體也。」不知此文以四體譬道、德、仁、義、禮，乃從不可分離之義爲言，非以四體分配此五事。必膠執數目以求符合，斯亦惑之甚矣！

或問「德表」。曰：「莫知，作上作下。」〔注〕作，爲也。莫知爲上之樂，爲下之苦。請問「禮莫知」。〔注〕言已有禮制，則有尊卑。曰：「行禮於彼，而民得於此，奚其知！」〔注〕君自行禮於上，而民承化於下。或曰：「孰若無禮而德？」曰：「禮，體也。人而無禮，焉以爲德？」〔注〕禮如體。無體，何得爲人？無禮，何能立德？〔疏〕「德表」者，說文：「表，上衣也。」引伸爲凡外著之義。司馬云：「問有德之人在上，其治化表見於外者何如。」「莫知作，上作下」者，「莫知作」爲句，「上作下」爲句，「作」與「下」韻。蓋古書有是語，子雲引之，以證德表之說也。作者，興起之謂。康誥云「作新民」，孟子云「民日遷善而不知爲之者」，卽此文之義。言莫知所以興起而興起者，乃上之有以興起其下也。「請問禮莫知」，音義：「天復本作『請問莫知』。」按：此承上文而發問，不得有「禮」字，當以天復本爲正。「行禮於彼，而民得於此，奚其知」者，大戴禮禮察云：「故婚姻之禮廢，則夫婦之道苦，而淫辟之罪多矣。鄉飲酒之禮廢，則長幼之序失，而爭鬬之獄繁矣。聘射之禮廢，則諸侯之行惡，而盈溢之敗起矣。喪祭之禮廢，則臣子之恩薄，而倍死忘生之徒衆矣。凡人之知，能見已然，不能見將然。禮者禁將然之前，而法者禁於已然之後，是故法之用易見，而禮之所爲生難知也。若夫慶賞以勸善，刑罰以懲惡，先王執此之正，堅如金石；行此之信，順如四時；處此之功，無私如天地爾。豈顧不用哉？然如曰『禮云，禮云』，貴絶惡於未萌，而起敬於微眇，使民日徙善遠罪而不自知也。」孔氏廣森補注云：「先王之治天下，户户而賞之，不能徧也；人人而刑之，又不可勝誅也。是故因人之情而爲之節文，以喪祭之禮作其孝，以射鄉之禮作其讓，以朝覲聘享之禮作其恭。天下卉然知天子之意，曰：『禮於死者尚不忘也，況生存乎？禮於它人之長尚如此其敬也，況君父乎』？是故示之以恭，則不臣者愧；示之以讓，則不弟者恥；示之以孝，則不子者悔。此『行禮於彼，而民得於此』之説也。」「孰若無禮而德」者，此道家言也。老子云：「夫禮者，忠信之薄，而亂之首。」莊子馬蹄云：「夫至德之世，同與禽獸居，族與萬物竝，惡乎知君子小人哉？同乎無知，其德不離。同乎無欲，是爲素樸。素樸而民性得矣。」前文言「行禮於彼，而民得於此」，故設此問，謂孰若行德而民性自得之爲至也。「禮，體也」云云者，儒者之意，以禮爲德之本，聖人緣人情以制禮，禮成而後德生焉。繫辭云：「是故履德之基也。」侯果云：「履禮，蹈禮不倦，德之基也。」荀子勸學云：「禮者，法之大分，羣類之綱紀也，故學至乎禮而止矣。夫是之謂道德之極。」是禮爲德體，無禮是無體也。故曰：「人而無禮，焉以爲德？」注「作，爲也。莫知爲上之樂，爲下之苦」。按：此增字爲解，而於上下文義仍不相協，恐非楊旨。注「言已有禮制，則有尊卑」。按：此據誤本作義，殊不可通。疑出後人增益，非弘範舊文也。

或問「天」。曰：「吾於天與，見無爲之爲矣！」或問：「彫刻衆形者匪天與？」曰：「以其不彫刻也。如物刻而彫之，焉得力而給諸？」〔疏〕前文以道、德、仁、義、禮爲天，故設此問。音義：「天與，音余。」「無爲之爲」者，哀公問云：「無爲而物成，是天道也。」荀子天論云：「不爲而成，不求而得，夫是之爲天職。」本書孝至云：「或曰：『君逸臣勞，何天之勞？』曰：『於事則逸，於道則勞。』」按：於事逸者，無爲也；於道勞者，無爲之爲也。「彫刻衆形者匪天與」者，莊子大宗師云：「覆載天地，刻彫衆形而不爲巧。」又天道云：「覆載天地，刻彫衆形而不爲巧，此之謂天樂。」「物刻而彫之」，御覽一引作「物物刻而雕之」㊀。

老子之言道德，吾有取焉耳。〔注〕可以止奔競，訓饕冒之人。及搥提仁義，絶滅禮學，吾無取焉耳。〔注〕老子之絶學，蓋言至理之極，以明無爲之本。斯乃聖人所同，子雲豈其異哉？夫能統遠旨，然後可與論道。悠悠之徒，既非所逮，方崇經世之訓，是故無取焉耳。無取焉何者？不得以之爲教也。〔疏〕史記老莊申韓列傳云：「老子者，楚苦縣厲鄉曲仁里人也。姓李氏，名耳，字伯陽，謚曰聃，周守藏室之史也。老子脩道德，其學以自隱無名爲務。居周久之，見周之衰，乃遂去。至關，關令尹喜曰：『子將隱矣，彊爲我著書。』於是，老子乃著書上、下篇，言道德之意五千餘言而去，莫知其所終。」陸德明老子道德經釋文：「老子姓李名耳。河上公云名重耳，字伯陽，陳國苦縣厲鄉人。史記云字聃，又云仁里人，又云陳國相人也。」四書釋地又續云：「苦縣屬陳，老子生長時，地尚楚未有。陳滅於惠王，在春秋獲麟後三年，孔子已卒，況老聃乎？史記冠楚於苦縣上，以老子爲楚人者，非也。」

㊀ 今本御覽此段引文在卷二，「物物」但作「物」。

梁氏玉繩史記志疑云：「考葛洪神仙傳謂楚苦縣人。隸釋邊韶老子銘謂楚相縣人，春秋之後，相縣虛荒，今屬苦，在賴鄉之東，渦水處其陽。竝仍史誤。而晉皇甫謐高士傳云陳人，陸氏經典序録云陳國苦縣厲鄉人，唐段成式酉陽雜俎玉格篇云老君生于陳國苦縣賴鄉渦水之陽九井西李下，固未嘗誤。」又云：「老子是號，生卽皓然，故號老子。耳其名，聃其字，非字『伯陽』。索隱本作『名耳，字聃』，無『伯陽謚曰』四字，與後書桓紀延熹八年注引史合。并引許愼云『聃，耳漫也』，故名耳，字聃。有本字伯陽，非正。老子號伯陽父，此傳不稱，則是後人惑于神仙家之傅會，妄竄史文。」按：梁説是也。傳「楚苦縣」字亦後人妄改，曾子問孔疏引史記作「陳國苦縣」可證。「老子之言道德，吾有取焉耳」者，前文云：「道、德、仁、義、禮，譬諸身乎？」則道德本儒家所同言，故有取也。「及搥提仁義，絶滅禮學，吾無取焉耳」者，音義：「搥，都回切。舊本皆從『手』，擲也。提，徒計切，亦擲也。漢書云：『以博局提吴太子。』」按：廣雅釋詁云：「搥，擿也。」擿、擲同字。老子云：「絶仁棄義，民復孝慈。」又云：「絶學無憂。」藝文志云：「道家者流，蓋出於史官，歷記成敗、存亡、禍福、古今之道，然後知秉要執本，清虛以自守，卑弱以自持，此君人南面之術也。合於堯之克攘，易之嗛嗛，一謙而四益，此其所長也。及放者爲之，則欲絶去禮學，兼棄仁義，曰獨任清虛，可以爲治。」注「老子」至「教也」。按：此與前篇論莊注義相同，所謂右道左儒，乃晉人風尚然也。

吾焉開明哉？惟聖人爲可以開明，它則苓。〔注〕焉，安也。開，發也。大哉，聖人言之至也！開之，廓然見四海；〔注〕日月齊明，視其文者，不下堂知四方。閉之，閛然不覩牆之裏。〔注〕不開聖卷，諭無所見。〔疏〕「吾焉開明哉？惟聖人爲可以開明」者，前篇云：「日有光，月有明。三年不目日，視必盲；三年不目月，精必曚。」謂不見聖人之道，猶不見日月。此又申其義，謂欲自求光明者，捨聖人之言則不可得也。仲尼燕居云：「三子者，既得聞此言也於夫子，昭然若發曚矣。」「開明」即發曚之意，言開曚以爲明也。「它則苓」者，音義：「則苓，音聆。」俞云：「『苓』當讀爲『笭』。說文竹部：『笭，車笭也。』釋名釋車曰：『笭橫在車前，織竹作之，孔苓苓也。』此言惟聖人爲可以開明，其他則如車笭然，所見者小矣。」按：俞說是也。苓、笭古字通。「開之，廓然見四海；閉之，閛然不覩牆之裏」者，音義：「閛然，匹庚切，閉門也。俗本作『闇然』，誤。諸本皆作『閛』。」按：此承上文而言，開之謂開明，閉之謂閉明也，「閛」當爲「闇」，闇然與廓然相反爲義。玉篇：「閛，門扉聲。」閛以聲言，與「不覩」云云意不相協。「闇」字漫漶，故誤爲「閛」。音義所謂俗本者，乃舊本之僅存者耳。「四海」，喻遠；「牆之裏」，猶云牆以內，喻近。學者能開其明於聖言，則廓然可以見至遠；苟閉其明，則闇然不能覩至近。御覽三百九十引作「開之，廓然見四海之內；閉之，寂然不覩牆垣之裏」。注「焉，安也。開，發也」。按：學記：「開而弗達。」鄭注云：「開爲發頭角。」孔疏云：「開謂開發事端，但爲學者開發大義頭角而已。」是開即發也。世德堂本正文「它則苓」下有「開發」字，此明是涉注而衍。可悟舊本此文李注止「開發」二字，在正文「它則苓」三字之下，傳寫者不知「苓」字之義，更誤以此二字與「苓」字連屬爲文也。治平本此注有「焉，安也」字，乃後人妄增。焉安常訓，固無煩解說也。注「不開聖卷，諭無所見」。按：弘範意以開之、閉之爲開卷、掩卷，增字爲說，於義未安。俞云：「此即所謂『不得其門而入，不見宗廟之美，百官之富』者。上句云開之廓然見四海，言聖道之大也。此云閉之閛然不覩牆之裏，言聖道之深也。是則開之、閉之云者，謂聖人之言一闢一闔，猶云放之則彌六合，卷之則退藏於密。」說似可通。然聖人之道無行不與，不得云閉之閛然。所謂不見宗廟之美、百官之富者，乃人自不得其門而入則然，非聖人之有所閉而不與人以可覩。則謂以此喻聖道之深，亦殊未當也。

聖人之言，似於水火。或問「水火」。曰：「水，測之而益深，窮之而益遠；火，用之而彌明，宿之而彌壯。」〔疏〕説文：「測，深所至也。」段注云：「深所至謂之測，度其深亦謂之測，猶不淺曰深，度深亦曰深也。」司馬云：「宿，蓄火也。」按：説文：「宿，止也。」引伸爲留，爲積。廣雅釋言：「宿，留也。」莊子徐无鬼釋文：「宿，積久也。」易大壯王肅注云：「壯，盛也。」

允治天下，不待禮文與五教，則吾以黄帝、堯、舜爲疣贅。〔注〕允，信。〔疏〕堯典：「敬敷五教。」馬注云：「五品之教。」鄭注云：「五品，父、母、兄、弟、子也。」漢書百官公卿表云：「禼作司徒，敷五教。」應劭注云：「五教，父義、母慈、兄友、弟恭、子孝也。」國語鄭語韋昭注同。繫辭云：「黄帝、堯、舜垂衣裳而天下治。蓋取諸乾、坤。」尚書大傳云：「黄帝始制冠冕，垂衣裳，上棟下宇，以避風雨。禮文法度，興事創業。」白虎通號云：「黄者，中和之色，自然之性，萬世不易。黄帝始作制度，得其中和，萬世常存，故稱黄帝也。」莊子在宥云：「昔者，黄帝始以仁義攖人之心。堯、舜於是乎股無胈，脛無毛，以養天下之形，愁其五藏，以爲仁義，矜其血氣，以規法度。」音義：「疣贅，羽求切；下之瑞切。」按：説文：「肬，贅肬也。」疣、肬同字。段注云：「贅同綴。」書傳多贅、綴通用。綴，屬也，屬於地上，如地之有丘。釋名釋疾病云：「贅，屬也，横生一肉，屬著體也。肬，丘也，出皮上聚，高如地之有丘也。」荀子宥坐云：「今學曾未如肬贅，則具然欲爲人師。」楊注云：「肬贅，結肉。」莊子大宗師：「彼以生爲附贅縣疣。」又駢拇：「附贅縣疣，出乎形哉，而侈於性。」字並作「疣」。玉篇有「疣」，云：「結肉也。」今疣贅之腫也。　注「允，信」。按：爾雅釋詁文。

或曰：「太上無法而治，法非所以爲治也。」曰：「鴻荒之世，聖人惡之，是以法始乎伏犧，而成乎堯。〔注〕伏犧畫八卦，以敍上下。至於堯、舜，君臣大成也。匪伏匪堯，禮義哨哨，聖人不取也。」〔疏〕「太上無法而治」，此亦道家言也。音義：「而治，直吏切。下『爲治』同。」文選應吉甫晉武帝華林園集詩：「悠悠太上，民之厥初。」李注云：「太上，太古也。」莊子天地云：「玄古之君天下，無爲也，天德而已矣。」「法非所以爲治」者，莊子胠篋云：「殫殘天下之聖法，而民始可與論議也。」「鴻荒之世，聖人惡之」者，爾雅釋詁云：「洪，大也。」經傳通作「鴻」。廣雅釋詁云：「荒，遠也。」白通虎號云：「古之時，未有三綱六紀，民人但知其母，不知其父，能覆前而不能覆後。卧之詓詓，行之吁吁，飢卽求食，飽卽棄餘，茹毛飲血，而衣皮葦。」是洪荒之世，人與禽獸相近，故聖人惡之。「法始乎伏犧，而成乎堯」者，繫辭云：「古者包犧氏之王天下也，仰則觀象於天，俯則觀法於地，觀鳥獸之文，與地之宜，近取諸身，遠取諸物，於是始作八卦，以通神明之德，以類萬物之情。作結繩而爲網罟，以佃以漁。蓋取諸離。」釋文：「包，本又作『庖』，白交反。鄭云：『取也。』孟、京作『伏』。犧，許宜反，字又作『羲』。鄭云：『鳥、獸全具曰犧。』孟、京作『戲』，云：『伏，服也。戲，化也。』」按：「伏」又作「虙」，「包」又作「炮」。上古語言，與後代絶異，人名、地名，意義多不可考。經典傳寫，但取聲近，略同譯名，故異文甚多。注家各爲釋義，皆臆説也。路史注引含文嘉云：「伏羲德洽上下，天應以鳥獸、文章，地應以河圖、洛書，乃則象而作易。」又引六藝論云：「伏羲作十言之教，以厚君臣之別。」又引古史考云：「伏羲制嫁娶，以儷皮爲禮。」然則書契、佃漁、綱紀、人道，皆伏犧所創，故云「法始於伏犧」也。云「成乎堯」，不言舜者，尚書大傳云：「舜者，推也，循也，言其推行道德，循堯緒也。」白虎通號云：「舜猶僢僢也，言能推信堯道而行之。」是知舜惟紹堯之法，無所改易，故言堯卽該舜矣。「禮義哨哨」者，音義：「哨哨，音消，又七笑切。」按：音義前一音蓋讀爲「莦」，說文「莦，惡艸貌」，廣韻「莦，所交切，又音消」，是也。後一音則讀爲「枉矢哨壺」之「哨」。投壺：「某有枉矢哨壺。」鄭注云：「哨，枉哨不正貌。」釋文：「哨壺，七笑反。」是也。此當以讀「莦」爲合。「禮義莦莦」，猶云治道榛蕪耳。堯、哨韻語。

或問：「八荒之禮，禮也，樂也，孰是？」曰：「殷之以中國。」〔注〕殷，正。或曰：「孰爲中國？」〔注〕正直北辰，爲天之齊。今俱偏僻，未知誰爲居中國？曰：「五政之所加，七賦之所養，中於天地者，爲中國。〔注〕五政，五常之政也。七賦，五穀、桑、麻也。中於天地者，土圭測景，晷度均也。過此而往者，人也哉。」〔注〕譬八荒之於中國如彼，諸子之於聖人如是。〔疏〕「八荒之禮，禮也，樂也」者，離騷云：「將往觀乎四荒。」王注云：「荒，遠也。」按：以四方言，曰四荒；兼四維言，曰八荒。說苑辨物云：「八荒之內有四海，四海之內有九州。」則八荒猶言海外矣。周禮：「鞮鞻氏掌四夷之樂，與其聲歌。」白虎通禮樂云：「王者制夷狄樂，不制夷狄禮，何也？以爲禮者，身當履而行之，夷狄之人，不能行禮；樂者，聖人作爲，以樂之耳。」是古有夷樂，無夷禮。此云「禮也，樂也」者，乃就其國俗所自有者言之。疑元文當作「八荒之禮也，樂也」，不重「禮」字。猶云八荒所謂禮，所謂樂耳。「孰是」者，謂誰爲近正。「中於天地者，爲中國」者，春秋繁露王道通三云：「取天、地與人之中以爲貫，而參通之，非王者，孰能當？」是所謂中於天地也。吳胡部郎玉縉云：「春秋無通辭於中國、夷狄，惟其德，不惟其人。公羊於宣十二年邲之戰，曰：『不與晉而與楚子爲禮。』於昭二十三年獲陳夏齧，曰：『不與夷狄之主中國也。然則曷爲不使中國主之？中國亦新夷狄也。』語尤明顯。楊子謂中於天地者爲中國，意卽本此。」「過此而往者，人也哉」者，繫辭云：「過此以往，未之或知也。」荀爽注云：「出乾之外，無有知之。」則此文「過此而往」，猶云出「五政、七賦、中於天地之道」之外也。「人也哉」者，即後文云「無則禽，異則貉」，言不合以上之道者，禽與貉耳。禽則非人，貉則非中國之人也。胡部郎云：「『過此而往者，人也哉』，言此後孰爲中國，亦存乎其人耳。蓋刺莽之爲夷狄之行也。」世德堂本作「過此而往」，無「者」字。注「殷，正」。按：爾雅釋言云：「殷，中也。」中、正同義。注「正直」至「中國」。按：此古蓋天家説也。晉書天文志云：「周髀者，即蓋天之説。其言天似蓋笠，地法覆槃，天地各中高外下。北極之下，爲天地之中，其地最高，而滂沲四隤。」是蓋天家以北極下爲地中。爾雅釋天云：「北極謂之北辰。」郭注云：「北極，天之中。」公羊傳昭公篇，徐疏引李巡云：「北極，天心也。」天齊即天中、天心之義。齊者，臍也。朱子語類云：「帝座惟在紫微者據北極二十七度，常隱不見之中，故有北辰之號，而常居其所。蓋天形運轉，晝夜不息，而此爲之樞，如輪之轂，如磑之臍。」又云：「南極、北極，天之樞紐，只是此處不動，如磨臍然。此是天之中至極處，如人之臍蔕也。」此北辰天齊之説。地軸北端，略當鉤陳座第一星，古謂之北辰，以識天極，亦謂之極星。考工記：「夜考之極星。」孫氏詒讓正義云：「北極正中，即天之中，古謂之天極，又謂之北極樞，後世謂之赤道極。然天中之極無可識別，則就近極之星以紀之，謂之極星。沿襲既久，遂并稱星爲北極，又謂之北辰。北極者，以天體言也；北辰者，以近極之星言也。極星繞極四游，非不移者。其不移者，乃天極耳。然則北辰者，最近天極之星；天極者，正對地軸之處。蓋天家以地體爲半球形，自不得不以北極直下爲中央，非國於此，無緣名中。故據以難儒者之所謂中國也。」注「五政，五常之政也。七賦，五穀、桑、麻也」。按：大戴禮盛德云：「均五政。」盧注云：「五政謂天子、公、卿、大夫、士。」孔氏廣森補注云：「五政，明堂五時之政也。」五常之政，即明堂五時之政。説文：「賦，斂也。」五穀之名，自來説者各異。程氏瑶田以爲粱、黍、稷、稻、麥，詳見所著九穀考，近儒多從之。桑麻之賦，謂布帛之貢。子雲司空箴云：「九一之政，七賦以均。」注「中於天地者，土圭測景，晷度均也」。按：周禮大司徒：「以土圭之灋測土深，正日景以求地中。日南則景短，多暑；日北則景長，多寒；日東則景夕，多風；日西則景朝，多陰。日至之景，尺有五寸，謂之地中，天地之所合也，四時之所交也，風雨之所會也，陰陽之所和也。然則百物阜安，乃建王國焉。」鄭司農云：「土圭之長尺有五寸，以夏至之日立八尺之表，其景適與土圭等，謂之地中。今潁川陽城地爲然。」江氏永周禮疑義舉要云：「周都洛邑，欲其無遠天室，而四方入貢道里均。所謂土中者，合九州道里形勢而知之。非先制尺有五寸之土圭，度夏至景與圭齊，而後謂之土中也。既定洛邑，樹八尺之表，景長尺有五寸，是爲土中之景，乃制土圭以爲法，他方度景亦以此，土圭隨其長短量之。是景以土中而定，非土中因景而得也。」盛氏百二尚書釋天云：「地中之名義不一。有一定之中，有無定之中，有有定而仍無定之中。周髀以北極之下爲中，此一定之中也。今人隨所立以望地平之四際無不適均，程子所謂地無適而不爲中，此無定之中也。二者皆就大地之全體言。若以方域爲界論之，則一邑有一邑之中，一郡有一郡之中，九州有九州之中，此有定而無定之中也。大司徒之地中，召誥之土中，特云九州之中耳。蓋四方分測，乃宅洛而後測之，非先測之而後宅洛也。夫豫爲九州之中，何必度景始知？卽使不得九州之正中，而略差百數十里，將風雨寒暑頓異乎？如果氣候懸絶，若閩、廣炎地，蠶叢漏天，聖人又豈待度景而知不可都哉？惟是既宅洛而後測之，制八尺之表於夏至日中，求得表景尺有五寸，於是土圭之長亦準之。凡四方行測，皆以土圭爲根數，地北則景較土圭長，地南則景較土圭短，卽今法以緯度定諸方晝夜長短之差也。在洛之東者日出早，在洛之西者日出遲，卽周髀所謂加四時相及今法以經度定諸方時刻之差也。由是以四方晷景之加減，計里而較之，則天下道里之遠近可得。周禮所謂『以土地之圖，周知九州廣輪之數』，即今方輿圖計度以開方之法也。若夫多陰、多風、多暑、多寒云者，李安溪謂罕譬九州，明洛中土耳。」按，江、盛二說，皆以洛之爲中，乃按九州道里形勢言之，非緣土圭測景而得。其土圭測景之法，乃宅中以後，以京師爲本，實測四方里差之事。非先制此法，以求得地中。義甚精覈，足正前人之誤。至此文中國，對八荒而言，乃九州之總稱，尤不得以周禮地中爲說。子雲覃思渾天，已知地爲渾圓，既不取蓋天家北極地中之說，更無以土圭測景晷度均爲中國之理。然則弘範此說，不可從也。

聖人之治天下也，礙諸以禮樂。〔注〕礙，限。無則禽，異則貉。吾見諸子之小禮樂也，不見聖人之小禮樂也。孰有書不由筆，言不由舌？吾見天常爲帝王之筆、舌也。〔注〕天常，五常也，帝王之所制奉也。譬諸書、言之於筆、舌，爲人之由禮、樂也。〔疏〕「聖人之治天下，礙諸以禮樂」者，「礙」讀爲「凝」。樂記云：「禮樂偩天地之情，達神明之德，降興上下之神，而凝是精粗之體，領父子君臣之節。」鄭注云：「凝，成也。精粗，謂萬物大小也。」然則「礙諸以禮樂」者，成之以禮樂也。中庸「至道不凝焉」，釋文：「本又作『疑』。」此以「礙」爲「凝」，猶以「疑」爲「凝」也。「無則禽，異則貉」者，謂純無禮樂，則禽獸之行；或雖有禮樂，而異於聖人之所制，則亦夷狄之俗也。音義：「則貉，莫白切。」「吾見諸子之小禮樂，不見聖人之小禮樂也」者，莊子馬蹄云：「及至聖人，澶漫爲樂，摘僻爲禮，而天下始分矣。」又云：「性情不離，安用禮樂？」又云：「及至聖人，屈折禮樂，以匡天下之形，而民乃始踶跂好知，爭歸於利，不可止也。」此道家之小禮樂也。墨子非儒云：「夫儒浩居而自順者也，不可以教下；好樂而淫人，不可使親治；立命而怠事，不可使守職；宗喪循哀，不可使慈民；機服勉容，不可使導衆。孔丘盛容脩飾以蠱世，弦歌鼓舞以聚徒，繁登降之禮以示儀，務趨翔之節以觀衆，儒學不可使議世。」此墨家之以禮樂病儒也。「孰有書不由筆，言不由舌？吾見天常爲帝王之筆、舌」者，司馬云：「天常卽禮樂也。言治天下而不用禮樂，猶無筆而書，無舌而言也。」御覽三百六十七引此，作「五常者，帝王之筆、舌，寧有書不由筆、言不由舌也」。又六百零五引同，惟「帝王」作「三王」，「也」作「耶」。注「礙，限」。按：說文：「礙，止也。」限卽止之引伸義。限天下以禮樂，蓋禮以防淫，樂以禁邪之謂。說雖可通，然於義似隘。注「天常，五常也」。按：樂記云：「道五常之行。」鄭注云：「五常，五行也。」孔疏云：「謂依金、木、水、火、土之性也。」論衡問孔云：「五常之道，仁、義、禮、智、信也。」前文「五政之所加」，彼注云：「五政，五常之政也。」然則五常卽明堂五時之政。五常爲禮樂之本，故爲帝王之筆、舌也。

智也者，知也。夫智用不用，益不益，則不贅虧矣。〔疏〕司馬云：「不贅虧，『不』蓋衍字。有餘曰贅，不足曰虧。言天地之理，人物之性，皆生於自然，不可强變。智者能知其可以然，則因而導之爾。苟或恃其智巧，欲用所不可用，益所不可益，譬如人之形體，益之則贅，損之則虧矣。孟子曰：『所惡夫智者，爲其鑿也。』」俞云：「凡物用之則虧，益之則贅。智者以不用爲用，以不益爲益。用而不用，是不虧也；益而不益，是不贅也。文義甚明，亦無衍字。」按：太玄玄瑩云：「故不擢所有，不彊所無。譬諸身，增則贅，而割則虧。」此温公說所本。「擢」卽「攫」字。攫者，妄取之謂。用所不可用，是攫所有；益所不可益，是彊所無。攫所有則虧，彊所無則贅。依此爲解，故疑衍「不」字。然古人「矣」字或用如「乎」字，若依温公說而讀「矣」爲「乎」，則雖有「不」字，義亦可通。曲園解較直捷，然云「智者以不用爲用，以不益爲益」，似有語病。榮謂此承「智也者，知也」而言。有所知而不用，則其知若贅；有所不知而不益，則其知必虧。

能用人所不用，則知不贅；能益人所不益，則知不虧。不知則求所以知之，知之則求所以用之。此智者之事也。

深知器械、舟車、宮室之爲，則禮由己。〔疏〕宋、吴、司馬皆作「禮由己」。吴云：「深知制度之所爲，則禮無不在己。子曰：『制度在禮文爲在禮，行之其在人乎？』」司馬云：「器械、舟車、宮室，皆聖人因物之性，制而用之，推而行之。苟或識聖人之心，則禮雖先王未之有，可以義起也。故曰『由己』。」今按音義，則「禮由己」一本作「由也」，明「己」爲語辭，作「己」者，誤也。廣雅釋詁云：「由，行也。」「深知器械、舟車、宮室之爲，則禮由己」者，言深知聖人制作之意，則禮無不行也。蓋古者民未知器械，以手足役，以木石用而已。及備物成器，以利天下，然後物名可得而正，地利可得而盡，則器械之爲奉生送死之禮之所由生也。古者民未知舟車，居山知山，居澤知澤而已。及刳木爲舟，剡木爲楫，服牛乘馬，引重致遠，而後有無可以貿遷，盈虛可以酌劑，則舟車之爲交際之禮之所由生也。古者民未知宮室，上者木處，下者穴居而已。及上棟下宇，以蔽風雨，而後升降有節，内外有别，則宮室之爲尊卑男女之禮之所由生也。故器械、舟車、宮室者，禮之始也。引而伸之，觸類而長之，罔不由此。知其源則衆流順，得其綱則萬目舉，自然之道也。

或問「大聲」。曰：「非雷非霆，隱隱耾耾，久而愈盈，尸諸聖。」〔注〕尸，主也。雷霆之聲聞當時，聖人之言傳無窮。〔疏〕「或問大聲」者，老子云：「大音希聲。」河上公注云：「大音猶雷霆，待時而動。」喻常愛氣希言也，故設問以論其義。「非雷非霆」云云者，雷霆不足以爲大聲，聲之大者，莫如聖人之言，久而愈盈，則何貴乎希聲矣！説文：「霆，雷餘聲也。」張平子西京賦：「隱隱展展。」薛綜注云：「隱隱，重車聲。」音義：「耾耾，户萌切。俗本作『肱』，誤。」宋玉風賦曰：『耾耾雷聲。』裨蒼曰：『耾，聲貌。』」按：説文無「耾」有「谹」，谷中響也。集注引宋、吴本作「谹」，即「谹」字。霆、耾、盈、聖韻語。注「尸，主」。按：爾雅釋詁文。

或問：「道有因無因乎？」曰：「可則因，否則革。」〔注〕革之與因雖異，隨變而通，理也。故先王之事世相反，而其道一也。〔疏〕「或問：『道有因無因乎』」者，司馬云：「黄、老之道貴因循。」「可則因，否則革」者，司馬云：「前人所爲，是則因之，否則變之，無常道。」太玄曰：「夫道有因有循，有革有化，因而循之，與道神之；革而化之，與時宜之。故因而能革，天道乃得；革而能因，天道乃馴。夫物不因不生，不革不成。故知因而不知革，物失其則；知革而不知因，物失其均。革之匪時，物失其基；因之匪理，物喪其紀。因革乎因革！國家之矩範也。矩範之動，成敗之効也。』」按：玄瑩文。

或問「無爲」。曰：「奚爲哉？〔注〕應化而已。在昔虞、夏襲堯之爵，行堯之道，法度彰，禮樂著，垂拱而視天下民之阜也，無爲矣。紹桀之後，纂紂之餘，法度廢，禮樂虧，安坐而視天下民之死，無爲乎？」〔注〕紹桀者，成湯也；纂紂者，周武也。當此之時，湯、武不可得安坐視天下民之死，而欲無爲也。所謂可則因，否則革矣。應變順時，故迹不同，致理而言，皆非爲也。〔疏〕「問無爲。曰：『奚爲』」者，論語云：「無爲而治者，其舜也與？夫何爲哉？恭己正南面而已矣。」「在昔虞、夏襲堯之爵」云云者，曲禮孔疏引五經異義云：「天子有爵不易。孟、京説易，有君人五號：『帝，天稱，一也；王，美稱，二也；天子，爵號，三也；大君者，興盛行異，四也；大人者，聖人德備，五也。』是天子有爵。古周禮説天子無爵，同號於天，何爵之有？許君謹案春秋左氏云施於夷狄稱天子，施於諸夏稱天王，施於京師稱王，知天子非爵稱，從古周禮義。鄭君駁云：『案士冠禮云：古者生無爵，死無謚。自周及漢，天子有謚，此有爵甚明。云無爵，失之矣。』」按：此云「襲堯之爵」，明亦以天子爲爵稱，用孟、京易說也。大戴禮保傅：「桓公垂拱無事而朝諸侯。」盧注云：「垂拱，言無所指麾者也。」漢書董仲舒傳：「制曰：『蓋聞虞舜之時，游於巖廊之上，垂拱無爲而天下太平。』仲舒對曰：『堯在位七十載，迺遜于位，以禪虞舜。堯崩，天下不歸堯子丹朱，而歸舜。舜知不可辟，迺卽天子之位，以禹爲相，因堯之輔佐，繼其統業，是以垂拱無爲而天下治。』」按：經傳惟云舜無爲而治，此云虞、夏者，今文書說，所謂虞、夏同科，雖虞事，亦連夏也。「紹桀之後，纂紂之餘」云云者，說文：「纘，繼也。」經典通用「纂」。吳云：「湯、武革命，應天順人，自然有爲之時。」「天下民」，世德堂本皆作「天民」，無「下」字。注「應化而已」。按：卽應變順時之謂。淮南子原道云：「應化揆時，莫能害之。」

或問：「太古塗民耳目，惟其見也聞也。見則難蔽，聞則難塞。」〔注〕人以爲太古不如絕禮樂以塗塞人之耳目，令不見不聞，使之純一。曰：「天之肇降生民，使其目見耳聞，是以視之禮，聽之樂。〔注〕因其耳目而節之。如視不禮，聽不樂，雖有民，焉得而塗諸？」〔疏〕「或問」，世德堂本作「或曰」。「太古塗民耳目」云云者，俞云：「『塗』當讀爲『斁』。說文丹部『雘』篆下引周書『惟其斁丹雘』，今書梓材篇作『惟其塗丹雘』，是『塗』與『斁』通也。說文攴部：『斁，閉也。從攴，度聲，讀若杜。』經典卽以『杜』爲之。尚書粊誓篇『杜乃擭』，周官雍氏注引作『斁乃擭』是也。斁民耳目者，謂閉塞民之耳目也。若以今字書之，當云『杜民耳目』矣。」按：俞讀是也。史記貨殖列傳云：「老子曰：『至治之極，鄰國相望，雞狗之聲相聞，民各甘其食，美其服，安其俗，樂其業，至老死不相往來。必用此爲務，輓近世塗民耳目，則幾無行矣。』」按：此難「聖人治天下，礙諸以禮樂」之說。「天之肇降生民」云云者，太玄玄掜云：

「維天肇降生民，使其貌動、口言、目視、耳聽、心思，有法則成，無法則不成。」「視不禮，聽不樂，雖有民，焉得而塗諸」者，司馬云：「聖人所以能使其民者，以有禮樂也。若皆去之，則民將散亂而不可制，雖欲取其耳目而塗之，安可得哉？」注「人以」至「純一」。按：此注語有脱誤，當云「或人以爲太古無禮樂，以禮樂治天下，不如絶禮樂」云云，於義方憭。

或問「新敝」。曰：「新則襲之，敝則益損之。」〔注〕值其日新，則襲而因之；值其敝亂，則損益隨時。

〔疏〕「或問新敝」者，説文：「㡀，敗衣也。從巾，象衣敗之形。」引伸爲凡敗壞之稱。經傳通用「敝」，或以「弊」爲之。俗字作「弊」。老子云：「弊則新。」河上公注云：「自受弊薄，後己先人，天下敬之，久久自新也。」故欲問其義。「新則襲之，敝則益損之」者，小爾雅廣詁云：「襲，因也。」樂記云：「三王異世，不相襲禮。」鄭注云：「言其有損益也。」白虎通三教云：「王者設三教者何？承衰救弊，欲民反正道也。三正之有失，故立三教以相指受。夏人之王教以忠，其失野。救野之失莫如敬，殷人之王教以敬，其失鬼。救鬼之失莫如文，周人之王教以文，其失薄。救薄之失莫如忠，繼周尚黑，制與夏同。三者如順連環，周而復始，窮則反本。」世德堂本「益損」作「損益」。

或問：「太古德懷不禮懷，嬰兒慕，駒犢從，焉以禮？」曰：「嬰、犢乎！〔注〕歎無禮也。嬰、犢母懷不父懷。母懷，愛也；父懷，敬也。獨母而不父，未若父母之懿也。」〔注〕兼乎愛敬，然後盛其美善。〔疏〕「嬰兒慕，駒犢從，焉以禮」者，釋名釋長幼：「人始生曰嬰兒，或曰嫛婗。」雜記鄭注云：「嬰猶鷖彌也。」按：嬰兒、嫛婗、鷖彌皆連語形容字，言人始生不能言語，嫛婗然也。玉篇引蒼頡篇云：「女曰嬰，男曰兒。」强爲區别，失之。孟子：「人少則慕父母。」趙注云：「慕，思慕也。」説文「馬二歲曰駒」，「犢，牛子也」。按：謂太古之民不識不知，順帝之則，至誠無僞，何事於禮？「母懷愛也，父懷敬也」者，道家之説以愛爲誠，以敬爲僞，莊子天運云「故曰以敬孝易，以愛孝難」是也。然愛而能敬者，乃人之所以異於禽獸，犬馬皆能有養，不敬何以別乎？　注「兼乎愛敬，然後盡其美善」。按：説文：「懿，嫥久而美也。」引伸爲凡美善之稱。爾雅釋詁：「懿，美也。」逸周書謚法：「温柔聖善曰懿。」

狙詐之家曰：「狙詐之計，不戰而屈人兵，堯、舜也。」曰：「不戰而屈人兵，堯、舜也。沾項漸襟，堯、舜乎？衒玉而賈石者，其狙詐乎！」或問：「狙詐與亡孰愈？」〔注〕亡，無。曰：「亡愈。」或曰：「子將六師，則誰使？」曰：「御得其道，則天下狙詐咸作使；御失其道，則天下狙詐咸作敵。〔注〕失其御則反間背叛。故有天下者，審其御而已矣。」或問：「威震諸侯，須於征與狙詐之力也，如其亡？」曰：「威震諸侯須於狙詐，可也。〔注〕未足多也。未若威震諸侯而不須狙詐也。」或曰：「無狙詐，將何以征乎？」曰：「縱不得不征，不有司馬法乎？何必狙詐乎！」〔疏〕音義：「狙詐，千預切，又七余切。」按：狙詐疊韻連語，古且聲、乍聲同部也。王氏念孫讀書雜志云：「狙、詐疊韻字，狙亦詐也。荀子大略云：『藍苴路作，似知而非。』楊注引趙蕤長短經知人篇云：『姐者，類知而非知。』苴、姐竝與『狙』同。狙詐者有似智，故曰『藍苴路作，似知而非』。『作』卽『詐』字也。」按：王説是也。後漢書黨錮傳序：「狙詐萌起。」章懷太子注引廣雅「狙，彌猴也」，以其多詐，故比之也。望文生訓，失之。狙詐之家者，兵權謀家也。藝文志兵權謀十三家有吳孫子八十二篇、齊孫子八十九篇，吳起四十八篇。志云「吳、孫狙詐」，是也。「不戰而屈人兵」者，志又云：「權謀者，以正守國，以奇用兵，先計而後戰。」孫子謀攻云：「是故百戰百勝，非善之善者也；不戰而屈人之兵，善之善者也。」音義云：「天復本無『堯、舜也』二字。」「沾項漸襟，堯、舜乎」者，「沾項」，世德堂本作「霑」。說文：「霑，雨䨵也。」引伸爲凡染之稱。經典通用「沾」。說文：「項，頭後也。」音義：「漸襟，子廉切。」按：說文：「瀸，漬也。」經典通用「漸」。廣雅釋詁云：「漸，漬也。」說文：「裣，交衽也。」襟、裣同字。爾雅釋器云：「衣眥謂之襟。」郭注云：「交領。」字亦作「衿」，方言云：「衿謂之交。」郭注云：「衣交領也。」詩子衿，毛傳云：「青衿，青領也。」顔氏家訓書證云：「按古者斜領，下連於衿，故謂領爲衿。」沾項漸襟，謂頸血也。言狙詐之家雖有不戰之名，而有殺人之實也。「衒玉而賈石者，其狙詐乎」者，音義：「衒，音縣；賈石，音古。」按：說文：「衙，行且賣也。」重文「衒」。「狙詐與亡孰愈」者，亡如字，謂敗亡也。言狙詐而勝，孰與不狙詐而敗亡。「曰亡愈」者，此春秋大宋襄之義也。公羊傳僖公篇云：「宋公及楚人戰于泓，宋師敗績，君子大其不鼓不成列，臨大事而不忘大禮，以爲雖文王之戰亦不過此也。」春秋繁露俞序云：「宋襄公不厄人，不由其道而勝，不如由其道而敗，故春秋貴之，將以變習俗而成王化也。」劉氏逢祿穀梁廢疾申何云：「春秋貴偏戰，惡詐戰，以爲彼善於此者，正以其信耳。詐而勝，不如信而敗也。」皆可證亡愈狙詐之義。「子將六師，則誰使」者，音義：「子將，子亮切。」論語云：「子行三軍則誰與？」「御得其道，則天下狙詐咸作使」云云者，廣雅釋詁：「御，使也。」周禮：「大宰以八柄詔王馭羣臣。」鄭注云：「凡言馭者，所以敺之內之於善。」「馭」即「御」之古文。荀子議兵云：「且仁人之用十里之國，則將有百里之聽；用百里之國，則將有千里之聽；用千里之國，則將有四海之聽。」楊注云：「言遠人自爲其耳目。」又云：「湯、武之誅桀、紂也，拱挹指麾，而彊暴之國莫不趨使。」此御得其道，狙詐作使之事也。又云：「秦四世有勝，諰諰然常恐天下之一合而軋己也。」此御失其道，狙詐作敵之事也。孟子云：「得道者多助，失道者寡助。寡助之至，親戚畔之；多助之至，天下順之。以天下之所順，攻親戚之所畔，故君子有不戰，戰必勝矣。」卽此文之義。「威震諸侯，須於征與狙詐之力也」者，說文：「須，待也。」經傳皆以「須」爲之。言威震諸侯而猶待於征討乎？則狙詐不可廢也。「如其亡」者，謂豈如不用狙詐而敗亡。「縱不得不征，不有司馬法乎」者，藝文志有軍禮司馬法百五十五篇，入禮家。云下及湯、武受命，以師克亂，而濟百姓，動之以仁義，行之以禮讓，司馬法是其遺事也。按：詩維清云：「維清緝熙，文王之典。」序云：「維清，奏象舞也。」鄭箋云：「天下之所以無敗亂之象而清明者，以文王有征伐之法故也。」文王征伐之法卽周時軍禮。宋襄公所云「不推人危，不攻人厄，不重傷，不禽二毛，不鼓不成列」，蓋皆文王軍禮文，故曰「臨大事而不忘大禮」，又曰「雖文王之戰不過此」，是其證也。周衰禮廢，乃有狙詐。刑法志云：「春秋之後，滅弱吞小，并爲戰國，稍增講武之禮，以爲戲樂，用相夸視。而秦更名角抵，先王之禮沒於淫樂中矣。雄桀之士，因勢輔時，作爲權詐，以相傾覆。吳有孫武，齊有孫臏，魏有吳起，秦有商鞅，皆禽敵立勝，垂著篇籍。」明狙詐之術緣禮廢而後起。今云「無狙詐何以征」，是忘其本，故以此正之也。

申、韓之術，不仁之至矣，若何牛羊之用人也？〔注〕峻刑戮之術，制民如牛羊，臨之以刀俎，故曰不仁之至也。若牛羊用人，則狐狸、螻蟥不膢臘也與？〔注〕膢，八月旦也，今河東俗奉之以爲大節，祭祀先人也。臘，褙也，見禮記。或曰：「刀不利，筆不銛，而獨加諸砥，不亦可乎？」〔注〕刀鈍礪之砥，筆禿挺削以刀，申、韓行法，欲以救亂，如加刀砥，亦所以利也。曰：「人砥，則秦尚矣。」〔注〕嚴刑裁民，亦猶刀之割肉，以人爲砥，酷之甚也。秦之嚴刑，難復尚矣。〔疏〕「申、韓之術，不仁之至矣」者，藝文志，申子六篇，入法家。注云：「名不害，京人，相韓昭侯，終其身諸侯不敢侵韓。」韓非，見修身疏。「若何牛羊之用人也」者，用義如春秋僖公篇「執鄫子用之」。刑法志云：「陖夷至於戰國，韓任申子，秦用商鞅，連相坐之法，造參夷之誅，增加肉刑。大辟有鑿顛、抽脅、鑊烹之刑。」此所謂牛羊用人也。「若牛羊用人，則狐狸、螻螾不腴臘也與」者，音義：「螻螾，上落侯切，下餘忍切。」按：說文：「螻，螻蛄也。」廣雅王疏云：「螻蛄短翅四足，穴土而居，至夜則鳴，聲如丘蚓。」按：今京師人謂之拉拉古，卽螻蛄之聲轉。說文：「螾，側行蟲也。」重文「蚓」。荀子勸學：「螾無爪牙之利，筋骨之强。」楊注云：「螾，丘蚓，蟲也。」考工記梓人，鄭注云：「螾衍之屬。」釋文：「螾衍，今曲蟮也。」按：今吾府人猶謂螾曰曲蟮。音義：「腴臘，上音力朱切，又落侯切。」宋云：「臘，獵也。冬則獵取百獸，故狐狸至是死矣。吕氏春秋曰南吕之月，蟄蟲入穴。故螻螾至是絶矣。夫以申、韓刑名，如牛羊之用人，則人之生也何可久乎？其趨死猶狐狸、螻螾，不過乎腴臘之候矣。」俞云：「此說亦殊不可通。正文言狐狸、螻螾，不言人如狐狸、螻螾，不可通一也。正文言『不腴臘也與』，若謂不過乎腴臘之候，當云『不腴臘矣』，如左傳云『虞不臘矣』，於義方合。詠歎之文，非所施也，不可通二也。且冬日雖獵取百獸，然狐狸之類不應便絶，而云『不過此候』，不可通三也。尋楊子之意，直以申、韓之法行，則人死者多，屍相枕藉，狐狸、螻螾得饜其肉。如人遇腴臘，有酒食醉飽之樂。故曰：『狐狸螻螾，不腴臘也與？』正與上文牛羊用人相應，以人爲牛羊，則食之者必狐狸、螻螾也。」按：俞說是也。鹽鐵論散不足云：「古者，庶人非腴臘無酒肉。」故此用以爲饜飫之稱也。「刀不利，筆不銛」云云者，刀謂治書之刀。漢書蕭曹傳贊云：「蕭何、曹參皆起秦刀筆吏。」顏注云：「刀，所以削書也。古者用簡牒，故吏皆以刀筆自隨也。」賈誼傳云：「俗吏之所務，在於刀筆、筐篋。」按：刀筆一物而二用，筆所以書，刀所以削。酷吏傳顏注云：「古者書於簡牘，故筆用刀焉。」後漢書劉盆子傳章懷太子注云：「古者記事，書於簡册。謬誤者，以刀削而除之，故曰刀筆。」是也。刀不利，筆不銛，皆互文。銛亦利也。音義：

「銛，息廉切。本或作『銛』，誤。」按：廣雅釋詁云：「銛，利也。」賈誼傳晉灼注云：「世俗謂利爲銛徹。」音義：「砥，音紙。」按：説文：「底，柔石也。」重文「砥」。」廣雅釋器云：「砥，礪也。」此承申、韓不仁之至而設問以難之。古者吏以刀筆決法，故因以取譬。言刀筆不銛利，當以砥礪瑩治之，刑法不嚴峻，獨不可使申、韓增益之乎？「人砥，則秦尚矣」者，人砥，用人爲砥也。言人之能瑩治刑法者，無過於秦者也。問意以刑法譬刀筆，以治法之人譬砥，故答之如此。司馬云：「言用法以礪人，如用砥以礪刀。」如其説，則本文當云「砥人」，不當云「人砥」矣。　注「峻刑戮之術」。按：治平本作「刑戰」，此形近而誤，今依世德堂本訂正。　注「膢，八月旦也」。按：説文：「膢，楚俗以二月祭飲食爲膢。」御覽引説文作「十二月」，風俗通祀典亦云楚俗常以十二月祭飲食爲膢，此蓋方俗之異。後漢書劉玄傳，章懷太子注云：「冀州北郡以八月朝作飲食爲膢，其俗語曰：『膢臘社伏。』」一切經音義引三蒼云：「膢，八月祭名也。」竝與弘範此注合。　注「臘，䄍也」。見禮記。按：郊特牲云：「伊耆氏始爲蜡。蜡也者，索也。歲十二月，合聚萬物而索饗之也。」蜡、䄍古今字。廣雅釋天：「䄍，祭也。」家語觀鄉射：「子貢觀於蜡。」王肅注云：「今之臘也。」　注「刀鈍」至「利也」。按：世德堂本「挺削以刀」作「銛之以刀」，「欲以救亂」無「欲」字，「如加刀砥」無「加」字，「所以利也」作「所以利之也」。

或曰：「刑名非道邪？何自然也？」曰：「何必刑名？圍棊、擊劒、反目、眩形，亦皆自然也。由其大者，作正道；由其小者，作姦道。」〔注〕大者，聖人之言；小者，諸子之言。〔疏〕「刑名非道邪？何自然也」者，史記老莊申韓傳云：「申子之學，本於黄、老，而主刑名。」又云：「韓非者，韓之諸公子也，喜刑名法術之學，而其歸本於黄、老。」集解引新序云：「申子之書，言人主當執術無刑，因循以督責臣下。其責深刻，故號曰術。商鞅所爲，書號曰法，皆曰刑名。」按：「刑」讀爲「形」，古字通用。申子之書，今無可考。韓非多以形名或刑名竝言。如主道云：「有言者自爲名，有事者自爲形，形名參同，君乃無事焉。」又云：「同合刑名，審驗法式，擅爲者誅，國乃無賊。」揚權云：「上以名舉之。不知其名，復脩其形。形名參同，用其所生。二者誠信，下乃貢情。」明「刑名」即「形名」也。老子云：「天法道，道法自然。」莊子天道云：「是故古之明大道者，先明天，而道德次之。道德已明，而仁義次之。仁義已明，而分守次之。分守已明，而形名次之。」郭注云：「天者，自然也。自然既明，則物得其道也。物得其道，而和理自適也。理適，而不失其分也。得分，而物物之名各當其形也。」此刑名自然之說。「何自然也」，世德堂本「也」作「矣」。「圜棊、擊劒、反目、眩形，亦皆自然也」者，圜棊，見吾子疏。漢書東方朔傳云：「十五學擊劍。」顏注云：「學劍，遥擊而中之，非斬刺也。」音義：「反目眩形，一本作『反自眩刑』。眩，音縣。」按：當作「反身、眩形」。一本作「反自」，「自」即「身」之駁文。淮南子主術：「先自爲檢式儀表。」讀書雜志云：「當作『先以身爲檢式儀表』。今本『身』誤爲『自』，『自』上又脱『以』字。文子上義篇作『先以自爲檢式』，『自』亦『身』之誤，惟『以』字未脱，是『身』與『自』形近易誤之證。此文『身』誤爲『自』，傳寫又改爲『目』，宋、吴本作『反自眩刑』，温公從之，而不知『自』爲『身』誤，『刑』爲『形』假，依文解之，殊不可通。圜棊、擊劒、反身、眩形，平列爲四事。張平子西京賦云：『偃僮程材，上下翩翻，突倒投而跟絓，譬隕絶而復聯。』薛注云：『突然倒投，身如將墜，足跟反絓橦上，若已絶而復聯。』即此所謂反身。『眩』讀爲『幻』，漢書張騫傳云：『大宛諸國發使隨漢使來觀漢廣大，以大鳥卵及犛軒眩人獻於漢。』顏注云：『眩讀與幻同，即今吞刀、吐火、植瓜、種樹、屠人、截馬之術皆是也。』後漢書西域傳，章懷太子注引魏略云：『大秦國俗多奇幻，口中出火，自縛自解。』西京賦云：『奇幻儵忽，易貌分形，吞刀吐火，雲霧杳冥。』此眩形之說。四者皆術之甚難，而爲之既熟，則行所無事，故曰『亦皆自然也』。」「由其大者，作正道；由其小者，作姦道」者，司馬云：「禮樂可以安固萬世，所用者大；刑名可以偷功一時，所用者小。其自然之道則同，其爲姦正則異矣。」

或曰：「申、韓之法非法與？」曰：「法者，謂唐、虞、成周之法也。如申、韓！如申、韓！」

〔疏〕再言「如申、韓」者，吳云：「豈如申、韓之法？」司馬云：「如申、韓者，何足爲法？」俞云：「兩言如申、韓，謂如何其用申、韓也。與學行篇『如其富！如其富』，吾子篇『如其智！如其智』，淵騫篇『如其寢！如其寢』同義。」按：司封解此用論語孔注，最爲允洽。俞説非子雲意，詳見學行、吾子各疏。

莊周、申、韓不乖寡聖人而漸諸篇，則顏氏之子、閔氏之孫其如台。〔注〕言此數子之才苟不乖少聖人之術，漸染其心於篇籍之中，以訓學徒，則顏、閔不能勝之。〔疏〕「莊周、申、韓不乖寡聖人而漸諸篇」者，乖、寡雙聲連語，猶云「睽孤」。漢書五行志顏注云：「睽孤，乖剌之意也。」凡雙聲疊韻連語，以聲爲義，無正字也。音義：「漸諸，子廉切。」按：漢書董仲舒傳：「漸民以仁。」顏注云：「謂浸潤之也。」「漸諸篇」，猶云浸潤之於六藝之文。「則顏氏之子、閔氏之孫其如台」者，音義：「如台，音貽。」經傳釋詞云：「如台，猶柰何也。書湯誓『夏罪其如台』，史記殷本紀作『有罪，其柰何』。高宗肜日『乃曰：其如台』，殷本紀作『乃曰：其柰何』。西伯戡黎『今王其如台』，殷本紀作『今王其柰何』。是古謂柰何爲如台也。」又引法言此文解之，云：「言三子若不詆訾聖人，則顏、閔之徒其柰之何也。」段氏玉裁古文尚書撰異云：「謂顏、閔其柰之何，言不能勝之也。」注「言此數子之才」。按：世德堂本「此」作「以」。

或曰：「莊周有取乎？」曰：「少欲。」〔注〕有簡貴之益焉。「鄒衍有取乎？」曰：「自持。」〔注〕有凝時之風焉。**至周罔君臣之義，衍無知於天地之間，雖鄰不覿也。」**〔疏〕「莊周有取乎？曰少欲」者，前文云：「老子之言道德，吾有取焉耳。」莊周之學，原於老氏。莊子天下云：「關尹、老聃乎，古之博大真人哉！芴漠無形，變化無常。死與？生與？天地竝與！神明往與！芒乎何之，忽乎何適，萬物畢羅，莫足以歸。古之道術有在於是者，莊周聞其風而悅之。以謬悠之說，荒唐之言，無端崖之辭，時恣縱而不儻，不以觭見之也。以天下爲沈濁，不可與莊語。以卮言爲曼衍，以重言爲真，以寓言爲廣，獨與天地精神往來，而不敖倪於萬物。」周之自序如此。所謂齊死生，同貧富，等貴賤者也。故取其少欲。「鄒衍有取乎，曰自持」者，鄒衍，史記田敬仲世家、孟荀列傳作「騶衍」，周禮司爟鄭注、禹貢釋文作「翳衍」。漢書藝文志：鄒子四十九篇，又鄒子終始五十六篇，入陰陽家。注云：「名衍，齊人，爲燕昭王師，居稷下，號『談天衍』。」孟荀傳云：「騶衍睹有國者益淫侈，不能尚德，若大雅整之於身，施及黎庶矣。乃深觀陰陽消息，而作怪迂之變，終始大聖之篇，十餘萬言。」又云：「然要其歸，必止乎仁義、節儉。」故取其自持。「周罔君臣之義，衍無知於天地之間」者，論語云：「不仕無義。長幼之節，不可廢也，君臣之義，如之何其廢之？」荀子解蔽云：「莊子蔽於天而不知人。」孟荀傳云：「騶衍以爲儒者所謂中國者，於天下乃八十一分居其一分耳。中國名赤縣神州，赤縣神州內自有九州，禹之序九州是也，不得爲州數。中國外如赤縣神州者九，乃所謂九州也。於是有裨海環之，人民禽獸莫能相通者，如一區中者，乃爲一州。如此者九，乃有大瀛海環其外，天地之際焉。」鹽鐵論論鄒云：「鄒衍非聖人而作怪誤，惑六國之君，以納其說。此春秋所謂匹夫熒惑諸侯者也。孔子曰：『未能事人，焉能事鬼？』近者不達，焉能知瀛海？」「雖鄰不覿」者，吳云：「雖與親鄰，亦不欲見之矣。」陶氏鴻慶讀法言札記云：「天地之間，謂人道也。君子篇云：『通天地而不通人曰伎。』即此義矣。周明於生死之理，而昧於君臣之義；衍能窺天地之奧，而不知人事之變，皆楊子所不取也。鄰，近也；覿，見也。言二子不能見近，即論語『不學牆面』之義。」按：吳說是也。雖鄰不覿，言不惟無取而已，且深疾之也。注「有簡貴之益焉」。按：世德堂本「簡貴」作「簡質」㈠。

㈠「堂」字原本無，據本書疏例增。

法言義疏七

問神卷第五

〔注〕測于天地之情者，潛之乎心也。心能測乎天地之情，則入乎神矣。〔疏〕此篇多闡發經義。自「或問神」至「聖人以不手爲聖人」，皆論易道。「經可損益與」以下，則雜論五經。説文：「神，天神，引出萬物者也。」引伸爲神智。易繫屢言神。如云：「神无方而易无體。」又云：「陰陽不測之謂神。」又云：「知變化之道者，其知神之所爲乎？」又云：「易无思也，无爲也，寂然不動，感而遂通天下之故。非天下之至神，其孰能與於此？」又云：「唯神也，故不疾而速，不行而至。」又云：「利用出入，民咸用之謂之神。」又云：「鼓之舞之以盡神。」又云：「於是始作八卦，以通神明之德。」子雲欲明其義，故假問發之。

法言　李軌注

或問「神」。曰：「心。」「請問之。」曰：「潛天而天，潛地而地㊀。〔注〕惟其所潛。天地，神明而不測者也。心之潛也，猶將測之，況於人乎？況於事倫乎？」「敢問潛心于聖。」曰：「昔乎，仲尼潛心於文王矣，達之。〔注〕達，通。顏淵亦潛心於仲尼矣，未達一間耳。〔注〕其殆庶幾。神在所潛而已矣。」〔注〕神道不遠，潛心則是。〔疏〕「或問『神』。曰：『心』」者，素問靈蘭祕典論云：「心者，君主之官

㊀ 下「地」字原本訛作「潛」，據法言改。

也，神明出焉。」又六節藏象論云：「心者，生之本，神之變也。」荀子解蔽云：「心者，形之君也，而神明之主也。」説苑辨物云：「易曰：『仰以觀于天文，俯以察于地理，是故知幽明之故。』夫天文地理，人情之效，存于心，則聖智之府也。」音義：「『請問之』，天復本作『請聞之』。」按：詩車攻「有聞無聲」，卷阿「令聞令望」，左傳襄公篇「令聞長世」，論語「聞一以知十」，釋文竝云：「本作『問』。」檀弓「問喪於夫子乎」，莊子庚桑「楚因失吾問」，釋文竝云：「本作『聞』。」是問、聞二字古書互用。俞云：「『之』當作『心』，隸書相似而誤也。上文『或問神。曰：心。』故或人又請問心也。」按：俞説是也。隸體「心」形、「之」形、「止」形相近易誤。學行：「無止仲尼，無止顔淵。」今本皆作「無心」。「心」之誤「之」，猶「止」之誤「心」也。蒙上發問，本書多有此文例。如「其質非也。敢問質」，「莫知作，上作下。請問莫知」，「先知其幾於神乎？敢問先知」，「或問：『爲政有幾？』曰：『思斁。』或問思斁」，「爲政日新。或人敢問日新」，「天道勞功。或問勞功」，皆是。「潛天而天，潛地而地」者，易乾：「初九，潛龍勿用。」崔憬注云：「潛，隱也。」按：引伸爲深入之義。潛天而天崇，效天也；潛地而地卑，法地也。「天地，神明而不測者也。心之潛也，猶將測之」者，中庸云：「天地之道，可壹言而盡也。其爲物不貳，則其生物不測。」文言云：「夫大人者，與天地合其德。」繫辭云：「易與天地準，故能彌綸天地之道。仰以觀於天文，俯以察於地理，是故知幽明之故。」又云：「與天地相似，故不違。」又云：「夫易廣矣，大矣！以言乎遠，則不禦；以言乎邇，則靜而正；以言乎天地之間，則備矣。」又云：「以體天地之撰，以通神明之德。」又云：「參天兩地而倚數。」「況於人乎？況於事倫乎」者，樂記鄭注云：「倫謂人道也。」孟子滕文公，趙注云：「人倫者，人事也。」文言云：「天且弗違，而況於人乎？況於鬼神乎？」東原録云：「揚子：『潛天而天，潛地而地。』人之神潛天地，則其德如天地矣。書曰：『惟克天德。』故仲淹謂『天隱地隱者，此也』。眞西山潛齋記引此，作『心之潛也，猶將見之』。」惠氏棟易微言引此文而說之云：「潛天而天，潛地而地，所謂知情天地卽神也。心之潛也，猶將測之，所謂形不測也。天地神明不測，而心能測之，伏犧、文王、孔子是也。知情天地形不測，人與事倫不足言矣！」按：「知情天地形不測」，本書孝至文。「昔乎」，世德堂本無「乎」字。「仲尼潛心於文王矣，達之」者，繫辭云：「易之興也，其於中古乎？作易者，其有憂患乎？」惠氏棟周易述云：「中古，謂文王也。文王蒙大難而演易，故作易者其有憂患乎！」傳曰：「作者之謂聖。」繫辭又云：「易之興也，其當殷之末世、周之盛德邪？當文王與紂之事邪？」左傳昭公篇孔疏引易鄭注云：「據此言，以易文王所作，斷可知矣。」張氏惠言易鄭氏義云：「卦爻之辭，鄭俱以爲文王作。作者，謂卦辭、爻辭也。後儒疑王用亨于岐山之等，嫌以受命自居。文王不嫌稱王，豈嫌書經以法後世？」是也。藝文志云：「孔氏爲之彖、象、繫辭、文言、序卦之屬十篇。」按：仲尼祖述堯、舜，憲章文、武，獨云潛心文王者，以此章乃論易道。易是文王所作，孔子述之故也。「顏淵亦潛心於仲尼矣，未達一間耳」者，繫辭云：「顏氏之子，其殆庶幾乎？有不善，未嘗不知；知之，未嘗復行也。易曰：『不遠復，无祇悔，元吉。』」虞注云：「謂顏回不遷怒，不貳過，克己復禮㊀，天下歸仁。」侯果注云：「此明知微之難，則知微者唯聖人耳。顏子亞聖，但冀近於知微，而未得也。在微則昧，理章而悟。失在未形，故有不善；知則速改，故无大過。」說文：「間，隙也。」未達一間，卽冀近於知微而未得之意。注「達，通」。按：廣雅釋詁文。此文「達」當訓爲「至」。考工記「專達於川」，鄭注云：「達猶至也。」「仲尼潛心於文王，達之」，謂仲尼學文王，而至於文王。「顏淵亦潛心於仲尼，未達一間耳」，謂顏淵學孔子，而未至於孔子僅一隙之地耳。

㊀「禮」字原本作「理」，音近而訛，今改。

天神天明，照知四方；〔注〕天以神明，光燭幽冥，照曜四方；人以潛心，鉤深致遠，探賾索隱。**天精天粹，萬物作類。**〔注〕天以精粹覆萬物，各成其類；人以潛心考校同異，披揚精義。〔疏〕「天神天明，照知四方」者，易離象曰：「明兩作離，大人以繼明照于四方。」虞注云：「兩謂日與月也，日月在天，動成萬物，故稱作矣。震東，兌西，離南，坎北，故曰照于四方。」荀子不苟云：「君子養心莫善於誠，致誠則無他事矣，惟仁之爲守，惟義之爲行。誠心守仁則形，形則神，神則能化矣；誠心行義則理，理則明，明則能變矣。變化代興，謂之天德。」又云：「故操彌約而事彌大。五寸之矩，盡天下之方也。故君子不下室堂，而海內之情舉積此者，則操術然也。」「天精天粹，萬物作類」者，説文：「粹，不雜也。」文言云：「大哉，乾乎！剛健中正，純粹精也。」繫辭云：「精氣爲物。」虞注云：「乾純粹精，故主爲物。」乾彖曰：「大哉，乾元！萬物資始。」九家易云：「乾者純陽，衆卦所生，天之象也。觀乾之始，以知天德。」荀爽注云：「冊取始於乾，猶萬物之生本於天。」文言云：「聖人作而萬物覩，本乎天者親上，本乎地者親下，則各從其類也。」崔憬注云：「謂動物親於天之動，植物親於地之靜。」虞注云：「方以類聚，物以羣分。乾道變化，各正性命，觸類而長，故各從其類。」真西山云：「揚子默而好深湛之思，故其言如此。『潛』之一字，最宜玩味。天惟神明，故照知四方；惟精粹，故萬物作覩。人心之神明精粹，本亦如此。惟不能潛，故神明者昏，而精粹者雜，不能燭物而應理也。」明、方、粹、類，韻語。注「光燭幽冥」。按：世德堂本「冥」作「明」。注「披揚精義」。按：世德堂本「披揚」作「搜暢」。

人心其神矣乎？操則存，舍則亡。〔注〕人心如神，變化無方。操而持之則義存，舍而廢之則道亡，操而不舍則道義光大。**能常操而存者，其惟聖人乎？**〔疏〕「操則存，舍則亡」，「舍」，世德堂本作「捨」，注同。音義：

「舍則，書也切。」孟子云：「孔子曰：『操則存，舍則亡，出入無時，莫知其鄉，惟心之謂與？』」朱子集注云：「孔子言心操之則在此，舍之則失去，其出入無定時，亦無定處如此。孟子引之，以明心之神明不測，得失之易，而保守之難，不可頃刻失其養。學者當無時而不用其力，使神清氣定常如平旦之時，則此心常存，無適而非仁義也。」注「變化無方」。按：世德堂本「方」作「常」。

聖人存神索至，〔注〕存其精神，探幽索至。成天下之大順，致天下之大利，〔注〕順事而無逆，利物而無害。和同天人之際，使之無間也。〔注〕至化混然，歸於一也。〔疏〕「存神」者，存其神也；「索至」者，求其至也。音義：「索之，山責切。」繫辭云：「易其至矣乎？」周禮：「師氏以三德教國子，一曰至德以爲道本。」鄭注云：「至德，中和之德，覆燾持載含容者也。孔子曰：『中庸之爲德，其至矣乎！』」爲此文「至」字之義。「順」者，坤德也。文言云：「坤道其順乎？承天而時行。」「利」者，乾德也。文言云：「乾始能以美利利天下，不言所利，大矣哉。」「和同天人之際」者，乾鑿度引孔子曰：「故道興於仁，立於禮，理於義，定於信，成於智。五者，道德之分，天人之際也。」漢書眭弘等傳贊云：「通合天人之道者，莫著乎易、春秋。」和同卽通合之意。「使之無間」者，音義：「無間，間廁之『間』。」按：解嘲云：「細者入無間。」李注云：「無間，言至微也。」按：謂不可分析也。世德堂本作「使之而無間者也」，「而」、「者」皆衍字。

龍蟠于泥，蚖其肆矣。〔注〕惟聖知聖，惟龍知龍，愚不知聖，蚖不知龍。聖道未彰，羣愚玩矣；龍蟠未升，蚖其肆矣。蚖哉，蚖哉，惡覩龍之志也與！〔注〕歎之甚也。或曰：「龍必欲飛天乎？」曰：「時飛則飛，時潛則潛，〔注〕時可而升，未可而潛。既飛且潛。〔注〕義兼出、處。食其不妄，形其不可得而制也與！」〔注〕飲食則不妄，有形而不可制也。曰：「聖人不制，則何爲乎羑里？」曰：「龍以不制爲龍，聖人以不手爲聖人。」〔注〕手者，桎梏之屬。〔疏〕「龍蟠于泥，蚖其肆矣」者，説文：「龍，鱗蟲之長，能幽能明，能細能巨，能短能長，春分而登天，秋分而潛淵。」乾：「初九，潛龍勿用。」馬融注云：「物莫大於龍，故借龍以喻天之陽氣也。」又沈驎士注云：「稱龍者，假象也。天地之氣有升降，君子之道有行藏，龍之爲物，能飛能潛，故借龍比君子之德也。」尚書大傳云：「蟠龍賁信於其藏。」鄭注云：「蟠，屈也。」音義：「蚖，音元。」按：説文：「蚖，榮蚖，蛇醫。」國語鄭語：「化爲玄黿。」韋注云：「『黿』或爲『蚖』。蚖，蜥蜴也，象龍。」「蚖哉，蚖哉，惡覩龍之志也與」者，音義：「惡覩，音烏。」文言云：「確乎其不可拔，潛龍也。」虞注云：「乾剛潛初，坤亂於上，君子弗用，隱在下位，確乎難拔潛龍之志也。」「龍必欲飛天乎」者，乾：「九五飛龍在天，利見大人。」虞注云：「謂若庖犧觀象於天，造作八卦，備物致用，以利天下。故曰飛龍在天，天下之所利見也。」按：聖人受命制作，爲萬世法，是爲飛天。或問此者，據文王、孔子皆受命制作。「時飛則飛，時潛則潛」者，乾象曰：「潛龍勿用，陽在下也。飛龍在天，大人造也。」荀爽注云：「氣微位卑，雖有陽德，潛藏在下，故曰勿用也。飛者喻无所拘，天者首事造制。大人造法，見居天位，聖人作而萬物覩，是其義也。」「飛且潛」者，謂聖人雖受命制作，而不必皆居天位。如文王三分天下有其二以服事殷，孔子則終老於庶位也。「既食其不妄，形其不可得而制也」者，音義：「食其不妄，俗本作『不忘』，字之誤也。非義不妄食，故不可得而制。楚辭曰：『鳳亦不貪餧而妄食。』」按：所引楚辭宋玉九辯文。彼洪興祖補注引楊子曰「食其不妄」，又引説者曰「非義不妄食」，即此文音義語。呂氏春秋舉難：「孔子曰：『龍食乎清而游乎清，螭食乎清而游乎濁，魚食乎濁而游乎濁。』」食其不妄，即食乎清之謂。宋、吳本「妄」作「忘」。宋云：「雖飲食之間，不敢忽於形。」

吴云：「雖一食之閒，不忘隱見之形，安得而制哉？」均不可通。「聖人不制，則何爲乎羑里」者，音義：「羑里，羊久切。」說文：「羑，進善也，從羊，久聲。文王拘羑里，在湯陰。」史記殷本紀云：「紂因西伯羑里。」御覽六百十三引風俗通云：「殷曰羑里，言不害人，若於閭里，紂拘文王是也。」亦作牖里，書鈔四十五引白虎通云：「殷曰牖里。」淮南子氾論云：「悔不誅文王於羑里。」高注云：「『羑』古『牖』字。」大傳云：「文王一年質虞、芮，二年伐于，三年伐密、須，四年伐畎夷，紂乃囚之。」「龍以不制爲龍，聖人以不手爲聖人」者，公羊傳莊公篇云：「手劍而叱之。」解詁云：「手劍，持拔劍。」陳疏云：「凡以手持物謂之手。下十三年傳『曹子手劍而從之』，亦謂持劍也。檀弓云：『子手弓而可。』謂持弓也。周書克殷云：『武王乃手大白以麾諸侯。』史記周本紀『手』作『持』。又吴世家『專諸手匕首刺王僚』，楚世家『自手旗左右麾軍』，司馬相如上林賦『手熊羆』，義皆作持也。蓋手所以持，因而持卽謂之手，以名辭爲動辭也。」不持謂不專執一端，卽毋必、毋固之義，故可常亦可變，可伸亦可屈。龍之爲物，能細能巨，能短能長，故其形不可制也。聖人之所不可制者道而已矣，其形則固可得而制也。故以龍象聖人者，謂其道，非謂其形也。文王當憂患之世，事逆天暴物之君，義當受制則受之，此爲不手，此爲聖人也。」注「惟聖」至「肆矣」。按：惠氏棟易微言解此文云：「龍蟠於泥，獨也，以況君子。肆，恣也。蚖其肆，不慎獨也，以況小人閒居爲不善也。」定宇此說與弘範絶異。榮謂「蟠泥」與下文「飛天」相對，當以李義爲長。班孟堅答賓戲云：「應龍潛於潢汙，魚黿媟之。不覩其能奮靈德，合風雲，超忽荒，而躆昊蒼也。」語卽本此。是孟堅解此亦與弘範義同。龍蟠者，文王之蒙難，孔子之困厄也，蚖其肆者，紂之逆天暴物，衰周之邪說暴行也。此聖人失位、小人得志之喻。注「手者，桎梏之屬」。按：東原録云：「楊子曰：『聖人以不手爲聖人。』李軌注謂：『手者，桎梏之屬。』賈誼新書云：『紂作梏數千，睨天下諸侯之不順己者，杖而梏之。文王桎梏，囚於羑里，七年而後得免。』其注意以文王聖而免桎梏，則與楊子合矣。」所引新書見君道篇，襲取證弘範此注，語似有據。然聖人以得免桎梏爲聖，殊不成義，此決非子雲本旨。音義云：「不手，不制於人之手。」宋云：「『手』當爲『干』字之誤也。言聖人雖爲紂所囚，然終不干其刑，故能謂之聖人。」吴云：「手，持也，執也。文王事不道之紂，雖以非禮見囚，終不能執而戮之。」司馬云：「光謂手謂爲人所提攜指使，枉己之道而隨人左右也。」俞云：「『手』當爲『午』。成二年公羊傳『曹公子手』，釋文曰：『「手」本作「午」。』是其例也。說文午部：『午，啎也。五月陰氣午，逆陽冒地而出。』釋名釋天曰：『午，仵也。陰氣從下上，與陽相仵逆也。』然則不午者，不逆也。此言聖人之德與神龍異，龍以不制爲龍，聖人則以不午爲聖人。記曰：『素富貴，行乎富貴；素貧賤，行乎貧賤；素夷狄，行乎夷狄；素患難，行乎患難。君子無入而不自得焉。』此不午之義也。文王之囚於羑里，正所謂『素患難，行乎患難』，何損于文王之聖乎？諸說皆不得其義。吴訓『手』爲『持、執』，是矣；而以不手爲不能執而戮之，則亦失之。」

或曰：「經可損益與？」曰：「易始八卦，而文王六十四，其益可知也。詩、書、禮、春秋，或因或作，而成於仲尼，其益可知也。〔注〕或因者，引而伸之；或作者，又加春秋。故夫道非天然，應時而造者，損益可知也。」〔疏〕「易始八卦，而文王六十四」者，繫辭云：「古者庖犧氏之王天下也，仰則觀象於天，俯則觀法於地，觀鳥獸之文，與地之宜，近取諸身，遠取諸物，於是始作八卦，以通神明之德，以類萬物之情。」按：經惟言伏犧作八卦，不言重卦始自何人。子雲以爲文王六十四，此漢易家相傳之師說也。易通卦驗云：「虙羲作易仲，仲命德，維紀衡。周文增通八八之節，轉序三百八十四爻。」鄭注云：「仲謂四仲之卦震、兌、坎、離也。維者，四角之卦艮、巽、坤、乾也。

八八之節六十四卦，於節炁各有王也。」是緯說與此合也。周本紀云：「西伯蓋卽位五十年，其囚羑里，蓋益易之八卦爲六十四卦。」三代世表云：「季歷生文王昌，益易卦。」是史遷說與此合也。淮南子要略云：「八卦可以識吉凶、知禍福矣，然而伏犧爲之六十四變，周室增以六爻。」高注云：「八八變爲六十四卦，伏犧示其象。周室謂文王也。」按：高云「伏犧示其象」者，物生而後有象，象而後有滋，滋而後有數。伏犧爲之六十四變，未滋之虛象也；周室增以六爻，已滋之實數也。是淮南說與此合也。藝文志云：「文王於是重易六爻，作上、下篇。」按：班志本劉向父子，其說云爾。是二劉、班固與此合也。論衡正說云：「說易者皆謂伏犧作八卦，文王演爲六十四。」是王充以前易家無異說也。又對作云：「易言伏犧作八卦。前是未有八卦，伏犧造之，故曰作也。文王圖八，自演爲六十四。」是充說亦與此合也。其諸儒異說有謂伏犧自重者。繫辭「以類萬物之情」，九家易云：「六十四卦凡有萬一千五百二十册，册類一物，故曰類萬物之情。以此知庖犧重爲六十四卦，明矣。」又繫辭「引而信之，觸類而長之」，虞注云：「引謂庖犧引信三才，兼而兩之，以六畫觸動也，謂六畫以成六十四卦。」又繫辭「爻象以情言」，崔憬注云：「伏犧始畫八卦，因而重之，以備萬物，而告於人也。」易孔疏論重卦之人云：「王輔嗣等以爲伏犧重卦。」又云：「今依王輔嗣，以伏犧既畫八卦，卽自重爲六十四卦，爲得其實。」是也。有謂神農所重者，困學紀聞引京氏易積算法云：「八卦因伏羲，暨于神農，重乎八純。」御覽一引帝王世紀云：「庖犧作八卦，神農重之，爲六十四卦也。」周禮大卜賈疏云：「後鄭專以爲伏犧畫八卦，神農重之。」易孔疏論重卦之人云：「鄭玄之徒，以爲神農重卦。」是也。有謂夏禹所重者，孔疏論重卦之人云：「孫盛以爲夏禹重卦。」是也。今按孔疏駁神農重卦之說云：「若言重卦起自神農，其爲功也豈比繫辭而已哉？何因易緯等數所歷三聖，但云伏犧、文王、孔子，竟不及神農？」其說良是。以爲夏禹，更無煩置辯。惟繫辭言十二蓋取於神農、黃帝、堯、舜，有取益，取噬嗑，取渙等文，似彼時已有六十四卦。謂伏羲自重，疑最近理。然繫辭以後名被前事言卦象，兼備萬物，非謂先有某卦，而後聖人制作某事以象之，則亦不足破文王重卦之說也。吳胡部郎玉縉云：「楊子於易多用京氏。京以爲神農重卦。疑此文『文王』本作『神農』，後人因多言文王，罕及神農，改之耳。」榮謂子雲雖用京氏易，然不得謂其絕無出入。文王重卦，漢儒通義，子雲擇善而從，未必墨守一家也。「詩、書、禮、春秋，或因或作，而成於仲尼」者。孔子世家云：「古者，詩三千餘篇。及至孔子，去其重，取可施於禮義，上采契、后稷，中述殷、周之盛，至幽、厲之缺，始於衽席。故曰關雎之亂以爲風始，鹿鳴爲小雅始，文王爲大雅始，清廟爲頌始。三百五篇，孔子皆弦歌之，以求合韶、武、雅、頌之音。」書僞孔序孔疏引尚書緯云：「孔子求書，得黃帝玄孫帝魁之書，迄於秦穆公，凡三千二百四十篇。斷遠取近，定可以爲世法者百二十篇，以百二篇爲尚書，十八篇爲中候。」藝文志云：「易曰：『河出圖，雒出書，聖人則之。』故書之所起遠矣。至孔子簒焉，上斷於堯，下訖于秦，凡百篇，而爲之序，言其作意。」又禮樂志云：「周監於二代，禮文尤具，事爲之制，曲爲之防，故稱禮經三百，威儀三千。及其衰也，諸侯踰越法度，惡禮制之害己，去其篇籍。」周禮大師鄭司農注云：「論語曰：『吾自衞反魯，然後樂正，雅、頌各得其所。』時禮樂自諸侯出，頗爲繆亂不正，孔子正之。」書僞孔序云：「遂乃定禮樂，明舊章。」孔疏云：「修而不改曰定。獨禮樂不改者，以禮樂聖人制作，已無貴位，故因而定之。」公羊傳大題下徐疏，引閔因叙云：「昔孔子受端門之命，制春秋之義，使子夏等十四人求周史記，得百二十國寶書。九月經立。感精符、考異郵、說題辭具有其文。」按：詩、書、禮者，孔子就舊文刪定之，故謂之因；春秋者，孔子制之，以俟後聖，故謂之作。世家云：「孔子在位，聽訟文辭有可與人共者，弗獨有也。至於爲春秋，筆則筆，削則削，子夏之徒不能贊一辭。」此春秋稱作之義也。「道非天然，應時而造者，損益可知也」者，天然者，董仲舒傳云「道之大原出於天，天不變，道亦不變」是也。道之天然者，謂若禮記大傳云「親親也，尊尊也，長長也，男女有別，此其不得與民變革者也」。應時而造者，謂若白虎通三教云「王者設三教者何？承衰，救弊，欲民反正道也。」五經皆應時而造，明得損益。白虎通五經云：「孔子所以定五經者何？以爲孔子居周之末世，王道陵遲，禮樂廢壞，强陵弱，衆暴寡，天子不敢誅，方伯不敢伐，閔道德之不行，故周流應聘，冀行其聖德。自衛反魯，自知不用，故追定五經以行其道。」是也。

或曰：「易損其一也，雖惷知闕焉。至書之不備過半矣，而習者不知。〔注〕本百篇，今二十九，故曰過半。惜乎！書序之不如易也。」〔注〕歎恨書序雖存，獨不如易之可推尋。曰：「彼數也，可數焉，故也。如書序，雖孔子末如之何矣。」〔注〕數存，則雖愚有所不失；數亡，則雖聖有所不得。〔疏〕「易損其一也，雖惷知闕焉」者，「也」讀爲「邪」。世德堂本無此字，蓋以不得其義而妄去之。音義：「惷，書容切；又丑江切；又丑用切。」説文：「惷，愚也。」吴云：「言易之六十四，若損其一，雖愚人可以知其闕者。」按：論衡正説云：「孝宣皇帝之時，河内女子發老屋，得逸易、禮、尚書各一篇，奏之。宣帝下示博士，然後易、禮、尚書各益一篇。」隋書經籍志云：「秦焚書，周易獨以卜筮得存，惟失説卦三篇，後河内女子得之。」徐氏養原今古文書增太誓説云：「充言益一篇，不知所益何篇。以他書考之，易則説卦，書即太誓，惟禮無聞。」洪氏頤煊讀書叢説云：「易益説卦，尚書益太誓，皆三篇合爲一篇。然則易於漢時固嘗有逸。但此文『易損其一邪』，乃是設辭，吴解得之，非指論衡所云也。」「書之不備過半矣，而習者不知」者，藝文志「尚書古文經四十六卷」，注云「爲五十七篇」；又「經二十九卷」，注云「大、小夏侯二家。歐陽經三十二卷」，顔注云：「此二十九卷，伏生傳授者。」志云：「秦燔書禁學，濟南伏生獨壁藏之。漢興亡失，求得二十九篇，以教齊、魯之間，訖孝宣世，有歐陽、大、小夏侯氏，立於學官。古文尚書者，出孔子壁中。武帝末，魯共王壞孔子宅，欲以廣其宮，而得古文尚書及禮記、論語、孝經，凡數十篇，皆古字也。孔安國者，孔子後也，悉得其書，以考二十九篇，得多十六篇。安國獻之，遭巫蠱事，未列於學官。」今按經二十九卷者，堯典一，咎繇謨二，禹貢三，甘誓四，湯誓五，盤庚六，高宗肜日七，西伯戡耆八，微子九，太誓十，牧誓十一，洪範十二，金縢十三，大誥十四，康誥十五，酒誥十六，梓材十七，召誥十八，洛誥十九，多士二十，毋劮二十一，君奭二十二，多方二十三，立政二十四，顧命二十五，鮮誓二十六，甫刑二十七，文侯之命二十八，秦誓二十九。康王之誥與顧命合爲一卷，書序附秦誓之後，不入卷數。其中太誓一篇，劉向以下皆謂後來民間所獻。或以爲武帝時，或以爲宣帝時，而其爲後得，則衆説所同。是伏生所傳，惟有二十八篇，無太誓。然無以合於史、志伏生求得二十九篇之説。王氏引之力辨伏書本有太誓，其云後得者，乃向、歆諸人傳聞之誤。按：劉子政博極羣書，立言不苟，豈於經籍源流，本朝掌故，漫不深考，率以無據之辭著諸别録，而馬季長、趙邠卿、王子雍之徒從而妄信之？此事理所必無。然則伏書既無太誓，而篇數又爲二十九，其説頗不可通。於是，陳氏壽祺欲以書序當其一篇，而俞氏正燮、龔氏自珍則欲析康王之誥於顧命以當之。顧按諸舊聞，皆相乖剌。魏氏源又謂伏生所得與民間所獻皆是太誓殘本，此之所有或彼之所無，故可取爲增補。然使伏書本有太誓，則民間所獻即有可以增補之處，亦必不能謂太誓爲後得。榮謂太誓後得充學之説，兩漢諸儒從無異同，其爲信而有徵，顯然可見。班志所云伏生求得二十九篇，及云孔安國以古文尚書考二十九篇得多十六篇者，皆尚書二十九篇既定以後追數之辭。史記儒林傳亦云：「伏生求其書，亡數十篇，獨得二十九篇。」此則後人據漢書校改之。論衡正說述此事，謂鼂錯往從受尚書二十餘篇，不言其小數；至宣帝得逸書一篇，下示博士，乃云「尚書二十九篇始定」。其說足補諸史之闕。若夫宣帝以前，漢人引書有在後得太誓中者，此蓋出大傳或其他故書雅記，不必卽爲彼時尚書已有太誓之證。大傳載尚書逸文在二十八篇以外者甚多，不得以伏書無太誓，便謂大傳不當有其逸文；亦不得因大傳有太誓逸文，卽斷爲伏書有此篇也。由是言之，二十八篇者，漢初伏生之書；二十九篇者，宣帝以後夏侯、歐陽之書。歐陽經又爲三十二卷者，以後得太誓析爲三篇，又以書序自爲一卷，故三十二。不爲書序作章句，故志有歐陽章句仍三十一卷矣。古文經四十六卷者，今文所有之二十九篇，古文悉有之。又於其中出康王之誥於顧命，是爲三十；多舜典、汩作、九共、大禹謨、益稷、五子之歌、胤征、湯誥、咸有一德、典寶、伊訓、肆命、原命、武成、旅獒、冏命，凡十六篇，故四十六。其爲五十七篇者，十六篇中九共爲九，三十篇中盤庚、太誓各爲三，爲五十八；武成逸篇亡於建武之際，故五十七。班於總目據舊題，於注據見存耳。云「不備過半」者，此據當時學官傳習尚書二十九篇言之。書本百篇，今於二十九篇中析盤庚、太誓各爲三，顧命、康王之誥爲二，不過三十四篇，亡逸者尚六十六。若以古文經五十八篇計之，則不備者止四十二，不云過半矣。「習者不知」者，漢書劉歆傳：「歆移書讓太常博士云以尚書爲備。」臣瓚注云：「當時學者謂尚書唯有二十八篇，不知本有百篇也。」論衡正說云：「或說尚書二十九篇者，法北斗、七宿也。四七二十八篇，其一曰斗矣，故二十九。」是也。「惜乎！書序之不如易」者，書序謂百篇之序。今文尚書之有序無序，說者各異。陳氏壽祺力主今文有序，討論經傳，舉十有七事以證之。其第十四證卽據法言此文爲說，詳見左海經辨。既今文有序，而習者不知書之不備者。正說又云：「或說曰：『孔子更選二十九篇，二十九篇，獨有法也。』」是當時學者未嘗不見書序，卽未嘗不知書有百篇，而猶爲此說者，以爲二十九篇之外皆孔子所不取者也。「彼數也，可數焉，故也」者，兩「數」字音義不爲作音。按：數也之「數」，所據切。廣韻十遇：「數，算數。」周禮有九數。世本曰：「隸首作數。」是也。可數之「數」，所矩切。廣韻九麌：「數，計也。」是也。司馬云：「八卦重之成六十四，自然之數。」按：六十四卦，三百八十四爻，闕一可知者，以其可用算數證明之。易經卦八，六十四爲八自乘之數也。又六畫而成卦，三百八十四爲六與六十四相乘之數也。「如書序，雖孔子亦末如之何矣」者，徵實易明，憑虛難曉。百篇之序雖存，而篇亡不足以證之，則序爲空文。學者既以尚書二十九篇爲備，則雖時有聖人，不能執空文與之爭，明書序無所用也。　注「本百篇，今二十九，故曰過半」。按：「二十九」治平本作「五十九」，世德堂本作「四十九」，皆妄人所改。不知此據當時所誦習之三家經文爲言，故云不備過半。注「故曰過半」四字，卽承正文而言，謂不備者過半也。若作「五十九」，則語不可解。此謬誤之顯然者，今訂正。　注「歎恨書序雖存，獨不如易之可推尋」。按：俞云：「書有序，易亦有序，今序卦傳是也。序卦傳自『盈天地之間者唯萬物，故受之以屯』，至『物不可窮也，故受之以未濟終焉』，皆以意義聯貫其間。其或闕失，可以推求。故上文曰『易損其一，雖惷知闕焉』。至書序則但云爲某事作某篇，不相聯貫，故上文曰『至書之不備過半矣，而習者不知』。此或人歎書序不如易之意也。」榮謂：此言書有百篇，猶易有六十四卦。書序者，書有百篇之證。然易能證明六十四卦之不可闕一，而書序不能證明二十九篇之爲不備，故發此歎。殊不謂書序作法不及序卦傳之意義聯貫。俞說謬矣。

昔之說書者，序以百，〔注〕敍以百篇。而酒誥之篇俄空焉。今亡夫。〔注〕秦焚書，漢興求集之，酒誥又亡一簡。中者先師猶俄而空之，今漸亡。〔疏〕「昔之說書者，序以百，而酒誥之篇俄空焉」者，此明當時博士以尚書二十九篇爲備，乃俗學之失真，非先師舊説如此，故舉昔之説書者二事以正之。序者，篇之次第。序以百者，第篇之數以百，不以二十八或二十九，謂併有目無書者數之，不以見在爲數也。蓋以見在爲數，則堯典第一，咎繇謨第二，禹貢第三，訖於秦誓爲第二十八；加後得太誓，則秦誓爲第二十九。而依百篇之序爲次，則堯典、咎繇謨之間有舜典、汨作、九共、稾飫、大禹謨，凡十三篇，故咎繇謨爲第十五。而咎繇謨、禹貢之間有棄稷，故禹貢爲第十七。如是數之，訖於秦誓爲第百也。伏生所傳雖止二十八篇，然尚書大傳篇目有九共、帝告、嘉禾、揜誥、臩命，皆在二十八篇以外，是爲伏生弟子親聞百篇之説之明證。論衡正説云：「尚書本百篇，孔子以授也。遭秦用李斯之議，燔燒五經。濟南伏生抱百篇藏於山中。孝景皇帝時，始存尚書。伏生已出山中，景帝遣鼂錯往從受尚書二十餘篇。伏生老死，書殘不竟。」然則伏生教授之際，百篇儼存。其所傳二十餘篇，乃生自全書中擇取以先付講習者。傳授雖有後先，篇第不容改易。及生終業輟，尚書乃以二十八篇爲止。弟子詮次，雖復以此二十八篇自爲甲乙，然亦必兼列舊第，以存伏書之真。其後展轉傳寫，則專數見在，凡不傳諸篇，但列序目，不復數之。亦如傳詩者虛存南陔等篇之義，更不入諸什中。則鄭君所謂推改什首，非孔子之舊矣。意尚書歐陽、大、小夏侯三家舊本有序篇以百者，子雲猶及見之，故其言如此。此昔之説書者不以尚書爲備之事，一也。音義：「俄空，苦貢切，缺也。」按：古書凡有脱文，每中空以識之，逸周書此例最多。「酒誥之篇俄空」，謂於酒誥脱簡之處中空若干字，以示其有脱也。藝文志云：「劉向以中古文校歐陽、大、小夏侯三家經文，酒誥脱簡一，召誥脱簡二，率簡二十五字者脱亦二十五字，簡二十二字者脱亦二十二字。」蓋古者削竹爲札以書，謂之簡。連編衆簡，謂之篇。一簡當今書之一行。簡之長短有定，而其字數之多寡，每因篇而異。傳寫之際，必依原書以爲程。伏生書與中古文同出先秦定本，其每篇簡數、字數，彼此較若畫一。及三家以今文寫之，則改著縑帛，行數、字數非復竹書之舊。在竹書爲一簡者，在今文本或分屬兩行。然竹書有脱簡，則今文本有脱字，簡若干字，卽脱若干字矣。酒誥、召誥之有脱字，既爲三家所同，則必所據伏生書有然。伏書所脱者，而中書有之，故以中書校三家書，而得三家書酒誥、召誥脱字之數。因三家書二篇脱字之數，而知伏書脱簡之數也。伏書有脱簡，伏生不容不自知之。知有脱簡，而老耄遺忘，不復能舉其辭，而令傳寫者於此姑空若干字，以俟異日之或求得其文而補焉，故謂之俄空。俄之爲言，假也。下文「天俄而可度」云云，王氏念孫雜志云：「俄與假聲近而義同，周頌維天之命篇『假以溢我』，說文引作『誐以溢我』，是其例也。」按：王讀彼文「俄而」爲「假如」，不必盡合，而以釋此文，則爲確詁。故「俄空」云者，非忽亡之謂，乃姑闕之意。「酒誥之篇俄空」云者，非此篇全闕之謂，乃一篇之內有所中闕之意也。最初三家先師知其說者，其所寫經文必皆如是。久而失其真，則不復爾。而舊本固不容盡亡，此必子雲所見三家經文猶有於酒誥、召誥脱簡之處中空若干字，以示其闕者，故云「酒誥之篇俄空焉」。不兼及召誥者，文不備耳。此昔之說書者不以尚書爲備之事，二也。「今亡夫」者，「亡」讀爲「無」。論語云：「吾猶及史之闕文也。有馬者，借人乘之，今亡矣夫。」包注云：「孔子自謂及見其人如此，至今無有矣。」法言此語正用論語文，其義亦同。蓋子雲晚年所見尚書通行之本已盡去舊第，直以二十九篇爲孔子删定舊數。又酒誥、召誥脱簡之處盡已聯屬無迹，不復知有闕文。專己妄作，全失本真，故發此慨。自來說法言此文者，皆不得其解。而王氏鳴盛尚書後案及段氏玉裁撰異之說，尤謬誤不可從，今詳論之。後案云：「酒誥今見在，何得言俄空？此言甚可疑。李軌、吴祕注皆不明確，徒亂人意。王應麟困學紀聞謂劉向以中古文校歐陽、大、小夏侯三家經文，酒誥脱簡一，『俄空』卽脱簡之謂，而大傳引酒誥『王曰封，惟曰若圭璧』，今無此句，疑所脱卽此等句。應麟此說亦非也。劉向校書，見有脱簡，卽應補入，必不任其脱落。但劉向以中古文校今文，所云脱簡者，乃古文有而今文無。大傳則伏生今文之學。歐陽、大、小夏侯三家所輯圭璧之句，想是伏生於他處別得逸文，古文所無，故今酒誥亦無此句。其俄空自指全亡，非脱一簡之謂，不可以圭璧句當之。然則酒誥既已全亡，今酒誥甚完善，又從何而出？朱子語類徐孟寶問一條，竟以子雲不見孔壁古文爲說。孔壁古文，漢大儒多見之。況酒誥古、今文皆有，子雲豈有不見？語類尤大誤。反覆考之，韓非說林篇引酒誥之文以爲康誥，蓋尚書或有別本，將酒誥混入康誥，揚雄偶據其本，遂以爲俄空耳。」撰異云：「謂書序有百，而酒誥則無序，非謂尚書闕酒誥也。凡後人所謂數篇同一序者，皆有有目無序者廁其間。如：『咎繇矢厥謨，禹成厥功，帝舜申之，作大禹謨、咎繇謨、棄稷。』按其實，則棄稷不統於此序。所以作棄稷者，不傳也。『湯既勝夏，欲遷其社，不可，作夏社、疑至、臣扈。』按其實，則疑至、臣扈不統於此序。所以作疑至、臣扈者，不傳也。『大戊贊于伊涉，作伊涉、原命。』按其實，則原命不統於此序。所以作原命者，不傳也。『高宗祭成湯，有飛雉升鼎耳而雊，祖己訓諸王，作高宗肜日、高宗之訓。』按其實，則高宗之訓不統於此序。所以作高宗之訓者，不傳也。酒誥、梓材亦正此類。以殷餘民邦康叔，故作康誥一篇，其酒誥、梓材不統於此序，蓋失其傳。『俄空』云者，偶不存之謂，非竟亡也。然至於久而闕，則竟亡矣，故云『今亡夫』。子雲獨舉酒誥者，舉一以例其餘也。」按：段不見百篇之書，安能知某篇不統於某序？酒誥、梓材，皆康叔受封時，周公稱王命以戒之之辭，正當與康誥同序，何以知其別有作意而不傳耶？且卽如其說，謂酒誥等篇別自有序，而百篇之中如九共當九篇，咸乂當四篇，太甲、盤庚、說命、太誓各當三篇，亦篇皆有序耶？古來尚書家但有百篇之說，從無百序之說，子雲獨何所據而云昔之說書者序有百耶？上文方云「書序，孔子未如之何」，明書序雖存，不能諭習者之罔。此忽慨歎於書序之有闕亡，義不相應，將安取耶？王自誤解酒誥俄空爲書亡酒誥，乃謂尚書別本嘗有將酒誥混入康誥者，子雲偶據其本，遂以爲酒誥全亡。夫三家經文明明二十九篇，酒誥明明在二十九篇之内，孔壁古文，大儒猶多見之，豈博士定本，子雲反未寓目，顧據其顯然錯誤之別本，妄以不亡爲亡，更爲俗學所笑耶？至後案駁困學紀聞之語，尤全無是處。伯厚疑大傳引酒誥「王曰封，惟曰若圭璧」八字卽脱簡中之殘句，本未必然。陳氏壽祺以爲今文與古文章句，多寡異同，非止一二，酒誥篇有「王曰封，我聞惟曰，在昔殷先哲王」之語，大傳所引，疑或此處之異文，未必爲逸句也。其説深爲近理，足破伯厚之疑。若後案以今酒誥無此句，卽爲劉向未嘗補入之故，向之未嘗補入，卽爲中古文竝無此句之故，因而推定「俄空」之云，非指脱簡之事。此其率臆速斷，可謂一言以爲不智。夫三家經文，皆漢時官書，功令所垂，上下共守。自非奏下博士從容集議，安能輒有增損？向但校三家與中古文異同，未聞有據中古文改定三家之事。不能將舜典、汨作諸逸篇竝列學官，獨能將酒誥、召誥脱簡補入經文耶？今之尚書，絶非向所見之中古文。以今酒誥無此句，遂謂中古文之亦未嘗有之，豈復有當耶？伯厚以酒誥脱簡證明俄空之説，是也。惟云俄空卽脱簡之謂，則語殊未晰。蓋脱簡者，伏生書之事，俄空者，三家書所以識此脱簡之事。脱簡無所謂昔有而今無，知有脱簡而爲之中空以識之，則與序篇以百同爲昔人存古闕疑之美，乃昔人所有者，而今更無之，所以爲可喟。若解俄空爲脱一簡，則「今亡夫」三字爲無義。或讀「亡」如字，以爲始也偶脱，而今也遂亡，則顯與論語「今亡矣夫」異義，必不然也。吳胡部郎玉縉云：「楊子舉酒誥，不及召誥。俄空者，疑所見酒誥首句爲『□王若曰』，以其空圍在第一字，故曰俄空。俄之言俄然也，忽也。後所見本，則有人已補成字。何以言之？釋文出『王若云』，馬本作『成王若曰』，注云：『言成王者，未聞也。吾以爲後録書者加之。』馬所據蓋即增補之本，而致疑於『成』字，以爲後加。所見甚卓。楊於書用歐陽義。孔疏云：『馬、鄭、王本以文涉三家，而有成字。』歐陽即三家之一，孔所引亦增補之本。孔又稱：『三家云王年長，骨節成立。』此三家字渾舉，或大、小夏侯之説。歐陽原本作空圍，決不爲『成』字作訓。或後來增字者并增此注，亦未可知。馬注稱：『衛、賈以爲戒成康叔以慎酒成就人之道。』則衛宏、賈逵亦有『成』字。蓋自西漢末已盛行增字本，而空圍之本殆絶，故衛、賈、馬、鄭諸儒皆未及見，宜楊子之致慨矣。」按：此説亦可備一義。

虞、夏之書渾渾爾，〔注〕深大。**商書灝灝爾，**〔注〕夷曠。**周書噩噩爾。**〔注〕不阿借也。**下周者，其書譙乎！**〔注〕下周者秦，言酷烈也。〔疏〕「虞、夏之書渾渾爾，商書灝灝爾，周書噩噩爾」者，音義：「渾渾，户昆切，又胡本切。灝灝，胡老切。噩，五谷切。」書堯典下僞孔傳題「虞書」，孔疏云：「馬融、鄭玄、王肅別録題，皆曰『虞夏書』，虞、夏同科，雖虞事，亦連夏。鄭玄序以爲虞夏書二十篇，商書四十篇，周書四十篇。贊云：『三科之條，五家之教。』是虞、夏同科也。堯典雖曰唐事，本以虞史所録，末言舜登庸由堯，故追堯作典，非唐史所録，故謂之虞書。鄭玄云：『舜之美事，在於堯時。』是也。」段氏玉裁云：「五家之教，是今文尚書例也；三科之條，是古文尚書例也。三科謂作三書之時代。堯典、皋陶謨、禹貢是三篇者，或曰虞史記之，或曰夏史記之，莫能別異，故相承謂之虞夏書，合商書、周書而有三科之説。」按：鄭君尚書贊多從書緯，緯説皆爲今文。法言説書，亦據當時所誦習。此文以虞夏之書與商書、周書別爲三種，明用三科之條，則不得以此爲古文尚書例可知。蓋以有天下者之號名其書，則曰唐書、虞書、夏書、商書、周書；依作史之時代詳近略遠，則曰虞夏書、商書、周書。其例皆出於今文諸師，古文無師説，安得有所謂書例耶？「下周者，其書譙乎」，音義：「譙乎，俗本非『誰』。舊本皆作『譙』。」宋、吴作「誰」，司馬從之，云：「其書誰乎？言不足以爲書也。」按：譙乎與渾渾爾、灝灝爾、噩噩爾相對，皆形容之辭，温公説非。　御覽六百七引作「憔悴乎」。　注「深大」。　按：方言：「渾，盛也。」廣雅釋訓：「渾渾，大也。」本篇云：「聖人之辭，渾渾若川。」　注「夷曠」。　按：史記司馬相如傳「灝溔潢漾」，正義引郭璞云：「皆水無涯際也。」夷曠卽平廣無涯之謂，灝溔疊韻，灝灝重言，其義同也。　注「不阿借也」。　按：世德堂本作「不阿附也」。漢書韋賢傳「咢咢黄髮」，顏注云：「直言也。」「噩」卽「咢」字，文選韋孟諷諫詩作「諤諤」，李注云：「正直貌。」不阿借卽正直之義。　注「下周者秦，言酷烈也」。　按：音義引詩傳云：「譙，殺也。殺，所戒切。故注云酷烈。」所引詩傳，鴟鴞毛傳文。説文：「譙，嬈譊也。」嬈譊疊韻連語，煩苛之意，與酷烈義近。　秦書酷烈，謂若始皇、二世詔令及諸刻石之辭，陗厲峻急，無復三代遺意。

法言義疏八

或問：「聖人之經不可使易知與？」〔注〕嫌五經之難解也。曰：「不可。天俄而可度，則其覆物也淺矣；地俄而可測，則其載物也薄矣。大哉！天地之爲萬物郭，五經之爲衆說郛。」〔注〕莫有不存其內而能出乎其外者也。〔疏〕「聖人之經不可使易知與」者，藝文志云：「故曰易道深矣。」史記自序云：「夫詩、書隱約者，欲遂其志之思也。」又云：「夫禮禁未然之前，而法施已然之後。法之所爲用者易見，而禮之所爲禁者難知。」荀子勸學云：「春秋之微也。」云深，云隱約，云禁未然，云微，皆不可使易知之說。「天俄而可度」云云者，吴云：「俄猶俄頃。」王氏念孫云：「俄而之言假如也。言天假如可度，則其覆物必淺；地假如可測，則載物必薄也。『俄』與『假』聲近而義同，周頌維天之命篇『假以溢我』，說文引作『誐以溢我』，是其例也。而、如古通，見日知録卷三十二。」按：吴解是也。吾子：「俄而曰：『壯夫不爲也。』」必不得讀爲「假如」。此「俄而」字當與同義，與上文「易知」字相應。凡事俄頃可知可能者，皆易易耳。天惟高也，故非不可度，不可俄而度；地惟厚也，故非不可測，不可俄而測；聖人之經惟象天地也，故非不可知，不可俄而知。若讀「俄而」爲「假如」，則是天竟不可度，地竟不可測，聖人之經竟不可知矣，義殊未安。音義：「覆物，敷又切。」「大哉！天地之爲萬物郭，五經之爲衆說郛」者，郛、郭解見吾子疏。吴云：「言不能出其域。」北堂書鈔九十五引作「天地爲萬物之郭，五經爲衆說之郛」。注「莫有不存其內而能出乎其外者也」。按：世德堂本作「莫有不在其內而能出乎其外也」。

或問：「聖人之作事，不能昭若日月乎？何後世之訔訔也！」曰：「瞽曠能默，瞽曠不能齊不齊之耳；狄牙能喊，狄牙不能齊不齊之口。」〔疏〕「何後世之訔訔也」者，音義：「訔訔，語巾切，争訟也。」廣雅釋言：「誾誾，訔訔語也。」王疏云：「訔訔猶誾誾也。法言問神篇云：『何後世之訔訔也！』」史記魯世家贊：「洙、泗之間，齗齗如也。」徐廣注云：「齗齗，争辭㊀。」鹽鐵論國病篇云：「諸生誾誾争鹽鐵。」齗、誾竝與訔同。按：宋、吴作「誾誾」，温公依李本作「訔」，云：「訔訔，争論之貌，謂學者争論是非。」漢魏叢書本作「誾誾」。「瞽曠能默」者，師曠，見吾子疏。周禮春官序官云：「大師下大夫二人，小師上士四人，瞽矇上瞽四十人、中瞽百人、下瞽百有六十人。」鄭注云：「凡樂之歌，必使瞽矇爲焉。命其賢知者以爲大師、小師。晉杜蒯云：『曠也，大師也。』鄭司農云：『無目眹謂之瞽。』」賈疏云：「以其目無所覩見則心不移於音聲，故不使有目者爲之也。」孫疏云：「命其賢知者以爲大師、小師者，明大師、小師亦以瞽矇爲之。以其賢知，使爲瞽官之長，故殊異之而稱師也。」引「晉杜蒯曰：曠也，大師也」者，檀弓文。曠卽師曠。鄭意師曠亦瞽矇，以賢知而爲大師，故引以爲證。然則曠爲瞽矇之長，故謂之師曠，亦謂之瞽曠。莊子胠篋云：「塞瞽曠之耳。」默謂口不言而心通。論語云：「默而識之。」皇疏云：「見事心識而口不言，謂之默識者也。」按：卽所謂心不移於音聲。解嘲云：「知玄知默，守道之極。」「狄牙能喊」者，吴云：「狄牙，易牙也。」俞云：「狄牙卽易牙，猶『簡狄』漢書古今人表作『簡遏』也。」按：狄、易古音相同，故得通用。說文「逖，遠也」，古文作「逷」，從易聲。又「愓，敬也」；重文「悐」，從狄聲。白虎通禮樂云：「狄者，易

㊀「辭」字原本作「辡」，據史記魯周公世家改。

也，辟易無别也。」廣雅釋詁云：「狄，敭也。」皆其證。莊子駢拇釋文：「淮南云：『俞兒、狄牙，嘗淄、澠之水而别之。』狄牙則易牙，齊桓公時識味人也。」左傳僖公篇云：「雍巫有寵於衛共姬，因寺人貂以薦羞焉。」杜注云：「卽易牙。」孔疏云：「此人爲雍官，名巫，而字易牙也。」魏策云：「齊桓公夜半不嗛，易牙乃煎、熬、燔、炙，調五味而進之。桓公食之而飽，至旦不覺。」孟子云：「易牙先得吾口之所耆者也。」音義：「喊，呼覽切；又呼嫌，下斬切。」説文無「喊」，朱氏駿聲以爲卽「鹹」之異文。説文：「鹹，醬也。」通訓定聲云字亦作「喊」，引此文「狄牙能喊」。俞云：「喊者，諴之異文，從口與從言同。詠、咏，診、吟，卽其例也。説文言部：『諴，和也。』廣雅釋詁：『諴，調也。』狄牙能喊，謂狄牙能和調也。」按：俞説是也。司馬云：「瞽曠能審正聲，而人之耳清濁高下各有所好，瞽曠不能齊也。狄牙能嘗和味，而人之口酸辛鹹苦各有所好，狄牙不能齊也。聖人能行正道，而愚闇邪僻之人相與非之，聖人不能止也。」

君子之言幽必有驗乎明，遠必有驗乎近，大必有驗乎小，微必有驗乎著。無驗而言之謂妄。君子妄乎？不妄。〔注〕言必有中。〔疏〕説文：「譣，譣問也㊀。」引伸爲徵譣。經傳皆以驗爲之。漢書董仲舒傳：「制曰：『蓋聞善言天者，必有徵於人；善言古者，必有驗於今。』」此必古有是語，故云「蓋聞」。春秋繁露深察名號云：「不法之言，無驗之説，君子之所外，何以爲哉？」

言不能達其心，書不能達其言，難矣哉！惟聖人得言之解，得書之體，白日以照之，江、河以滌之，灝灝乎其莫之禦也！〔注〕有所發明，如白日所照；有所蕩除㊁，如江、河所滌，灝灝洪盛，無能當之

㊀ 今本説文「問」上無重文「譣」字。
㊁ 「所」字原本作「如」，據文義改。

者。面相之，辭相適，捈中心之所欲，通諸人之嚍嚍者，莫如言。〔注〕嚍嚍，猶憤憤也。彌綸天下之事，記久明遠，著古昔之㬀㬀，傳千里之忞忞者，莫如書。〔注〕㬀㬀，目所不見；忞忞，心所不了。故言，心聲也；書，心畫也。〔注〕聲發成言，畫紙成書。書有文質，言有史野，二者之來，皆由於心。聲畫形，君子小人見矣。〔注〕察言觀書，斷可識也。聲畫者，君子小人之所以動情乎？〔疏〕「難矣哉」者，吳云：「難乎爲君子也。」司馬云：「難以明道。」按：論語云：「羣居終日，言不及義，好行小慧，難矣哉！」鄭注云：「『難矣哉』，言終無成功也。」「惟聖人得言之解，得書之體」者，音義：「之解，胡買切，曉也。」按：說文：「解，判也。」引伸爲分析，爲節理。史記呂后本紀：「君知其解乎？」正義云：「解，節解也。」體謂體裁。文選沈休文謝靈運傳論：「延年之體裁明密。」李注云：「體裁，制也。」言不必繁而皆中於倫，是謂得言之解；書不必多而皆應於法，是謂得書之體。得言之解，故言足以達其心；得書之體，故書足以達其言也。「江、河以滌之」者，說文：「滌，洒也。」灝灝乎，世德堂本作「浩浩乎」。「面相之，辭相適」者，音義：「面相，息亮切。」宋云：「面相，猶面對；適，往也。言面對之時，以辭相及也。」司馬云：「『之』亦『適』也。」俞云：「『之』字絕句。相之、相適，對文成義。」按：司馬、俞說，是也。爾雅釋詁云：「適、之，往也。」面謂顏色，辭謂辭氣。荀子大略：「愛之而勿面。」楊注云：「謂以顏色慰悅之。」「面相之，辭相適」，謂以顏色辭氣相交接，若往來然也。「捈中心之所欲」者，音義：「捈，他胡切，又同盧切，引也。」說文：「捈，卧引也。」通訓定聲云：「謂橫引之。」字亦通作「抒」。廣雅釋詁云：「捈，抒也。」漢書劉向傳：「一抒愚意。」顏注云：「抒，謂引而泄之也。」又王褒傳：「敢不略陳愚，而抒情素。」注云：「抒，猶泄也。」「通諸人之嚍嚍」者，音義：「嚍嚍，音卽刃切。俗本作『嚧嚧』，誤。」按：宋、吳本作「嚧嚧」，此音義以爲俗本者。然音義引俗本，往往有古音古義存其閒，轉較勝其所據本。嚍、𡃥形近易誤。列子天瑞篇「畫其終」，又湯問篇「畫然」，釋文竝云：「『畫』一作『盡』。」重言形況，以聲爲義，尤難定其文字之是非。法言多韻語，今以聲韻求之，頗疑作「𡃥𡃥」者爲合。蓋此文「面相之」四句釋言，與下文「彌綸天下之事」四句釋書，文義相對。「彌綸」四句，「遠」與「忞」爲韻；此「面相之」四句，「適」與「𡃥」爲韻。若作「嚍嚍」，則不韻矣。離騷：「忽緯繣其難遷。」王注云：「緯繣，乖戾也。」字亦作「敂㦤」，廣雅釋訓云：「敂㦤，乖刺也。」王疏云：「意相乖違，謂之敂㦤。」然則𡃥𡃥卽緯繣、敂㦤之意。「通諸人之𡃥𡃥」，猶云通衆意之相乖耳。「彌綸天下之事」者，繫辭云：「易與天地準，故能彌綸天下之道。」虞注云：「彌，大。綸，絡。」按：彌綸疊義連語，不容分疏。文選陸士衡文賦，李注引王肅易注云：「彌綸，纏裹也。」得之。「著古昔之㖧㖧，傳千里之忞忞」者，音義：「㖧㖧，呼昆切。」文賦注引法言作「昏昏」。又音義：「忞忞，武巾切。」「忞」與「遠」韻，段氏玉裁六書音韻表袁聲第十四部、文聲第十三部合用，最近。按：楚辭悲回風「還」與「聞」韻，天問「文」與「言」韻。此「遠」與「忞」韻，亦其例。「著古昔之㖧㖧」，承「記久」爲義，以時言；「傳千里之忞忞」承「明遠」爲義，以地言也。「君子小人見矣」者，音義：「見矣，賢遍切。」「聲畫者，君子小人之所以動情乎」者，樂記云：「情動於中，故形於聲。」關雎序云：「情動於中，而形於言。」注「有所」至「之者」。按：孟子云：「江、漢以濯之，秋陽以暴之，皜皜乎，不可尚已！」趙注云：「聖人之潔白，如濯之江、漢，暴之秋陽，皜皜甚白也。」毛氏奇齡四書索解云：「『江、漢以濯之，秋陽以暴之』，從來訓作潔白。夫道德無言潔白者。惟志行分清濁，則有是名。故夫子稱『丈人欲潔其身』；孟子稱『西子蒙不潔』，又稱『狷者爲不屑不潔之士』；司馬遷稱『屈原其志潔』。大抵獨行自好者始有高潔之目，此非聖德也。夫子自云：『不曰白乎？涅而不緇。』祇以不爲物汚，與屈原傳之『皭然泥而不滓』語同。豈有曾子擬夫子，反不若子貢之如天如日，宰我之超堯越舜，而僅云潔白？非其旨矣。」焦疏云：「毛氏說是也。列子湯問篇云：『皜然疑乎雪。』釋文云：『皜又作皓。』文選李少卿與蘇武詩『皓首以爲期』，注云：『皓與顥，古字通。』說文頁部云：『顥，白皃。楚辭曰：「天白顥顥。」』皜皜卽是顥顥。爾雅釋天云：『夏爲昊天。』劉熙釋名釋天云：『其氣布散皓皓也。』然則皜皜謂孔子盛德如天之元氣皓旰。尚，卽上也。不可上，卽子貢云：『猶天之不可階而升也。』以此推之，江、漢以濯之，以江、漢比夫子也。秋陽以暴之，以秋陽比夫子也。皜皜乎不可上，以天比夫子也。」榮按：理堂解「江、漢」二句爲卽以江漢、秋陽比夫子，其說甚是。而解皜皜乎不可尚已爲擬夫子於天，殊未必然。法言此文，全本孟子。白日以照之，卽秋陽以暴之之義；江、河以滌之，卽江、漢以濯之之義；灝灝乎其莫之禦也，卽皜皜乎不可尚已之義。謂聖人之言與書，明照四方，若日月之經天；盪滌濁惡，若江、河之行地。其光與力至盛、至大，莫之能敵。弘範以灝灝爲洪盛，卽形容白日、江、河之辭，爲得其義。皜皜卽灝灝，亦以形容江、漢、秋陽光力之盛大，固不僅狀其潔白，亦不必謂如天之元氣皓旰也。世德堂本此注上有「咸曰」字，則以爲宋著作語，誤也。注「嚍嚍，猶憤憤也」。按：「嚍」字說文、玉篇均不錄。荀子非十二子篇：「盡盡焉。」彼楊注云：「極視盡物之貌。」此望文生訓。俞氏樾平議云：「盡盡猶津津也。莊子庚桑楚篇曰：『津津乎猶有惡也。』此作盡盡者，聲近，故假用耳。周官大司徒職曰㈠：『其民黑而津。』釋文云：『津本作濜。』然則津津之爲盡盡，猶津之爲濜矣。」按：庚桑楚釋文津津如字。崔本作律律，云：「惡貌。」嚍嚍當卽盡盡、津津之謂。弘範以爲憤憤者，方言云：「憤，盈也。」國語周語：「陽癉憤盈。」韋注云：「積也。」淮南子俶真：「繁憤未發。」高注云：「繁憤，衆積之貌。」然則憤憤

㈠「司徒」二字原本互倒，今據周禮改。

者，積意欲發之義。　注「㫚㫚，目所不見；忞忞，心所不了」。　按：俞云：「忞忞與㫚㫚同義。史記屈原傳：『受物之汶汶。』索隱曰：『汶汶，昏暗不明也。』汶汶即忞忞也。」

聖人之辭渾渾若川。〔注〕渾渾，洪流也。　順則便，逆則否者，其惟川乎！〔疏〕說文：「便，安也。」考工記云：「水屬不理孫謂之不行。」鄭注云：「孫，順也。」按：此以譬聖人之言，其理至深至大，而不可違。

或曰：「仲尼聖者與？何不能居世也，曾范、蔡之不若！」曰：「聖人者范、蔡乎？若范、蔡，其如聖何？」〔疏〕「曾范、蔡之不若」者，經傳釋詞云：「曾，乃也。」吳云：「范雎，魏人也，說秦昭王而爲相。蔡澤，燕人也，說范雎而代雎爲相。言孔子不如。」按：范雎、蔡澤，史記有傳。解嘲云：「范雎，魏之亡命也。折脅摺髂，免於徽索，翕肩蹈背，扶服入橐。激卬萬乘之主，介涇陽，抵穰侯而代之，當也。蔡澤，山東之匹夫也。顩頤折頞，涕吐流沫。西揖彊秦之相，搤其咽而亢其氣，拊其背而奪其位，時也。」「若范、蔡，其如聖何」者，司馬云：「仲尼若爲范、蔡之行，則亦爲小人，安得爲聖？」

或曰：「淮南、太史公者，其多知與？曷其雜也！」曰：「雜乎雜！〔注〕歎不純也。　人病以多知爲雜，惟聖人爲不雜。」〔疏〕「淮南、太史公其多知與」者，漢書淮南王安傳云：「淮南王安，爲人好書、鼓琴，不喜弋獵狗馬馳騁。亦欲以行陰德，拊循百姓，流名譽，招致賓客方術之士數千人，作爲內書二十一篇，外書甚衆。又有中篇八卷，言神僊黃白之術，亦二十餘萬言。」藝文志有淮南內二十一篇，淮南外三十三篇，入雜家；又有淮南雜子星十九卷，入天文。今存淮南子二十一卷，高誘注。史記自序云：「罔羅天下放失舊聞，王迹所興，原始察終，見盛觀衰，論考之行事，略推三代，論秦、漢，上記軒轅，下至於茲，著十二本紀，既科條之矣。竝時異世，年差不明，作十表。禮樂損益，律歷改易，兵權、山川、鬼神，天人之際，承敝通變，作八書。二十八宿環北辰，三十輻共一轂，運行無窮，輔弼股肱之臣配焉，忠信行道，以奉主上，作三十世家。扶義俶儻，不令己失時，立功名於天下，作七十列傳。凡百三十篇，五十二萬六千五百字，爲太史公書。序略，以拾遺補藝，成一家言，厥協六經異傳，整齊百家雜語，藏之名山，副在京師，俟後世聖人君子。」漢書司馬遷傳贊云：「至於采經摭傳，分散數家之事，甚多疏略，或有抵梧。亦其涉獵者廣博，貫穿經傳，馳騁古今，上下數千載間，斯已勤矣。又其是非頗繆於聖人，論大道，則先黄、老而後六經；序遊俠，則退處士而進姦雄；述貨殖，則崇勢利而羞貧賤，此其所蔽也。」此淮南、太史公多知而雜之事。「人病以多知爲雜」，文選何平叔景福殿賦李注引作「人病多知爲雜」，無「以」字。聖人不雜者，一以貫之也。

書不經，非書也；言不經，非言也。言、書不經，多多贅矣。〔注〕動而愈僞。〔疏〕不經，謂不在六藝之科，非孔子之術者。吾子云：「好書而不要諸仲尼，書肆也；好說而不要諸仲尼，說鈴也。」「多多贅矣」者，司馬云：「言書不合於經，知之愈多，則愈爲害而無用，若身之有贅然。贅，附肉也。」

或曰：「述而不作，玄何以作？」曰：「其事則述，其書則作。」〔注〕言昔老彭好述古事，孔子比之，但述而不作。今太玄非古事，乃自成一家之書，故作之也。或曰：「孔子述事者有矣，然何嘗作書乎？」〔疏〕「述而不作」，論語述而文。彼皇疏云：「述者，傳於舊章也；作者，新制作禮樂也。孔子自言我但傳述舊章，而不新制禮樂也。夫得制禮樂者，必須德位兼竝，德爲聖人，尊爲天子者也。孔子是有德無位，故述而不作也。」劉疏云：「述是循舊，作是創始。禮記中庸云：『非天子不議禮，不制度，不考文。』議禮，制度，考文，皆作者之事，然必天子乃得爲之。故中庸又云：『今天下車同軌，書同文，行同倫，雖有其位，苟無其德，不敢作禮樂焉。雖有其德，苟無其位，亦不敢作禮樂焉。』鄭注：『今，孔子謂其時。』明孔子無位，不敢作禮樂，而但可述之也。」是皆以作爲指作禮樂而言。然廣言之，則凡有所創始皆謂之作，不必以禮樂爲限。論語云：「蓋有不知而作之者，我無是也。」包注云：「時人多有穿鑿，妄作篇籍者，故云然也。」是凡以新意創著篇籍，亦皆是作。此文云「玄何以作」，明以作爲創著篇籍之義也。「玄何以作」者，自序云：「雄以爲賦者，非法度所存，賢人君子詩賦之正也，於是輟不復爲。而大潭思渾天，參摹而四分之，極於八十一。旁則三摹九据，極之七百二十九贊，亦自然之道也。故觀易者，見其卦而名之；觀玄者，數其畫而定之。玄首四重者，非卦也，數也。其用自天元推一晝一夜陰陽數度律歷之紀，九九大運，與天終始。故玄三方、九州、二十七部、八十一家、二百四十三表、七百二十九贊，分爲三卷，曰一、二、三，與泰初歷相應，亦有顓頊之歷焉。揲之以三策，關之以休咎，絣之以象類，播之以人事，文之以五行，擬之以道德、仁義、禮知。無主無名，要合五經，苟非其事，文不虛生。爲其泰曼漶而不可知，故有首、衝、錯、測、攡、瑩、數、文、掜、圖、告十一篇，皆以解剝玄體，離散其文，章句尚不存焉。觀之者難知，學之者難成。」（漢書本傳「尚不存焉」句下有「玄文多，故不著」六字，此班氏所增益，非自序文。）後漢書張衡傳章懷太子注引桓譚新論云：「揚雄作玄書，以爲玄者，天也，道也。言聖賢制法作事，皆引天道以爲本統，而因附續萬類、王政、人事、法度，故宓羲氏謂之易，老子謂之道，孔子謂之元，而揚雄謂之玄。玄經三篇，以紀天、地、人之道。立三體，有上中下，如禹貢之陳三品。三三而九，因以九九八十一，故爲八十一卦。以四爲數，數從一至四，重累變易，竟八十一而徧，不可損益，以三十五蓍揲之。玄經五千餘言，而傳十二篇也。」劉歆云：「『以三十五蓍揲之』，案：太玄乃用三十六揲，作『五』字，誤也。」說文：「玄，幽遠也。黑而有赤色者爲玄，象幽而入覆之也。」宋云：「或人以爲孔子述而不作，疑太玄不當作，故問之。」「其事則述，其書則作」者，謂玄之義理亦述也，其文辭則作耳。自序云：「無主無名，要合五經。苟非其事，文不虛生。」所謂其事則述也。前文云：「道非天然，應時而造者，損益可知也。」故其書則作也。道之大原出於天，雖聖人亦但能有所發明，而不能有所創造。若夫援據所學，發爲文辭，垂著篇籍，則正學者之所有事，雖作，亦述也。司馬云：「仁義，先王之道也。方州部家，楊子所作也。言楊子雖作太玄之書，其所述者亦先聖人之道耳。」是也。注「言昔」至「書乎」。按：治平本無此注；世德堂本有之，其下更有「咸曰」、「祕曰」等條，則此非宋、吳注文甚明，當是弘範語。然謂孔子但述古事，子雲乃成一家之言，此顯悖楊旨。所引或說，疑「何嘗」下脫「不」字，言孔子於事則述，於書則作，兼而有之，初不相悖。明子雲之於玄，亦猶孔子之爲。若無「不」字，則不可解矣。

育而不苗者，吾家之童烏乎！九齡而與我玄文。〔注〕童烏，子雲之子也。仲尼悼顏淵苗而不秀，子雲傷童烏育而不苗。〔注〕顏淵弱冠而與仲尼言易，童烏九齡而與楊子論玄。〔疏〕「育而不苗」者，廣雅釋詁云：「育，生也。」蒼頡篇云：「苗，禾之未秀者也。」論語：「子曰：『苗而不秀者有以夫！秀而不實者有矣夫！』」劉疏云：「法言問神篇『育而不苗者』云云，後漢書章帝八王傳贊『振振子孫，或秀或苗』，皆以此章喻人早夭也。」「九齡而與我玄文」者，禮記文王世子云：「古者謂年齡。」孔疏云：「謂稱年爲齡。」音義：「與我，音預。」按：與之本義爲黨與，引伸爲與聞、與知。黨與之「與」今韻在「語」，與聞、與知之「與」今韻在「御」。此「與我玄文」，則與知之義，故云「音預」。與聞、與知字，古或假「豫」

爲之。「預」即「豫」之俗也。　注「童烏，子雲之子也」。按：華陽國志序志云：「文學神童楊烏，雄子，七歲預父玄文，九歲卒。」御覽三百八十五引劉向別傳云：「楊信字子烏，雄第二子，幼而聰慧。雄算玄經不會，子烏令作九數而得之。雄又擬易『羝羊觸藩』，彌日不就。子烏曰：『大人何不曰荷戟入榛？』」按：童烏卒九歲，未必有字，烏蓋小名耳。若云名信，字子烏，則此以父稱子，乃字而不名，非其理矣。且子雲草玄，覃思渾天而得，豈有子烏令作九數乃會之事？今太玄無「荷戟入榛」語，惟干次七云：「何戟解解遺。」測曰：「何戟解解，不容道也。」別傳云云，即因此傅會之，殊不可信。又袁文甕牖閒評以「育而不苗，吾家之童」爲句，「烏乎」爲句，謂子雲歎其子童蒙而早亡，故曰烏乎，即嗚呼字。張氏澍蜀典駁之云：「考漢郎中鄭固碑云：『君大男孟子有楊烏之才。』文士傳漢桓驎答客詩云：『伊彼楊烏，命世稱賢。』客示桓驎詩，亦云：『楊烏九齡。』此豈作歎詞解乎？」按：自來說法言者，皆以「童烏」連文，烏是童名。質甫盡廢諸書，妄爲穿鑿，不足置辯也。御覽五百五十六引新論云：「楊子雲爲郎，居長安，素貧，比歲亡其兩男，哀痛之，皆持歸葬於蜀，以此困乏。雄（嚴氏可均云：「當作子雲，御覽變其詞耳。」）察達聖道，明於死生，宜不下季札。然而慕怨死子，不能以義割恩，自令多費，而至困貧。」按：子雲爲郎，在成帝元延二年，時年四十三。新論云「比歲亡其兩男」，則童烏之卒，蓋元延三、四年間事。九齡與玄，可謂智百常童。育而不苗，甚於夫人之爲慟；持歸葬蜀，以成人之道待之，亦情之不容已。而謂「不能以義割恩，自令多費」，斯鄙夫之見也。　注「仲尼悼顏淵苗而不秀」。按：論語「苗而不秀者」章，皇疏云：「又爲歎顏淵爲譬也。」翟氏灝四書考異云：「牟融理惑論云：『顏淵有不幸短命之記，苗而不秀之喻。』禰衡顏子碑云：『亞聖德蹈高蹤，秀不實，振芳風。』李軌法言注云：『仲尼悼顏淵苗而不秀，子雲傷童烏育而不苗。』文心雕龍云：『苗而不秀，千古斯慟。』皆以此爲惜顏子。而世說新語謂：『王戎之子萬子，有大成之風，苗而不秀。』梁書：『徐勉因子悱卒，爲客喻云：秀而不實，尼父爲之嘆息。』亦借顏子以言其短折之可惜。自漢迄齊、梁，相沿如此，當時必自有依據。」注「顏淵弱冠而與仲尼言易」。按：顏子與孔子言易，經典無文。惟北堂書鈔百三十七引韓詩外傳云：「孔子使子貢，爲其不來，孔子占之，遇鼎。謂弟子曰『占之遇鼎。』皆言無足而不來。顏回掩口而笑。孔子曰：『回也，何哂乎？』曰：『回謂賜必來。』孔子曰：『何如也？』回對曰：『乘舟而來矣。』賜果至矣。」亦見藝文類聚七十一引衝波傳。此注所云，疑卽指此。其云弱冠者，列子力命云：「顏淵之才不出衆人之下，而壽十八。」淮南子精神云：「顏淵夭死。」高注云：「顏淵十八而卒。孔子曰：『回不幸短命死矣！』故曰天也。」是周、漢間傳說有解顏子短命爲年止十八者，故後漢書郎顗傳云：「昔顏子十八，天下歸仁。」弘範蓋亦用其說，故以爲童烏九齡之比。

或曰：「玄何爲？」曰：「爲仁義。」曰：「孰不爲仁？孰不爲義？」曰：「勿雜也而已矣。」〔注〕純則巧僞息，雜則姦邪興。〔疏〕「玄何爲」者，司馬云：「爲，于僞切，言爲何事而作。」「爲仁義」者，按：自序云：「擬之以道德、仁義、禮知。」此獨云仁義者，備言之則曰道德、仁義、禮知，約言之則曰仁義，仁義足以該道德、禮知也。繫辭云：「是以立天之道，曰陰與陽；立地之道，曰柔與剛；立人之道，曰仁與義。」玄推自然以明人事，故約其指於仁義也。玄瑩云：「故質榦在乎自然，華藻在乎人事。人事也，具可損益。與夫一，一所以摹始而測深也；三，三所以盡終而極崇也；二，二所以參事而要中也，人道象焉。務其事而不務其辭，多其變而不多其文也。」「孰不爲仁？孰不爲義」者，吳云：「賢者立言，無不爲仁義，何必玄？」「勿雜也而已矣」者，前文云「惟聖人爲不雜」，此云「勿雜也而已矣」，然則子雲之於玄，固以晞聖之事自任也。陸績述玄云：「雄受氣純和，韜真含道，通敏叡達，鉤深致遠，建立玄經，與聖人同趣。雖周公繇大易，孔子修春秋，不能是過。論其所述，終年不能盡其美。考之古今，宜曰聖人。」可以爲知言矣。注「雜則姦邪興」。按：世德堂本「興」作「生」。

或問「經之艱易」。曰：「存亡。」或人不諭。曰：「其人存則易，亡則艱。延陵季子之於樂也，其庶矣乎！如樂弛，雖札末如之何矣。如周之禮樂庶事之備也，每可以爲不難矣。如秦之禮樂庶事之不備也，每可以爲難矣。」〔疏〕「或問經之艱易」者，問羣經之中孰爲難治，孰爲易治也。「曰存亡」者，經有存有亡，全存者，易、詩、春秋是也；亡過半者，書、禮是也；全亡者，樂是也。「其人存則易，亡則艱」，司馬云：「『人』當作『文』，字之誤也。秦火之餘，六經殘缺，雖聖賢治之亦未易悉通。」俞云：「今以下文證之，頗以温公之説爲然。下文曰：『延陵季子之於樂也，其庶矣乎！如樂弛，雖札末如之何矣。』夫人如延陵季子，而樂弛則無如何，是所重者在於文，不在其人也。下文又曰：『如周之禮樂庶事之備也，每可以爲不難矣。如秦之禮樂庶事之不備也，每可以爲難矣。』是難不難由於備不備，益足見經之艱易存乎文矣。」按：司馬、俞説是也。上文「存亡」，即指經之存亡。謂經之難易，視其書之完闕何如耳。義本自憭，而或人不諭，故釋之曰：「其文存則易，亡則艱。」其文者，經文也。若云「其人」，則上文漫云存亡，絶無主名，孰能知其所指？法言雖簡奧，亦安有故作廋辭如此者？且其人云者，謂作經之人耶？謂説經之人耶？經師代有，求則得之，存亡之云，於義無當。若夫作者之聖，長往不返，必遇其人而後可言治經，將終古無此事，何以云「在則人，亡則書，其統一也」耶？蓋「文」之駁形似「人」，校書者習知中庸「其人存，則其政舉；其人亡，則其政息」，遂臆改爲

「人」字耳。陸士衡演連珠：「問道存乎其人。」李注引法言：「或問經難易。曰：其人存則易，亡則難。」士衡所謂存乎其人，不必用法言語。而據李注，則唐初所行法言，此「文」字已作「人」，其誤爲已久矣。「延陵季子之於樂也，其庶矣乎」者，史記吳太伯世家云：「季札封於延陵，故號曰延陵季子。」漢書地理志會稽郡有毗陵，注云：「季札所居。」顏注云：「舊延陵，漢改之。」越絕書吳地傳云：「毗陵，故爲延陵，吳季子所居。」又云：「毗陵上湖中冢者，延陵季子冢也，去縣七十里。」江氏永春秋地理考實云：「晉置延陵縣，宋熙寧中省爲鎮，在鎮江府丹徒縣南三十里。」按：延陵季子亦稱延州來季子，見左傳襄公篇，彼孔疏云：「蓋竝食二邑，故連言之。」則州來或後所益封。他書多止稱延陵季子。季子請觀於周樂事，詳左傳襄公二十九年。「如樂弛，雖札末如之何矣」者，說文：「弛，弓解弦也㊀。」引伸爲凡廢解之稱。藝文志云：「孔子曰：『安上治民，莫善於禮；移風易俗，莫善於樂。』二者相與竝行，周衰俱壞。樂尤微眇，以音律爲節，又爲鄭、衛所亂，故無遺法。漢興，制氏以雅樂聲律世在樂官，頗能記其鏗鏘鼓舞，而不能言其義。」按：此舉證以明文存則易，文亡則艱之義。魯備四代之樂，季札得以偏觀，故聞音知政如此。若使生今之世，樂無遺法，則雖以札之見微而知清濁，亦無所用其聰焉矣。「如周之禮樂庶事之備也，每可以爲不難矣」者，此又因論經而推之於一切制度文爲也。司馬云：「監於二代，曲爲之制，事爲之防，學者習之，固無難矣。」「如秦之禮樂庶事之不備也，每可以爲難矣」者，司馬云：「秦訕笑三代之禮樂，屏而去之，自爲苟簡之制。後之學者，求先王之禮樂於散亡之餘，誠亦難矣。」

衣而不裳，未知其可也；〔注〕有上無下，猶有君而無臣。裳而不衣，未知其可也。衣裳，其順矣

㊀ 今本說文「解」下無「弦」字。

乎！〔注〕三桓專魯，陳恒滅齊，王莽篡漢，三姦之興，皆是物也。〔疏〕此明上下綱紀之爲自然，去之則不可以爲治也。「衣裳，其順矣乎」者，繫辭云：「黄帝、堯、舜垂衣裳而天下治，蓋取諸乾坤。」九家易云：「衣取象乾，居上覆物；裳取象坤，在下含物也。」虞注云：「乾爲治，在上爲衣，坤下爲裳。乾坤萬物之緼，故以象衣裳。乾爲明君，坤爲順臣，百官以治，萬民以察，故天下治。」蓋取諸此也。注「有上無下，猶有君而無臣」。按：「有君無臣」，公羊傳僖公篇文。漢書王褒傳云：「蓋君爲元首，臣爲股肱，明其一體，相待而成。有君而無臣，春秋刺焉㊀。」鹽鐵論論誹云：「故雖有堯之明君，而無舜、禹之佐，則純德不流。故春秋刺有君而無臣。」

或問「文」。曰：「訓。」〔注〕訓，順。問「武」。曰：「克。」〔注〕克，能。未達。〔注〕不諭。曰：「事得其序之謂訓，〔注〕順其理也。勝己之私之謂克。」〔注〕惟公亮也。〔疏〕「事得其序之謂訓」者，序者，叙之假。叙爲次第，故以叙釋訓。訓卽順也。爾雅釋詁云：「順，叙也。」左傳昭公篇云：「經緯天地曰文。」服虔注云：「德能經緯順從天地之道，故曰文。」「事得其序」，卽順從天地之道之謂也。「勝己之私之謂克」者，此本論語「克己復禮」。彼馬注云：「克己約身。」皇疏以爲約儉，劉疏以爲約束，皆不如子雲勝己之私之說之精。左傳昭公篇引孔子曰：「古也有志克己復禮，仁也。」孔疏引劉炫云：「克訓勝也，己謂身也。身有耆欲，當以禮義齊之；耆欲與禮義交戰，使禮義勝其耆欲，身得歸復於禮，如是乃爲仁也。」朱子論語集注云：「克，勝也；己，謂身之私欲也。蓋心之全德莫非天理，而亦不能不壞於人欲，故爲仁者，必有以勝私欲而復於禮，則事皆天理，而本心之德復全於我矣。」皆本子雲爲說，實較馬義爲長。劉疏乃

㊀今本漢書王褒傳中無此文。

云：「法言謂勝己之私之謂克，此又一義。劉炫援以解左傳『克己復禮』之文意，指楚靈王多嗜欲誇功伐而言。乃邢疏即援以解論語，朱子集注又直訓己爲私，竝失之矣。」此則墨守季長，意存伐異，非篤論也。勝己之私則寡欲，所謂剛者彊志不撓，武之至也。逸周書謚法云：「剛彊理直曰武。」然則孔子以爲仁，子雲以爲武者，仁是克己之效，武則克己之德也。注「訓，順」。按：訓、順竝從川聲，音、義俱同，古書互爲通用。洪範：「于帝其訓，是訓是行。」宋微子世家「訓」皆作「順」。詩烈文：「四方其訓之。」左傳哀公篇引作「順」。本書修身：「上士之耳訓乎德，下士之耳順乎己。」亦訓、順互文。說文：「順，理也。」漢書韋玄成傳：「五品以訓。」顏注云：「訓，理也。」注「克，能」。按：「克，能」，爾雅釋言文。洪範：「二曰剛克，三曰柔克。」馬注云：「克，勝也。」鄭注云：「克，能也。」按：能亦勝也。史記田敬仲世家：「寡人弗能拔。」索隱云：「能猶勝也，言不勝其拔。」勝之本義爲任，引伸爲力能過之。能義亦然。能從㠯聲，古音奴來或奴代切。今才能、知能字轉奴登切，而訓勝者乃以耐爲之。下文云：「勝己之私之謂克。」明克是勝。李訓爲能者，能，奴代切，即今「耐」字也。注「不諭」。按：論語云：「樊遲未達。」皇疏云：「達猶曉也。」曉、諭同義。注「順其理也」。按：釋名釋言語云：「順，循也，循其理也。」注「惟公亮也」。按：勝私則公，公則明，故云公亮。

爲之而行，動之而光者，其德乎！或曰：「知德者鮮，何其光？」曰：「我知，爲之；不我知，亦爲之，厥光大矣。必我知而爲之，光亦小矣。」〔注〕所謂大人用之，不爲善惡改常；日月用之，不爲賢愚易光。〔疏〕「爲之而行」者，施於事則無不通。「動之而光」者，發於身則令聞廣譽集之。詩假祿：「顯顯令德。」鄭箋云：「顯，光也。」又韓奕：「不顯其光。」箋云：「光，猶榮也。」行、光亦韻語。「知德者鮮，何其光」者，音義：「者鮮，悉淺切。」言世不好德，有德之士多隱没不彰，安得榮顯？論語云：「子曰：『由，知德者鮮矣！』」王注云：「君子固窮，而子路愠見，故謂之少於知德。」朱子集注云：「德謂義理之得於己者，非己有之，不能知其意味之實也。」劉疏云：「中庸之德，民所鮮能，故知德者鮮。」此諸説皆以知德爲通曉道德，據法言此文，則子雲解此，乃以知德爲能識賢德，知德者鮮，猶未見好德如好色者之意。潛夫論德化云：「孔子曰：『仁遠乎哉？我欲仁，仁斯至矣。』又稱：『知德者尠。』」其下云：「孝成終没之日，不知王章之直；孝哀終没之日，不知王嘉之忠也。」是王符以欲仁爲思仁人，知德爲知有德，蓋論語古義如此。「我知，爲之；不我知，亦爲之」云云者，孝至云：「不爲名之名，其至矣乎！爲名之名，其次也。」卽此文之義。

或曰：「君子病没世而無名，盍勢諸名卿，可幾也。」〔注〕盍，何不也。勢，親也。名卿，親執政者也。言何不與之合勢以近名也。此義猶王孫賈勸仲尼媚於竈也。曰：「君子德名爲幾。〔注〕積德然後近名。梁、齊、趙、楚之君非不富且貴也，惡乎成名？〔注〕四國，漢時諸侯王。谷口鄭子真，不屈其志，而耕乎巖石之下，名振于京師。豈其卿！豈其卿！」〔注〕審乎自得而已矣。慨夫逐物以喪真，而不能求己以絶僞。〔疏〕「君子病没世而無名」，論語衞靈公文。彼文作「君子疾没世而名不稱焉」。集解云：「疾，猶病也。」此採論語義爲説，其文不必盡合。孔子世家述此語「疾」亦作「病」，皆以詁訓字易之也。漢書王貢兩龔鮑傳引揚雄書作「疾没世而名不稱」，此則依論語文改之。「盍勢諸名卿，可幾也」者，「盍勢諸」爲句，「名」爲句，「卿可幾也」爲句。言君子貴名，何不以勢位爲憑藉乎？没世之名，苟位至九卿，則可幾幸得之也。漢制太常、光禄勳、衞尉、太僕、廷尉、大鴻臚、宗正、大司農、少府爲九卿，位高則易於樹立，禄裕則易於爲善，是名與勢相因。下文梁、齊、趙、楚之君非不富且貴也，明勢卽富貴之謂。音義：「幾，音機，下同。」司馬云：「幾，冀也。」按：檀弓：「其庶幾乎？」孔疏云：「幾，冀也。」晉世家：「毋幾爲君。」索隱云：「幾，謂望也。」朱駿聲以爲皆「覬」之假。「君子德名爲幾」者，德名對勢名而言，藉勢位以傳者，爲勢名；由德行而成者，爲德名。君子所志，在此不在彼也。梁、齊、趙、楚之君，漢書引作「梁、齊、楚、趙」；惡乎成名，漢書引作「惡虖成其名」。司馬云：「言四王者非無勢也，死之日，民無德而稱焉。」按：此破勢名之説，言無德而以勢，雖爲侯王，猶不能成名，何有於卿也？「谷口鄭子真」者，地理志谷口屬左馮翊，注云：「九嵕山在西。有天齊公、五牀山、僊人、五帝祠四所，莽曰谷喙。」按：今陝西漢中府褒成縣地。華陽國志漢中士女讚自注云：「鄭子真，褒中人也，玄靜守道，履至德之行，乃其人也。教曰忠孝愛敬，天下之至行；神中五徵，帝王之要道也。成帝元舅大將軍王鳳備禮聘之，不應。家谷口，號谷口子真，亡漢中，與立祠。」漢書顔注引三輔決録云：「子真名樸。」按：高士傳云：「鄭樸，字子真，不屈其志而耕乎巖石之下。」屈，漢書作「詘」。按：寡見「詘人而從道」，又「詘道而從人」；五百「或問聖人有詘乎」以下，「屈」皆作「詘」，此亦當依漢書。顔延年侍游蒜山詩，李注引亦作「詘」。又劉孝標辯令論注引作「不詘其節而耕乎」，漢書引無「而」字，「乎」作「于」。「名振于京師」，「振」漢書作「震」。司馬云：「李、宋、吴本『震』作『振』。」治平本作「震」，秦校云：「『震』當作『振』，音義可證。此『震』字依温公集注所改，非其舊。」今據正。御覽八百二十二引亦作「振」。侍游蒜山詩注，又江文通詣建平王上書注，引皆作「震」，蓋依漢書改之。「豈其卿！豈其卿」者，此證德名之説，謂子真之得名何嘗以卿，非如俞説爲對卿可幾而言也。

注「勢親」至「名也」。按：李訓勢爲親，又以名卿爲親執政者，又云「與之合勢」，三句義不一貫，當有脱誤。吴云：「幾，近也。言何不附勢於有名之卿，可以近名也。」乃用李義而整齊其語。俞云：「二注大略相同，以下文求之，則似皆失其義，且失其讀矣。此當以『盍勢諸』爲句。古勢力字止作『埶』，種蓺字亦止作『埶』，蓋本一字耳。『盍勢諸』卽『盍蓺諸』，蓺猶樹也。襄三十一年左傳：『吾子盍與季孫言之，可以樹善。』正與此言『盍蓺諸』同意。『名卿可幾也』五字爲句，名可幾是一事，卿可幾又是一事。下文『梁、齊、趙、楚之君非不富且貴也，惡乎成名』，是對『名可幾』而言；『谷口鄭子真不屈其志，而耕乎巖石之下，名振於京師。豈其卿！豈其卿』！是對『卿可幾』而言。」按：俞讀「盍勢諸」三字爲句，甚是。而讀「勢」爲「蓺」，殊不必然。至云名可幾是一事，卿可幾又是一事，下文兩節是分承此二義而言，尤悖楊旨。漢書引「盍埶諸？名卿可幾」，孟康注云：「言何不因名卿之勢以求名。」顏注云：「或人以事有權力之卿用自表顯，則其名可庶幾而立。」竝與弘範語大同小異。惟韋昭注云：「言有勢之名㊀，卿庶幾可不朽。」義最近之，特語未晰耳。注「積德然後近名」。按：世德堂本無此注。漢書韋昭注云：「惟有德者可以有名。」卽弘範義所本。顏云：「自蓄其德，則有名也。」則又用弘範語。積、蓄義同。注「四國，漢時諸侯王」。按：世德堂本亦無此注。漢書諸侯王表云：「漢興之初，海內新定，同姓寡少。懲戒亡秦孤立之敗，於是剖裂疆土，立二等之爵。功臣侯者，百有餘邑；尊王子弟，大啟九國。自鴈門以東，盡遼陽，爲燕、代；常山以南，太行左轉，度河、濟，漸于海，爲齊、趙；穀、泗以往，奄有龜蒙，爲梁、楚；東帶江、湖，薄會稽，爲荆、吴；（顏注：「荆、吴同是一國。」）北界淮瀕，略廬、衡，爲淮南；波漢之陽，亙九嶷，爲長沙。」按：此爲漢初之制，文、景以降，代有變置，梁分爲五，齊分爲七，趙分爲六，楚廢而復建。自元封元年齊王閎薨，無後，不復置齊國。故子雲之時，諸侯王國有梁、趙、楚而無齊，惟城陽、菑川、高密、膠東四國存，皆故齊地。吴云：「梁孝王武、齊懷王閎、趙敬肅王彭祖、楚孝王囂

㊀ 原本「名」下有偏書小字「句」，蓋作者以示句讀，今删。

非不富且貴也，咸不修德，而何有成名？」按：梁、齊、趙、楚之君，猶泛言諸侯王，舉四國以統其餘耳，非指孝王等四君而言。

或問「人」。曰：「艱知也。」〔注〕艱，難也。人之難知，久矣。堯、舜之聖，而難任人。莊周亦云厚貌深情。曰：「焉難？」〔注〕未諭其難，所以又問。曰：「太山之與螘、垤，江、河之與行潦，非難也；〔注〕形彰於外，視之易見。大聖之與大佞，難也。〔注〕物形外顯，人神內藏，外顯易察，內藏難明。烏呼！能別似者爲無難。」〔疏〕「艱知也」，世德堂本作「難知也」。「太山之與螘、垤，江、河之與行潦，非難也」者，音義：「螘垤，上魚綺切，下徒結切。」說文：「螘，蚍蜉也。」爾雅釋蟲云：「蚍蜉，大螘；小者，螘。」詩東山毛傳云：「垤，螘冢也。」方言云：「垤，封場也。楚郢以南，蟻土謂之封垤，中齊語也。」又云：「蚍蜉，其場謂之坻，或謂之垤。」說文：「潦，雨水也。」詩采蘋：「於彼行潦。」毛傳云：「行潦，流潦也。」孔疏云：「行者，道也。」然則行潦，道路之上流行之水。孟子云：「泰山之於邱垤，河海之於行潦，類也。」司馬云：「言才德之大小著明者易知。」是也。「大聖之與大佞，難也」者，說文：「佞，巧讇高材也。」孟子云：「孔子曰：『惡佞，恐其亂義也。』」趙注云：「佞人，詐飾似有義者。」按：此文亦爲王莽而發。「能別似者爲無難」，音義：「能別似者，彼列切。俗本作『能參以似』，非是。」按：世德堂本依集注作「能參以似」。司馬云：「李本作『能別似』，今從宋、吳本。見玉參以珉，見珉參以玉，則真僞易知矣。」榮謂珉之亂玉，正由見玉者不能辨其爲玉，見珉者不能辨其爲珉，故或以玉爲珉，或以珉爲玉。若已知其爲玉、爲珉矣，則真僞既判，何用參爲？吾子云：「或問蒼蠅紅紫。曰：『明視。』問鄭、衛之似。曰：『聰聽。』或曰：『朱、曠不世，如之何？』曰：『亦精之而已矣。』」能別似卽精之之謂。精則能辨，能辨則物不能遁其情，而難知者爲易知也。　注「艱，難也」。按：世德堂本無此注。注「堯、舜之聖，而難任人」。按：堯典：「惇德允元，而難任人。」僞傳云：「任佞難拒也。」釋文：「而難，乃旦反。」本書淵騫：「昔在任人，帝曰難之，亦才矣。」彼音義亦云：「難之，乃旦切。」弘範此注，引以證艱知之義，則讀難如字。今按皋陶謨：「皋陶曰：『都！在知人，在安民。』禹曰：『吁！咸若時，惟帝其難之。』」說者皆讀此「難之」之「難」如字，與堯典「難任人」異義。而法言云：「昔在任人，帝曰難之。」明以堯典之「難任人」與皋陶謨之「帝其難之」同爲一事，下文「大聖之與大佞，難也」，卽任人難知之謂。是子雲固讀難任人之「難」如字也。蓋不易謂之難，知其難而慎之亦謂之難，詩桑扈孔疏云：「難者，戒懼之辭。」然則難任人猶云戒懼於佞人，不必讀乃旦反也。　注「莊周亦云厚貌深情」。按：列御寇篇引孔子曰：「凡人心險於山川，難於知天。天猶有春、秋、冬、夏、旦、暮之期，人者，厚貌深情。」是亦謂人難知之語，故引以爲證。

或問：「鄒、莊有取乎？」曰：「德則取，愆則否。」〔注〕愆，過也；否，不也。「何謂德、愆？」曰：「言天、地、人經，德也；否，愆也。〔注〕論天、地、人經，是德也，不爲過愆，可采取也。愆〔注〕欲問其義。語，君子不出諸口。」〔疏〕此問已見前篇。此重出之者，彼文猶云「取其少欲自持」，是必不得已而節取之。此則辭益嚴峻，直謂無可取也。言天、地、人而經者，易、春秋也。繫辭云：「易之爲書也，廣大悉備。有天道焉，有人道焉，有地道焉。」春秋繁露王道通三云：「古之造文者，三畫而連其中謂之『王』。三畫者，天、地與人也；而連其中者，通其道也。取天、地與人之中，以爲貫而參通之，非王者孰能當是？」漢書眭弘等傳贊云：「幽贊神明，通合天人之道者，莫著乎易、春秋。」是也。莊周蔽於天而不知人，鄒衍無知於天地之間，故其言天、地、人皆繆於經義，是愆非德，執此以繩，則二子之無可取自見。非謂二子之言天、地、人有經有否也。「愆語，君子不出諸口」者，愆語謂不經之言。前文云：「言不經，非言也。」即「愆語，君子不出諸口」之義。注「愆，過也」。按：説文「愆，過也。從心，衍聲」；或體「寒，從寒，省聲」；籀文「㥶，從言，侃聲」。注「論天」至「取也」。按：此亦弘範不欲子雲於莊周有所訾議，故特曲解楊語，以阿其所好，而不復顧文義之不合也。注「欲問其義」。按：世德堂本「問」作「聞」。俞云：「李於『愆』下出注曰：『欲聞其義。』是『愆』一字爲句，或人問辭也。吳讀同。然義實未安。『愆』字當合下『語』字爲句。愆語，過愆之言也。過愆之言，君子不出諸口，咸曰『恥言之也』，正得其義。或宋固以愆語連讀乎？」按：俞説是也。司馬云：「鄒、莊淫誕之語，君子所不道也。」則溫公固已作如是解矣。

法言義疏九

問明卷第六〔注〕防姦必有其統，揆物必以其度，察見至微之理，探射幽隱之情。

法言　李軌注

或問「明」。曰：「微。」或曰：「微何如其明也？」曰：「微而見之，明其誖乎？」〔疏〕說文：「微，隱行也。」按：引伸爲凡隱之稱。經傳以爲顯著之反。問明而曰微，猶問大曰小，問遠曰邇，取相反爲義也。「微而見之，明其誖乎」者，音義：「誖，布内切。」按：讀爲「孛」。說文「孛，𢍜也，從宋，人色也，從子。論語：『色孛如也。』」是此。今論語作「勃」。劉疏云：「謂夫子盛氣貌也。」廣雅釋訓：「勃勃，盛也。」經傳亦以「悖」爲之。左傳莊公篇云：「禹、湯罪己，其興也悖焉。」杜注云：「悖，盛貌。」誖、悖同字，俗本作「浡」焉。然則明其誖乎者，謂明其盛矣也。中庸云：「知微之顯，可與入德矣。」春秋繁露二端云：「夫覽求微細於無端之處，誠知小之爲大也，微之將爲著也。吉凶未形，聖人所獨立也。」

聰明其至矣乎？〔注〕在於至妙之人。不聰，實無耳也；不明，實無目也。敢問大聰明。曰：「眩眩乎！惟天爲聰，惟天爲明。夫能高其目而下其耳者，匪天也夫？」〔注〕目高則無所不照，耳下則無所不聞。言人高其目，則覩德義之經，聖人之道；下其耳，則聞芻蕘之言，負薪之語。〔疏〕「聰明其至矣乎」者，司馬云：「聰者，聞言察其是非；明者，見事知其可否。人君得之，爲堯爲舜；匹夫得之，窮神知命。才之至美，莫尚於此。」按：論語云：「中庸之爲德也，其至矣乎！民鮮久矣。」本書孝至云：「孝至矣乎？一言而該，聖人不加焉。」此亦謂聰明之德，民所鮮能，雖聖人無以加之，故曰至矣乎也。「不聰，實無耳也；不明，實無目也」者，俞云：「兩『實』字皆當爲『是』。不聰，是無耳也；不明，是無目也。非實無耳、無目也。『是』通作『寔』，故爾雅釋詁曰：『寔，是也。』『寔』通作『實』，故詩韓奕篇鄭箋云：『趙、魏之東，實、寔同聲。』然則『實』亦可通作『是』矣。」按：俞說是也。司馬云：「愚者顛倒是非，反易忠邪，雖有耳目，何異聾瞽！」「眩眩乎！惟天爲聰，惟天爲明」云云者，音義：「眩眩，胡涓切，幽遠貌。」按：說文：「玄，幽遠也。」音義讀「眩」爲「玄」，故音釋如此。榮謂「眩」讀爲「炫」，胡練切。廣雅釋訓云：「炫炫，明也。」司馬云：「物之視聽，局於形聲。天則聽於無聲，視於無形，發於心者，天必知之，故無若天之聰明也。目高，所以見遠；耳下，所以聽卑。」按：皋陶謨云：「天聰明自我民聰明。」鄭注云：「天之所謂聰明有德者，由民也。」言天所善惡與民同。然則集衆聰以爲聰，是爲大聰；積衆明以爲明，是爲大明。高其目者，自我民視；「下其耳」者，自我民聽。惟天能之，故惟天爲聰明也。「匪天也夫」，御覽二引作「惟天也夫」。

或問：「小每知之，可謂師乎？」曰：「是何師與！是何師與！天下小事爲不少矣，〔注〕巧歷所不能算。每知之，是謂師乎？師之貴也，知大知也。〔注〕大知者聖道。小知之師，亦賤矣。」〔注〕致遠恐泥，是以君子不爲，故不貴也。〔疏〕「或問」世德堂本作「或曰」。「小每知之，可謂師乎」者，前文言「微而見之，明其誶乎」，疑其近於小必知之之義，故更設此問。「師之貴也，知大知也」者，音義：「大知，如字。」按：論語云：「子曰：『賜也，女以予爲多學而識之者與？』對曰：『然。非與？』曰：『非也！予一以貫之。』」集解云：「善有元，事有會，天下殊塗而同歸，百慮而一致。知其元，則衆善舉矣，故不待多學，一以知之也。」知大知，卽知其元之謂。荀子儒效云：「君子之所謂知者，非能徧知人之所知之謂也，有所正矣。」楊注云：「『正』當爲『止』，言止於禮義也。」禮義卽大知之事。「小知之師，亦賤矣」者，學記云：「記問之學，不足以爲人師。」鄭注云：「記問謂豫誦雜難、雜説，至講時爲學者論之。」小知卽記問之學。注「致遠」至「貴也」。按：藝文志云：「孔子曰：『雖小道，必有可觀者焉。致遠恐泥，是以君子弗爲也。』然亦弗滅也，閭里小知者之所及，亦使綴而不忘。」孟堅以小道爲閭里小知，與集解以爲異端者不同。蓋漢儒説論語如此。此注以小知爲致遠恐泥，與班義合。

孟子疾過我門而不入我室。或曰：「亦有疾乎？」曰：「摭我華而不食我實。」〔注〕華者，美麗之賦；實者，法言、太玄。〔疏〕「孟子疾過我門而不入我室」者，少儀鄭注、楚辭惜誦王注竝云：「疾，惡也。」音義：「過，古禾切。」孟子云：「孔子曰：『過我門而不入我室，我不憾焉者，其惟鄉原乎！鄉原，德之賊也。』」趙注云：「人過孔子之門而不入，則孔子恨之。獨鄉原不入者，無恨心耳。以其賊德故也。」按：子雲解此，與邠卿異義。摭我華而不食我實，以草木爲喻；則過我門而不入我室，以宮室爲喻也。論語云：「由也，升堂矣，未入於室也。」又云：「夫子之牆數仞，不得其門而入，不見宗廟之美、百官之富。」過我門之云「門」，卽不得其門之門；不入我室之云「室」，卽未入於室之室。過我門，謂嘗附弟子之列；不入我室，謂不聞微言大義。鄉原自以爲是，不可與入堯、舜之道。爲其自棄，故不以其不入室爲恨。外此，則凡行束脩以上者，無不欲其由文章而進於性與天道之學。其有中道而廢，則孔子以爲憾。憾焉者，非憾其人，乃自憾啟發有未至也。此自聖人悔人不倦之意，若以爲所居之室，則過門者之不入，是其常事。古人相見之禮，先之以介紹，重之以辭令，無過門便入之理。及階及席，事止升堂，更無無故入室之理。以此爲恨，殆非人情。然則邠卿此注，實乖經旨。子雲以爲取譬之辭，於義允矣。但此孔子之事，而云孟子者，語見七篇，遂以爲孟子之言。猶漢人引論語所記諸弟子之言，皆以爲孔子。蓋當時引述之例如此。「或曰：『亦有疾乎』」者，司馬云：「問楊子亦有所惡乎。」是也。「摭我華而不食我實」者，音義：「摭我，音隻。」說文「拓，拾也」，重文「摭」。按：「拓」或爲「摭」，猶「跖」或爲「蹠」，今專以「摭」爲「拓」，而以「拓」爲「庇」，音、義皆別矣。「華」謂文辭，「實」謂義理，「摭我華而不食我實」，謂但賞文辭，不研義理。「實」與「室」爲韻。司馬云：「皆謂小知浮淺之人，不能窮微探本。」注「華者，美麗之賦；實者，法言、太玄」。按：弘範解此，義極明憭。音義云：「不入室者，孟子疾之；不食實者，楊子疾之。近人注法言，誤以『孟子疾』爲句絕。」音義所見法言注，未知何等。而此文宋注則云：「門與華謂法言，室與實謂太玄，言孟子七篇與法言爲教一也，但無太玄爾。」其意殊不可曉。至吳司封乃解「亦有疾乎」爲孟子亦有所短乎，遂以「摭我華而不食我實」爲子雲譏孟子之語。謂孟子與子雲俱遊於聖人之門，而不與同入室，孟子不言易，而子雲準易，是以謂之。此則謬以千里，又不僅如音義所譏者矣。

或謂「仲尼事彌其年，蓋天勞諸，病矣夫」？曰：「天非獨勞仲尼，亦自勞也。天病乎哉？天樂天，聖樂聖。」〔疏〕「仲尼事彌其年」云云者，司馬云：「彌，終也。言仲尼終身栖栖汲汲，未嘗無事，蓋天勞苦之，亦困病矣。莊、列之論如此」。按：說文：「瀰，滿也。」經傳多以「彌」爲之。漢書司馬相如傳：「彌山跨谷。」顏注云：「彌，滿也。」「事彌其年」，謂年促事繁，事溢於年也。莊子大宗師云：「子貢曰：『然則夫子何方之依？』曰：『丘，天之戮民也。』」列子楊朱云：「孔子明帝王之道，應時君之聘，伐樹於宋，削迹於衞，窮於商、周，圍於陳、蔡，受屈於季氏，見辱於陽虎，戚戚然以至於死，此天民之遑遽者也。」皆天勞仲尼之說。「天非獨勞仲尼，亦自勞也」者，司馬云：「天日行一周踰一度，未嘗休息。」按：易乾象曰：「天行健，君子以自強不息。」虞注云：「天一日一夜過周一度，故自强不息。」本書孝至云：「天道勞功。或問『勞功』。曰：『日一日勞，考載曰功。』」是天亦自勞也。「天樂天，聖樂聖」者，於穆不已，天之所以爲天也；學不厭，教不倦，聖之所以爲聖也。各樂其道，何病之有？

或問：「鳥有鳳，獸有麟，鳥、獸皆可鳳、麟乎？」〔注〕言凡鳥、獸之不可得及鳳、麟，亦猶凡人不可彊通聖人之道。曰：「羣鳥之於鳳也，羣獸之於麟也，形性。豈羣人之於聖乎？」〔注〕鳥獸大小，形性各異；人之於聖，腑藏正同。〔疏〕「鳥、獸皆可鳳、麟乎」者，孟子云：「有若曰：『豈惟民哉？麒麟之於走獸，鳳凰之於飛鳥，泰山之於丘垤，河海之於行潦，類也。聖人之於民，亦類也。』」然則萬類之中，各有卓絶。謂人皆可以爲聖人者，是謂鳥皆可以爲鳳，獸皆可以爲麟也。「羣鳥之於鳳也」云云者，鳥、獸者，羽蟲、毛蟲之總稱，鳳、麟特其中之一種，形性各異，非聖人於民之比，不得以羣鳥、獸之不可爲鳳、麟，證羣人之不能爲聖也。司馬云：「聖人與人，皆人也，形性無殊，何爲不可跂及？」注「言凡鳥、獸之不可得及鳳、麟，亦猶凡人不可彊通聖人之道」。按：世德堂本「及」作「而」，「凡人」作「凡夫」，「彊」作「強」。注「腑藏正同」。世德堂本「正」作「竝」。

或曰：「甚矣！聖道無益於庸也。聖讀而庸行，盍去諸？」曰：「甚矣！子之不達也。聖讀而庸行，猶有聞焉。去之，抏也。抏秦者，非斯乎？投諸火。」〔注〕斯，李斯。〔疏〕「聖道無益於庸也」者，荀子脩身云：「不由禮則夷固僻違，庸衆而野。」楊注云：「庸，凡庸也。」此因世人以五經爲祿利之路，雖日習聖人之教，而無裨於身心，故以爲喟。「聖讀而庸行」者，音義：「庸行，下孟切，下『庸行』同。」按：淵騫云：「孔子讀而儀、秦行，何如也？」彼音義亦云：「秦行，下孟切。」然李注云：「欲讀仲尼之書而行蘇、張之辯。」是弘範讀「行」如字。謂孔子之書是讀，而儀、秦之術是行。則此聖讀而庸行者，亦謂聖人之經是讀，而凡庸之習是行也。「行」字不必讀去聲。「盍去諸」者，音義：「去諸，丘莒切。」司馬云：「言俗儒雖讀聖人之書，而所行無所異於庸人，盍去此俗儒乎？」陶氏鴻慶讀法言札記云：「夫世之俗儒多矣，正之可也，黜之可也。苟欲去之，則必出於始皇之阬儒而後可。或人之問，不倫甚矣。今以上下文義推之，或人蓋謂聖道雖高美，而無益於人，故欲去聖道以爲治，卽老、莊絶聖棄智之意。問道篇云：『孰若無禮而德？』先知篇云：『聖君少而庸君多，如獨守仲尼之道，是漆也。』皆此意。蓋自秦焚詩、書，微言已絶。漢興而後，文帝好刑名，景帝好黄、老。武、昭以還，稍用儒術，諸儒始爲章句之學。而老氏之書風行已久，蔚成政俗，當世好之者至以爲過於五經。覩本書問答屢及莊周、韓非，莊、韓固去聖道以爲治者也。或人之問，猶是當時習尚之見耳。」榮按：去謂去讀，非謂去俗儒，亦非欲去聖道也。此憤時嫉俗之意，謂口誦聖人之言，而身爲鄙夫之事，虚費日力，了無所補，則不如廢讀之爲愈也。「聖讀而庸行，猶有聞焉」者，謂雖以讀經爲干祿之術，然猶得藉是以聞聖人之教，愈於不聞。荀子儒效云：「不聞，不若聞之。」是也。「去之，抏也」者，音義：「抏也，五官切。漢書云：『海内抏獘。』下『抏秦』同。舊本皆作『抏』。」宋、吴作「阬」，司馬從之。宋云：「阬，陷也，言聖人之道陷矣。」司馬云：「言俗儒雖不能行聖人之道，猶得聞其道而傳諸人，愈於亡也。若惡其無實而遂去之，則與秦之坑儒何異哉？」世德堂本因之作「阬」。按：此承「猶有聞焉」而言，意謂去讀則併此無之。則，

「抏也」云者，必與「有聞」字相反爲義。破抏爲阬，固非；解爲抏弊，亦於義未協。抏之爲言，頑也。左傳僖公篇云：「心不則德義之經爲頑。」抏、頑聲同義近。漢書陳平傳：「士之頑頓耆利無恥者，亦多歸漢。」如淳云：「頑頓，謂無廉隅也。」史記酈生陸賈傳：「刻印，刓而不能授。」孟康云：「刓斷無復廉鍔也。」然則人無廉隅，謂之頑頓；物無廉鍔，謂之刓斷。簡言之，則曰頑，曰刓，其義一也。頑頓、刓斷，本皆無廉鍔之謂。引伸之，則以爲無分別、無智慮之稱。說文：「頑，棞頭也。」段注云：「凡物渾淪未破者，皆得曰棞。凡物之頭渾全者，皆曰棞頭。棞、頑雙聲。析者銳，棞者鈍，故以爲愚魯之稱。」莊子天下論彭蒙、田駢、慎到之蔽云：「椎拍輐斷，與物宛轉，舍是與非，苟可以免，不師知慮，不知前後。」輐斷即刓斷。又云：「而不免於魭斷。」魭斷，亦刓斷也。莊子以狀無知之貌，明與「頑頓」義同。此以「抏」爲之，抏亦刓也。今用於愚魯之義者，習以「頑」爲之，而不知「抏」之即「頑」；猶頑頓之「頓」今習以「鈍」爲之，而不知「頓」之即「鈍」也。此言聖讀庸行者，其於聖人之道雖不能行，猶有所知。若去讀，則一無所知，直頑而已矣。「抏秦者，非斯乎？投諸火」者，抏秦，猶云「愚秦」。史記秦始皇本紀云：「三十四年，丞相臣斯昧死言：『古者，天下散亂，莫之能一，是以諸侯竝作，語皆道古以害今，飾虛言以亂實，人善其所私學，以非上之所建立。今皇帝并有天下，別黑白而定一尊。私學而相與非法教，人聞令下，則各以其學議之，入則心非，出則巷議，夸主以爲名，異取以爲高，率羣下以造謗。如此弗禁，則主勢降乎上，黨與成乎下。禁之便。臣請史官非秦紀皆燒之；非博士官所職，天下敢有藏詩、書、百家語者，悉詣守、尉雜燒之。有敢偶語詩、書，棄市；以古非今者，族。吏見知不舉者，與同罪。令下三十日不燒，黥爲城旦。所不去者，醫藥、卜筮、種樹之書。若欲有學法令，以吏爲師。』制曰：『可。』」然則愚秦者，非李斯乎？不惟去讀而已，且併其所讀者焚之，較之猶有聞焉者，果孰愈乎？吴胡部郎玉縉云：「『抏』當徑讀爲『刓』。廣雅釋詁『刓』與『絶』竝訓爲『斷』，斷亦絶也。聖讀庸行者，猶有所聞。若去讀，則一無所聞，是自絶也。」注「斯，李斯」。按：「非斯乎」之爲指李斯，義無可疑。宋、吴解亦同。司馬云：「斯，此也。言諸儒之所以見阬於秦者，亦以聖讀庸行，好横議以非世，故秦人深疾之，併其書焚之。若使秦之法遂行於世，則聖人之道絶矣。」如温公説，則「阬秦者，非斯乎」，猶云：「阬於秦者，非即此聖讀庸行者乎？」欲以秦法之不可行，明俗儒之不可去也。然如此解之，與「投諸火」三字文義不貫。且横議非世，正俗儒所不肯爲，謂秦人所阬者皆是俗儒，亦害於理。然則温公此解必不可通也。

或問：「人何尚？」曰：「尚智。」曰：「多以智殺身者，何其尚？」曰：「昔乎，皋陶以其智爲帝謨，殺身者遠矣；箕子以其智爲武王陳洪範，殺身者遠矣。」〔疏〕「『人何尚？』曰：『尚智』」者，春秋繁露必仁且智云：「知者見禍福遠，其知利害蚤，物動而知其化，事興而知其歸，見始而知其終。言之無敢譁，立之而不可廢，取之而不可舍。前後不相悖，終始有類，思之而有，復及之而不可厭。其言寡而足，約而喻，簡而達，省而具，少而不可益，多而不可損。其動中倫，其言當務。如是者，謂之知。」「多以智殺身者，何其尚」者，此誤以小慧爲智也。方言云：「智，或謂之慧。」論語：「好行小慧。」鄭注云：「小慧，謂小小之才智。」然則智、慧散文亦通。故不識智之義者，恒以小慧當之。説文：「慧，儇也。」苟以儇爲智，則智者乃所以殺其身者矣。孟子論盆成括云：「其爲人也小有才，未聞君子之大道也，則足以殺其軀而已矣。」趙注云：「言括之爲人小有才慧，而未知君子仁義謙順之道，適足以害其身也。」焦疏云：「慧則精明，精明則照察人之隱；慧則捷利，捷利則超越人之先，皆危機也。」即此或問之意也。「昔乎，皋陶以其智爲帝謨」者，「昔乎」，世德堂本無「乎」字。按：此與問神「昔乎，仲尼潛心於文王矣」世德堂本亦無「乎」字同。皋陶，古書或作咎繇，亦作咎陶，俗字作「臯」。音義：「皋陶，音遥。」按：書序云：「皋陶矢厥謨，禹成厥功，帝舜申之，作大禹、皋陶謨、棄稷。」史記夏本紀云：「帝舜朝，禹、伯夷、皋陶相與語帝前，皋陶述其謀。帝禹立而舉皋陶薦之，且授政焉，而皋陶卒。」正義引帝王紀云：「皋陶生於曲阜。曲阜，偃地，故帝因之而以賜姓曰偃。堯禪舜，命之作士。舜禪禹。禹卽帝位，以咎陶最賢，薦之於天，將有禪之意。未及禪，會皋陶卒。」又引括地志云：「咎繇墓在壽州安豐縣南一百三十里，故六城東東都陂内大冢也。」白虎通聖人云：「何以言皋陶聖人也？以自篇曰㈠：『若稽古皋陶。』聖人而能爲舜陳道，『朕言惠，可底行』；又旁施象刑維明也。」「箕子以其智爲武王陳洪範」者，書序云：「武王勝殷，殺受，立武庚，以箕子歸，作洪範。」史記宋微子世家云：「箕子者，紂親戚也。」集解引馬融云：「箕，國名也；子，爵也。」索隱引司馬彪云：「箕子名胥餘。馬融、王肅以箕子爲紂之諸父，服虔、杜預以爲紂之庶兄。杜預云：『梁國蒙縣有箕子冢。』」尚書大傳云：「武王勝殷，釋箕子囚。箕子不忍周之釋，走之朝鮮。武王聞之，因以朝鮮封之。箕子既受周之封，不得無臣禮，故於十三祀來朝。」漢書五行志云：「禹治洪水，賜雒書，法而陳之，洪範是也。聖人行其道，而寶其真。降及于殷，箕子在父師位而典之。周既克殷，以箕子歸，武王親虛己而問焉。」榮按：詩、書所載聖賢多矣，明哲保身，其事非一。今論智而獨舉皋陶、箕子以爲例者，皋陶兩更禪讓，歷仕三朝；箕子先蒙内難，繼丁革命，竝以上哲，克全令名，各著彝訓，傳於後世。子雲自審遭際，有類於斯，而哇紫之廷，不可論治，括囊无咎，終守吾玄。雖語默不同，所以全生遠害，其道一也。是則明道爲大，詘身爲小，苟任斯文之重，何取匹夫之諒！

㈠「自」字原本譌作「目」，據白虎通德論聖人改。

問答之旨，實存於茲，聊借臯、箕隱以自喻耳。其後班孟堅答賓戲亦云：「昔咎繇謨虞，箕子訪周，言通帝王，謀合神聖。」沿襲法言，而未知子雲語意之所指。若崔寔政論云：「自古堯、舜之帝，湯、武之王，皆賴明哲之佐，博物之臣。故臯陶陳謨，而唐、虞以興；伊、箕作訓，而殷、周用隆。」斯則本孟堅而增益之，以爲明良之泛論矣。

仲尼，聖人也，或者劣諸子貢。子貢辭而精之，然後廓如也。〔注〕精，明。於戲！觀書者違子貢，雖多亦何以爲？〔疏〕「或者」，世德堂本無「者」字。「仲尼，聖人也，或者劣諸子貢」者，吳云：「叔孫武叔、陳子禽皆有是言。」按：見論語。彼劉疏云：「夫子殁後，諸弟子切劘砥礪，以成其學。故當時以有若似聖人，子夏疑夫子，而叔孫武叔、陳子禽皆以子貢賢於仲尼，可見子貢晚年進德修業之功，幾幾乎超賢入聖。」是也。「子貢辭而精之，然後廓如也」者，卽子貢答武叔、子禽諸語，及孟子所引「見其禮而知其政」云云是也。趙氏佑溫故録引李光地讀孟子札記云：「夫子所以超於羣聖者，以其祖述堯、舜，憲章文、武，使先王之道傳之無窮也。宰我、子貢、有若推尊之意，蓋皆以此。而子貢獨顯言之，如能言夏、殷之禮，知韶、武之美善，告顏子爲邦之類，皆所謂見禮知政，聞樂知德，等百王而莫違者也。孟子引之，以是爲孔子所以異者。蓋聖則同德，孔子則神明天縱，有以考前王而不謬，俟後聖而不惑，非列聖所可同也。然則宰我、子貢、有若雖皆智足以知聖人，而惟子貢能明言夫子之所以異於羣聖，使後世無所疑惑，所謂辭而精之也。」「於戲」，宋、吳本作「烏呼」。「觀書者違子貢，雖多亦何以爲」者，學者不以子貢之言爲圭臬，篤信孔子之聖超越百王，知所宗仰。則雖博極羣書，亦所謂多多贅矣也。論語云：「誦詩三百，授之以政，不達；使於四方，不能專對。雖多，亦奚以爲？」

「盛哉！成湯丕承也，文王淵懿也。」或問「丕承」。曰：「由小致大，不亦丕乎？革夏以天，不亦承乎？」「淵懿」。曰：「重易六爻，不亦淵乎？浸以光大，不亦懿乎？」〔疏〕「盛」，宋、吴本作「慎」，屬上章。宋云：「言無慎於子貢之明師道也。」司馬從之，云：「李本『慎』作『盛』，屬下章。今從宋、吴本。」世德堂本因之，作「慎」。按：「盛哉」，歎美之辭。欲言湯、文之丕承淵懿，故先以歎美之辭起之。上文「雖多亦何以爲」，明用論語文，其下不得更綴「慎哉」字也。「成湯丕承也」者，白虎通謚云：「謚或一言，或兩言，何？文者以一言爲謚，質者以兩言爲謚。故湯死後稱成湯，以兩言爲謚也。」爾雅釋詁云：「丕，大也。」說文：「承，奉也，受也。」「文王淵懿也」者，詩燕燕毛傳云：「淵，深也。」爾雅釋詁云：「懿，美也。」「由小致大，不亦丕乎」者，孟子云：「湯以七十里。」「革夏以天，不亦承乎」者，湯誓云：「有夏多罪，天命殛之。予畏上帝，不敢不正。爾尚輔予一人，致天之罰。」「重易六爻，不亦淵乎」者，文王重卦，詳前篇疏。繫辭云：「夫易，聖人之所以極深而研幾也。唯深也，故能通天下之志；唯幾也，故能成天下之務。」「浸以光大㊀，不亦懿乎」者，莊子大宗師釋文引向秀注云：「浸，漸也。」詩文王云：「文王在上，於昭于天。」鄭箋云：「文王初爲西伯，有功於民，其德著見於天，故天命之以爲王，使君天下也。」史記周本紀云：「西伯蓋卽位五十年，其囚羑里，蓋益易之八卦爲六十四卦。詩人道西伯，蓋受命之年稱王，而斷虞、芮之訟。後七年而崩，謚爲文王。改法度，制正朔矣。」

或問「命」。曰：「命者，天之命也，非人爲也，人爲不爲命。」請問「人爲」。曰：「可以存亡，可以死生，非命也。〔注〕是人爲者。命不可避也。」〔注〕大理然者也。或曰：「顏氏之子，冉氏之

㊀「大」字原本訛作「火」，據正文改。

孫。」曰：「以其無避也，若立巖牆之下，動而徵病，行而招死，命乎！命乎！」〔注〕自詒伊戚。〔疏〕「命者，天之命也」者，白虎通壽命云：「命者何謂也？人之壽也，天命已使生者也。」論語雍也皇疏云：「命者，稟天所得以生，如受天教命也。」是也。「可以存亡，可以死生，非命也」者，司馬云：「人事可以生存而自取死亡，非天命也。」按：韓詩外傳云：「哀公問孔子曰：『有智壽乎？』孔子曰：『然。人有三死而非命也者，自取之也。居處不理，飲食不節，勞過者，病共殺之；居下而好干上，嗜欲無厭，求索不止者，刑共殺之；少以敵衆，弱以侮强，忿不量力者，兵共殺之。故有三死而非命者，自取之也。詩云：『人而無儀，不死何爲？』」卽此文之義。「命不可避也」者，孟子云：「莫非命也，順受其正。」趙注云：「命有三名：行善得善，曰受命。行善得惡，曰遭命。行惡得惡，曰隨命。惟順受命爲受其正也。」「或曰顔氏之子，冉氏之孫」者，司馬云：「言顔淵、冉伯牛非不知修人事，而顔淵早夭，伯牛惡疾，何也？」按：論語：「有顔回者，好學，不遷怒，不貳過，不幸短命死矣。」邢疏云：「凡事應失而得曰幸，應得而失曰不幸。惡人横夭，則惟其常。顔回以德行著名，應得壽考，而反二十九髮盡白，三十二而卒，故曰不幸短命死矣。」今本史記弟子傳但云「回年二十九，髮盡白，蚤死」，無「三十二而卒」之文。惟家語弟子解則云：「顔回二十九年而髮白，三十一早死。」翟氏灝四書考異謂王肅摭拾史文，于「蚤」字上妄增「三十一」三字。臧氏庸拜經日記亦云：「『三十一』之文，不知所本，必係王肅僞撰。」今考公羊傳哀公篇徐疏引弟子傳云：「顔淵少孔子三十歲，三十二而卒。」是舊本史記如此。今本弟子傳此文下索隱云：「家語亦云年二十九而髮白，三十二而死。」可見司馬貞所據史記正作「三十二而卒」，與家語文同，故稱「家語亦云」。此邢疏所稱「髮盡白」三字明用弟子傳語，則「三十二而卒」之說亦本史記，與公羊疏所據同也。然則舊本史記、家語於顔子卒年固同作三十二，今史記作蚤，家語作三十一，皆後刻書者所改。翟、臧二家以「三十一」之文爲子雍增造，失考已甚。毛氏奇齡論語稽求篇，又據王肅家語注有「顏回死時，孔子年六十一」之語，謂舊家語本原是三十一歲，坊本誤作「二」字，則以不誤爲誤也。（肅注孔子年六十一，當是六十二之誤。）然伯魚卒時，孔子年且七十。顏子卒，又在其後。謂鯉也死有棺而無槨，爲設事之辭，斷不可通。以顏淵少孔子三十歲計之，孔子七十，顏已四十，則三十二而卒之說固自相抵梧。稽求篇因謂弟子傳所云少孔子三十歲者，原是「四十」之誤。錢氏坫論語後録亦同此說。然子路少孔子九歲，若顏淵少孔子四十歲，則與子路相差至三十以上，而論語記顏淵、季路侍，猶先淵後路，於義可疑。人生四十而仕，顏子甫在立年，孔子遽謂行藏與共，亦嫌過早。故李氏鍇尚史推定顏子享年四十有一，四書考異亦同，拜經日記謂顏子卒年四十，說皆近理。金氏鶚求古録禮說，謂顏子之卒與子路相近而稍先，時孔子年七十二，顏子少孔子三十歲，則其年四十二也。古「三」、「四」字皆積畫，每多互譌，此蓋「四」誤爲「三」也。其言最允。然則舊本史記「三十二而卒」，乃「三十二而卒」之誤，子雍偶據誤文生疑。若以爲僞撰，則必不自爲此矛盾矣。洪範六極，一曰凶短折，僞傳云：「短未六十，折未三十。」孔疏云：「傳以壽爲百二十年，短者半之，爲未六十；折又半，爲未三十。」是則六十以下猶當爲短，況四十二耶？至若顏淵十八之說，（見問神疏。）則潘氏集箋所謂，按諸經傳，無一合者，此真不足辯者矣。又論語：「伯牛有疾，子問之，自牖執其手，曰：『亡之，命矣夫，斯人也而有斯疾也！斯人也而有斯疾也！』」弟子傳云：「冉耕，字伯牛。孔子以爲有德行。伯牛有惡疾，孔子往問之。」淮南子精神：「冉伯牛爲厲。」毛氏奇齡四書賸言云：「古以惡疾爲癩。禮，婦人有惡疾去，以其癩也。韓詩解芣苢之詩，謂蔡人之妻傷夫惡疾，雖遇癩而不忍絕。劉孝標作辨命論遂謂冉耕歌其芣苢，正指是也。」武氏億羣經義證云：「厲、癩音相近。史記豫讓傳『漆身爲厲』，注『音』賴，索隱曰：『惡瘡病也。』又論衡命義篇：『伯牛空居而遭惡疾。』是致病之由，又可附見，疏家皆不及之。」論語劉疏云：「白虎通壽命篇：『命有三科。有遭命，以遇暴。遭命者，逢世殘賊。若上逢亂君，下必災變暴至，夭絶人命。』下云：『冉伯牛危言正行而遭惡疾，孔子曰：命矣夫！斯人也，而有斯疾也。』是則孔子此歎，蓋傷時無賢君，有道之士多致夭病，與哭顔淵同意。」「曰以其無避也」者，卽所謂行善得惡曰遭命是也。「若立巖牆之下」云云者，孟子云：「是故知命者不立乎巖牆之下。」司馬云：「巖牆，欹危欲崩之牆也。」「動而徵病」，卽詩傳所謂「病共殺之」；「行而招死」，卽詩傳所謂「刑共殺之」、「兵共殺之」者，皆自取之，而非命，故曰：「命乎！命乎」也。注「是人爲者」。按：世德堂本「者」作「也」。注「大理然者也」。按：世德堂本無此注。注「自貽伊戚」。按：世德堂本作「自詒伊慼」。

吉人凶其吉，〔**注**〕居安思危，存不忘亡。**凶人吉其凶。**〔**注**〕以小惡爲無傷而不去也，惡積而罪彰，滅身之凶至也。〔**疏**〕司馬云：「楚莊王以無災爲懼，曰：『天豈棄忘寡人乎？』是得吉猶以爲凶也。紂淫虐將亡，災異竝臻，而曰：『我生不有命在天？』是廢人事而任天命，得凶而以爲吉也。」按：此亦譏王莽之辭。莽傳云：「天鳳三年二月乙酉，地震。大司空王邑上書願乞骸骨。莽曰：『夫地有動有震，震者有害，動者不害。春秋記地震，易繫坤動，動靜辟脅，萬物生焉。』十月戊辰，王路朱鳥門鳴，晝夜不絶。崔發等曰：『虞帝闢四門，通四聰。門鳴者，明當脩先聖之禮，招四方之士也。』於是令羣臣皆賀。所舉四行，從朱鳥門入而對策焉。四年，莽遣使者卽赦盜賊，還言『盜賊解輒復合。問其故，皆曰愁法禁煩苛，不得舉手。力作所得，不足以給貢稅；閉門自守，又坐鄰伍鑄錢挾銅。姦吏因以愁民，民窮悉起爲盜賊』。莽大怒，免之。其或順指，言民驕黠當誅，及言時運適然，且滅不久。莽說，輒遷之。」此真所謂凶人吉其凶也。子雲以天鳳五年卒，以上諸事，皆子雲晚年所聞見，故有此言。　注「居安思危，存不忘亡」。按：世德堂本無此注。　注「以小」至「至也」。　按：世德堂本亦無此注。

辰乎，辰！〔注〕歎時逝也。　曷來之遲，去之速也，君子競諸。〔注〕進德修業，欲及時也。〔疏〕小爾雅廣言云：「競，逐也。」　注「歎時逝也」。　按：爾雅釋訓云：「不辰，不時也。」是辰卽時也。　漢書蒯通傳云：「時乎！時不再來。」顔注云：「此古語，歎時之不可失。」

謣言敗俗，謣好敗則，姑息敗德。〔注〕則，法。　君子謹於言，慎於好，亟於時。〔注〕亟，急。〔疏〕「謣言」、「謣好」，治平本作「⿰言寧言」、「⿰言寧好」。音義：「⿰言寧，女耕切，詈⿰言寧。天復本作『謣』。謣，音於，又音紆，妄言也。」按：謣訓妄言，引伸爲凡妄之稱。妄言者謹於言之反。妄好者慎於好之反，猶姑息者亟於時之反。若作「⿰言寧言」、「⿰言寧好」，則義不相應，此形誤之顯然者。司馬依天復本作「謣」，世德堂本從之，甚是。今亦據改。「謣言敗俗」者，音義：「敗俗，必邁切，下同。又如字。」按：廣雅釋詁：「敗，壞也。」司馬云：「妄言者，不知而作，惑亂後生，故敗俗也。」按：卽自序所謂「析辯詭辭，以撓世事」也。「謣好敗則」者，音義：「謣好，呼報切。下『於好』、『好文』同。」司馬云：「妄好非聖之書，敗先王之法。」按：卽修身所謂「好輕則招淫」也。「姑息敗德」者，姑息，古語苟安之謂。司馬云：「宴安鴆毒，故敗德。」按：檀弓云：「君子之愛人也以德，細人之愛人也以姑息。」明姑息爲德之賊也。「君子謹於言，慎於好，亟於時」者，音義：「亟於，紀力切。」謹慎則無妄，亟則無苟安。無妄言，故民聽不惑，俗之所以正也。無妄好，故民志不淫，法之所以立也。無苟安，故自彊不息，德之所以修也。　注「則，法」。　按：世德堂本無此注。　注「亟，急」。　按：世德堂本亦無此注。說文：「亟，敏疾也。」廣雅釋詁：「亟，急也。」

吾不見震風之能動聾聵也。〔注〕雷風非不猛，不能動聾聵；聖教非不明，不能化頑嚚。〔疏〕音義：「聵，五怪切。」說文：「聵，生而聾也。」陸士衡演連珠李注引無「之」字。　注「雷風非不猛」。按：弘範以「震」爲「雷」，則震、風平列爲義。然吾子云：「震風陵雨，然後知夏屋之爲帡幪也。」震風與陵雨對文，明非雷風，則此亦當與彼文同義，猶云怒風耳。「不猛」世德堂本作「不烈」。　注「聖教」至「頑嚚」。按：「不明」世德堂本誤作「不服」。「頑嚚」治平本作「頑嚚之人」，於文爲衍，今依世德堂本刪「之人」字。

或問「君子」。「在治曰若鳳，在亂曰若鳳。」或人不諭。曰：「未之思矣。」曰：「治則見，亂則隱。〔注〕隨時之義，美之大者，治見亂隱，鳳之德也。鴻飛冥冥，弋人何慕焉？〔注〕君子潛神重玄之域，世網不能制禦之。鷦明遴集，食其絜者矣；〔注〕遴集者，類聚羣游，得其所也。鷦明非竹實之絜不食，君子非道德之祿不居。鳳鳥蹌蹌，匪堯之庭。」〔注〕蹌蹌者，步趾之威儀也。言其降步于堯之庭，非堯之庭則不降步也。〔疏〕音義：「在治，直吏切，下同。」御覽九百十五引作「在位」，誤。「『未之思矣』。曰：『治則見，亂則隱。』」司馬云：「光謂『曰』衍字。」按：語有問斷，故更著「曰」字，非必衍也。音義：「則見，賢遍切。」論語：「子曰：『鳳鳥不至，河不出圖，吾已矣夫！』」孔注云：「聖人受命，則鳳鳥至，河出圖。今天無此瑞，吾已矣夫者，傷不得見也。」說苑辨物云：「夫惟鳳爲能究萬物，通天祉，象百狀，達于道。去則有災，見則有福。覽九州，觀八極，備文武，正王國，嚴照四方，仁聖皆伏。故得鳳之像一者，鳳過之；得二者，鳳下之；得三者，則春、秋下之；得四者，則四時下之；得五者，則終身居之。」論衡指瑞云：

「儒者説鳳皇、麒麟仁聖禽也，思慮深，避害遠，中國有道則來，無道則隱。」「鴻飛冥冥，弋人何慕焉」者，廣雅釋訓：「冥冥，暗也。」素問徵四失論：「窈窈冥冥。」王注云：「言玄遠也。」説文：「隿，繳射飛鳥也。」按：經傳通以「弋」爲之。易小過「公弋」，虞注云：「弋，矰繳射也。」按：矰者，短矢；繳者，生絲縷。以縷繫矢而射，謂之弋，故曰矰繳射。音義：「弋人何慕，後漢書逸民傳序引揚子作『弋者何慕』。宋衷注云：『篡，取也。鴻高飛冥冥薄天，雖有弋人執矰繳，何所施巧而取焉。喻賢者深居，亦不罹暴亂之害。今篡或爲慕，誤也。』」按：文選范蔚宗逸民傳論李注引法言宋衷注如此。後漢書此傳章懷太子注云：「『篡』諸本或作『慕』，法言作『篡』。」下引「宋衷曰『篡，取也』」云云，至「不離暴亂之害也」，與選注引同，而文字小異。其下云：「然今人謂以計數取物爲篡，篡亦取也。」然則選注「今篡或爲慕誤也」，乃崇賢所加，音義亦以爲宋衷注語，疏矣。温公集注據音義此條，遂改「慕」爲「篡」，云：「光謂逆取曰篡。」榮按：治平本作「慕」，錢本同，御覽九百十六引亦同。音義出「弋人何慕」，是其所據本如此。又音義往往引天復本異文，此不及之，明天復本亦作「慕」。藝文類聚九十引亦作「慕」。張九齡感遇詩云：「今我游冥冥，弋者何所慕？」用法言語，而以「慕」與顧、樹、懼、惡爲韻，其非「篡」誤可知。是唐初所行法言多作「慕」。然則作「篡」者，宋衷本；作「慕」者，李軌本。慕者，貪羨欲得之謂。淮南子原道：「誘慕於名位。」高注云：「慕，貪也。」漢書董仲舒傳：「古人有言曰：『臨淵羡魚，不如退而結網。』」此言慕，猶彼言羡，於義甚順，較宋衷本爲優。今文人承用，乃以作「慕」爲誤，妄也。「鷦明遴集，食其絜矣」者，音義：「鷦明，上音焦。説文曰：『東方發明，南方焦明，西方鷫鷞，北方幽昌，中央鳳皇。』又司馬相如傳云：『鷦鵬已翔乎寥廓之宇。』又樂緯云：『鷦鵬狀如鳳皇。』」按：續漢書五行志注引叶圖徵云：「似鳳有四，三曰焦明，長喙、疏翼、圓尾，身義，戴信嬰仁，膺知負禮。」文選江文通雜體詩李注引樂緯云：「鷦䳟，狀似鳳皇，身禮，戴信嬰仁，膺智負義。」併引宋均注云：「身禮，質赤色。」選注所引樂緯即叶圖徵文，而禮、義字與續漢志注引互異。禮赤義白，焦明南方鳥，故身禮，與鷫鷞西方鳥身義者不同。南齊書五行志引叶圖徵云：「焦明鳥，質赤。」劉志注此文禮義字誤倒，當以選注爲正。又鷦䳟之「䳟」，玉篇：「靡京切，鳥似鳳。」廣韻：「武兵切，似鳳，南方神鳥。」温公集注引相如傳、樂緯字皆誤「鵬」，乃云：「光謂說文『朋』及『鵬』皆古『鳳』字也。鳳鳥象形，鳳飛，羣鳥從以萬數，故以爲朋黨字。」不知焦明、肅爽等皆合二言爲一名，俗施鳥旁，故有「䳟」字。此與古文以爲鳳字之「鵬」絶不相涉也。音義：「遴集，鄰振切。」宋、吴並云：「遴，行難也。」義本說文。彼段注云：「引伸爲遴選，選人必重難也。」然則遴集者，審擇所止，不輕集也。「絜」，世德堂本作「潔」。按：潔清字古止作「絜」。廣雅釋言云：「絜，靜也。」靜者，「瀞」之省。說文：「瀞，無垢薉也。」今皆以「淨」爲之。經解云：「絜靜精微，易教也。」絜靜即潔淨也。說文無「潔」。莊子秋水云：「南方有鳥，其名鵷鶵，非梧桐不止，非練實不食，非醴泉不飲。」釋文引李頤云：「鵷鶵，鸞鳳之屬也。」按：南方鳥，鳳屬，即鷦明。然則鵷鶵者，鷦明異名。非梧桐不止，是遴集也；非練實不食，非醴泉不飲，是食其絜也。「鳳鳥」御覽九百十五引作「鳳皇」。音義：「蹌，七羊切。」「鳳鳥蹌蹌，匪堯之庭」者，皋陶謨云：「下管鼗鼓，合止柷敔，笙鏞以間，鳥獸蹌蹌；簫韶九成，鳳皇來儀。」說苑辨物引書：「鳥獸鶬鶬，鳳皇來儀。」字作「鶬」。尚書大傳引舜時樂云：「舟張辟雍，鶬鶬相從；八風回回，鳳皇喈喈。」與說苑引書合。明今文尚書如此。說文「牄」篆下引虞書：「鳥獸牄牄。」周禮大司樂鄭注引同。則古文經作「牄」。子雲於書皆用歐陽，此文亦當作「鳳鳥鶬鶬」。今作「蹌」者，乃校書者依僞孔改之。廣雅釋言云：「匪，彼也。」按：古無輕脣音，匪、彼聲近，故詩多以「匪」爲「彼」，詳見經傳釋詞。藝文類聚九十九引尚書中候云：「堯即政七十載，鳳皇止庭，巢阿閣讙樹。」淮南子繆稱云：「昔二皇鳳至於庭，三代至乎門，周室至乎澤。德彌麤，所至彌遠；德彌精，所至彌近。」按：鴻喻避人之士，鷁明喻避地之士，鳳鳥喻避世之士。鴻者隨陽而至，有稻粱之謀，然羽翼以就，一舉千里，雖有矰繳，將安所施？猶避人之士，雖不能預擇治亂，然色惡言惡則去，終免辱殆。鷁明則擇木而棲，擇食而食，猶避地之士，不仕亂朝，不受非義之粟。若鳳鳥，則惟至德之世游於門庭，猶避世之士，必天下有道，然後一見也。論語云：「賢者辟世，其次辟地，其次辟色，其次辟言。」子華子神氣云：「吾聞之：太上違世，其次違地，其次違人。」注「潛神重玄之域」。按：陸士衡漢高祖功臣頌：「重玄匪奧。」李注云：「重玄，天也。」注「遴集者，類聚羣游」。按：弘範讀「遴」爲「鱗」，故訓爲類聚羣游。司馬長卿難蜀父老云：「二方之君，鱗集仰流。」李注云：「鱗集，相次也。」漢書楚元王傳云：「夫乘權藉勢之人，子弟鱗集於朝。」顏注云：「言其相次如魚鱗。」然則鷁明鱗集，喻衆賢竝進也。注「蹌蹌，步趾之威儀也」。按：鳥獸蹌蹌，禹本紀作「鳥獸翔舞」，步趾卽翔舞之謂。詩楚茨毛傳云：「濟濟蹌蹌，言有容也。」威儀卽有容之謂。說文：「牄，鳥獸來食聲也。」玉篇引作「食穀聲」。孫氏星衍書今古文注疏云：「此古文說，以牄牄爲樂聲，如鳥獸之來食穀，不以爲真鳥獸也。」榮謂重言形況，以聲爲義，往往與本義迥別。許君「牄」字之訓，自當有本，然不必爲古文書說，其引書者，亦但示古文尚書「牄牄」字如此，非以爲說解之證。王氏筠說文釋例云：「牄下引書則重言之，形容之詞也，與食穀聲毫不相涉。」爲得其義。大司樂賈疏引鄭君書注云：「鳥獸牄牄，謂飛鳥走獸牄牄然而舞也。」然則牄、鶬、蹌字異而義同。夫樂聲而如鳥獸食穀，豈復可聽？古文卽有異義，不容怪誕至此，孫說誤也。

亨龍潛升，其貞利乎？〔注〕貞，正也；利者，義之和。美龍潛升，得正之利。或曰：「龍何如可以貞利而亨？」曰：「時未可而潛，不亦貞乎？〔注〕得潛之正。時可而升，不亦利乎？〔注〕得義之和。潛升在己，用之以時，不亦亨乎？」〔注〕行止不失其所，得嘉之會。〔疏〕「亨龍潛升，其貞利乎」者，乾元亨利貞，子夏傳云：「亨，通也；利，和也；貞，正也。」初九潛龍勿用，沈驎士注云：「稱龍者，假象也。天地之道有升降，君子之道有行藏，龍之爲物，能飛能潛，故借龍比君子之德也。」按：前篇云「時飛則飛，時潛則潛」，此變飛言升者，升兼見龍、飛龍而言也。「龍何如可以貞利而亨」，世德堂本無「如」字。「時未可而潛，不亦貞乎」者，初九潛龍勿用，干寶注云：「陽在初九，十一月之時，自復來也。初九甲子，天正之位，而乾元所始也。陽處三泉之下，聖德在愚俗之中。此文王在羑里之爻也。雖有聖明之德，未被時用，故曰勿用。」逸周書謚法：「清白守節曰貞。」「時可而升」，世德堂本無「時」字。「時可而升，不亦利乎」者，九二見龍在田，利見大人。干云：「陽在九二，十二月之時，自臨來也。二爲地上，田在地之表，而有人功者也。陽氣將施，聖人將顯。此文王免於羑里之日也。故曰利見大人。」又九五飛龍在天，利見大人。干云：「陽在九五，三月之時，自夬來也。五在天位，故曰飛龍。此武王克紂之爻也。聖功既就，萬物既覩，故曰利見大人矣。」「潛升在己，用之以時，不亦亨乎」者，內有其德，而行合乎宜，貞而不諒，利而非貪，非聰明聖知達天德者，孰能知之？故曰亨也。注「美龍潛升，得正之利」。按：治平本如此，錢本同，世德堂本作「得正之和」。榮謂此以正釋貞，以和釋利，疑當作「德正而和」。其作「得正之和」及「得正之利」者，皆涉下兩注而誤耳。

或問「活身」。曰：「明哲。」〔注〕既明且哲，以保其身。或曰：「童蒙則活，何乃明哲乎？」曰：「君子所貴，亦越用明保慎其身也。〔注〕越，於。如庸行翳路，衝衝而活，君子不貴也。」〔疏〕「或問活身」者，莊子至樂云：「天下有至樂無有哉？有可以活身者無有哉？」又云：「列士爲天下見善矣，未足以活身。吾未知善之誠善邪？誠不善邪？若以爲善矣，不足活身；以爲不善矣，足以活人。」又云：「至樂活身，唯無爲幾存。」故欲問其義。「童蒙則活，何乃明哲」者，易蒙云：「匪我求童蒙，童蒙求我。」釋文云：「蒙，蒙也，稚也。稽覽圖云：『無以教天下曰蒙。』方言云：『蒙，萌也。』『童』，鄭云：『未冠之稱。』廣雅云：『癡也。』」按：童蒙疊韻連語，無知之貌。淮南子齊俗云：「古者，民童蒙不知東西。」法言序：「倥侗顓蒙。」顏注引鄭云：「童蒙，無知也。」司馬云：「言愚者乃所以全生，若莊子論櫟社、支離疏。」按：易蒙云：「童蒙吉。象曰：『童蒙之吉，順以巽也。』」王注云：「付物以能，不勞聰明，功斯克矣，故云何乃明哲。」「君子所貴，亦越用明保慎其身」者，吳云：「君子所以貴而異於童蒙者，亦曰用明哲保慎其身也。越，曰也。」此以保、慎二字連讀。晉書曹毗傳載毗對儒云：「虞公潛崇巖以頤神，梁生適南越以保慎。」當是用法言語，則曹亦讀保、慎連文。榮謂「明保」字用洛誥「公明保予沖子」，僞傳云「言公當明安我童子」。「慎其身」字用皋陶謨「慎厥身修」及詩燕燕「淑慎其身」。「用明保慎其身」，謂以明安之道謹慎己身耳。「庸行翳路，衝衝而活，君子不貴也」者，音義：「翳路，烏計切。」宋云：「庸，愚也。翳，塞也。」吳云：「翳路，言多也。」俞云：「漢書甘泉賦：『迺登夫鳳皇兮，而翳華芝。』注引韋昭曰：『翳，隱也。』如庸行翳路，謂以庸愚之人，而行翳隱之路也。」榮謂「庸」讀爲「容」，莊子胠篋「容成氏」，六韜大明作「庸成氏」。容亦翳也，行亦路也。容行翳路，偶文以足句耳。周禮巾車：「三侯，三獲，三容。」鄭司農云：「容者，乏也。待獲者所蔽也。」爾雅釋宫：「容謂之防。」郭注云：「形如今牀頭小曲屏風，唱射者所以自防隱。」又月令：「羅綱畢翳。」鄭注云：「翳，射者所以自隱也。」管子小匡：「兵不解翳。」房注云：「翳所以蔽兵。」是容、翳竝隱蔽之器。引伸之，得爲凡隱蔽之稱。釋宫又云：「路、場、猷、行，道也。」是行與路亦同詁。容行翳路，謂障蔽其當由之道，令不知所趨嚮也。吴胡部郎玉縉云：「公羊傳隱元年，疏引春秋説：『庸者，通也。』庸行卽通道。翳者，隱也。通與隱相反爲義。庸行翳路，猶言通衢僻徑也。」按：胡説亦可備一義。「衝」，説文作「衝」，從行，童聲。今多作「衝」。俞云：「此衝字卽上文童蒙之『童』，因或人言童蒙則活，故楊子應之曰：『衝衝而活，君子不貴也。』字不作『童』而作『衝』者，承上庸行翳路爲文，故從行作衝也。」陶氏鴻慶讀法言札記云：「衝衝讀爲憧憧。易咸卦：『憧憧往來。』劉瓛注：『意未定也。』五百篇『衝衝如也』，義同。」按：陶説是也。廣雅釋訓云：「衝衝，行也。」「衝衝而活」，謂行無趨嚮，隨衆往來，罔之生也，幸而免耳。注「既明且哲，以保其身」。按：詩烝民文。世德堂本此注上有「祕曰」字，而無「既且」二字，則以爲吴司封語，誤也。注「越，於」。按：世德堂本無此注。爾雅釋詁：「粤、于、爰，曰也。」于、於、粤、越聲近義同，詳見經傳釋詞。

楚兩龔之絜，其清矣乎？〔注〕楚人龔君賓、龔長倩也。當成、哀之世，竝爲諫大夫，俱著令聞，號曰「兩龔」。王莽簒位之後，崇顯名賢，復欲用之，稱疾，遂終身不仕，絜清其志者也。**蜀莊沈冥，**〔注〕蜀人，姓莊，名遵，字君平。沈冥猶玄寂，泯然無迹之貌。是故成、哀不得而利之，王莽不得而害也。**蜀莊之才之珍也，不作苟見，不治苟得，久幽而不改其操，雖隨、和何以加諸？**〔注〕久幽，謂賣卜於成都。**舉兹以旃，不亦珍乎！**〔注〕所謂沈冥也。**吾珍莊也，居難爲也。**〔注〕人所不能，非難如何？**不慕由，卽夷矣，何𩜹欲之有？**〔注〕許由、伯夷無欲之至，既不可害，亦不可利。〔疏〕「楚兩龔之絜，其清矣乎」，漢書王貢兩龔鮑傳引同。「蜀莊沈冥」，漢書引作「蜀嚴湛冥」。按：後漢明帝名莊，故改「莊」之字曰「嚴」。漢書孟康注云：「蜀郡嚴君平，湛深元默，無欲也。」音義引此注作

「淵默」。按：當作「玄默」，以深釋湛，以玄默釋冥也。顏注云：「『湛』讀曰『沈』。」吳曹侍讀元忠云：「此顏據李本法言改讀。世說新語棲逸篇：『雖古之沈冥，何以過此？』劉孝標注引楊子李軌注，字竝作『沈』。王元長曲水詩序李注引侯巴云：『嚴君平常病不事，沈冥而死，亦絜矣。』按：此侯氏法言注之僅見者。」「不作苟見，不治苟得」，漢書引同。顏云：「不爲苟顯之行，不事苟得之業。」司馬云：「見，賢遍切。養諸內而晦諸外，不苟徇名而求利。」「久幽而不改其操，雖隨、和何以加諸」，「隨」各本皆作「隋」。音義作「隨」，是其所據本如此，今從之。漢書引同。顏云：「隨，隨侯珠也；和，和氏璧也。諸，之也。」按：李斯上秦始皇書云：「有和、隨之寶。」淮南子覽冥云：「譬如隋侯之珠，和氏之璧，得之者富，失之者貧。」高注云：「隋侯，漢東之國，姬姓諸侯也。隋侯見大蛇傷斷，以藥傅之。後蛇於江中銜大珠以報之，因曰隋侯之珠，蓋明月珠也。楚人卞和得美玉璞於荆山之下，以獻武王。王以示玉人，玉人以爲石，刖其左足。文王卽位，復獻之，以爲石，刖其右足。抱璞不釋而泣血。及成王卽位，又獻之。成王曰：『先君輕刖而重剖石。』遂剖視之，果得美玉，以爲璧，蓋純白夜光。」「舉茲以旃，不亦珍乎！」治平本「珍」作「寶」；錢本作「珍」，音義本同，今從之。漢書引亦作「珍」。顏注云：「旃亦之也。言舉此人而用之，不亦國之寶乎」，俞云：「旃字義不可通。咸曰：『旃，之也。言舉此諸德以議之，莊亦寶也。』則增出議字矣。『旃』疑『稱』字之誤。禮記射義篇注曰：『稱猶言也。』」按：曲園僅讀宋注，知「以」字之爲語助，而未檢漢書顏注，不知此「以」字之當訓用也。論語云：「如有政，雖不吾以，吾其與聞之。」馬注云：「我爲大夫，雖不見任用，必當與聞也。」正此文「以」字之確詁。陶氏鴻慶讀法言札記云：「承上言隨珠和璧皆以用而見珍，惜蜀莊生不遇時，故才不見用耳。」是也。「吾珍莊也，居難爲也」者，經傳釋詞云：「居，詞也。」易繫辭傳曰：「噫！亦要存亡吉凶，則居可知矣。」鄭、王注竝曰：「居，辭也。」詩柏舟曰：「日居月諸。」正義曰：「居、諸者，語助也。故日月傳曰『日乎，月乎』，不言居、諸也。」十月之交曰：「擇有車馬，以居徂向。」居，語助。言擇有車馬，以徂向也。生民曰：「其香始升，上帝居歆。」居亦語助。上帝居歆，上帝歆也。禮記郊特牲曰：「以鐘次之，以和居參之也。」居亦語助。居參之，參之也。然則此「居難爲也」，居亦語助，猶易云「居可知也」。「不慕由，即夷矣」，華陽國志蜀郡士女讚自注引作「不慕夷，則由矣」。「何饕欲之有」，音義：「饕欲，士銜切，貪也。俗本作『利欲』。」宋、吳本作「利欲」，宋云：「何利欲之能動。」按：音義是也。「饕」讀爲「饞」。玉篇：「饞，不嫌也。」廣韻：「饞，不廉。」説文無「饞」，古止作「饕」。言君平非許由、伯夷之志不志，豈復有貪欲之念攖其中乎？陶氏鴻慶讀法言札記云：「莊當王氏擅權，慕伯夷之行，許由實非其類。楊子不欲顯言，故游移其辭，以寓意耳。」注「楚人」至「者也」。按：世德堂本此注惟有「楚人龔君賓、龔長倩」八字，以下皆删。漢書王貢兩龔鮑傳：「兩龔皆楚人也。勝字君賓，舍字君倩，二人相友，竝著名節，故世謂之楚兩龔。勝爲郡吏，三舉孝廉，再爲尉，壹爲丞。州舉茂才，爲重泉令，病，去官。哀帝徵爲諫大夫，數上書，其言祖述王吉、貢禹之意。二歲餘，遷丞相司直。徙光祿大夫，守右扶風。數月，上復還勝光祿大夫。勝言董賢亂制度，繇是逆上指。後歲餘，勝乞骸骨，出爲渤海太守。積六月，免歸。上復徵爲光祿大夫。會哀帝崩，王莽秉政，勝遂歸老于鄉里。莽既篡國，遣五威將帥親奉羊酒存問勝。明年，莽遣使者即拜勝爲講學祭酒，勝稱疾不應徵。後二年，莽復遣使者奉璽書、太子師友祭酒印、綬，安車駟馬迎勝即拜。勝稱病篤，使者要説，勝遂不復飲食，積十四日死。死時七十九矣。勝居彭城廉里，後世刻石表其里門。舍以龔勝薦，徵爲諫大夫，病免。復徵爲博士，又病去。頃之，哀帝遣使者即拜舍爲太山太守。舍家居在武原，使者至縣請舍，欲令至廷拜授印、綬。舍曰：『王者以天下爲家，何必縣官？』遂於家受詔，便道之官。既至數月，上書乞骸骨。上徵舍，至京兆東湖界，固稱病篤。天子使使者收印、綬，拜舍爲光禄大夫。數賜告，舍終不肯起，乃遣歸。舍亦通五經，以魯詩教授。舍年六十八，王莽居攝中，卒㊀。」地理志：「楚國，高帝置。宣帝地節元年，更爲彭城郡。黄龍元年復故。縣七：彭城、留、梧、傅陽、吕、武原、甾丘。」按：今徐州府地。勝，彭城人；舍，武原人，故皆爲楚人。彭城，今府治；武原，今邳州西北。漢書「舍字君倩」，此注作「長倩」，蓋弘範所據漢書如此。今漢書作「君倩」，疑涉上文「勝字君賓」而誤。注「蜀人，姓莊，名遵，字君平」。按：地理志：「後有王褒、嚴遵、揚雄之徒，文章冠天下。」顔注云：「遵即嚴君平。」而王貢兩龔鮑傳顔注引三輔決録云：「君平名尊。」尊、遵字異。按：名遵，字平」，蓋取洪範「遵王之道，王道平平」爲義，則作「遵」是也。華陽國志蜀郡士女讚自注云：「嚴遵，字君平，成都人也。」注「沈冥猶玄寂，泯然無迹之貌」。按：弘範喜老、莊，故其言如此。司馬云：「光謂沈冥言道德深厚，人不能測。」榮謂沈冥者，幽邃之貌，言其潛隱之深。即下文所謂「久幽而不改其操」，非專指道德言也。注「是故成、哀不得而利之，王莽不得而害也」。按：以上三注，世德堂本皆節去。王貢兩龔鮑傳云：「蜀有嚴君平，揚雄少時從游學，已而仕京師顯名，數爲朝廷在位賢者稱君平德。杜陵李彊素善雄，久之，爲益州牧，喜謂雄曰：『吾真得嚴君平矣。』雄曰：『君備禮以待之，彼人可見而不可得詘也。』彊心以爲不然。及至蜀，致禮與相見，卒不敢言以爲從事。乃歎曰：『揚子雲誠知人。』君平年九十餘，遂以其業終。」注「久幽，謂賣卜於成都」。按：世德堂本亦無此注。王貢兩龔鮑傳云：「君平卜筮於成都，以爲卜筮者賤業，而可以惠衆㊁。人有邪惡非正之問，則依蓍龜爲言利害。與人子言依於孝，與人弟言依於順，與人臣言依

㊀ 自「兩龔皆楚人也」至「王莽居攝中，卒」止，蓋節録漢書本傳，錯綜成文。
㊁ 「衆」下原本有偏書小字「句」，蓋作者以示句讀，今删。

於忠，各因埶導之以善。裁日閱數人，得百錢足自養，則閉肆下簾而授老子，博覽亡不通。依老子、嚴周之指，著書十萬餘言。」皇甫謐高士傳云：「蜀有富人羅沖者，問君平曰：『君何以不仕？』君平曰：『無以自發。』沖爲君平具車馬、衣糧。君平曰：『吾病耳，非不足也。我有餘而子不足，柰何以不足奉有餘？』沖曰：『吾有萬金，子無儋石，乃云有餘，不亦謬乎？』君平曰：『不然。吾前宿子家，人定而役，未息晝夜，汲汲未嘗有足。今我以卜爲業，不下牀而錢自至，猶餘數百，塵埃厚寸，不知所用。此非我有餘而子不足乎？』沖大慙。君平歎曰：『益我貨者損我神，生我名者殺我身。』竟不仕。」注「許由、伯夷無欲之至，既不可害，亦不可利」。按：弘範訓毚爲害，訓欲爲利，故釋之如此。荀子脩身云：「傷良曰讒，害良曰賊。」廣雅釋詁云：「讒，賊也。」毚、讒同聲通用。孟子：「養心莫善於寡欲。」趙注云：「欲，利欲也。」然則「何毚欲之有」，謂讒賊之所不能加，利欲之所不能動也。

或問：「堯將讓天下於許由，由恥，有諸？」曰：「好大者爲之也。顧由無求於世而已矣。允喆堯儃舜之重，則不輕於由矣。〔注〕允，信也。喆，知也。好大累克，巢父灑耳，不亦宜乎？〔注〕累，積；克，勝也。積大言以相勝也。巢父洗耳河瀕，河主逐之，皆非通理之談。靈場之威，宜夜矣乎！」〔注〕靈場，鬼神之壇祠也。靈壇所以爲威，可冥夜，不可經白日。偏謬之談可獨說，不可核諸實。〔疏〕「或問堯將讓天下於許由，由恥，有諸」者，莊子逍遥遊云：「堯讓天下於許由，曰：『日月出矣，而爝火不息，其於光也，不亦難乎？時雨降矣，而猶浸灌，其於澤也，不亦勞乎？夫子立而天下治，而我猶尸之，吾自視缺然，請致天下。』許由曰：『子治天下，天下既已治也，而我猶代子，吾將爲名乎？名者，實之賓也，吾將爲賓乎？鷦鷯巢於深林，不過一枝；偃鼠飲河，不過滿腹。歸休乎君，予無所用天下爲！庖人雖不治庖，尸祝不越樽俎而代之矣。』」釋文：「許由，隱人也，隱於箕山。」司馬云：「潁川陽城人。」簡文云：「陽城槐里人。」李云：「字仲武。」按：亦見呂氏春秋求人。史記伯夷列傳云：「説者曰堯讓天下於許由，許由不受，恥之逃隱。」「好大者爲之也，顧由無求於世而已矣」者，吴云：「好大言者爲此，無其實。由，隱者也，無所求於世，其行止此耳。」按：陸士衡演連珠李注引譙周古史考云：「許由，堯時人也。隱箕山，恬怕養性，無欲於世。堯禮待之，終不肯就。時人高其無欲，遂崇大之，曰：『堯將以天下讓許由，由恥聞之，乃洗其耳。』」譙語正本此文。「允喆堯儃舜之重」，世德堂本「喆」作「哲」。按：説文：「哲，知也。嚞，古文『哲』，從三吉。」喆卽古文「哲」之省。詩下武：「世有哲王。」釋文：「哲王，本又作『喆』。」又抑：「靡哲不愚。」釋文出「靡喆」云：「本又作『哲』。」晉書文帝紀：「惟公經德履哲。」何超音義：「履哲，本或作『喆』，與『哲』同。」此文治平本、錢本皆作「喆」，當是舊本如此。音義：「儃舜，蟬戰切。」按：説文：「嬗，一曰傳也。」漢書律歷志云：「舜處虞之嬀汭，堯嬗以天下。」此正字也。經典多假「禪」爲之。孟子云：「唐、虞禪。」或假「擅」爲之，荀子正論云：「堯、舜擅讓。」此文則以「儃」爲之。後人於「嬗攘」字習用「禪讓」，故律歷志顔注云：「嬗，古禪讓字也。」正論楊注云：「擅與禪同。」此文司馬注亦云「儃與禪同」也。伯夷列傳云：「堯將遜位，讓於虞舜。舜、禹之間，岳牧咸薦㊀，乃試之於位。典職數十年，功用既興，然後授政，示天下重器。王者大統，傳天下若斯之難也。」「允喆堯儃舜之重，則不輕於由矣」者，重，猶難也。言學者誠知堯禪舜之難，則知必無輕以天下讓許由之事也。「巢父灑耳」，治平本「灑」作「洗」，今依錢本。音義：「灑耳，音洗。」是音義本亦作「灑」也，實皆「洒」之假。説文：「洒，滌也。」曹子建七啟李注引皇甫謐逸士傳云：「巢父

㊀「牧」字原本譌作「收」，據史記伯夷列傳改。

者，堯時隱人，常山居，以樹爲巢，而寢其上。時人號曰巢父也。」灑耳事書傳多屬之許由，具見陸士衡演連珠李注引。惟彼注又引皇甫謐高士傳云：「巢父聞許由之爲堯所讓也，以爲汙，乃臨池水而洗耳。」則以屬之巢父。後漢書嚴光傳載光謂光武云：「昔唐堯著德，巢父洗耳。士故有志，何至相迫乎？」演連珠亦云：「巢箕之叟，不眄丘園之幣；洗渭之民，不發傅巖之夢。」李注云：「書傳之說洗耳，參差不同。陸既以巢箕爲許由，洗耳爲巢父，且復水名不一，或亦洗於渭乎？」此皆以洗耳爲巢父事，與法言此文合。演連珠劉孝標注謂：「或言巢父卽許由。」李注亦云：「或曰許由夏常居巢，故一號巢父，不可知也。」則又以巢、許爲一人。然諸書記巢、許問答之語，其非一人可知。蓋事出假託，傳述參差，不足怪也。注「允，信也。喆，知也」。按：世德堂本無此注。凡傳注訓哲爲知者，音家皆讀知爲「智」。然方言：「黨、曉、哲，知也。」兼釋曉義，當讀知如字。詩鴻雁：「維此哲人。」鄭箋云：「此哲人謂知王之意及之子之事者。」則鄭亦以知曉字訓哲。哲人，猶云曉人也。本書孝至云：「知哲聖人之謂俊。」謂智足以知聖人者，謂之俊。亦以哲爲知曉之知。此文「允喆」，明是誠知之義。弘範此訓，當從本讀。司馬云：「光謂信以堯禪舜之重爲智，則必不輕授天下於由矣。」失之。注「累積」至「勝也」。按：說文：「絫，增也。」俗作「累」。「累克」，謂層累而上以競高也。蓋堯讓天下爲高矣，而許由恥之不受，是許由高於堯也。由恥堯之以天下見讓爲高矣，而巢父聞其言而灑耳，則尤高於由也。以此相勝，可至無窮，故曰累克。音義：「累克，俗本誤作『刻』。」按：此以音同而誤。宋、吴本作「刻」，吴云：「累刻，猶累日也。」無異燕說郢書矣。注「巢父」至「之談」。按：世德堂本删此注，「河瀕」治平本作「河濱」，今依錢本。說文：「瀕，水厓也。」詩召旻釋文引張揖字詁云：「瀕，今濱。」則瀕是古「濱」字也。藝文類聚三十六引魏隸高士傳云：「巢父聞由爲堯所讓，以爲汙，乃臨池水而洗其耳。池主怒曰：「何以汙我水？」河主卽池主耳。 注「靈場」至「諸實」。按：世德堂本刪「祠也」二字，「冥夜」誤「宜夜」，又無「偏謬之談可獨說，不可核諸實」句。治平本「核」作「校」，此形近而誤，今據錢本訂正。說文：「場，祭神道也。」孟子：「築室於場。」趙注云：「場，祭祀壇場也。」國語楚語：「壇場之所。」韋注云：「除道曰場。」漢書郊祀志：「能知四時犧牲，壇場上下，氏姓所出者，以爲宗。」臣瓚注云：「平地爲場㊀。」是靈場爲鬼神之壇祠也。荀子解蔽云：「冥冥而行者，見寢石以爲伏虎也，見植林以爲後人也，冥冥蔽其明也。」楊注云：「冥冥，暮夜也。」又云：「凡人之有鬼也，必以其感忽之間，疑玄之時正之。此人所以無有而有無之時也。」注云：「必以此時定其有鬼也。無有，謂以有爲無也；有無，謂以無爲有也。」按：荀子以此喻百家異說之蔽，法言此文，意亦猶是。弘範引伸其辭，正用荀義。吴云：「靈壇鬼神之威，施於暮夜則見悚；虛誕累久之說，施於庸常則見信。」司馬云：「妄言可以欺愚，不可以誣智。」竝與弘範義同。俞云：「楊子因或問堯讓天下於許由而爲此說。靈場者，禪位之壇也。鄭康成注尚書大傳曰：『古者天子命大事，命諸侯，則爲壇國之外。堯聚諸侯，命舜陟位居攝，致天下之事使大録之。』其後，漢、魏之事，循用此義。故魏公卿上尊號奏有曰『遵大鹿之遺訓，遂於繁昌築靈壇，皇帝乃受天子之籍』云云。此靈場之義也。楊子以爲帝者禪位，其事至大，其禮至嚴，若如或說堯讓天下於許由，則以天下之重輕相傳受，靈場之威不必在白日，而宜在冥夜矣，豈其然乎？故曰：『靈場之威，宜夜矣乎！』說者以靈場爲鬼神壇祠，斯失其義。且如李說，靈場之威實宜於夜，『矣乎』之文，施之不當矣。」按：此承「好大累克」而言，靈場之威喻傳言之妄，夜喻庸愚，舊注竝皆明憭。曲園以靈場爲禪位之談，義轉膚淺。至云「如李說，則『矣乎』之文施之不當」，尤爲無

㊀ 據漢書郊祀志注，此爲師古曰，非臣瓚注。

理。本書用「矣乎」字多爲唱歎之辭。如云「人心其神矣乎」，「延陵季子之於樂也，其庶矣乎」，「聰明其至矣乎」，「雷震乎天云云其事矣乎」，「儀、秦其才矣乎」，「孝至矣乎」，「麟之儀儀，鳳之師師，其至矣乎」，「漢興二百一十載而中天，其庶矣乎」皆是，何云施之不當耶？且此與上文「不亦宜乎」相疊爲文，兩「宜」字，兩「乎」字，義皆相應。如俞説，則屬辭之妙全失矣。

朱鳥翾翾，歸其肆矣。〔注〕朱鳥，燕別名也。肆，海肆也。或曰：「奚取於朱鳥哉？」曰：「時來則來，時往則往，〔注〕取其春來秋往，隨時宜也。能來能往者，朱鳥之謂與？」〔注〕不愆寒暑之宜，能知去就之分。〔疏〕「朱鳥翾翾，歸其肆矣」者，音義：「翾翾，許緣切，飛皃。」按：説文：「翾，小飛也。」徐氏灝説文注箋云：「翾者，輕舉之皃。重言之，則曰翾翾。廣雅釋訓：『翾翾、翻翻、鶱鶱、鴠鴠，飛也。』皆一聲之轉也。」按：此蓋子雲久處僞朝，苦其拘束，思歸蜀不得，故見秋燕之去而歎其能肆其志也。「時來則來，時往則往」云云者，月令：「仲春之月玄鳥至。」鄭注云：「燕以施生時來，巢人堂宇。」又：「仲秋之月玄鳥歸。」注云：「歸謂去蟄也。」凡鳥隨陰陽者，不以中國爲居。左傳昭公篇：「玄鳥氏，司分者也。」杜注云：「以春分來，秋分去。」所謂時來則來，時往則往也。山林之士，往而不能反；朝廷之士，入而不能出。二者各有所短，則以人而不如鳥矣。故曰：「能來能往者，朱鳥之謂與？」注「朱鳥，燕別名也」。按：廣雅釋鳥云：「玄鳥，朱鳥，燕也。」然則朱鳥、玄鳥異名同物。弘範説正本稚讓。宋云：「朱鳥，隨陽之鳥，謂雁也。雁以時來時往，何獨燕哉？」吴云：「朱鳥，鳳也。（鳳，世德堂本誤「鴈」，今據纂圖互注本。）南方朱鳥，羽蟲之長。大戴禮云『羽蟲三百六十，鳳爲之長』，是也。」此皆杜撰故訓，妄更舊説。廣雅王疏駁宋説云：「燕頷下色赤，故謂之朱鳥。且説文云：『翾，小飛也。』韓詩外傳云：『翺翺十步之雀。』是翺翺爲小鳥翻飛之貌，惟燕雀之屬爲然。故晉夏侯湛玄鳥賦云『擢翺翺之麗容，揮連翩之玄翼』也。若鴈色偏體蒼黑，不得言朱鳥。又翰飛戾天，不得言翺翺矣。」按：王說至當。鳳翔千仞，尤不得以翺翺爲言。則吴說亦可以此駁之也。注「肆，海肆也」。按：音義云：「注非也。朱鳥往來以時，不累其身，放肆自遂。」溫公亦用此說，於義爲長。五百云：「周之士也肆，秦之士也拘。」此「肆」字與同義。

或問：「韓非作說難之書，而卒死乎說難，敢問何反也？」〔注〕韓非作書言說難是也。而西入關干秦王，伏劒死雲陽，故曰何反。曰：「說難蓋其所以死乎？」曰：「何也？」曰：「君子以禮動，以義止，合則進，否則退，確乎不憂其不合也。夫說人而憂其不合，則亦無所不至矣。」或曰：「說之不合，非憂邪？」曰：「說不由道，憂也；由道而不合，非憂也。」〔注〕譏其本自挾詭情以說秦。〔疏〕「韓非作說難之書」者，音義：「說難，劉伯莊史記音義曰：『說難，上式拙切，下如字。』司馬貞史記索隱曰：『說音稅，難音奴（各本皆誤「如」，今依史記正。）干切。言游說之道爲難，故曰說難。』」（各本無「曰」字，今依史記補。又各本此下尚有「其書辭甚高」云云。按：此乃索隱解釋史記具載說難篇於韓非傳之義，與法言此文全不相涉，音義無引用之理。此皆後刻書者依史記竄入，故於「故曰說難」句既脱「曰」字，又「其書辭甚高」誤作「書其辭」，皆妄人竄改之迹也。）按：史記老莊申韓傳云：「韓非觀往者得失之變，故作孤憤、五蠹、內外儲、說林、說難十餘萬言。然韓非知說之難，爲說難書甚具，終死於秦，不能自脱。」索隱於「十餘萬言」下云：「說難者，說前人行事與己不同而詰難之，故其書有說難篇。」又於「不能自脱」下云：「言游說之道爲難，故曰說難。」前後自相違異至此，義甚可疑。蓋韓非書有說難篇，有難篇，史記原文當作「孤憤、五蠹、內外儲説、説林、難十餘萬言」。索隱説「前人行事」云云，乃釋難篇之義。至下文「游説之道」云云，乃釋説難篇之義。自史記傳寫「説」、「林」二字誤倒，讀者乃以内外儲説之「説」字屬「林」，而以下「説」字屬「難」，以難爲説難，因於索隱「難者」字及「難篇」字上各增一「説」字。於是，索隱於「説難」字一篇之中乃有兩解，不可通矣。史記敍韓非著書十餘萬言，舉孤憤等五篇目，而不舉説難者，以下文別有「爲説難書甚具」一語，故不復重出耳。韓非子説難云「凡説之難，非吾知之有以説之之難也」以下云云，皆論游説之難，明「難」讀如字，必不得以詰難爲訓也。「而卒死乎説難」者，非傳云：「秦王見孤憤、五蠹之書，曰：『嗟乎！寡人得見此人，與之游，死不恨矣。』李斯曰：『此韓非之所著書也。』秦因急攻韓。韓王始不用非，及急，迺遣非使秦。秦王悦之，未信用。李斯、姚賈害之，毁之曰：『韓非，韓之諸公子也。今王欲并諸侯，非終爲韓不爲秦，此人之情也。今王不用，久留而歸之，此自遺患也。不如以過法誅之。』秦王以爲然，下吏治非。李斯使人遺非藥，使自殺。韓非欲自陳，不得見。秦王後悔之，使人赦之，非已死矣。」集解引戰國策云：「秦王封姚賈千户，以爲上卿。韓非短之曰：『賈，梁監門子，盜於梁，臣於趙而逐。取世監門子，梁大盜，趙逐臣，與同社稷之計，非所以勵羣臣也。』王召賈問之，賈答云云，迺誅韓非也。」按：秦策文，此非卒以説難而死之事也。俞云：「下『難』字，衍文也。此本云：『韓非作説難之書，而卒死乎説。』蓋傷其知説之難，而終以説秦王爲李斯、姚賈所毁害致死也。太史公曰：『余獨悲韓子爲説難而不能自脱耳。』亦是此意。今作『死乎説難』，義不可通。且如此，則或人已知韓非之死由於説難矣，何以楊子又應之曰：『説難蓋其所以死乎？』然則此文『卒死乎説』下不當有『難』字，蓋涉上下文竝言説難而衍。」榮按：「死乎説難」，謂以游説之難爲而死，「難」非衍字。説難云：「説不行而有敗，則見疑。如此者身危。」索隱云：「是恩意未深，輒評時政，不爲所信，更致嫌疑。」非在秦未見信用，而輒短其重臣於王，正其所謂如此者身危者。知其難而猶犯之，終以取死。然則非之死果由於説之難也。曲園習知説難爲篇目，故疑「死於説難」爲義不可通。不知此正用非語以著其不能自脱，所以云「何反」。若無「難」字，則語弱而義不見矣。「説難蓋其所以死乎」者，謂以説爲難而憂之者，是正所以取死之道也。司馬云：「宋、吳本無『其』字。」「君子以禮動，以義止，合則進，否則退，確乎不憂其不合也」者，孟子云：「孔子進以禮，退以義。」論語云：「所謂大臣者，以道事君，不可則止。」音義：「確，苦角切。」司馬云：「確乎，守正不移貌。」「夫説人而憂其不合，則亦無所不至矣」者，論語云：「苟患失之，無所不至矣。」鄭注云：「言諂佞邪媚無所不至也。」「説之不合，非憂邪」，司馬云：「宋、吳本作『非憂説之不合非邪』。」又云：「邪，余遮切。」「説不由道，憂也；由道而不合，非憂也」者，孔子世家云：「顔回曰：『夫道之不脩也，是吾醜也；夫道既已大脩而不用，是有國者之醜也。不容何病？』」注「伏劍死雲陽」。按：宋云：「李斯遺非藥自殺。注謂『入關干秦王，伏劍死』，未知其據也。」今考秦始皇本紀：「十四年，韓非使秦。用李斯謀，留非。非死雲陽。」正義引括地志云：「雲陽城在雍州雲陽縣西八十里，秦始皇甘泉宮在焉。」此非死雲陽之證。非傳惟云「李斯遺非藥，使自殺」，不云非飲藥死。秦策謂秦王乃復使姚賈而誅韓非。非傳亦云：「秦王後悔之，使人赦之，非已死矣。」明非死以誅。賈誼新書階級云：「古者大臣在大譴大訶之域者，聞譴訶則白冠氂纓，盤水加劍，造請室而請其罪耳。其有大罪者，聞令則北面再拜，跪而自裁。」非之誅死，當用此法，故云伏劍耳。注「譏其本自挾詭情以説秦」。按：世德堂脱「其」字，又「詭情」誤「詭憤」。

或問「哲」。曰：「旁明厥思。」問「行」。曰：「旁通厥德。」〔注〕動静不能由一塗，由一塗不可以應萬變。應萬變而不失其正者，惟旁通乎！〔疏〕「問『哲』。曰：『旁明厥思』」者，説文：「旁，溥也。」廣雅釋詁：「旁，大也。」又云：「廣也。」司馬云：「欲知聖人之道，宜廣其思。」「問『行』。曰：『旁通厥德』」者，音義：「問行，下孟切。」司馬云：「欲行聖人之道，宜廣其德。」　注「動靜」至「通乎」。按：世德堂本「靜」作「情」，「能」下有「得」字。聘義：「孚尹旁達。」孔疏云：「旁者，四面之謂也。」史記五帝紀：「旁羅日、月、星辰。」索隱云：「旁非一方。」是旁者，不由一塗之義。繫辭云：「天下同歸而殊塗，一致而百慮。」韓注云：「夫少則得，多則惑。塗雖殊，其歸同；慮雖百，其致不二。苟識其要，不在博求。一以貫之，不慮而盡矣。」論語衞靈公集解云：「天下殊途而同歸，百慮而一致。」焦氏循論語補疏云：「易傳言：『同歸而殊途，一致而百慮。』何氏倒其文爲『殊途而同歸，百慮而一致』，則失乎聖人之指。莊子引記曰：『通於一而萬事畢。』此何、韓之説也。夫通於一而萬事畢，是執一之謂也，非一以貫之也。孔子以一貫語曾子，曾子卽發明之云：『忠恕而已矣。』忠恕者何？成己，以成物也。孟子曰：『大舜有大焉，善與人同，舍己從人，樂取於人以爲善。』舜於天下之善無不從之，是真一以貫之，以一心而同萬善，所以大也。一貫則爲聖人，執一則爲異端。」按：焦説甚精。此注謂動靜不能由一塗，正博取於人之義；應萬變而不失其正，卽一以貫之之義。

法言義疏十

寡見卷第七〔注〕大道甚夷，而民好徑，此其所以發揚德音。〔疏〕注「大道甚夷，而民好徑」。按：老子文。

法言　李軌注

吾寡見人之好假者也。邇文之視，邇言之聽，假則偭焉。〔注〕歎人皆好視聽諸子近言近說，至於聖人遠言遠義，則偭然而不視聽。或曰：「曷若茲之甚也？先王之道滿門。」〔注〕言此談過也。學先王之道者，亦滿門耳。曰：「不得已也，得已則已矣。〔注〕不得已者，官有策試者也。得已而不已者，寡哉！」〔注〕夫以策試而後學者，爲官也。得不策試而好學者，爲己也。爲己之學也內，爲官之學也外。外之與內，由南之與北，相去甚遠，是以慨其少也。〔疏〕「吾寡見人之好假者也」者，音義：「好假，音遐，本或作『遐』，下同。」按：法言序：「遐言周于天地。」字作「遐」。漢書本傳載此序作「假」，温公從之。彼注云：「李、宋、吴本『假』作『遐』。今從漢書。」於是法言各本「假」、「遐」字一律改作「假」矣。此文吴祕注云：「遐，一本作『假』，古字也。」正與音義語相應。今世德堂本此「假」字亦改「假」，不知字惟作「假」，故吴以爲古字耳。說文無「遐」，古止作「假」。漢書禮樂志「假狄合處」，華山碑「思登假之道」，武斑碑「商、周假䪾」，繁陽令楊君碑「㝠䫜假爾」，皆是。亦或以「假」爲之。曲禮：「天王登假。」釋文：「假音遐。」列子黃帝：「而帝登假。」張湛注云：「假當爲遐。」實當爲「嘏」。說文：「嘏，大遠也。」徦、假皆同聲通用也。「邇文之視，邇言之聽」者，說文：「邇，近也。」邇文，謂近代之書；邇言，謂閭里小知之說。「假則偭焉」者，音義：「偭焉，彌兗切。」吳云：「至於論遐遠之道則背焉，所謂舛馳者也。偭，背也。離騷曰：『偭規矩而改錯。』」按：說文：「偭，鄉也。」繫傳云：「鄉謂微向，非正向也。故史記本紀曰：『項籍謂呂馬童曰：卿非我故人乎？馬童面之。注云：『面，謂微背之也。』」段注云：「偭訓鄉，亦訓背。如廢置、徂存、苦快之例。離騷：『偭規矩而改錯。』王逸曰：『偭，背也。』賈誼弔屈原曰：『偭蟂獺以隱處。』應劭曰：『偭，背也。』項羽傳：『馬童面之。』張晏曰：『背之也。』張敞傳：『上具獄事不可卻者，爲涕泣，面而封之。』師古曰：『謂偝之也。』」惠氏定宇左傳補注曰：「面縛之，謂反背而縛之。」考工記：「審曲面勢。」先鄭釋以陰陽之面背。許言鄉不言背者，述其本義也。古通作「面」。「先王之道滿門」者，司馬云：「言學先王之道者，所在滿於師門，不爲少。」按：學記云：「古之學者家有塾。」鄭注云：「古者仕焉而已者，歸教於閭里。朝夕坐於門，門側之堂謂之塾。」孔疏云：「周禮：百里之內，二十五家爲閭，同共一巷。巷首有門，門邊有塾。謂民在家之時，朝夕出入，恆就教於塾，故云家有塾。」然則門謂閭門，先王之道滿門，謂誦詩讀書之聲充溢閭塾也。「得已則已矣」，司馬云：「宋、吳本作『得已則至矣』。」按：至者，「止」之誤，止亦已也。吳云：「如得已則各至其所至矣，所至邇文、邇言。」此據誤文生義，失之。「得已則已」者，書非策試所須，則不以爲學，一也；干祿既得，則廢其所習，二也；可以他途進者，則無事於稽古，三也。注「歎人」至「視聽」。按：世德堂本無此注。李以偭然爲形況不視聽之辭，似不用本義爲訓，蓋讀爲「矏」也。注「不得已者，官有策試者也」。按：世德堂本亦無此注。

好盡其心於聖人之道者，君子也。人亦有好盡其心矣，未必聖人之道也。〔疏〕音義：「好盡，呼報切。」

多聞見而識乎至道者，至識也；多聞見而識乎邪道者，迷識也。〔注〕君子多聞見而心愈真也，小人多聞見而心愈僞也。〔疏〕注「小人多聞見而心愈僞也」。按：治平本如此，錢本同；世德堂作「情愈僞也」，浙江書局校刻秦本亦然。此據世德堂本改之耳。

如賢人謀之美也，詘人而從道；如小人謀之不美也，詘道而從人。〔疏〕俞云：「如，猶與也。」如賢人謀者，與賢人謀也；如小人謀者，與小人謀也。如、與聲近，故得通用。說見王氏經傳釋詞。宋云：「美，善也。」說文：「詘，詰詘也。」朱氏通訓定聲云：「詰詘，疊韻連語，曲也。凡單言詘者，皆曲之轉聲也。亦以屈爲之。」「詘道而從人」，世德堂本「而」作「以」。按：「如賢人謀之美也」七字連讀，「如小人謀之不美也」八字連讀。詘道而從人，詘人而從道，乃申明美與不美之義。司馬云：「如，往也。往就賢人謀之，則彼將屈人之心以從正道。」則於兩「之」字句絕，而以「美也」、「不美也」爲論斷之語。蓋因未得「如」字之義，故句讀亦誤也。

或問：「五經有辯乎？」曰：「惟五經爲辯。說天者莫辯乎易，〔注〕惟變所適，應四時之宜。說事者莫辯乎書，〔注〕尚書，論政事也。說體者莫辯乎禮，〔注〕正百事之體也。說志者莫辯乎詩，〔注〕在心爲志，發言爲詩。說理者莫辯乎春秋。〔注〕屬辭比事之義。捨斯，辯亦小矣。」〔疏〕「五經有辯乎」者，老子云：「善者不辯，辯者不善。」故以爲問。「說天者莫辯乎易」，御覽六百八引作「辨」，下同。「說事者莫辯乎書」，意林引作

「說地」。按：以尚書爲說地，似指禹貢而言，然於義爲隘。蓋妄人取與上文「說天」字相對改之。「說理者莫辯乎春秋」者，喪服四制，鄭注云：「理者，義也。」孟子云：「詩亡然後春秋作，其事則齊桓、晉文，其文則史。孔子曰：『其義，則丘竊取之矣。』」萬氏斯大學春秋隨筆云：「春秋之文，則史也；其義，則孔子取之。諸史無義，而春秋有義也。義有變有因。不脩春秋曰：『雨星不及地尺而復。』君子脩之曰：『星霣如雨。』諸侯之策曰：『孫林父、甯殖出其君。』春秋書之曰：『衞侯衎出奔。』此以變爲義者也。晉史書曰：『趙盾弒其君。』春秋亦曰：『趙盾弒其君。』齊史書曰：『崔杼弒其君。』春秋亦曰：『崔杼弒其君。』此以因爲義者也。因與變相參，斯有美必著，無惡不顯，三綱以明，人道斯立。春秋之義遂與天地同功。」孔氏廣森公羊通義序云：「漢世謂公羊爲今學，左氏爲古學，以其書多古文訓讀。賈逵、服虔號能明之，雖時與此傳牴牾，而一字予奪必有意，日月、名氏詳略必有說，大旨尚不甚相背。杜預始變亂賈、服古訓，以爲經承舊史，史承赴告。苟如是，因陋就簡，整齊册牘云爾。董狐、倚相之才優爲之，而又何貴乎聖人？大凡學者謂春秋事略，左氏事詳，經傳必相待而行，此即大惑。魯之春秋，史也；君子脩之，則經也。經主義，史主事。事故繁，義故文少而用廣。世俗莫知求春秋之義，徒知求春秋之事，其視聖經竟似左氏記事之標目，名存而實亡矣。」注「惟變所適，應四時之宜」。按：繫辭云：「易之爲書也不可遠，爲道也婁遷，變動不居，周流六虛，上下无常，剛柔相易，不可爲典要，唯變所適。」文言云：「與四時合其序。」注「尚書，論政事也」。按世德堂本作「尚書可論政事」。春秋繁露玉杯云：「書著功，故長於事。」史記自序云：「書記先王之事，故長於政。」注「正百事之體也」。按：世德堂本無此注。釋名釋言語云：「禮，體也，得事體也。」注「在心爲志，發言爲詩」。按：詩關雎序文。注「屬辭比事之義」。按：經解云：「屬辭比事，春秋教也。」鄭注云：「屬，猶合也。春秋多記諸侯朝聘會同，有相接之辭，罪辯之事。」孔疏云：「春秋聚合會同之辭，是屬辭；比次褒貶之事，是比事也。」

春木之芚兮，援我手之鶉兮。〔注〕春木芚然而生，譬若孔氏啟導人心，有似援手而進，言其純美也。去之五百歲，其人若存兮。或曰：「譊譊者天下皆說也，奚其存？」曰：「曼是爲也，天下之亡聖也久矣。〔注〕其義雖存，言天下無復能尊用聖道者久故也。呱呱之子，各識其親；譊譊之學，各習其師。精而精之，是在其中矣。」〔疏〕「春木之芚兮」四句，承上章論五經而爲歎美之辭也。司馬云：「李本『芚』作『芒』。」按：錢本作「芒」，是元豐監本如此。今治平本作「芚」，乃後校書者依溫公集注修改。秦校云：「音義不出『芚』字，是其本作『芒』也。其實『芚』是『芒』非，音義本傳寫譌耳。」按：秦說是也。「芚」與「鶉」、「存」爲韻。段表屯聲、辜聲、存聲竝第十三部，作「芒」則不韻矣。芚、芒形近，傳寫者少見芚，故誤爲「芒」也。湘鄉曾編修廣鈞云：「說文無『芚』。篆書『春』作『萅』，從艸、屯，從日。『芚』卽『萅』之省。然則春木之芚語意重複，疑當作『眷木』。『眷』與『援』韻，此句首用韻例也。說文：『眷，顧也。』眷木之春，猶云顧彼木之春耳。」舍弟東寶云：「芚卽屯也。說文：『屯，難也。象艸木之初生，屯然而難。從屮貫一。一，地也。尾曲。』此屯之本義也。自後通用爲盈滿蓄聚之義，而本義轉微，故更造從艸之『芚』字當之，猶出之本義，象艸木益滋上出達。及後習用以爲入之反，而艸木滋上之義晦，乃更造從艸之茁字當之。茁卽出也。」榮按：東說是也。「春木之芚」，謂五經應時而造，若嘉木乘春而出，屯然其難也。音義：「援我，音袁。鶉兮，音純。」按：鶉者，「奄」之假。說文：「奄，大也。讀若鶉。」經傳多以「純」爲之。爾雅釋詁云：「純，大也。」「援我手之鶉」，言天下方溺，五經之作，如聖人援我以手，奄乎其大也。吳云：「孔子以魯哀十六年卒，至漢甘露元年，子雲始生，凡四百二十八歲。後天鳳五年，子雲卒，去孔子凡四百九十八歲。言五百歲者，舉其成數。」按：吾子云：「或曰：『惡覩乎聖而折諸？』曰：『在則人，亡則書，其統一也。』」然則五經不亡，無異仲尼常在，故去聖五百年而其人若存者，書在則然也。「譊譊者天下皆說也」者，音義：「譊譊，女交切。」按：說文：「譊，恚呼也。」廣雅釋訓：「譊譊，語也。」字亦作「呶」。說文：「呶，讙聲也。」詩賓之初筵：「載號載呶。」毛傳云：「號、呶，號呼讙呶也。」亦作「怓」，民勞：「無縱詭隨，以謹惽怓。」鄭箋云：「惽怓，讙譁也，謂好争者也。」釋文作「猶讙譊也」。然則疊義言之曰讙譊，亦曰惽怓，重言之曰譊譊，皆謂争語之聲也。音義：「皆說，一本『說』作『訟』。」司馬依宋、吴作「訟」，云：「李本『訟』作『說』，今從宋、吴本。」世德堂本承之。按：說謂師說，卽下文云「各習其師」者也。舊刻「說」字多作「説」，漫漶其下半，則爲「訟」矣。藝文志云：「昔仲尼没而微言絶，七十子喪而大義乖，故春秋分爲五，詩分爲四，易有數家之傳。」儒林傳云：「自武帝立五經博士，訖於元始，百有餘年，傳業者寖盛，支葉蕃滋，一經說至百餘萬言，大師衆至千餘人。」所謂天下皆說也。「奚其存」者，正以仲尼没而微言絶，故衆說紛呶如此。今云其人若存，然則存者孰謂也？音義：「曼是，莫半切，曼衍無極也。」按：小爾雅廣詁：「曼，無也。」宋氏翔鳳訓纂云：「曼，俗通作漫。」「曼是爲也」者，禁止之辭，謂慎毋作此言也。論語云：「子貢曰：『無以爲也，仲尼不可毁也。』」皇疏云：「子貢聞武叔之言，故抑止之，使無以爲訾毁。」朱子集注云：「無以爲，猶言無用爲，此『曼是爲也』，卽『無以爲也』之謂，言不須以譊譊者爲詬病也。蓋諸經師說雖不勝異義，然皆所以發揚雅訓，藩衞聖教，異於諸子之言非聖無法者。今以羣儒之聚訟，而遂謂聖道之不復存，則必有以廢經學、絶儒術爲便者矣。故深警之，明言之不可不慎也。」「天下之亡聖也久矣」者，「亡」讀爲「無」。司馬云：「天下之無聖人已久矣。」是也。「呱呱之子，各識其親；譊譊之學，各習其師」者，音義：「呱音孤。」說文：「呱，小兒嗁聲。」詩曰：『后稷呱矣。』按：自來説法言者，皆以此爲子雲譏俗學之陋。後漢書儒林傳論云：「夫書理無二，義歸有宗，而碩學之徒，莫之或徙，故通人鄙其固焉。」又雄所謂譊譊之學，各習其師也。」此文宋注云：「赤子雖識親，因其愛而不知禮之序；末學雖習師，溺其説而不明道之正。」吳注云：「呱呱之子，各識其親，無他知。嘵嘵之學，各習其師，但然其師而已，非師則争。」義皆相同。然此文先云「曼是爲也」，後云「精而精之，是在其中」，則「譊譊之學，各習其師」之云，决非鄙夷之語。學行云：「務學不如務求師。」又云：「一卷之書，必立之師。」古未有以篤信其師爲非者。漢世學人尤重師法，趙氏春沂兩漢經師家法攷云：「六籍之學，盛於漢氏，諸儒必從一家之言，以名其學。左雄傳注所謂『儒有一家之學，故稱家法』是也。家法又謂之師法，外戚傳：『定陶丁姬，易祖師丁將軍之玄孫。』師古注：『祖，始也。儒林傳：丁寬，易家之始師。』自夫子傳至寬，寬爲大師，故以爲始師。有始師乃有師法，所謂説經者傳先師之言，非從己出。法異者各令自説師法，博觀其義是也。張禹傳：『蕭望之奏禹經學精習，有師法。』翼奉傳：『元帝問善日邪時孰與邪日善時？奉對引師法。』五行志：『朱博爲丞相，受策，有大聲如鐘鳴。上問李尋。尋對引師法。』吳良傳：『東平王蒼上疏薦良曰：齊國吳良治尚書，學通師法，經任博士。』李尋傳：『治尚書，與鄭寬中同守師法。』劉寬傳注引謝承書云：『寬學歐陽尚書、京氏易、韓詩，究極師法。』翟茂傳：『元帝時，學于長安，事博士江生，習詩、禮，究極師法。』大抵前漢多言師法，而後漢多言家法。有所師乃能成一家之言，師法者溯其源，家法者衍其流也。夫家法明則流派著，可以知經學之衍別，可以知經文之同異，可以知衆儒之授受，可以存周、秦之古誼。漢學之盛，盛於家法也。」此云各習其師，即各守師法之謂，乃當時學人之通義。蓋天下無聖，承學之士非即其所習之師説而信好之，何以爲學？學者之各習其師，不可以爲陋，猶赤子之各識其親，不可以爲愚也。「精而精之，是在其中矣」者，司馬云：「宋、吴本『是』作『各』。」按：學行云：「以習非之勝是也，況習是之勝非乎？」吾子云：「人各是其所是，而非其所非，將誰使正之？」此是在其中之「是」，即是非之「是」，謂聖道之正也。孟子生之謂性章章指云：「孟子精之，是在其中。」漢書儒林傳云：「所以罔羅遺説，兼而存之，是在其中矣。」皆本此文。是孟堅、邠卿所見法言竝作「是」，可正宋、吴本之誤。蓋時無聖人，所賴以見聖道者，師説也。一師之説，不必皆是，而斷不容全非。要在學者熟思而審擇之，取其合於聖人之言，而捨其不合者，則聖道之正即在其所習師説之中也。注「春木芚然而生」。治平本「芚」作「芒」，秦校云：「此正文與注歧異，乃初皆作『芒』，後改未畫一。」按：正文改「芚」，則注亦當爾。世德堂本作「芚然」，今從之。吴胡部郎玉縉云：「莊子齊物論：『聖人愚芚。』彼釋文引李軌音丑倫反。此注曰『芚然而生』，其卽讀爲萬物蠢生之『蠢』歟？」注「有似援手而進」。按：春木之芚與援我手之鶉各爲一義，不相連貫。檀弓云：「貍首之斑然，執女手之卷然。」上句謂木材文采如貍之首，下句謂執孔子之手拳拳然相親愛。彼釋文云：「女，徐音汝。」是也。此擬之爲文。春木之芚，謂五經之義理如春木之發生；援我手之鶉，謂五經之功德如己方溺而援手而出之也。弘範合二句説之，終嫌牽強。胡云：「檀弓『貍首斑然』，喻椁材；『執手卷然』，言孔子助之治椁，義自一貫。此援我手云者，倒文耳，言手援芚然之春木也。春木譬孔子之教。『手援春木』，楊子自謂，卽太玄擬易，此書擬論語是也。」注「言其純美也」。按：世德堂本删此語。胡云：「李注言其純美，蓋讀『鶉』爲『純』。」注「其義」至「故也」。按：「言」當爲「然」，方俗或讀「然」如「言」，故傳寫誤耳。其義雖存」，釋「其人若存」句。然「天下無復能尊用聖道者」，釋「曼是爲也」句。「久故也」，釋「天下之無聖也久矣」句。弘範未得「曼是爲也」之義，故釋之如此，非子雲本旨也。世德堂本「久故也」作

「久矣」。

或曰：「良玉不彫，美言不文，何謂也？」曰：「玉不彫，璵璠不作器；言不文，典謨不作經。」〔疏〕「美言不文」，御覽三百九十引作「至言不文」。淮南子說林云：「至味不慊，至言不文，至樂不笑，至音不叫。」「璵璠不作器」，初學記二十一引作「璠璵」。按：音義出「璵璠」，云「上以諸切，下附袁切」，明不作「璠璵」。治平本、錢本、纂圖互注本、世德堂本皆同。說文：「璵璠，魯之寶玉。孔子曰：『美哉璵璠！遠而望之，奐若也；近而視之，瑟若也。一則理勝，二則孚勝。』」二徐本說文同。初學記二十七引逸論語、御覽八百四引說文竝作「璠璵」，段本據改，而云：「法言亦作『璠璵』。」今考法言各本皆作「璵璠」，不如段所云。陳氏倬敤經筆記歷引古言璵璠者十餘事，以明御覽傳刻之譌，則作「璵璠」者，正也。「言不文，典謨不作經」者，文心雕龍宗經云：「三極彝訓，其書言經。經也者，恆久之至道，不刊之鴻教也。故象天地，效鬼神，參物序，制人紀，洞性靈之奧區，極文章之骨髓者也。自夫子刊述而大寶咸耀，於是易張十翼，書標七觀，詩列四始，禮正五經，春秋五例。義既極乎性情，辭亦匠於文理，故能開學養正，昭明有融。然而道心惟微，聖謨卓絶，牆宇重峻，而吐納自深。譬萬鈞之洪鍾，無錚錚之細響矣。」楊子比雕玉以作器，謂五經之含文也。」阮氏元文言說云：「許氏說文：『直言曰言，論難曰語。』左傳曰：『言之無文，行之不遠。』此何也？古人以簡策傳事者少，以口舌傳事者多；以目治事者少，以口耳治事者多。故同爲一言，轉相告語，必有愆誤。是必寡其詞，協其音，以文其言，使人易於記誦，無能增改，且無方言俗語雜於其間，始能達意，始能行遠。此孔子於易所以著文言之篇也。古人歌、詩、箴、銘、諺語，凡有韻之文，皆此道也。孔子於乾坤之言，自名曰文，此千古文章之祖也。爲文章者不務協音以成韻，修詞以達遠，使人易誦、易記，而惟以單行之語，縱橫恣肆，動輒千言萬字，不知此乃古人所謂直言之言，論難之語，非言之有文者也，非孔子之所謂文也。」

或問：「司馬子長有言，曰五經不如老子之約也，當年不能極其變，終身不能究其業。」〔注〕言其奧妙。曰：「若是，則周公惑，孔子賊。古者之學耕且養，三年通一。〔注〕無訓解故。今之學也，非獨爲之華藻也，又從而繡其鞶帨，惡在老不老也？」〔注〕鞶，大帶也；帨，佩巾也。衣有華藻文繡，書有經傳訓解也。文繡之衣，分明易察；訓解之書，灼然易曉。或曰：「學者之說可約邪？」〔注〕疾夫說學繁多，故欲約省之也。曰：「可約解科。」〔注〕言自可令約省耳，但當使得其義旨，不失其科條。」〔疏〕「司馬子長有言曰」云云者，此史記自序述司馬談論六家要指之語也。彼文云：「道家使人精神專一，動合無形，贍足萬物。其爲術也，固陰陽之大順，采儒、墨之善，撮名、法之要，與時遷移，應物變化，立俗施事，無所不宜。指約而易操，事少而功多。夫儒者以六藝爲法，六藝經傳以千萬數，累世不能通其學，當年不能究其禮，故曰博而寡要，勞而少功。」按：司馬談習道論於黃、老，爲黃、老之術，故其言如此。若史遷則講業齊、魯之都，觀孔子之遺風，所學不同，其論亦異。史記於孔子作世家，稱爲至聖；於老子則以與申、韓同傳，而謂之隱君子，軒輊之意，顯然可見。班孟堅謂遷「論大道，先黃、老而後六經」，良乖事實。胡部郎云：「史記孔子世家：『齊景公將欲以尼谿田封孔子。晏嬰曰：儒者，累世不能殫其學，當年不能究其禮。』談蓋本此。不知此晏子欲以沮孔子，乃私意，非篤論也。子長知之，故伯夷列傳云『學者載籍極博，猶考信於六藝』也。然則此亦以五經不如老子之約云云，爲司馬子長有言者，蓋世人以語出史記，遂不暇更爲區別。而法言記或問之語，亦但據問直書，不復一一糾正耳。」「若是，則周公惑，孔子賊」者，謂信如或問所云，則周公、孔子爲此浩穰難治之業以誤學者，在己則爲悖，於人則爲害也。「惑」與「賊」爲韻。「古者之學耕且養」，俞云：「此本作『古之學者耕且養』，傳寫誤倒耳。古之學者與下文今之學也相對爲文，上句用『者』，下句用『也』，亦猶論語陽貨篇『惡紫之奪朱也，惡鄭聲之亂雅樂也，惡利口之覆邦家者』，孟子盡心篇『孩提之童，無不知愛其親者；及其長也，無不知敬其兄也』，竝以『者』、『也』互用，是其例也。」按：漢書藝文志正作「古之學者耕且養」，此可爲曲園說之證。然古者之學猶云古人之爲學，於義自通，不必爲誤倒也。「三年通一」，治平本如此，世德堂作「三年通一經」，司馬云：「李本無『經』字，今從宋、吳本。」然則温公所見舊刻皆無此字。蓋「三年通一」乃當時學人間習用之語，不言經而意自曉，法言引用成語，故其文如此。藝文志作「三年而通一藝」，此孟堅增成其辭。宋、吳本有「經」字，乃校書者據漢書增之耳。藝文志說此文之義云：「存其大體，玩經文而已，是故用日少而畜德多，三十而五經立也。」按：弟子傳云：「孔子曰：『受業身通者七十有七人。』」而弟子中如子夏少孔子四十四歲，子游少孔子四十五歲，曾子少孔子四十六歲，子張少孔子四十八歲，宓子賤少孔子四十九歲。其他姓字不見於論語之諸賢，且有少孔子五十歲以上者。計至孔子之卒，其年皆未及三十，而竝已身通六藝。則謂儒者以六藝爲法，累世不能通其學者，其言不攻自破矣。「今之學也」，後漢書儒林傳論引作「今之學者」。沈休文齊安陸昭王碑李注，御覽八百十五，又王半山集李壁箋引法言，竝與後漢書同。按：「今之學也」，承上文「古者之學」云云而爲頓挫之辭，自以作「也」爲優。曲園以爲此「者」、「也」互用之例，未盡其旨。至後漢書惟節引此數語，上無所承，則改「也」爲「者」，於文爲順。義各有當，故不同耳。「非獨爲之華藻也，又從而繡其鞶帨」者，音義：「鞶帨，上音盤，下音稅。」藝文志云：「後世經傳既已乖離，博學者又不思多聞闕疑之義，而務碎義逃難，便辭巧說，破壞形體，說五字之文至於二三萬言。後進彌以馳逐，故幼童而守一藝，白首而後能言。安其所習，毁所不見，終以自蔽。此學者之大患也。」後漢書儒林傳論云：「至有分争王庭，樹朋私里，繁其章條，穿求崖穴，以合一家之説。故楊雄曰：『今之學者，非獨爲之華藻，又從而繡其鞶帨。』」章懷太子注云：「喻學者文煩碎也。」是博而寡要，勞而少功，乃今之學者用力於其所不必用有以致之耳，豈儒術之過也！「惡在老不老也」者，音義：「惡在，音烏。」此對五經不如老子之約而言，謂學之難易，視爲學之方如何，不在書之多寡。老子誠約，然以今人治經之法治之，則枝葉蕃衍，亦可至於無窮。苟今之治經者皆務實事求是，不爲虚浮無用之説空費日力，五經雖博，何難之有也？「學者之説可約邪」者，前文云：「譊譊之學，各習其師，精而精之，是在其中。」然精之不如約之，精之者用力勤而所得少，約之則用力寡而所得多。今經説之煩如此，終不能求所以約之者耶？「可約解科」者，孟子題辭云：「儒家惟有孟子閎遠微妙，緼奥難見，宜在條理之科。」焦疏云：「廣雅釋言云：『科，條也。』又云：『科，品也。』蓋當時著書之法各有科等，孟子之意指既緼奥難見，則宜條分縷析，使之井井著明，故宜在條理之科。『解科』即條理之科之謂。欲求經之易治，莫如取一切解科之書，芟其蕪穢，存其切要，勒爲簡編，用資精熟，則文不煩而是已在其中，學者之説不期約而自約矣。」注「言其奥妙」。按：世德堂本無此注，治平本作「言其要妙」，今依錢本。注「無訓解故」。按：下注云：「訓解之書，灼然易曉。」是弘範解此章之義，以爲古之爲學難，今之爲學易。其解三年通一，不以一爲一經，而以爲篇卷之屬，故釋之如此。蓋訓解不備，則須以己意求之，又同時有耕養之事，不能專精其業，故或曠日而竟一篇，或積久而明一義，此古者之學所以爲難，至有終身不能究其業者也。「古者」云云，卽指司馬談作六家要指論之時而言，時當孝武之世，初置五經博士，傳業未盛，學者通經不易，故談有是言也。注「鞶，大帶也；帨，佩巾也」。按：鞶有二義，說文：「鞶，大帶也。」易訟虞注、左傳莊公篇服虔注竝同。太玄：「周帶其鉤鞶。測曰：『帶其鉤鞶，自約束也。』」孫根碑：「束鞶立朝。」此皆以鞶爲帶也。內則：「男鞶革，女鞶絲。」鄭注云：「鞶，小囊，盛帨巾者。男用韋，女用繒，有飾緣之。」士昏禮記：「視諸衿鞶。」鄭注云：「鞶，鞶囊也。男鞶革，女鞶絲，所以盛帨巾之屬，爲謹敬。」晉書輿服志、宋書禮志竝云：「鞶，古制也。漢世，著鞶囊者側在腰間，或謂之傍囊，或謂之綬囊。」此皆以鞶爲囊也。此「鞶帨」連文，鞶當爲盛帨之囊，非謂大帶。漢時鞶囊常繡虎頭爲飾。班孟堅與竇憲牋云：「固于張掖縣受賜所服物虎頭繡鞶囊一雙。」東觀漢紀云：「鄧遵破諸羌，賜金剛鮮卑緄帶一具，虎頭鞶囊是也。」後漢書儒林傳論章懷太子注云：「鞶，帶也。字或作『幋』，說文曰：『幋，覆衣巾也。』」是唐時法言別本「鞶帨」有作「幋帨」者。「幋」乃「鞶」之假，非用本義也。說文：「帥，佩巾也。」重文「帨」。注「衣有」至「易曉」。按：皋陶謨：「山、龍、華、蟲，作會，宗彝、藻、火、粉、米、黼、黻、絺、繡，以五彩彰施于五色，作服。」尚書大傳云：「山、龍，青也；華、蟲，黃也；作繢，黑也；宗彝，白也；藻、火，赤也。天子服五，諸侯服四，次國服三，大夫服二，士服一。」是華者，華、蟲；藻者，藻、火，皆彰施作服之事，所以辨等威，故以爲訓解之喻。言今之爲學，承訓解大備之後，不獨諸經大義皆已條理井然，如衣服之有華、藻，雖一名一物之細，亦各分別著明，若鞶帨之施文繡。學者不煩思索，循誦可曉，何必老子之爲易，而五經之爲難乎？此說與班、范二書之義適成相反。弘範所以不用二書之義而別爲此說者，蓋以藝文志所云「說五字之文至於二三萬言」，及儒林傳論所謂「繁其章條，以合一家之說」者，皆元始以後傳業寖盛之事，非司馬談論六家要指時所有，不可以此當彼論所謂「儒者博而寡要，勞而少功」之說。然「今之學者」云云，乃子雲泛論近代俗學之蔽，不必泥事實爲言。弘範以書無訓解爲古人治學之難，頗近臆測。假如其說，則周、孔作經，初不自加注釋，豈非以甚難之業遺之世人，所謂惑且賊者，乃實事而非反言矣。且以「文繡之衣，分明易察」喻「訓解之書，灼然易曉」，亦爲牽強，更與下文「可約解科」之云義不相應。然則弘範此解不如班、范二書之長也。安陸昭王碑注引此文李軌注云：「鞶帶，帨巾也。喻今之文字多，非獨華藻也，巾帶皆文之如繡也。」與今本不同。蓋弘範舊文如此。「喻今之文字多」云云，當在「衣有華藻文繡」之上，後校書者據説文改「帶巾」字爲「大帶、佩巾」，而節去「喻今之文字多」數語耳。「文繡之衣」，世德堂本「衣」作「衣服」。注「言自可令約省耳」，世德堂本「耳」作「爾」。

或曰：「君子聽聲乎？」曰：「君子惟正之聽。〔注〕亦聽耳，但不邪。荒乎淫，拂乎正，沈而樂者，君子不聽也。」〔注〕拂，違也；沈，溺也。學記曰：「其求之也拂。」子夏曰：「今君之所好者，其溺音乎？」〔疏〕「君子聽聲乎」者，御覽五百六十五引新論云：「揚子雲大才而不曉音，余頗離雅樂而更爲新弄，子雲曰：『事淺易善，深者難識，卿不好雅、頌，而悦鄭聲，宜也。』」是當時有以不曉音短子雲者，故或以此爲問。「君子惟正之聽」者，正謂雅樂，義詳吾子疏。「拂乎正」者，音義：「拂乎，符勿切。」世德堂本作「佛」。按：説文：「弗，撟也。」引伸爲戾，爲違。經傳多以「拂」或「佛」爲之。「沈而樂者」，「沈」讀爲「媅」。説文：「媅，樂也。」經傳通作「耽」。廣韻：「媅、耽皆丁含切。」書無逸：「惟耽樂之從。」僞傳云：「過樂謂之耽。」沈、耽皆從冘聲，古音相同。詩賓之初筵序：「沈湎淫液。」釋文云：「沈字或作『耽』，皆『媅』之假。」音義：「而樂，音洛。」「沈而樂」，謂淫過而以爲樂也。「君子不聽也」，世德堂本作「弗聽」，浙江局本同。注「亦聽耳」，世德堂本「耳」作「爾」。注「拂違」至「音乎」。治平本無此注。今據錢本、世德堂本補。「拂，違也」，世德堂本作「佛，違也」；

「其求之也拂」，錢本、世德堂本皆作「佛」。按：學記：「其求之也佛。」釋文：「『佛』本又作『拂』。」弘範所據禮記字正作「拂」，故引以爲此文之證。自正義本禮記作「佛」，校法言者因改此注引學記「拂」字爲「佛」，而正文及注「拂，違也」猶仍其舊。治平本見其前後不相應，遂將此注删去。而爲五臣注者，乃併改正文及注「拂，違也」字悉爲「佛」，以求合於禮記矣。引「子夏曰」者，樂記文。弘範讀「沈」爲「湛」，故釋之如此。

或問：「侍君子以博乎？」曰：「侍坐則聽言，有酒則觀禮，焉事博乎！」或曰：「不有博弈者乎？」曰：「爲之猶賢於已耳。〔注〕今之所論，自謂侍於君子也。侍君子者賢於已乎？君子不可得而侍也。〔注〕人師難遭也。侍君子，晦斯光，窒斯通，亡斯有，辱斯榮，敗斯成。如之何賢於已也！」〔注〕窒，塞。「侍君子以博乎」者，「博」詳見吾子疏。説苑君道云：「魯哀公問於孔子曰：『吾聞君子不博，有之乎？』孔子對曰：『有之。』哀公曰：『何爲其不博也？』孔子對曰：『爲其有二乘。』哀公曰：『有二乘則何爲不博也？』孔子對曰：『爲行惡道也。』」韓非子外儲説左云：「齊宣王問匡倩曰：『儒者博乎？』曰：『不也。』王曰：『何也？』匡倩對曰：『博貴梟，勝者必殺梟。殺梟者，是殺所貴也。儒者以爲害義，故不博也。』」是古有君子不博之説，故欲知其然否也。「侍坐則聽言」者，曲禮云：「坐必安，執爾顔。長者不及，毋儳言。正爾容，聽必恭。」鄭注云：「聽先生之言，既説又敬。」是也。「有酒則觀禮」者，樂記云：「壹獻之禮，賓主百拜，終日飲酒而不得醉焉。」孔疏云：「終日飲酒而不得醉焉者，謂饗禮也。以其恭敬，示飲而已，故不得醉也。」此以不醉爲禮也。燕禮云：「賓醉，北面坐，取其薦脯以降，奏陔，賓所執脯以賜鍾人於門内霤，遂出。」鄭注云：「明雖醉不忘禮。」此既醉亦有禮也。詩賓之初筵云：「飲酒孔嘉，維其令儀。」鄭箋云：「飲酒而誠得嘉賓，則於禮有善威儀。」是也。「焉事博」者，音義：「焉事，於虔切。」「或曰：『不有博弈者乎？』曰：『爲之猶賢於已耳』」者，世德堂本「耳」作「爾」。論語云：「飽食終日，無所用心，不有博弈者乎？爲之猶賢乎已。」皇疏云：「博者十二棊，對而擲采者也。弈，圍棊也。賢猶勝也。已，止也。言若飽食而無事，則必思爲非法。若曾是無業而能有棊弈以消食終日，則猶勝無事而直止住者也。」陶氏鴻慶讀法言札記云：「『爲之猶賢於已耳』，疑亦或人之言。『曰』字當在此句下。或人蓋引孔子之言以自解，言以博侍君子，猶賢於無事也。如今本，則或人之問不成辭矣。」按：「不有博弈者乎」，乃借論語文以明古有博弈之事，非不成辭。「曰：『爲之猶賢於已耳』」者，卽用論語文答之，謂論語此言之義乃如此，不可以爲侍君子以博之說。「曰」字不當在句下。「侍君子，晦斯光」云云者，音義：「窒，珍栗切。」「亡」讀爲「無」。司馬云：「宋、吳本『有』作『存』。」此誤讀亡如字，故改「有」爲「存」，以相對耳。光、通、榮、成爲韻。注「今之所論，自謂侍於君子也」。按：宋云：「此文本連下句，意未終，不當於此注之。兼注語大與正文不類，頗失楊旨。」不知此注乃引伸正文之義而增益其辭，以起下文，正得子雲之旨。宋語殊謬。注「人師難遭也」。按：世德堂本「遭」作「逢」。任彥昇王文憲集序李注引任昉雜傳：「魏德公謂郭林宗曰：『經師易獲，人師難遭。』」注「窒，塞」。按：世德堂本此注上有「祕曰」字，衍也。說文：「窒，塞也。」

鷦明沖天，不在六翮乎？拔而傅尸鳩，其累矣夫。〔注〕拔鷦明之翼以傅尸鳩，不能沖天，適足爲累耳。論授小人以大位而不能成大功也。又言學小說不能成大儒。〔疏〕「鷦明沖天」者，鷦明詳前篇疏。呂氏春秋重言云：「是鳥雖無飛，飛將沖天。」高注云：「沖，至也。」按：讀爲「衝」。廣雅釋詁云：「衝，當也。」「不在六翮乎」者，音義：「六翮，下革切。」爾雅釋器云：「羽本謂之翮。」說文：「翭，羽本也；翮，羽莖也。」王氏筠句讀云：「蓋謂羽本無毛而空中者爲羽,衆毛所附者爲翮也。」「拔而傳尸鳩」者,國語晉語韋注云:「傳,箸也。」詩鳲鳩毛傳云:「鳲鳩,秸鞠也。」説文句讀云:「説苑反質篇引詩『尸鳩在桑』,高注淮南時則訓同。是詩釋文云:『本又作尸。』鵲巢序云:『德如鳲鳩。』釋文作『尸鳩』,云:『本又作鳲。』乃至王符潛夫論尚云:『内懷尸鳩之恩。』則知經典中所有『鳲』字,皆後人改也。」按:荀子勸學引詩正作「尸鳩」。今本説苑「尸」作「鳲」,淮南高注「尸」作「鳴」,皆傳刻之誤。平湖葛氏傳樸堂藏明鈔本説苑、吳黄氏藏北宋本淮南子竝不誤。陳氏喬樅魯詩遺説考云:「鳲鳩字古但作『尸』,作『鳲』者,今字也。列女傳引詩亦作『尸鳩』,與荀子同。而説苑引詩作『鳲鳩』,此後人用今字改之耳。」(樸園不見明鈔本説苑,故云。)法言各本皆作「尸鳩」,亦舊文之未改者。爾雅釋鳥云:「鳲鳩,鴶鵴。」郭注云:「今之布穀也,江東呼爲穫穀。」方言云:「布穀,自關東西,梁、楚之間,謂之結誥。周、魏之間謂之擊穀。自關而西,或謂之布穀。」戴氏震疏證云:「此條之首,『布穀』二字,當作『尸鳩』。」「其累矣夫」者,音義:「其累,力僞切。」按:繫辭云:「德薄而位尊,知小而謀大,力小而任重,鮮不及矣。」卽此文之義。注「適足爲累耳」。按:世德堂本「爲累」作「以累」。

雷震乎天,風薄乎山,雲徂乎方,雨流乎淵,〔注〕徂,往也。方,四方。其事矣乎?〔注〕言此皆天之事矣,人不得無事也。天事雷、風、雲、雨,人事詩、書、禮、樂也。〔疏〕「雷震乎天,風薄乎山」,顔延年曲水詩序李注引作「雷震于天,風薄于山」。廣雅釋詁:「薄,聚也。」天、山、淵韻語。天聲,淵聲,段表第十二部;山聲,段表第十四部。文子上德山、淵爲韻,太玄勤上九亦同。「其事矣乎」者,爾雅釋詁:「事,勤也。」注「徂,往也;方,四方」。按:世德堂本此語在吳注中,蓋司封承用李義,而爲五臣注本者因於李注删此語也。注「言此」至「樂也」。按:孔子閒居云:「天有四時，春秋冬夏，風雨霜露，無非教也。地載神氣，神氣風霆，風霆流形，庶物露生，無非教也。」鄭注云：「皆人君所當奉行以爲政教。」

魏武侯與吳起浮於西河，寶河山之固，起曰：「在德不在固。」〔注〕辭在史記。曰：「美哉言乎！使起之固兵每如斯，則太公何以加諸？」〔疏〕「魏武侯與吳起浮於西河」者，史記魏世家云：「文侯卒，子擊立，是爲武侯。」孫子吳起列傳云：「吳起者，衞人也，好用兵，嘗學於曾子。魏文侯以爲將，擊秦，拔五城。文侯以吳起善用兵，廉平盡能㊀，得士心，乃以爲西河守，以拒秦、韓。魏文侯既卒，起事其子武侯。魏置相，相田文。吳起不悅。田文既死，公叔爲相，而害吳起。吳起懼得罪，遂去，卽之楚。楚悼王素聞起賢，至則相楚。及悼王死，宗室大臣作亂而攻吳起。吳起走之王尸而伏之，擊起之徒因射刺吳起，并中悼王。」漢書藝文志有吳起四十八篇，入兵權謀家。禹貢：「黑水西河惟雍州。」僞傳云：「龍門之河在冀州西。」孔疏云：「河在雍州之東，而謂之西河者，龍門之河在冀州西界，故謂之西河。王制云：『自東河至於西河，千里而近。』是河相對而爲東西也。」墨子兼愛：「古者禹治天下，西爲西河漁竇。」畢氏沅注云：「西河在今山西、陝西之界。」宋氏翔鳳孟子趙注補正云：「魏世家：『惠王十九年，築長城，塞固陽。』固陽，漢志屬五原郡，在今陝西榆林府谷縣。魏河西地爲極北。秦本紀正義云：『魏西界與秦相接，南自華州鄭縣，西北過渭水，濱洛水東岸，向北有上郡、鄜州之地，皆築長城以界秦境。』在今華州，北至榆林，縱長千餘里，皆魏河西地。則魏本盡有河之西岸，據全晉之險，足以西制秦，所謂『天下莫強者』也。」按：秦本紀孝公元年下令國中曰：「昔我穆公，自岐、雍之間，修德行武，東

㊀「能」下原本有偏書小字「句」，蓋作者以示句讀，今刪。

平晉亂，以河爲界。往者厲、躁、簡公、出子之不寧，國家內憂，未遑外事，三晉攻奪我河西地，諸侯卑秦，醜莫大焉。」然則西河本秦、晉之界，秦厲公以來，晉始蠶食河西地。三家建國，而河西地屬魏。自此至魏襄王五年予秦河西地以前，西河盡在魏封域內，故武侯有與吳起浮舟於此之事。武侯之立，在周安王十六年乙未，吳起死楚，在安王二十一年庚子，中間不過六年。（魏世家：「武侯九年，使吳起伐齊，至靈丘。」按：武侯九年，當安王二十四年癸卯，起死已久。此「使吳起」三字，必誤文也。）起之相楚，史稱其明法彊兵，南平百越，北幷陳、蔡，卻三晉，西伐秦，爲時必不得甚暫。而起去魏適楚之前，爲西河守，甚有聲名，又更田文、公叔之相，則亦必非數月間之事。此皆在武侯與起浮於西河以後，然則此「浮於西河」，必卽武侯初立時事。「寶河山之固」者，起傳云：「武侯浮西河而下中流，顧而謂吳起曰：『美哉！山河之固，此魏國之寶也。』」按：水經注河水篇云：「孟門卽龍門之上口也，實爲河之巨阸，兼孟門津之名矣。此石經始禹鑿河中，漱廣夾岸，崇深傾崖，返捍巨石，臨危若墜復倚。其中水流交衝，素氣雲浮，往來遙觀者常若霧露沾人，窺深悸魄。其水尚崩浪萬尋，懸流千丈，渾洪贔怒，鼓若山騰。濬波頹疊，迄于下口。」又引魏土地記曰：「梁山北有龍門山，大禹所鑿，通孟津河口，廣八十步，巖際鐫跡，遺功尚存。昔魏文侯與吳起浮河而下，美河山之固，卽于此也。」（按：諸書皆謂是武侯事，此作文侯，誤也。）「曰在德不在固」者，起傳云：「起對曰：『在德不在險。昔三苗氏左洞庭，右彭蠡，德義不脩，禹滅之。夏桀之居，左河、濟，右泰、華，伊闕在其南，羊腸在其北，脩政不仁，湯放之。殷紂之國，左孟門，右太行，常山在其北，大河經其南，脩政不德，武王殺之。由此觀之，在德不在險。若君不脩德，舟中之人盡爲敵國也。』」周禮夏官序官掌固，鄭注云：「國曰固，野曰險。」按：險、固散文亦通。周禮大司馬：「負固不服。」注云：「固，險可依以固者也。」鹽鐵論險固云：「故在德不在固。」又按：國策魏策云：「魏武侯與諸大夫浮於西河，稱曰：『河山之險，不亦信固哉！』王鍾（一作「錯」。）侍王，曰：『此晉國之所以強也。若善脩之，則霸王之業具矣。』吳起對曰：『吾君之言，危國之道也。而子又附之，是重危也。』武侯忿然曰：『子之言有説乎？』吳起對曰：『河山之險，信不足保也。是霸王之業，不從此也。昔者三苗之居云云。』武侯曰：『善！吾乃今日聞聖人之言也。西河之政，專委之子矣。』」是起之再爲西河守，卽以此言。然呂氏春秋長見（亦見觀表。）云：「吳起治西河之外，王錯譖之於魏武侯，武侯使人召之。」則起之被讒而去西河，亦卽以此言也。「美哉言乎！使起之固兵每如斯，則太公何以加諸？」纂圖互注本、世德堂本均作「使起之兵」，無「固」字，錢本作「用兵」。吳起傳集解引法言「使起之用兵每若斯」，字亦作「用」。按：司馬云：「李本作『使起之固兵』，（此「固」字世德堂亦作「用」，纂圖互注本作「固」。）今從宋、吳本。惜起之用兵多尚狙詐，不能充其言也。」明集注本依宋、吳作「用」，而温公所見李本則作「固」，自五臣注本正文脱「用」字，校刊者以爲宋、吳本如此，因以作「用」者爲李本，而將集注李本作「使起之固兵」之「固」亦改爲「用」，遂使集注「惜起之用兵」云云與上文「今從宋、吳本」之語不相應矣。此承「在德不在固」而言，故云「使起之固兵每如斯」。蓋險可依以固者謂之固，依險以固亦謂之固。泛言之，則凡安定堅彊及能使安定堅彊者皆謂之固。「使起之固兵每如斯」者，謂起知固國以德不以險，不知彊兵以仁義不以權謀。使起本在德不在固之義以治其兵，則成爲王者之師，故曰：「雖太公何以加諸？」注「辭在史記」。按：世德堂本無此注。

或問：「周寶九鼎，寶乎？」曰：「器寶也。器寶，待人而後寶。」〔注〕道存則器不亡，道亡則器不存。〔疏〕「周寶九鼎」者，左傳宣公篇云：「昔夏之方有德也，遠方圖物，貢金九牧，鑄鼎象物。桀有昏德，鼎遷於商，載祀六百。商紂暴虐，鼎遷于周。成王定鼎于郟鄏，卜世三十，卜年七百，天所命也。」漢書郊祀志云：「有司皆言：聞昔禹收九牧之金，鑄九鼎，象九州，其空足曰鬲，以象三德，饗承天祐。夏德衰，鼎遷于殷。殷德衰，鼎遷于周。周德衰，鼎遷于秦。秦德衰，宋之社亡，鼎迺淪伏而不見。」又吾丘壽王傳云：「臣聞周德始乎后稷，長於公劉，大於太王，成於文、武，顯於周公。德澤上昭天，下漏泉，無所不通。上天報應，鼎爲周出，故名『周鼎』。」公羊傳桓公篇，徐疏云：「殷衰之時，鼎没於泗水。及武王克殷之後，鼎乃出見。」「器寶，待人而後寶」者，左傳宣公篇云：「德之休明，雖小，重也；其姦回昏亂，雖大，輕也。」即其義。按：元后傳：「初漢高祖入咸陽，至霸上，秦王子嬰降於軹道，奉上始皇璽。及高祖誅項籍，即天子位，因服御其璽，世世傳受，號曰『漢傳國璽』。以孺子未立，璽藏長樂宮。及莽即位，請璽太后，不肯授莽。莽使安陽侯舜諭指。太后知其爲莽求璽，怒駡之，因涕泣而言，舜亦悲不能自止。良久，迺仰謂太后：『臣等已無可言者。莽必欲得傳國璽，太后寧能終不與邪？』太后聞舜語切，恐莽欲脅之，迺出『漢傳國璽』投之地，以授舜。舜既得傳國璽，奏之。莽大説。」此文當爲此而發。

齊桓、晉文以下，至於秦兼，其無觀已。或曰：「秦無觀，奚其兼？」曰：「所謂觀，觀德也。如觀兵，開闢以來，未有秦也。」〔注〕秦以兵兼，而不以德；莽以詐篡，而不以道。言秦兵之無可觀，則莽之篡不言可知。〔疏〕「齊桓、晉文以下，至於秦兼，其無觀已」者，孟子云：「仲尼之徒，無道桓、文之事者，是以後世無傳焉。」趙注云：「孔子之門徒，頌述宓戲以來，至文、武、周公之法制耳。雖及五霸，心賤薄之。是以儒家後世無欲傳道之者。」此桓、文不足觀也。説文：「兼，并也。」秦始皇琅邪臺刻石云：「維秦王兼有天下，立名爲皇帝。」賈誼新書過秦下云：「周室卑微，五霸既滅，令不行於天下。是以諸侯力勁，強淩弱，衆暴寡，兵革不休，士民罷弊。今秦南面而王天下，是上有天子也。卽元元之民，冀得安其性命，莫不虛心而仰上。當此之時，專威定功，安危之本，在於此矣。秦王懷貪鄙之心，行自奮之智，不信功臣，不親士民，廢王道而立私愛，焚文書而酷刑法，先詐力而後仁義，以暴虐爲天下始，故其亡可立而待也。」此秦之兼不足觀也。司馬云：「言皆尚詐力，不以其道而得之，雖強大，無足觀也。」「秦無觀，奚其兼」者，謂霸業之成，必有其道。桓、文之事遠矣，今姑置不言。若秦之有天下，非幸也。荀子議兵云：「秦人功賞相長也，五甲首而隸五家，是最爲衆彊長久。多地以正，故秦四世有勝，非幸也，數也。」又彊國云：「應侯問孫卿子曰：『入秦何見？』孫卿子曰：『其固塞險，形埶便，山林川谷美，天材之利多，是形勝也。入境，觀其風俗，其百姓樸，其聲樂不流汙，其服不挑，甚畏有司而順，古之民也。及都邑官府，其百吏肅然，莫不恭儉敦敬，忠信而不楛，古之吏也。入其國，觀其士大夫，出於其門，入於公門，出於公門，歸於其家，無有私事也。不比周，不朋黨，倜然莫不明通而公也，古之士大夫也。觀其朝廷，其間聽決百事不留，恬然如無事者，古之朝也。故秦四世有勝，非幸也，數也。』然則謂秦無觀者，是未知秦之所以爲秦也。「所謂觀，觀德也」者，荀子又云：「兼是數者而盡有之，然而縣之以王者之功名，則倜倜然其不及遠矣。是何也？則其殆無儒邪！故曰粹而王，駮而霸，無一焉而亡。此亦秦之所短也。」縣之以王者之功名，卽觀德之謂。所謂秦無觀者，正謂其去王者之功名遠也。「如觀兵，開闢以來，未有秦也」者，兵謂武功。或人之所謂可觀者，皆武功之類也。如以武功而已矣，則古之能以力征定天下者，孰有過於秦者哉？秦始皇本紀載丞相綰等議云：「昔者，五帝地方千里，其外侯服、夷服，諸侯或朝或否，天子不能制。今陛下興義兵，誅殘賊，平定天下，海內爲郡縣，法令由一統。自上古以來未嘗有，五帝所不及。」蓋專以武功論，則此言固未爲夸矣。注「秦以」至「可知」。按：此言五霸之獘，極於嬴秦，論其兵力，前代未有，猶外戚之禍，窮於新莽，觀其邪佞，亦書契所無。李注正得楊意。宋云：「此正文義似止論秦兵之由，而注兼王莽，亦猶蛇足矣。且云莽以詐簒不以道，夫豈有以道簒人哉？甚非謂焉！」不知古人微文刺譏，罕譬而喻。子雲於莽，口誅筆伐，每託文於秦。如重黎云：「趙世多神。」又云：「恐秦未亡而先亡矣。」又云：「攘肌及骨，而赧獨何以制秦乎？」又云：「子弟且欲喪之，況於民乎？況於鬼神乎？」語雖謂秦，意實在莽。漢書王莽傳贊云：「昔秦燔詩、書，以立私議，莽誦六蓺，以文姦言，同歸殊塗，俱用滅亡。皆亢龍絶氣，非命之運。」弘範此注，亦同班義。宋以爲蛇足，可謂不善讀書。至注云「秦以兵兼，而不以德；莽以詐簒，而不以道」，乃謂秦之得天下由於力征，而不由於德，以比莽之得天下由於詐取，而不由於道。非謂莽不以道簒也。宋以文害辭，益形其陋矣。

或問：「魯用儒而削，何也？」〔注〕楊子貴儒學而賤兵彊，魯國嘗爲齊、楚所侵，所以譏問。曰：「魯不用儒也。昔在姬公用於周，而四海皇皇，奠枕于京。〔注〕皇皇歸美，安枕而卧，以聽於京師。孔子用於魯，齊人章章，歸其侵疆。〔注〕章章，悚懼也。一時暫用，猶至於是，況能終之乎？魯不用真儒故也。如用真儒，無敵於天下，安得削？」〔注〕萬物將自賓。〔疏〕「魯用儒而削」者，孟子云：「淳于髡曰：『魯繆公之時，公儀子爲政，子柳、子思爲臣，魯之削也滋甚。若是乎，賢者之無益於國也。』」趙注云：「魯繆公時，公儀休爲執政之卿。子柳，泄柳也；子思，孔伋也；二人爲師傅之臣。不能救魯之見削奪，亡其土地者多。若是，賢者無所益於國家，何用賢爲？」則此魯謂繆公時之魯也。「昔在姬公用於周，而四海皇皇，奠枕于京」者，廣雅釋訓：「惶惶，劇也。」又釋詁：「劇，疾也。」皇皇即惶惶。學行「仲尼皇皇」，義與此同。劉向九歎：「征夫皇皇，其孰依兮？」王注云：「皇皇，惶遽貌。」「奠」者，「停」之古字。考工記：「凡行奠水。」鄭司農注云：「奠讀爲停。」士冠禮：「賛者奠纚笄櫛于筵南端。」士昏禮：「坐奠觶。」鄭注竝云：「奠，停也。」內則：「奠之而后取之。」鄭注云：「奠，停地也。」說文無「停」，古止以「奠」爲之，奠、停一聲之轉。音義：「奠枕，章衽切。」方言云：楚、衞之間，「軫謂之枕」。郭注云：「車後橫木。」釋名釋車云：「枕横在前，如臥牀之有枕也。」小爾雅廣器云：「軫謂之枕。」宋氏訓纂云：「釋名變後言前，亦就枕生義。輿下四面材謂之軫。其三面前有式，左右有較軨，皆不見。唯軫後一面，人共見之。故諸家皆以車後橫木釋軫。」按：軫、枕亦一聲之轉。漢、魏以來，每以「軫」代「車」字用之。「四海惶惶，停軫於京。」謂四方諸侯争先恐後朝貢京師耳。魯周公世家云：「武王既崩，成王少，周公恐天下聞武王崩而畔，周公乃踐阼，代成王攝行政當國。管、蔡、武庚等果率淮夷而反。周公乃奉成王命，興師東伐，作大誥。遂誅管叔，殺武庚，放蔡叔；收殷餘民，以封康叔於衞，封微子於宋，以奉殷祀。寧淮夷東土，二年而畢定，諸侯咸服宗周。」新語無爲云：「周公制作禮樂，郊天地，望山川，師旅不設，刑格法懸，而四海之內奉供來臻，越裳之君重譯來朝。」即其事。胡部郎云：「枕當讀爲䏙。䏙即醓之正字，亦借『𧖴』爲之，詳說文肉部『䏙』、血部『𧖴』段注。此又借『枕』爲『䏙』，枕、䏙同從冘聲也。周禮：『醓人朝事之豆，其實韭菹、醓醢。』此在第一豆，爲最尊，故楊子特舉之。」「四海皇皇，奠䏙于京」者，即詩文王「殷士膚敏，祼將于京」，孝經聖治章「周公郊祀后稷，以配天；宗祀文王於明堂，以配上帝。四海之內，各以其職來祭」者也。「孔子用於魯，齊人章章，歸其侵疆」者，廣雅釋訓云：「章章，衙衙，行也。」是章章猶衙衙，皆謂往來無定之貌。子雲羽獵賦：「章皇周流。」李注云：「章皇，猶彷徨也。」左太沖吴都賦：「輕禽狡獸，周章夷猶。」劉注云：「周章，謂章皇周流也。」

然則雙聲言之曰周章，疊韻言之曰章皇，重言之曰章章，其義同也。公羊傳定公篇云：「齊人曷爲來歸運、讙、龜、陰田？孔子行乎季孫，三月不違。齊人爲是來歸之。」解詁云：「齊侯自頰谷會歸，謂晏子曰：『寡人獲過於魯侯，如之何？』晏子曰：『君子謝過以質，小人謝過以文。齊嘗侵魯四邑，請皆還之。』」左傳定公篇云：「夏，公會齊侯於祝其，實夾谷，孔丘相。將盟，齊人加於載書曰：『齊師出竟，而不以甲車三百乘從我者，有如此盟。』孔丘使茲無還揖對曰：『而不反我汶陽之田，吾以共命者，亦如之。』齊人來歸鄆、讙、龜、陰之田。」孔疏云：「八年，陽貨入于讙陽關以叛。九年，伐陽關，陽虎奔齊。其時，虎以讙去，鄆與龜、陰亦從之，皆爲齊所取，至今始歸之。」此齊歸魯侵疆之事。運、鄆古字通。解詁以運、讙、龜、陰爲四邑。龜也，陰也，同爲邑名。服虔、杜預皆以爲龜是山名；陰者，山北；鄆、讙、龜陰三田耳。以地理考之，自以服、杜之說爲長。鄆，今曹州府鄆城縣；讙，今泰安府肥城縣西南；龜山在今泰安府新泰縣西南。陳氏立公羊疏謂何注四邑，蓋三邑之譌。運也，讙也，邑也；龜陰，田也。然新語辨惑亦云：「齊人懼然而恐君臣易操，不安其故行，乃歸魯四邑之侵地，終無乘魯之心。」則邵公語固有所本，不必爲譌文也。皇、京、章、疆爲韻。「魯不用真儒故也」者，俞云：「或人所問魯用儒而削，自指魯穆公時事。鹽鐵論相刺章曰：『昔魯穆公之時，公儀爲相，子柳、子原爲之卿。然北削於齊，以泗爲境；南畏楚人；西賓秦國。』或人此問，意亦猶是。楊子則以公儀諸人皆未足爲真儒，必如周公、孔子，乃見用儒之效。故曰：『魯不用真儒故也。』孟子告子篇『魯繆公之時』云云，是魯以用儒而削，自戰國時已有此說。子思疑亦當作子原，不然何以反列子柳之下？且果用子思，不得謂非真儒矣。觀楊子『不用真儒』之說，益見穆公之未能用子思也。」今按鹽鐵論作「子思、子原」，非「子柳、子原」；說苑雜言引孟子作「子思、子庚」；盧氏文弨羣書拾補、王氏引之經義述聞皆以子庚爲泄柳字。鹽鐵論作子原，疑卽子庚之誤，庚、原隸形相近也。孟子云：「昔者魯繆公無人乎？子思之側，則不能安子思。」然則子思之曾仕繆公，固無可疑。特繆公不能盡其用，故謂之不用真儒耳。「如用真儒，無敵於天下」者，荀子儒效云：「故人主用大儒，則百里之地久，而後三年，天下爲一，諸侯爲臣。用萬乘之國，則舉措而定，一朝而伯。」王氏念孫云：「伯讀爲白，言一朝而名顯於天下也。」注「魯國嘗爲齊、楚所侵，所以譏問」。按：世德堂本「嘗」作「常」，「所以譏問」作「故譏問之」。注「皇皇歸美，安枕而卧，以聽於京師」。按：吴云：「皇皇，美也；奠，定也，定枕猶言安枕也。四海皇皇美盛，安枕無虞，歸向于京師。」義同李注。依此爲解，則奠枕者各安其居之謂。然各安其居，以聽命於京師，則謂之「奠枕于京」，於文爲漏。司馬云：「四海既平，則王者安枕于京師。」説較可通。然「四海皇皇，奠枕于京」與「齊人章章，歸其侵疆」相偶爲文，「歸其侵疆」卽就齊人言，則「奠枕于京」亦當就四海言，增「王者」字解之，既爲牽強，且前後文義參差不相應矣。　注「章章」至「終之」。按：世德堂本無此注，有吴注云：「章章宜爲慞慞，蓋古通用也。慞慞，懼也。」下述魯定公十年夾谷之會云云。説文無「慞」，古止作「章」。華嚴經音義引切韻：「慞，懼也。」此俗字。　注「萬物將自賓」。按：老子云：「道常無名，朴雖小，天下不敢臣。侯王若能守之，萬物將自賓。」

灝灝之海濟，樓航之力也。〔注〕濟，度也。言度大海在舟船，興大治在禮樂。航人無楫，如航何？〔注〕雖有舟航，而無楫櫂，不能濟難；雖有民人，而無禮樂，不能熙化。〔疏〕灝灝之海，世德堂本作「浩」。按：問神㊀：「商書灝灝爾。」又：「灝灝乎其莫之禦也。」治平本皆作「灝」，世德堂本灝、浩雜出，乃傳寫之參差也。御覽七百七十一引

㊀「神」字原本訛作「明」，據治平本法言改。

作「灝灝于海」。按：經傳釋詞云：「于猶乎也。」又爲歎美之詞，論語爲政篇：「孝乎惟孝！」釋文及漢石經「乎」竝作「于」，是也。然則「灝灝于海」猶云灝灝乎海，疑舊本如此，校書者不知于字之義，改爲「之」字耳。「濟，樓航之力也」者，司馬云：「濟謂所以得濟。」音義：「樓航，或作『杭』，亦作『杭』。」按：說文作「杭」。方言：「舟，自關而西謂之船，自關而東或謂之舟，或謂之航。」左太沖吳都賦劉注云：「樓船，船有樓也。」「航人無楫」，御覽七百七十一引作「舫人無檝」。吳曹侍讀元忠云：「作『舫人』者，是也。說文：『舫，船師，明堂月令曰：舫人，習水者。』北堂書鈔一百三十八引明堂月令曰：『榜人，舫人，習水者。』是舫人乃舟師之稱。隸書方、亢形近，又涉上下文而誤。」按：曹說是也。楫、檝古今字。「舫人無楫如航何」者，謂通曉治術之人而不假以政柄，不能治國也。司馬云：「海以喻艱難，航以喻國，航人以喻儒，楫以喻勢位。」是也。注「雖有」至「熙化」。按：世德堂本此注全删。「雖有民人」，錢本作「雖有人民」。

或曰：「奔壘之車，沈流之航，可乎？」〔注〕言治國及修身者，如車奔舟覆，故欲救之。曰：「否。」〔注〕否，不也。或曰：「焉用智？」〔注〕夫智者，貴能解患救難也。今有患難不能解救，故曰「焉用智」。曰：「用智於未奔沈。〔注〕言奔沈，吾猶人也。必也，使無奔沈。大寒而後索衣裘，不亦晚乎？」〔注〕禦災在於未發，思患在乎預防。〔疏〕「奔壘之車，沈流之航，可乎」者，司馬云：「奔壘，謂馬驚逸抵敵壘者。可，謂可救乎？」俞云：「說文夭部：『奔，走也。從夭，賁省聲。』故『賁』與『奔』古通用。詩『鶉之奔奔』，禮記表記引作『鶉之賁賁』，是也。『奔壘』當作『賁壘』。射義：『賁軍之將。』鄭注曰：『賁讀爲僨，僨猶覆敗也。』然則『賁壘之車』謂車之覆於壘者。下句『沈流之航』，謂舟之沈於流者。兩文正相對。隱三年左傳：『鄭伯之車僨於濟。』車以僨言，古語然也。」按：俞說是也。韓非子安危云：「奔車之上無仲尼，覆舟之下無伯夷。」奔車與覆舟相對，亦謂僨車也。若顧譚新語云：「奔車失轄，泛舟無檝，欲以不覆，未之有也。」（御覽七百六十九引。）則以爲奔馳之義，此誤讀韓非耳。「壘」當爲「垒」。說文：「垒，絫墼也。」段注云：「墼者，令適未燒者也。已燒者爲令適，今俗謂之塼，古作專。未燒者謂之墼，今俗謂之土墼。坺土則又未成墼者。積坺土爲牆曰厽，積墼爲牆曰垒。禮喪服：『剪屏柱楣。』注曰：『於中門之外垒墼爲之。』今本『垒』皆譌『壘』。急就篇『墼壘』亦當作『垒』。蓋俗字厽、畾之不分者多矣。」然則垒本積墼爲牆之謂，引伸之爲積土之稱。僨垒之車，謂車之覆於積土者也。「可乎」當作「可救乎」。李注云：「故欲救之。」明其所據本有「救」字。今本無者，傳寫偶脱耳。「用智於未奔沈」者，司馬云：「制治於未亂，保邦於未危。」按：素問四氣調神大論云：「故聖人不治已病，治未病；不治已亂，治未亂。」王注云：「智之至也。」「大寒而後索衣裘，不亦晚乎」者，言車僨舟沈而後求救，猶大寒而後索衣裘，雖有智者，未如之何。四氣調神大論云：「夫病已成而後藥之，亂已成而後治之，譬猶渴而穿井，鬭而鑄椎，不亦晚乎！」注云：「智不及時也。」司馬云：「言不足以爲智。」似失其義。注「言治國及修身者，如車奔舟覆」。按：二句義不可通，當有脱誤。注「否，不也」。按：世德堂本無此注。注「禦災在於未發」。按：世德堂本「禦」作「御」。

乘國者，其如乘航乎？航安，則人斯安矣。〔注〕航傾則人危，法亂則國亡。〔疏〕「乘國者，其如乘航乎」者，詩七月：「亟其乘屋。」鄭箋云：「乘，治也。」治航，謂主航之事者。胡部郎云：「乘如論語『有馬者借人乘之』之『乘』。包注云：『有馬者不能調良，則借人乘習之。』」宋氏翔鳳發微云：「借人乘習，則皆期於善御，亦六藝之一。」然則乘國猶言御國也，乘航亦得曰駕航。郭鈺詩「浩蕩天風駕海航」，蘇軾賦亦云「駕一葉之扁舟」，是也。「人斯安矣」，書鈔一百三十八、藝文類聚七十一竝引作「民斯安矣」。曹侍讀云：「蓋唐以前本如此。今作『人』者，乃唐人避諱改之。」按：人謂航人，不當作「民」。此唐以後校書者以唐諱「民」曰「人」，故遇唐本「人」字輒還爲「民」，或於所不當改者亦改之也。「航安則人斯安矣」者，喻治國者當知爲政之大體，國之利害，先於一切，不得違道以干百姓之譽。

惠以厚下，民忘其死；忠以衛上，君念其賞。自後者，人先之；自下者，人高之。〔注〕欲上，必以其言下之；欲先，必以其身後之。處上而民不重，在前而民不害。誠哉，是言也！〔注〕誠，信也。〔疏〕「惠以厚下，民忘其死；忠以衛上，君念其賞」者，此言上下報禮之事出於人情之自然，非彊而致也。易兌彖曰：「說以先民，民忘其勞；說以犯難，民忘其死。」詩東山序引作「說以使民，民忘其死」。左傳襄公篇引夏書曰：「惟帝念功。」司馬云：「言志不在於取而自得之。」是也。「自後者，人先之；自下者，人高之。誠哉，是言也」者，此引古語以證上文之義。惠以厚下者，薄於己而厚於民，是自後也。而民至不愛其死以報之，是「自後者，人先之」也。忠以衛上者，輕其身而重其君，是自下也。而君必盡禮以尊顯之，是「自下者，人高之」也。注「欲上」至「不害」。按：皆老子文。注「誠，信也」。按：世德堂本無此注。論語云：「子曰：善人爲邦百年，亦可以勝殘去殺矣。誠哉，是言也！」皇疏云：「誠，信也。古舊有此語，故孔子稱而美信之。」

或曰：「弘羊榷利而國用足，盍榷諸？」〔注〕盍，何不也。曰：「譬諸父子，爲其父而榷其子，縱利，如子何？〔注〕有若譏十二之稅，楊子貶榷利之例。卜式之云，不亦匡乎！」〔注〕匡，正也。桑弘羊榷利之時，天下大旱。卜式曰：「獨亨弘羊，天乃雨。」式之所言，大匡正矣。〔疏〕「弘羊榷利而國用足」者，史記平準書云：「桑弘羊以計算用事，侍中。弘羊，雒陽賈人子。」音義：「榷利，音角。」世德堂本作「搉」，從手。漢書武帝紀：「天漢三年二月，初榷酒酤。」如淳云：「榷音較。」韋昭云：「以木渡水曰榷。謂禁民酤釀，獨官開置。如道路設木爲榷，獨取利也。」顏云：「榷者，步渡橋。爾雅謂之石杠，今之略彴是也。禁閉其事，總利入官，而下無由以得，有若渡水之榷，因立名焉。」然則榷利之「榷」，乃取於步渡橋以爲義，字當從「木」作「榷」。說文：「榷，水榷横木㊀，所以渡者也。」朱氏通訓定聲以此爲「覈」之假。說文：「覈，實也。考事襾笮，邀遮其辭，得實曰覈。」按：榷者，總利入官，其義爲專，爲獨，非考事得實之謂。榷酒酤之云，必當時立此法者所命之名。專利謂之榷，猶罔利謂之龍斷，古語有然，不煩改讀也。史記平準書云：「元封元年，桑弘羊爲治粟都尉，領大農。以諸官各自市，相與争㊁，物故騰躍，而天下賦輸或不償其僦費，乃請置大農部丞數十人，分部主郡國，各往往縣（漢書食貨志無「縣」字。）置均輸、鹽鐵官。令遠方各以其物貴時（志作「如異時」。）商賈所轉販者爲賦，而相灌輸。置平準于京師，都受天下委輸。召工官治車、諸器，皆仰給大農。大農之諸官盡籠天下之貨物，貴卽賣之，賤則買之。如此，富商大賈無所牟大利，則反本，而萬物不得騰踊。故抑天下物，名曰平準。天子以爲然，許之。於是天子北至朔方，東到太山，巡海上，竝（志作「旁」。）北邊以歸。所過賞賜用帛百餘萬匹，錢金以巨萬計，皆取足大農。弘羊又請令吏（志作「民」。）得入粟補官，（志作「吏」。）及罪人（志作「以」。）贖罪。（志無此字。）令民能入粟甘泉各有差，以復終身，不告緡。他郡國各輸急處，而諸農各致粟，山東漕益歲六百萬石。一歲之中，太倉、甘泉倉滿，邊餘穀諸物均

㊀ 今本說文「榷」作「上」。

㊁ 原本「争」下有偏書小字「句」，蓋作者以示句讀，今删。

輸帛五百萬匹。民不益賦而天下用饒。於是弘羊賜爵左庶長，黃金再百斤焉。」漢書車千秋傳：「桑弘羊爲御史大夫。八年，自以爲國家興榷筦之利，伐其功，欲爲子弟得官，怨望霍光，與上官桀謀反，遂誅滅。」「譬諸父子，爲其父而榷其子」，世德堂本作「爲人父」。按：爲其父之「爲」，于僞切。若作「爲人父」，則「爲」當平聲。「卜式之云，不亦匡乎」者，平準書云：「是歲（按：元封元年也。）小旱，上令官（志作「百官」。）求雨。卜式言曰：『縣官當食租衣稅而已。今弘羊令吏坐市列肆，（志無「肆」字。）販物求利，亨弘羊，天乃雨。』」漢書卜式傳云：「卜式，河南人也，以田畜爲事。時漢方事匈奴，式上書願輸家財半助邊，上不報。數歲，乃罷式。式歸，復田牧。歲餘，召拜爲中郎。歲餘，拜緱氏令，遷成皋令，拜爲齊王太傅，轉爲相。會呂嘉反，式上書請行，死之以盡臣節。元鼎中，徵式代石慶爲御史大夫。式既在位，言郡國不便鹽鐵而船有算，可罷。上由是不說式。明年，當封禪，式又不習文章，貶秩爲太子太傅，以兒寬代之。式以壽終。」注「盍，何不也」。按：世德堂本無此注。注「楊子譏榷利之例」。按：治平本「例」作「權」，錢本同，於義難通。今依世德堂本改。注「匡，正」至「正矣」。按：世德堂本此注上冠「祕曰」字，則以爲吴注語，其文亦小有增損，蓋吴襲李語而略改之耳。史、漢竝云是歲小旱，此云天下大旱，誤也。又正文「卜式之云」，當指「縣官食租衣稅而已」之語，此專以請烹弘羊當之，亦非。

或曰：「因秦之法，清而行之，亦可以致平乎？」曰：「譬諸琴瑟鄭、衛調，俾夔因之，亦不可以致簫韶矣。」〔注〕俾，使也。譬之琴瑟調，正則合雅，鄭、衛則爲淫。秦法酷暴，雖欲使聖人因之，不可以致康哉。鄭、衛本淫，雖使夔拊之，而不可致簫韶。〔疏〕「因秦之法，清而行之，亦可以致平乎」者，漢法多因秦制，故以爲問。

致平謂致治太平。「譬諸琴瑟鄭、衛調」者，顏延年秋胡詩：「聲急由調起。」李注云：「調猶韻也。」又：「義心多苦調。」注云：「調猶辭也。」「俾夔因之，亦不可以致簫韶矣」者，樂記云：「夔始制樂。」鄭注云：「夔，舜時典樂者也。」公羊傳哀公篇徐疏引鄭書注云：「簫韶，舜所制樂。」又引宋均樂說注云：「簫之言肅。舜時民樂其肅敬而紀堯道，故謂之簫韶。或曰韶，舜樂名，舜樂者其秉簫乎㊀？」按：簫韶疊韻連語，字亦作「箾」。說文：「虞舜樂曰箾韶。」箾言之則曰韶。論語：「子謂韶盡美矣，又盡善也。」秦法不可以爲治，猶鄭聲不可以爲雅。極亂之後，非撥亂反正，無以致太平。荀子不苟云㊁：「國亂而治之者，非按亂而治之之謂也。去亂而被之以治。」是其義也。注「俾，使」至「簫韶」。按：世德堂本此注全删。皋陶謨云：「夔曰：『於予擊石拊石，百獸率舞。』」故云使夔拊之。「拊」與「撫」同。

或問：「處秦之世，抱周之書，益乎？」曰：「舉世寒，貂、狐不亦燠乎？」〔注〕貂、狐之裘，於體溫燠。或曰：「炎之以火，沃之以湯，燠亦燠矣！」〔注〕言秦焚書坑儒於湯火之中，但苦太熱耳。此謂或人戲嘲楊子之辭。曰：「燠哉！燠哉！時亦有寒者矣。」〔注〕歎秦之無道也。時亦有寒者，謂四皓隱居，尸子避地，斯皆清涼其身，不燠秦之湯火。〔疏〕「處秦之世，抱周之書，益乎」者，周書謂孔子之書。言世尚刑法，而獨守六藝之文，與世不合，無所用也。「舉世寒，貂、狐不亦燠乎」者，音義：「貂，音彫。」爾雅釋言：「燠，暖也。」司馬云：「天下無道，而獨得先王之術，可以自治矣。」「炎之以火，沃之以湯，燠亦燠矣」者，說文：「渜，溉灌也。」今字省作「沃」。吳云：「何必貂狐之爲

㊀「秉」字原本訛作「乘」，據公羊傳徐疏改。
㊁「不苟」原本訛作「脩身」，據荀子改。

煥，若用湯火，亦煥矣。猶言何必周書之爲治，若用刑法，亦可治矣。」司馬云：「言用秦之法，以治秦之民，亦孰敢不從！」「煥哉！煥哉！時亦有寒者矣」者，司馬云：「言雖不得已，一時暫從，而中心不服，終致乖亂。」按：謂湯火之焰，俄頃卽衰；刑法之威，旋踵而滅。恃湯火以爲煥者，煥暫而寒常；用刑法以爲治者，小治而大亂也。注「言秦」至「之辭」。按：焚書坑儒，世德堂本作「燒詩、書，坑儒士」。此注云云，乃弘範之誤解，不如吴注之長。注「尸子避地」。按：史記孟荀列傳：「楚有尸子。」集解引別録云：「楚有尸子，疑謂其在蜀。今案尸子書，晉人也，名佼，秦相衞鞅客也。衞鞅，商君，謀事畫計，立法理民，未嘗不與佼規也。商君被刑，佼恐并誅，乃逃亡入蜀。」藝文志「尸子二十篇」，注云：「名佼，魯人。」

非其時而望之，非其道而行之，亦不可以至矣。〔注〕天由其時，人由其道，非時之有，望之不可得見；非道而行之，不可得至。〔疏〕司馬云：「用秦之法以求治，猶冬而望生，春而望穫，之燕而南，適楚而北，終不能致。」注「非時」至「得至」。按：世德堂本作「非時之夏，望之不可見；非道之正，行之不可至。」

秦之有司負秦之法度，〔注〕秦法已酷，吏又毒之。**秦之法度負聖人之法度，秦弘違天地之道，而天地違秦亦弘矣。**〔注〕失德之報，何其驗哉！〔疏〕「秦之有司負秦之法度」者，謂若李斯、趙高矯始皇詔誅太子扶蘇之屬。秦任刑法，本以防姦邪，而秦臣之姦邪愈滋，是負秦之法度也。「秦弘違天地之道，而天地違秦亦弘矣」者，宋云：「秦欲以萬世君之，天地止以二世滅之。」吴云：「秦自以爲關中之固，金城千里，子孫帝王，萬世之業。止二世而亡，是天地違秦亦大矣。」按：此承秦之有司負秦之法度而言。聖人之法度，天地之道也。秦負聖人之法度，是爲弘違天地之道。而天假手於有司，使負其法度，以亡秦。是天地違秦亦弘也。注「秦法已酷，吏又毒之」。按：世德堂本「已酷」

作「酷矣」。吴云：「秦之法度本以刑罰決斷爲本，而秦之有司乃以慘酷爲能，是負其法度矣。」司馬云：「秦法雖酷，亦在於求治，而有司又爲文巧以亂之。」二説略同。李義秦法本酷，有司從而加甚，不得云「負」，且與天地違秦之義不貫，恐非楊旨。

法言義疏十一

五百卷第八〔注〕夫言者，所以通理也。五百歲一聖，非經通之言，故辨其惑罔之迷也。

法言

李軌注

或問：「五百歲而聖人出，有諸？」〔注〕孟軻、史遷皆有此言。曰：「堯、舜、禹，君臣也而竝；文、武、周公，父子也而處。湯、孔子數百歲而生。因往以推來，雖千一不可知也。」〔注〕千歲一人，一歲千人，不可知也。〔疏〕「五百歲而聖人出」者，孟子云：「五百年必有王者興，其間必有名世者。」又云：「由堯、舜至於湯五百有餘歲，若禹、皋陶則見而知之，若湯則聞而知之。由湯至於文王五百有餘歲，若伊尹、萊朱則見而知之，若文王則聞而知之。由文王至於孔子五百有餘歲，若太公望、散宜生則見而知之，若孔子則聞而知之。」趙注云：「言五百歲聖人一出，天道之常也。亦有遲速，不能正五百歲，故言有餘歲也。」是古有是言，故以爲問。「堯、舜、禹，君臣也而竝；文、武、周公，父子也而處。湯、孔子數百歲而生」者，吳云：「堯、舜、禹三聖相竝，後數百年始生湯。文、武、周公三聖同處，後數百年始生孔子。先則比年而三聖，後則遠年而一聖。」司馬云：「湯上距禹，下距文王，孔子上距周公，皆數百歲。」「因往以推來，雖千一不可知也」者，俞云：「千謂千歲，一謂一歲。從其極疏者言之，或千歲而生一聖人；從其極數者言之，或一歲而生一聖人。故曰雖千一不可知也。」按：承上文「五百歲而聖人出」爲言，故省其辭。猶云雖千歲而聖人出，或一歲而聖人出，不可知也。千歲而聖人出，因湯、孔子之例推之；一歲而聖人出，因堯、舜、禹、文、武、周公之例推之也。注「孟軻、史遷皆有此言」。按：孟子見上引。史記自序云：「先人有言，自周公卒，五百歲而有孔子。孔子卒後，至於今五百歲，有能紹明世，正易傳，繼春秋，本詩、書、禮、樂之際。意在斯乎？意在斯乎？小子何敢讓焉。」是史遷亦有此言也。彼索隱云：「此言略取於孟子，而揚雄、孫盛深所不然，所謂多見不知量也。以爲淳氣育才，豈有常數？五百之期，何異一息？是以上皇相次，或以萬齡爲間，而唐堯、舜、禹比肩竝列。降及周室，聖賢盈朝。孔子之没，千載莫嗣。安在於千年、五百年乎？」司馬貞以子雲之駁孟子、史遷爲不知量，然其所論乃全同子雲，不知其意之所在也。注「千歲一人，一歲千人」。按俞云：「夫聖人之生，必無一歲千人之理。疑李注本作『一歲一人』，傳寫誤耳。」

聖人有以擬天地而參諸身乎！〔注〕稟天地精靈，合德齊明，是以首擬天，腹擬地，四支合四時，五藏合五行，動如風雷，言成文章也。〔疏〕音義：「參諸，七南切。」孔子閒居云：「三王之德，參於天地。」鄭注云：「參天地者，其德與天地爲三也。」中庸云：「可以贊天地之化育，則可以與天地參矣。」朱子集注云：「與天地參，謂與天地竝立爲三也。」荀子王制云：「故天地生君子，君子理天地，君子者，天地之參也。」楊注云：「參，與之相參，共成化育也。」然則「擬天地而參諸身」，謂效法天地而身與之爲三也。注「稟天」至「章也」。按：「四支」，世德堂本作「四肢」。注意謂聖人比象天地，備天地之德於一身，身亦天地也。即與天地爲三之義。宋、司馬皆以此與上章相連説之。宋云：「夫天地之道，或泰而通，或否而塞。泰則萬物阜，否則萬化閼，弗一而常也。夫聖人之道，或生（困學紀聞翁注引作「存」。）而出，或亡而絕，出則萬物遂，絶則萬化滅，亦弗一而常也。是故天地不常泰，亦不常否；聖人不常出，亦不常絶。楊子因上論聖人之生有以合天地之化，遂爲之言爾。」司馬云：「言德與天地參者則爲聖人，無疏、數之期也。」宋注「天地不常泰」云云，困學紀聞論諸子嘗稱之。然聖人擬天地而參諸身，與聖人之生有合天地之化，義實不同，未可强爲傅合。温公謂聖人之出無疏、數之期，卽人皆可以爲堯、舜之説。然以解法言此語，亦是意爲增益，非正文固有之義。然則上章論聖人之生，此章論聖人之德，各爲一義，不須穿鑿求通。弘範隨文解之，正得楊旨，未可以爲非也。

或問：「聖人有詘乎？」曰：「有。」曰：「焉詘乎？」曰：「仲尼於南子，所不欲見也；陽虎，所不欲敬也。見所不見，敬所不敬，不詘如何？」曰：「衛靈公問陳，則何以不詘？」曰：「詘身，將以信道也。如詘道而信身，雖天下不爲也。」〔注〕仲尼之敬陽虎，楊子之臣王莽，所詘者形也，於神何時撓哉？諸如此例，學者宜識其旨。〔疏〕「聖人有詘乎」者，音義：「有詘，與『屈』同。」按：詘伸字正當作「詘」，古書多假「屈」爲之。「焉詘乎」者，音義：「焉詘，於虔切。」「仲尼於南子，所不欲見也」者，論語云：「子見南子，子路不説。夫子矢之曰：『予所否者，天厭之！天厭之！』」孔子世家云：「孔子過蒲，反乎衛。靈公夫人有南子者，使人謂孔子曰：『四方之君子不辱欲與寡君爲兄弟者，必見寡小君。寡小君欲見。』孔子辭謝，不得已而見之。夫人在絺帷中，孔子入門，北面稽首。夫人自帷中再拜，環佩玉聲璆然。孔子曰：『吾鄉爲弗見。見之，禮答焉。』」按：史稱是歲魯定公卒，則此定公十五年事。孔叢子儒服云：「平原君問子高曰：『吾聞子之先君親見衛夫人南子，信有之乎？』答曰：『昔先君在衛，衛君問軍旅焉，拒而不答。問不已，攝駕而去。衛君請見，猶不能終，何夫人之能覿乎？古者大饗，夫人與焉。於時禮儀雖廢，猶有行之者，意衛君夫人饗夫子，則夫子亦弗獲已矣。』」孔叢此説，乃因坊記有「陽侯殺繆侯而竊其夫人，故大饗廢夫人之禮」之語而傅會之，而不知其悖於禮乃愈甚也。毛氏奇齡四書改錯云：「諸侯大饗，夫人出行祼獻㊀，禮同姓諸侯有之，異姓則否。故禮正義謂：『王饗諸侯，及諸侯自相饗，同姓則后夫人親獻，異姓則使人攝獻。』自繆侯、陽侯以同姓而遭此變，凡後同姓亦攝獻。然則因大饗而見夫人，惟同姓諸侯有。然孔子，魯之大夫，衛君夫人安得以待同姓諸侯之禮待之？縱衛君夫人有其事，孔子安得受之？錢氏坫論語後録乃謂：『此孔叢子之説，必有所據。』可謂無識。論語劉疏則云：『南子雖淫亂，然有知人之明，故於蘧伯玉、孔子皆特致敬。其請見孔子，非無欲用孔子之意。子路亦疑夫子此見爲將詘身行道，而於心不説。正猶公山弗擾、佛肸召，子欲往，子路皆不説之比。非因南子淫亂而有此疑也。』其説似爲近是。而謂南子有欲用孔子之意，而孔子見之，則亦害於理。蓋孔子之自蒲反衛，主蘧伯玉家，未嘗無仕衛之志。孔子言衛靈公無道，『而仲叔圉治賓客，祝鮀治宗廟，王孫賈治軍旅。夫如是，奚其喪』，則猶足用爲善。魯爲孔子父母之邦，衛則魯兄弟之國，不得志於魯，猶思行其道於衛。孔子之去魯而卽適衛，去衛未幾而復反者以此。是時衛俗仕於其國有見其小君之禮，世家所云『四方之君子欲與寡君爲兄弟者，必見寡小君』，明南子之見異邦之臣，不自孔子始。孔子既欲仕衛，則依其國俗行之。猶魯人獵較，孔子亦獵較之意。故於南子之請雖辭謝，而猶終應之者，以行道之利天下大，見小君之爲非禮小也。若呂氏春秋貴因云：『孔子道彌子瑕見釐（「靈」之音轉。）夫人，因也。』淮南子泰族云：『孔子欲行王道，東、西、南、北七十説而無所偶，故因衛夫人、彌子瑕而欲通其道。』鹽鐵論論儒云：『孔子適衛，因嬖臣彌子瑕以見衛夫人。』此乃秦、漢間流俗相傳之陋説，

㊀「祼」字原本作「裸」，形近而訛，今改。

不足置辯也。」「陽貨所不欲見也」，世德堂本此句首亦有「於」字。論語云：「陽貨欲見孔子，孔子不見，歸孔子豚。孔子時其亡也，而往拜之。」孔注云：「陽貨，陽虎也，季氏家臣，而專魯國之政。欲見孔子，使仕也。」劉疏云：「貨、虎一聲之轉，疑『貨』是名，『虎』是字也。」「見所不見，敬所不敬，不詘如何」者，「如」猶「而」也，詳見經傳釋詞。「曰衞靈公問陳，則何以不詘」，世德堂本「曰」作「或曰」。音義：「問陳，直刃切。」說文：「敶，列也。」經傳多以「陳」爲之，俗字作「陣」。論語云：「衞靈公問陳於孔子，孔子對曰：『俎豆之事，則嘗聞之矣；軍旅之事，未之學也。』明日遂行。」孔注云：「軍陳行列之法也。」世家云：「孔子既不得用於衞，將西見趙簡子。至於河而聞竇鳴犢、舜華之死也，乃還，息乎陬鄉，而反乎衞，入主蘧伯玉家。他日，靈公問兵陳，孔子曰『俎豆之事』云云。明日，與孔子語，見蜚鴈，仰視之，色不在孔子，孔子遂行。」按：此哀公三年，衞靈公末年之事。「詘身，將以信道也」，曾子固答王深甫書引「將以」作「所以」。音義：「信道，音伸。下同。」按：信卽伸之假。說文：「伸，不屈也。」宋注引孔子曰：「君子之行己，可以詘則詘，可以伸則伸。」按：家語屈節解文，「詘」今家語作「屈」。「如詘道而信身，雖天下不爲也」，世德堂本作「不可爲也」，焦氏筆乘引同。按：孟子云：「行一不義，殺一不辜，而得天下，皆不爲也。」雖天下不爲，卽雖得天下不爲之意，不當有「可」字。注「所詘者形也」。按：世德堂本無「者」字。

聖人重其道而輕其禄，衆人重其禄而輕其道。聖人曰：「於道行與？」衆人曰：「於禄殖與？」〔注〕聖人以行道爲務，凡人以禄食爲先。〔疏〕「衆人重其禄而輕其道」，世德堂本作「衆人輕其道而重其禄」。「於禄殖與」者，廣雅釋詁云：「殖，積也。」國語晉語韋注云：「殖，蕃也。」注「凡人以禄食爲先」。按：「禄食」疑「食禄」之誤，「食禄」與「行道」相對也。世德堂作「禄殖」，此涉正文而誤。

昔者齊、魯有大臣，史失其名。〔注〕以道事君，不可則止，爲大臣也。史失其名者，不書其名也。曰：「何如其大也？」曰：「叔孫通欲制君臣之儀，徵先生於齊、魯，所不能致者二人。」〔注〕高帝時，叔孫通爲奉常，欲制君臣之禮。乘亂之餘，權時之制，不合聖典，雖盡其美，未盡其善，故不能致之。曰：「若是，則仲尼之開迹諸侯也，非邪？」曰：「仲尼開迹，將以自用也。〔注〕欲行其道，制素法也。如委己而從人，雖有規矩準繩，焉得而用之？」〔疏〕「昔者齊、魯有大臣」者，漢書地理志：「齊郡，秦置，縣十二：臨淄、昌國、利、西安、鉅定、廣、廣饒、昭南、臨朐、北鄉、平廣、臺鄉。」又：「魯國，故秦薛郡，高后元年爲魯國。縣六：魯、卞、汶陽、蕃、騶、薛。」吴云：「遷、固二史皆曰魯有兩生，而楊謂齊、魯，豈其接近而言哉？」按：此稱兩生曰大臣，故變魯曰齊、魯，蓋云魯有大臣，嫌謂春秋時魯國，今云齊、魯，著其爲地名，而非國名也。」「叔孫通欲制君臣之儀，徵先生於齊、魯」者，史記叔孫通傳云：「叔孫通者，薛人也，秦時以文學徵，待詔博士。數歲，陳勝起山東，使者以聞。二世召博士、諸儒生問。叔孫通前曰：『此特羣盜鼠竊狗盜耳，郡守、尉今捕論，何足憂？』二世喜，拜爲博士。叔孫通已出宫，反舍，迺亡去。之薛，薛已降楚矣。及項梁之薛，叔孫通從之，敗於定陶，從懷王。懷王爲義帝，徙長沙，叔孫通留事項王。漢二年，漢王從五諸侯入彭城，叔孫通降漢王，漢王拜叔孫通爲博士，號稷嗣君。漢五年，已并天下，諸侯共尊漢王爲皇帝於定陶，叔孫通就其儀號。高帝悉去秦苛儀法，爲簡易。羣臣飲酒爭功醉，或妄呼，拔劍擊柱。高帝患之。叔孫通知上益厭之也，説上曰：『夫儒者難與進取，可與守成，臣願徵魯諸生與臣弟子共起朝儀。』高帝曰：『得無難乎？』叔孫通曰：『五帝異樂，三王不同禮。禮者，因時世人情爲之節文者也。故夏、殷、周之禮所因損益可知者，謂不相復也。臣願頗采古禮，與秦儀雜就之。』上曰：『可試爲之，令易知，度吾所能行爲之。』於是叔孫通使徵魯諸生三十餘人。」司馬云：「先生謂宿儒。」按：皇甫士安三都賦序李注云：「先生，學人之通稱也。」學行云：「吾聞先生相與言則以仁與義。」「所不能致者二人」者，通傳云：「魯有兩生不肯行，曰：『公所事者且十主，皆面諛以得親貴。今天下初定，死者未葬，傷者未起，又欲起禮樂。禮樂所由起，積德百年而後可興也。吾不忍爲公所爲，公所爲不合古，吾不行。公往矣，無汙我。』叔孫通笑曰：『若真鄙儒也，不知時變。』」是其事也。「何如其大也」，世德堂本「何如」作「如何」。「若是，則仲尼之開迹諸侯也，非邪」者，「迹」世德堂本作「跡」，班孟堅典引云：「鋪觀二代，洪纖之度，其賾可探也。竝開迹於一匱，同受侯甸之服。」李注云：「言殷、周二代初皆微㊀，開迹於一匱，竝受夏、殷侯甸之服。論語曰：『雖覆一簣。』」是班用開迹字爲創業之義。開迹於一匱，猶云始於一簣耳。司馬長卿封禪文：「后稷創業於唐堯，公劉發跡於西戎。」子雲解嘲云：「公孫創業於金馬，驃騎發跡於祁連。」皆以創業、發跡相偶爲文。開、發同詁，開迹卽發跡也。開迹諸侯，謂孔子作春秋，託王於魯也。春秋之義，始於亂世，終於太平；始於粗觕，終於精微。必如魯兩生之說，積德百年而後制禮，則新王之法託始於隱公者爲非矣。「仲尼開迹，將以自用也」者，自用，謂守先王之道，制作以爲後王法。公羊傳哀公篇云：「君子曷爲爲春秋？撥亂世，反諸正，莫近諸春秋，則未知其爲是與？其諸君子樂道堯、舜之道與？末不亦樂乎，堯、舜之知君子也。制春秋之義，以俟後聖，以君子之爲，亦有樂乎此也。」是其義。「如委己而從人，雖有規矩準繩，焉得而用之」者，宋云：「規矩準繩，猶制度也。」按：謂禮也。言捨己之所學，而徇當世之所好，雖嘗習三代之禮，何所用之？此亦明不與王莽之制作。吳云：「通制漢儀，得隨時之義。」而楊獨許

㊀「微」下原本有偏書小字「句」，蓋作者以示句讀，今删。

此二生者，蓋善其惡叔孫之面諛，而雜用秦儀，且欲自明。楊之志不隨莽改作也。」注「高帝」至「之禮」。按：漢書百官公卿表：「奉常，秦官，掌宗廟禮儀，有丞。景帝中六年，更名太常。」通傳：通説上起朝儀，在高帝五年；拜太常，在高帝七年。注謂通爲奉常，欲制君臣之禮，先後倒置。此「奉常」字當作「博士」也。注「欲行其道，制素法也」。按：孟子云：「孔子懼，作春秋。春秋，天子之事也。」趙注云：「孔子懼正道遂滅，故作春秋，因魯史記，設素王之法，謂天子之事也。」素法卽素王之法之謂。上文「若是，則仲尼之開迹諸侯也，非邪？」李注無釋。宋云：「開跡，謂開布其跡於諸侯之國。」吳云：「開，開説其君臣之義；跡，跡述其禮義之制。」司馬云：「以齊、魯二生知道不行而不起爲是，則仲尼之歷聘爲非耶？」俞云：「國語晉語『夫樂以開山川之風』，呂氏春秋樂成篇『夫開善豈易哉』，韋昭、高誘注竝曰：『開，通也。』然則開跡者，通跡也。如魯兩生之不肯行，則絶跡於漢廷矣，故以孔子之歷聘諸侯爲通跡也。諸説皆以開迹爲游説之意，其釋字義雖不同，而以爲歷聘諸侯之事則一。今以封禪文、解嘲、典引證之，開迹猶云創業，乃當時習用之語。弘範解此句爲欲制素法，則亦必不以開迹諸侯爲歷聘之事可知。蓋此章要旨在論制作之義，非在論出處之節。或人之問，謂春秋託始魯隱，是據亂而作，正與兩生所持太平而後制作之説相反，兩生爲是，則孔子爲非。子雲之答，則謂春秋雖據亂而作，而其義在述堯、舜之道以俟後聖，乃撥亂而反正，豈委己而從人也！」

或問：「孔子之時，諸侯有知其聖者與？」曰：「知之。」「知之則曷爲不用？」曰：「不能。」曰：「知聖而不能用也，可得聞乎？」曰：「用之，則宜從之。從之，則弃其所習，逆其所順，彊其所劣，捐其所能，衝衝如也。非天下之至，孰能用之？」〔注〕捐，弃。〔疏〕「孔子之時，諸侯有知其聖者與」，藝文類聚二十引「其聖」作「孔子聖」，御覽四百一引作「孔子之聖」。論衡講瑞：「桓君山謂楊子雲曰：『如後世復有聖人，徒知其才能之勝己，多不能知其聖與非聖人也。』子雲曰：『誠然。』」故設此問。「日知之」者，白虎通聖人云：「聖人未歿時，寧知其聖乎？曰：『知之。論語曰：夫子聖者與？孔子曰：太宰知我乎？』」「知之則曷爲不用」，世德堂本「知之」上有「日」字，類聚、御覽竝引作「若知之」。「弃其所習」，各本「弃」皆作「棄」。按：治平本於「棄」字，前後皆作「弃」。吾子「弃常珍而嗜乎異饌」，先知「與衆弃之」，可證御覽引此正作「弃」，今據改。「逆其所順」，類聚、御覽引竝作「所從」。「彊其所劣」，治平本作「強」，御覽引同，古字通用。音義：「強其，其兩切。」按：彊者，賢也，當讀平聲。管子地員房注云：「彊，堅也。」廣雅釋詁云：「賢，堅也。」賢、彊同訓堅，故賢亦謂之彊。「彊其所劣」，謂賢其所不肖也。「捐其所能」，音義：「捐，與專切。」御覽引作「損」，此形近而誤。「衝衝」，義見問明。彼謂往來無定，此謂思慮不決也。「非天下之至，孰能用之」，類聚引同。音義：「非天下之至，天復本作『天下之至德』。」溫公從之。世德堂本依集注增「德」字，御覽引作「至聖」。按：此不曉「至」字之義而妄增者。考工記：「覆之而角至。」鄭注云：「至猶善也。」管子法法：「夫至用民者。」房注云：「至，善也。」然則「天下之至」猶云「天下之善」，不必謂至德、至聖也。注「捐，弃」。按：世德堂本無此注，治平本「弃」作「棄」，今依錢本。

或問：「孔子知其道之不用也，則載而惡乎之？」〔注〕欲知載送道術何所之詣。曰：「之後世君子。」〔注〕許來哲。曰：「賈如是，不亦鈍乎？」〔注〕言畜貨以遺後，畜道俟將來，是遲鈍。曰：「衆人愈利而後鈍，聖人愈鈍而後利。關百聖而不慙，蔽天地而不恥，能言之類，莫能加也。貴無敵，富無倫，〔注〕倫，匹。利孰大焉？」〔疏〕「孔子知其道之不用也，則載而惡乎之」者，論語云：「子曰：『道不行，乘桴浮於海，從我者其由與？』」皇疏云：「孔子聖道不行於世，故或欲居九夷，或欲乘桴泛海。」劉疏云：「夫子本欲行道於魯，魯不能竟其用，乃去而之他國，最後乃如楚。則以楚雖蠻夷，而與中國通已久，其時昭王又賢，葉公好士，故遂如楚，以冀其用。則是望道之行也。至楚又不見用，始不得已而欲浮海居九夷。史記世家雖未載浮海及居九夷二語爲在周游之後，然以意測之，當是也。其欲浮海居九夷，仍爲行道，非遯世幽隱，但爲世外之想。即其後皆不果行，然亦見夫子憂道之切，未嘗一日忘諸懷矣。」按：此問之設，正以孔子嘗有浮海居夷之語，而其後終不果行，故欲明其義之所在也。司馬云：「惡音烏。」「曰：『之後世君子』」者，謂作春秋也。公羊傳哀公篇云：「制春秋之義，以俟後聖。以君子之爲，亦有樂乎此也！」世家云：「子曰：『吾道不行矣，吾何以自見於後世哉？』乃因史記作春秋。」按：依上引劉疏之說推之，則孔子發浮海居夷之志，在周游之後。此作春秋之事，又在志浮海居夷之後。蓋以其事終不易行，且即使行其所志，其利亦不若制作以遺後世之大且遠也。「賈如是，不亦鈍乎」者，音義：「賈如，音古。」按：前文云「載而惡乎之」，是以商賈爲喻，故此云「賈如是」也。詩正月：「其車既載。」毛傳云：「大車重載。」孔疏云：「考工記車人爲車有大車。鄭以爲平地任載之車，駕牛車也。尚書曰：『肇牽車牛，遠服賈用。』是大車，駕牛車也。此以商事爲喻，而云既載，故知是大車也。」司馬云：「言行道者貴於及身，乃載以遺後世，譬諸爲賈求利者如此，不亦鈍乎？」「衆人愈利而後鈍，聖人愈鈍而後利」者，司馬云：「言利愈近則愈小，愈遠則愈大也。」「關百聖而不慙，蔽天地而不恥」者，「關」讀爲「毌」。說文：「毌，穿物持之也。」經典通作「貫」，古音關，讀如管。管叔，墨子耕柱及公孟竝作關叔，故與毌音相近。禮記雜記孔疏云：「關，穿也。」是亦以「關」爲「毌」也。公羊傳哀公篇解詁云：「樂其貫於百王而不滅。」語卽本此。司馬云：「蔽當作『弊』，終也。」按：弊者，「獘」之俗字，此當讀爲「敝」。說文：「敝，一曰敗衣。」引伸爲凡抏敝之稱；又引伸爲盡，爲極。古書敝、蔽、獘三字每多互通。呂氏春秋當染云：「功名蔽天地。」高注云：「蔽猶極也。」「能言之類，莫能加也」者，吳云：「自生民以來，未有如夫子也。」司馬云：「爲衆說郛。」按：吳說是也。能言之類，謂人類也。注「許來哲」。按：「許」當作「訴」。班孟堅幽通賦：「訴來哲以通情。」此用其語。訴、許形近而誤。

或曰：「孔子之道不可小與？」〔注〕嫌孔子大其道，故當其時不能見用。曰：「小則敗聖，如何？」曰：「若是，則何爲去乎？」曰：「愛日。」曰：「愛日而去，何也？」曰：「由羣婢之故也，不聽正，諫而不用。噫者！吾於觀庸邪？無爲飽食安坐而厭觀也。〔注〕齊人歸女樂，季桓子受之，三日不聽朝正，諫而不用，於是遂行。由此觀之，夫子之日亦愛矣。」〔注〕惜寸陰。或曰：「君子愛日乎？」曰：「君子仕則欲行其義，居則欲彰其道。事不厭，教不倦，焉得日？」〔注〕日不暇給。〔疏〕「孔子之道不可小與」者，下文云：「仲尼，神明也，大以成大，小以成小。雖山川、丘陵、草木、鳥㊀獸，裕如也。」然則孔子之教，因材異施，故或疑亦可小其道以合世用。「小則敗聖，如何」，音義：「天復本無『如何』二字。」按：敗聖如何者，如敗聖何也。各本有此二字，於義爲長。世家云：「子貢曰：『夫子之道至大也，故天下莫能容夫子。夫子蓋（同盍。）少貶焉？』孔子曰：『賜，良農能稼，而不能爲穡；良工能巧，而不能爲順；君子能脩其道，綱而紀之，統而理之，而不能爲容。』」卽此文之義。「若是，則

㊀「鳥」，原本誤作「草」，據下文改。

何爲去乎」者，去謂去魯。司馬云：「道既不可小，則所如不合，何必去父母之邦？」「愛日」者，表記：「愛莫助之。」鄭注云：「愛猶惜也。」孔子三朝記小辯：「社稷之主愛日。」洪氏頤煊注云：「曾子曰：『君子愛日以學。』孫卿書曰：『王者敬日。』敬猶愛也。」按：皆不虛費之謂。君子生無所息，故知其不可爲而爲之，不見用於此，則思行其道於彼。道不行而不去，將虛費日力，坐以待老，故汲汲然思它往也。「由羣婢之故也」，治平本作「羣謀」，錢本同，今依世德堂本。此用史記文，不得作「謀」。蓋「婢」誤爲「媒」，又誤爲「謀」也。世家云：「定公十四年，（按：當作「十二年」。）孔子由大司寇行攝相事，誅魯大夫亂政者少正卯，與聞國政。三月，粥羔豚者弗飾賈，男女行者別於塗，塗不拾遺，四方之客至乎邑者不求有司，皆予之以歸。齊人聞而懼，曰：『孔子爲政，必霸。霸則吾地近焉，我之爲先并矣，盍致地焉！』犂鉏曰：『請先嘗沮之。沮之而不可，則致地庸遲乎？』於是選齊國中女子好者八十人，皆衣文衣而舞康樂，文馬三十駟，遺魯君，陳女樂、文馬於魯城南高門外。季桓子微服往觀再三，將受，乃語魯君爲周道游，往觀終日，怠於政事。子路曰：『夫子可以行矣。』孔子曰：『魯今且郊，如致膰乎大夫，則吾猶可以止。』桓子卒受齊女樂，三日不聽政，郊又不致膰俎於大夫，孔子遂行，宿乎屯。而師己送曰：『夫子則非罪。』孔子曰：『吾歌可夫？』歌曰：『彼婦之口，可以出走；彼婦之謁，可以死敗。蓋優哉游哉！維以卒歲。』師己反，桓子曰：『孔子亦何言？』師己以實告。桓子喟然歎曰：『夫子罪我以羣婢故也夫！』」即其事。「不聽正，諫而不用」者，宋云：「『不聽正』當作『不聽政』，字之誤也。」司馬云：「正與政同。」按：正、政古字通用。詩大序「正得失」，周禮「都司馬掌其正學」，釋文竝云「正」本作「政」。世家無孔子諫受女樂之文。韓非子內儲說下云：「仲尼爲政於魯，道不拾遺，齊景公患之。黎且謂景公曰：『去仲尼，猶吹毛耳。君何不迎之以重祿高位，遺哀公女樂以驕榮其意。哀公新樂之，必怠於政，仲尼必諫，諫必輕絶於魯。』景公曰：『善。』乃令黎且以女樂六遺哀公㊀。哀公樂之，果怠於政。仲尼諫不聽，去而之楚。」翟氏灝四書考異云：「此事在定公時，韓非作『哀公』，誤也。（按：後漢書馮衍傳章懷太子注引韓子，「遺哀女樂」作「魯公」，「哀公新樂之」作「魯君樂之」，「以女樂六遺哀公」作「以女樂遺魯」，惟「哀公樂之」同今本。）其云諫而不聽乃去，則是當歸女樂時，孔子必嘗極諫，觀齊人之不敢直陳魯庭，桓子之不敢公行魯國，可以意會其故。史記不兼收韓非語，蓋失之。」按：晏子春秋外篇述此事，亦稱「晏子曰：『魯君，弱主也；孔子，聖相也。君不如陰重孔子，設以相齊。孔子强諫而不聽，必驕魯而有齊。』」竝與法言此文合。「噫者！吾於觀庸邪？無爲飽食安坐而厭觀也」者，司馬云：「宋、吴本作『不用雉噫者』，今從李本無『雉』字。」按：「雉噫」義不可通。宋、吴本往往與音義所引俗本合，此音義無文，則其所見俗本猶無作「雉噫」者。宋、吴所據，乃俗本之誤本也。噫者，語辭。莊子在宥：「意，治人之過邪！」釋文：「意，本又作『噫』。」新序雜事載楚丘先生語再云「噫將」，韓詩外傳述此均作「意將」。語辭以聲爲主，多無正字，「噫者」即「意者」耳。觀，謂魯君臣游觀之事，即世家云「爲周道游往觀終日者」也。庸之爲言，倦也。今字作「慵」。説文新附：「慵，嬾也。」古止作「庸」。爾雅釋詁：「庸，勞也。」廣雅釋詁：「勞，嬾也。」廣韻：「勞，倦也。」於觀庸，謂倦於觀也。音義：「厭觀，一鹽切。」世德堂本作「懕」。説文：「懕，安也。」孔子諫受女樂，不聽，不得已而思去，乃言：「吾之出此，豈爲於游觀之事，性所嬾倦不好耶？誠以愛日之故，不爲飽食安坐而懕觀也。」蓋不顧顯言魯君臣之非，而託言己之去國，爲不欲曠日游觀之故。此必孔子去魯之時嘗有此語，今無從知其出於何書也。吴胡部郎玉縉云：「庸當如字讀之。於觀庸，就己言；懕觀，則就人

㊀「女樂六」，今本韓非子内儲説下作「女樂二八」。

言。若曰『意者，吾於游觀之事愚闇而不知其可樂邪？乃欲他人之毋爲飽食安坐而厭觀也』。也與邪同義，古邪、也弗殊，見釋文叙録。此上句用邪，下句用也，猶昭二十六年左傳『不知天之棄魯邪？抑魯君有罪於鬼神故及此也？』史記淮南衡山王傳『公以爲吳興兵是邪？非也』？貨殖傳『豈所謂素封者邪？非也』？漢書龔遂傳『今欲使臣勝之邪？將安之也？』之比。孔子因諫而不用，臨行發此疑詞以自咎，聖人之心事若揭，而魯君臣之失亦隱然見於言外矣。由此觀之，夫子之日亦愛矣者。自『不聽正』以下，皆古書記孔子去魯之事，子雲引之以證愛日而去之説。至此引古已畢，自爲論斷，故云『由此觀之』也。其以『正』爲『政』，以『噫』爲『意』，必是原文如此，故仍而不改，引書之例然也。楊書『政』字十餘見，竝不作『正』，此獨以『正』爲之，可以悟其文之必有所據也。」「君子愛日乎」者，吳云：「君子必如夫子愛日乎？」按：此因述孔子之事而通論凡爲君子者之道也。「仕則欲行其義，居則欲彰其道」者，司馬云：「居處不仕。」按：荀子非十二子：「古之所謂處士者。」楊注云：「處士，不仕者也。」居、處同義。束廣微補亡詩：「彼居之子。」李注云：「居謂未仕者。」是也。「事不厭，教不倦」者，音義：「不厭，於豔切。」論語云：「學而不厭，誨人不倦，何有於我哉？」孟子云：「學不厭，知也；教不倦，仁也。」「焉得日」者，音義：「焉得，於虔切，下『焉支』、『焉離』同。」日之不足如此，是以可惜，明愛日之至也。注「齊人」至「遂行」。按：弘範於「噫者！吾於觀庸邪」無釋。俞云：「『噫』當作『意』。『意者吾於觀庸邪』七字爲句，『邪』乃語詞。蓋託爲孔子之言。若曰：『意者！吾將於此觀彼庸庸者邪？』故又曰：『無爲飽食安坐而厭觀也。』楊子書每以庸爲庸衆之稱，問明篇『甚矣，聖道無益於庸也！』又曰：『如庸行翳路。』宋、吳竝以庸愚釋之，此文『庸』字亦當與同。因假『噫』爲『意』，説者遂不得其解。宋、吳本又增『雉』字於『噫』字之上，於義益不可通矣。」曲園以「噫者吾於觀庸邪」七字爲句，以

「噫」爲「意」，以「邪」爲語詞，甚是。而解「吾於觀庸」爲「吾將於此觀彼庸庸」，殊爲不辭。君子絶交，不出惡聲。孔子去父母之邦，豈肯直斥其君臣之惡？庸之爲衆，爲愚，自是常訓。然必謂楊書「庸」字皆爲此義，亦非通論。宋讀「邪」如字，而以爲庸邪之樂，尤誤。

或問：「其有繼周者，雖百世可知也。秦已繼周矣，不待夏禮而治者，其不驗乎？」曰：「聖人之言天也，天妄乎？繼周者未欲太平也，如欲太平也，捨之而用它道，亦無由至矣。」

〔注〕暴秦之繼周，王莽之簒漢，臧獲猶將悼之，賢者能無慨歎乎？〔疏〕「其有繼周者，雖百世可知也」，論語爲政文。「其有」論語作「其或」。按：有、或同義通用，書無逸「亦罔或克壽」，漢書鄭崇傳作「亦罔有克壽」。論語馬融注云：「物類相招，勢數相生，其變有常，故可豫知也。」日知録云：「殷因於夏禮，所損益可知也；周因於殷禮，所損益可知也，數往者順也。其或繼周者雖百世可知也，知來者逆也。」「秦已繼周矣，不待夏禮而治者，其不驗乎」者，白虎通三教云：「王者設三教者何？承衰救弊，欲民反正道也。三正之有失，故立三教以相指受。夏人之王教以忠，其失野。救野之失莫如敬，殷人之王教以敬，其失鬼。救鬼之失莫如文，周人之王教以文，其失薄。救薄之失莫如忠，繼周尚黑，制與夏同。三者如順連環，周而復始，窮而反本。」史記高祖本紀云：「三王之道若循環，終而復始。周、秦之間，可謂文敝矣。秦政不改，反酷刑法，豈不繆乎？」是秦繼周，當以夏禮爲治也。「不待夏禮而治者」，句末「者」字無義。此文本云「其者不驗乎」，「其者」卽「其諸」也，者、諸古音相同，故多互用。郊特牲：「於彼乎？於此乎？或諸遠人乎？」或諸卽或者也。爾雅釋魚：「龜，俯者靈，仰者謝，前弇諸果，後弇諸獵。」上云「俯者」、「仰者」，下云「弇諸」，明「者」、「諸」一也。論語：「其諸異乎人之

求之與？」經傳釋詞云：「其諸亦擬議之詞也。」後人不知「其者」卽「其諸」之異文，故後重黎篇「其者未辯與」，音義云：『者』衍字。」而於此文則以意倒之矣。「聖人之言天也，天妄乎」者，「妄」與「驗」相反爲義，問神云：「無驗而言之謂妄。」吳云：「聖人之言，天意也。聖言不驗，豈天或妄乎？無妄也。言暴亂者非天意也。」「繼周者未欲太平也」者，繼周者，秦也。不云秦而云「繼周」者，明漢欲致太平亦當用夏禮。世德堂本「太」作「泰」，下同。「捨之而用它道，亦無由至矣」者，捨之謂捨夏禮，「它」各本皆作「他」，今據問道改。「至」讀爲「致」，大學鄭注、禮器釋文，又莊子外物釋文竝云：「致，本作『至』。」「無由至」者，謂無以致太平。春秋制新王之法，以詒後聖。用夏道，正黑統，示繼周者不循其法，不能以撥亂反正。注「暴秦」至「歎乎」。按：此與前篇「秦無觀」章注同義。宋注於此文尚不能得其句讀，乃謂注非正文之意，謬矣。

赫赫乎日之光，羣目之用也；渾渾乎聖人之道，羣心之用也。〔疏〕「赫赫乎日之光」，世德堂本作「日出之光」。按：說苑建本引河間獻王云：「湯稱學聖王之道者，譬如日焉。夫捨學聖王之道，若捨日之光。」此以日之光喻聖人之道，卽本河間獻王書。世德堂本有「出」字，乃淺人欲整齊文句妄增之。「渾渾乎聖人之道」，音義：「渾渾，户昆切，又胡本切。」司馬云：「目因日光然後能有見，心因聖道然後能有知。渾渾，廣大疏通之貌。」

或問：「天地簡易，而聖人法之，何五經之支離？」〔注〕嫌難了。曰：「支離蓋其所以爲簡易也。〔注〕支離，分別之，而後朗然，事得簡易。已簡，已易，焉支？焉離？」〔注〕既簡既易，乃是混茫之初。焉支焉離，言不可了也。〔疏〕「天地簡易，而聖人法之」者，音義：「簡易，以豉切，下同。」繫辭云：「乾以易知，坤以簡能。易則易知，簡則易從。」又云：「天地變化，聖人效之。」「何五經之支離」者，莊子人間世：「支離疏者。」釋文引司馬云：「支離，形體不全貌。」王文考魯靈光殿賦：「支離分赴。」李注云：「支離，分散也。」亦作「支繚」，荀子富國「其候徼支繚。」楊注云：「支繚，支分繚繞。」按：支離，疊韻連語，離、繚一聲之轉。支離、支繚皆繁多歧出之意。五經支離，即前篇「五經不如老子之約」之説。上文云「聖人之言天也」，故復設此難。「支離蓋其所以爲簡易也」者，吾子云：「多聞則守之以約，多見則守之以卓，寡聞則無約也，寡見則無卓也。」即其義。説詳彼疏。「已簡，已易，焉支？焉離」者，謂既得歸於約卓矣，則何繁多歧出之有。注「既簡」至「了也」。按：此未得正文之旨。司馬云：「道之未明，則支離以明之；道之既明，則坦然簡易，安用支離也？言經者所以明道，道既明，則經不繁矣。」

或曰：「聖人無益於庸也。」曰：「世人之益者，倉廩也，取之如單。〔注〕有時而盡。仲尼，神明也，小以成小，大以成大，雖山川、丘陵、草木、鳥獸，裕如也。〔注〕學其道者，大小各隨其本量而取足。如不用也，神明亦末如之何矣！」〔注〕神明有所不及，聖人有所不訓。〔疏〕「聖人無益於庸也」者，吴云：「庸，用也。老子有絶聖棄智之言，故曰無益於用。」按：問明云：「或曰：『甚矣，聖道無益於庸也！聖讀而庸行，盍去諸？』」聖、庸對文，明「庸」是庸衆之義。以彼證此，則聖人無益於庸者，亦謂聖人無補於衆人也。下文「仲尼，神明也」，則此文聖人專謂孔子。「世人之益者，倉廩也」者，説文：「倉，穀藏也。」又：「亩，穀所振入宗廟，粢盛倉黄，謹亩而取之，故謂之倉亩。」重文：「廩，從广，從禾。」「取之如單」者，俞云：「『如』讀爲『而』，古字通用，故李注曰『有時而盡』。」按：俞説是也。「單」讀爲「殫」，説文：「殫，極盡也。」司馬云：「倉廩雖於人有近益，而所藏不多。」按：此蓋亦古書成語，下文「言可觀而不可殫」，字不作「單」，此以「單」爲之，引古然也。「仲尼，神明也」者，司馬云：「神明，造化也，生物無窮。」按：問神云

「天地神明而不測者也」，是神明卽天地，故下文云：「聖人之材天地也。」「小以成小，大以成大，雖山川、丘陵、草木、鳥獸，裕如也」者，謂物無高下靈蠢，無不涵濡於天地之化育以成其材，天地有以徧應之而無不足。喻士無智愚賢不肖，苟游於孔子之門，孔子皆有以善誘之而無所窮也。說文：「裕，衣物饒也。」引伸爲凡饒之稱。司馬云：「裕如，有餘貌。」「如不用也，神明亦末如之何矣」者，司馬云：「頑石朽木，造化所不能移；昏君愚人，聖人所不能益。」按：謂自暴自棄者，天地無如之何。然則非聖人之無益於衆，乃衆人之不求有益耳。

或問：「聖人占天乎？」曰：「占天地。」〔注〕言能占之。「若此，則史也何異？」曰：「史以天占人，聖人以人占天。」〔注〕聖人以人占天者，先乎天也；史以天占人者，後乎天也。大聖先天而天不違，良史後天而奉天時，知其所先後，則天人之情得矣。〔疏〕「聖人占天乎」者，說文：「占，視兆問也。」繫辭云：「極數知來之謂占。」「占天」者，謂觀乎天文以先知吉凶之事。「占天地」者，俞云：「『地』疑『也』字之誤。下文『史以天占人，聖人以人占天』，但言天，不言地，可證『地』字之誤。」按：俞說是也。依下文云云，則惟聖人而後爲能占天，史不過占人而已，故直應之曰『占天也』，言占天正聖人之事也。此蓋「也」字漫漶，傳寫者習以天地連文，遂改爲地耳。「若此，則史也何異」者，史者掌天文之官之總稱，周禮大史及其所屬馮相氏、保章氏皆是。彼鄭注云：「馮，乘也；相，視也，世登高臺以視天文之次序。保，守也，世守天文之變。」月令孔疏云：「馮相、保章俱掌天文，其事不同。馮相氏主日月、五星、年氣、節候，推步遲疾，審知所在之處。若今之司歷，主其筭術也。保章者，謂守天之文章，謂天文違變度數，失其恆次，妖孽所在，吉凶所生。若今之天文家，惟主變異也。此其所掌別也。」「史以天占人，聖人以人占天」者，吳云：「以天占人者，觀天以見人事也；以人占天者，因人以知天意也。」司馬云：「史考察象數，知人事之吉凶；聖人修人事，知天道不能違。」按：此亦刺王莽之妄稱天命及好時日小數之事。　注「言能占之」。按：治平本作「言皆占之」，錢本同，此因正文「天也」誤作「天地」，而校書者乃併改注文以傅合之也。世德堂本作「能」，纂圖互注本同。「能占之」正聖人爲能占天之義，蓋猶弘範舊文，今據訂正。吴云：「孔安國曰：『事無不通謂之聖。』」司馬云：「仰觀象，俯觀法。」此依誤文作解，與上下文義皆不相應。

或問：「星有甘、石，何如？」〔注〕甘公、石申夫，善觀天文者也。曰：「在德不在星。德隆則晷星，星隆則晷德也。」〔疏〕「星有甘、石」者，史記天官書云：「昔之傳天數者，在齊，甘公；魏，石申。」集解引徐廣云：「或曰甘公，名德也，本是魯人。」正義引七録云：「楚人，戰國時作天文星占八卷。」漢書藝文志亦作「楚有甘公」。史記張耳陳餘傳：「甘公曰：『漢王之入關，五星聚東井。東井者，秦分也，先至必霸。』」集解引文穎云：「善説星者，甘氏也。」索隱云：「天官書云齊甘公，藝文志云楚有甘公，齊、楚不同。（未知孰是。）劉歆七略云：『公，一名德。』」按：潛夫論志氏姓州、蒲、甘、戲、露、怡皆姜姓也，則甘與齊爲同姓。蓋本爲齊人，後家於楚歟？續天文志、隋書、晉書天文志皆以爲齊人。天官書正義又引七録云：「石申，魏人，戰國時作天文八卷。」藝文志作「魏有石申夫」。「何如」者，欲知二家之異同長短也。「在德不在星」者，天官書云「大上修德，其次修政，其次修救，其次修禳，正下無之。蒼帝行德，天門爲之開；赤帝行德，天牢爲之空；黄帝行德，天矢爲之起；白帝行德，畢昴爲之圍；黑帝行德，天關爲之動」也。「德隆則晷星，星隆則晷德」者，司馬云：「晷，影也。影，從形者也。德崇則星從而祥，星崇則德從而壞。」朱子語類云：「晷，影也，猶影之隨形也。蓋德隆則星隨德而見，星隆則人事反隨星而應。」俞云：「晷者，日景也。古人以土圭致日景，以定南北。易通卦驗所謂『樹八尺之表，日中視其晷』（按：通卦驗作「規其晷之如度者」。）是也。故楊子即借晷爲推測之義，言君德隆盛則當晷之於星，以驗德之至與不至；星象隆盛則當晷之以德，以驗星之應與不應也。」按：晷者表之景，猶星者德之應，晷之曲直視乎表，星之吉凶視乎德。人君以德爲尚，則表德而晷星，吾第修吾德，而星之妖祥不必問矣。反是而以星爲尚，則表星而晷德，將詘折人事以傅合天象，或假借天象以粉飾人事，斯惑之甚也。溫公注及朱子語類云云，皆即此意。曲園謂君德隆盛當晷之以星，顯與在德不在星之義相剌謬。其解星隆爲星象隆盛，尤不可通。注「甘公」至「者也」。按：世德堂本無此注。

或問「大人」。曰：「無事於小爲大人。」〔注〕賢者，志大之謂。請問「小」。曰：「事非禮義爲小。」〔注〕尚志在乎禮義，大人之事備矣。〔疏〕「無事於小爲大人」者，孟子云：「公都子問曰：『鈞是人也，或爲大人，或爲小人，何也？』孟子曰：『從其大體爲大人，從其小體爲小人。』」趙注云：「大體，心思禮義；小體，縱恣情欲。」「事非禮義爲小」者，孟子云：「非禮之禮，非義之義，大人弗爲。」荀子儒效云：「曷謂中？曰禮義是也。君子之所謂賢者，非能偏能人之所能之謂也；君子之所謂知者，非能偏知人之所知之謂也；君子之所謂辯者，非能偏辯人之所辯之謂也；君子之所謂察者，非能偏察人之所察之謂也，有所正矣。」楊注云：「『正』當爲『止』，言止於禮義也。」司馬云：「治禮義，則餘無不治者，所以爲大。」注「賢者，志大之謂」。按：論語「賢者識其大者，不賢者識其小者」，漢石經「識」作「志」，劉歆移書讓太常博士、孟子尹士章章指引皆作「志」。注「尚志在乎禮義」。按：此解賢者志大爲尚志在乎禮義，則不以志爲記識之「識」，而以爲志意之「志」。孟子白圭治水章章指云：「是故賢者志其大者、遠者也。」義與此同。蓋漢儒說論語者有此義也。

聖人之言遠如天，〔注〕天懸象著明，而人不能察；聖人設教施令，而人不能究。賢人之言近如地。〔注〕

山川、澤田之形可得而鑒。〔疏〕「賢人」，御覽一百四引作「賢者」。司馬云：「天高，遠不可及；地雖近，亦承天而時行。」注「天懸象著明」。按：繫辭云：「懸象著明，莫大乎日月。」

瓏玲其聲者，其質玉乎？〔注〕玉之瓏玲其聲，亦猶君子清泠其德音。〔疏〕「玲」各本作「𤫊」。音義：「瓏𤫊，上音龍，下音靈。」按：集注引宋、吳本作「玲瓏」。說文無「𤫊」，有「玲」。玲，玉聲也。漢書本傳「和氏瓏玲」，太玄唐「亡彼瓏玲」，字皆作「玲」，今據改。廣雅釋詁云：「玲瓏，聲也。」王疏云：「玲與瓏一聲之轉。說文：『籠，笭也。』笭之轉爲瓏，猶玲之轉爲瓏。合言之則曰玲瓏，倒言之則曰瓏玲。」按：瓏玲雙聲連語，非「玲」轉爲「瓏」。說文云「玲，玉聲」者，省言耳。彼段注云：「法言、廣雅作『玲瓏』。」按：今法言各本皆作「瓏𤫊」，段據宋、吳本爲說也。司馬云：「質美則聲清，德充則言善。」按：問神云：「故言，心聲也。」注「君子清泠其德音」。按：宋玉風賦云：「清清泠泠，愈病析酲。」李注云：「清清泠泠，清涼之貌也。」

聖人矢口而成言，肆筆而成書，〔注〕矢，正也；肆，操也。言可聞而不可殫，書可覩而不可盡。〔注〕性與天道。〔疏〕「聖人矢口而成言，肆筆而成書」者，吳云：「矢，放也；肆，恣也。放口恣筆，動成典訓。」爾雅曰：「矢，弛也。」郭云：「弛，放。」「言可聞而不可殫，書可覩而不可盡」者，吳云：「所以遠如天。」司馬云：「聖人從心所欲，皆合於道，不可殫盡，言深遠也。」注「矢，正也；肆，操也」。按：「矢，正」，廣雅釋詁文。肆爲操者，詩昊天有成命云：「肆其靖之。」毛傳云：「肆，固。」國語周語叔向釋此詩亦同。（彼文云：「廣厚其心，以固和之。」又云：「終於固和。」明「固」非「故」誤，蓋安固之謂。）國語晉語：「亦固太子以攜之。」韋注云：「固，固持也。」操、持同詁，如此轉相訓解，義雖可通，然似紆回。疑肆亦正也，與「矢」同意。史記樂書：「肆直而慈愛者宜歌商。」集解引鄭玄云：「肆，正也。」繫辭：「其事肆而隱。」虞注云：「肆，直也。」然則矢口肆筆猶云正口直筆，言不假思索也。注「性與天道」。按：弘範解性與天道爲自然合於天道，詳修身「聖人口不肆乎善」注下，此亦引以證「矢口成言，肆筆成書」之義，動合天道，故不可殫盡也。

周之人多行，〔注〕貴尚德義，人人得行其道。秦之人多病，〔注〕道屈沈也。行有之也，病曼之也。〔注〕行有之者，周有德也；病曼之者，秦無道也。周之士也貴，〔注〕道泰業隆故尊貴。秦之士也賤；〔注〕道否人卑故窮賤。周之士也肆，〔注〕肆放任意而道義行。秦之士也拘。〔注〕拘制曲從，不肆正道。〔疏〕「周之人多行」者，音義：「多行，如字。」按：當讀下孟切。荀子正名云：「正義而爲謂之行。」「秦之人多病」者，韓詩外傳云：「學而不能行之謂之病。」是病與行相反爲義，行、病亦韻語。「行有之也」者，表記云：「是故君子恥服其服而無其容，恥有其容而無其辭，恥有其辭而無其德，恥有其德而無其行。是故君子衰絰則有哀色，端冕則有敬色，甲胄則有不可犯之色。」詩裳裳者華云：「左之左之，君子宜之；右之右之，君子有之。維其有之，是以似之。」說苑脩文引此詩傳「韠冕厲戒，立于廟堂之上」云云，略與表記文同，則以有之爲有其容、有其德之義。潛夫論邊議云：「且夫議者明之所見也，辭者心之所表也，維其有之，是以似之。」與說苑引傳合，皆魯詩說。「行有之也」，卽本詩義，言周之人多行者，內有其德，故外有其行也。「病曼之也」者，音義：「曼之，莫半切，無也。又母伴切。」按：寡見云「曼是爲也」，謂無是爲也；重黎云「聖人曼云」，謂聖人不言也。此曼之者，謂不病病也。老子云：「夫唯病病，是以不病。聖人不病，以其病病，是以不病。」陳氏登澥老子今見云：「言聖人所以不病者，以病爲病，故不病也。」然則「病曼之也」者，謂不以病爲病，故病也。文子符言云：「衆人皆知利利，而不知病病。」曼之卽不知病病之謂。「秦之人多病」者，虐政之下，凡民皆不能直道而行，舉世莫知病其病者，故多病矣。「周之士也貴，秦之士也賤」者，承多行而言，人有行則貴，無行則賤也。「周之士也肆，秦之士也拘」者，承多病而言，多病則拘，無病則肆也。　注「貴尚德義，人人得行其道」。按：「人人」世德堂本作「仁人」，此承宋、吳本之誤。宋據誤文爲駁，義謬甚。又按：得行其道，卽正義而爲之謂，非讀「多行」爲如字，音義亦誤解也。　注「道屈沈也」。按：道屈沈，卽學而不能行之意。國語周語：「氣不沈滯。」韋注云：「沈，伏也。」　注「行有」至「道也」。按：此未得「有之」、「曼之」之義，宋、吳、司馬皆不得其說。陶氏鴻慶讀法言札記云：「五臣注皆未得兩『之』字之義，故多曲說難通。今案：之，往也，適也。問神篇：『面相之，辭相適。』宋云：『適，往也。』司馬云：『之亦適也。』是也。坦坦然由於大道，所以多行，故曰行有之也；假然無所適從，所以多病，故曰病曼之也。」陶讀「行」如字，訓「之」爲「往」，說雖可通，義甚膚淺，亦非楊旨。　注「道泰業隆故尊貴」。按：司馬云：「閑於禮樂，故可貴。」　注「道否人卑故窮賤」。按：司馬云：「習於刑名，故可賤。」　注「肆放任意而道義行」。按：司馬云：「優游仁義之間。」　注「拘制曲從，不肆正道」。按：司馬云：「動爲文罔所制。」

月未望則載魄于西，〔注〕載，始也；魄，光也。載魄于西者，光始生於西面，以漸東滿。既望則終魄于東，〔注〕光稍虧於西面，以漸東盡。其遡於日乎？〔注〕遡，迎也。言爲人臣，終始盛衰，向迎其君，如月迎日，天理然。〔疏〕「月未望則載魄于西」者，說文：「朢，月滿，與日相望，似朝君也。從月，從臣，從壬，壬，朝廷也。」經傳通以「望」爲之。又說文：「霸，月始生魄然也。承大月二日，承小月三日，從月，䨣聲。周書曰：『哉生霸。』」按：周書者，康誥及顧命竝有其文。此「載魄」卽「哉霸」之異文，古文尚書作「哉霸」，今文尚書作「載魄」也。王莽傳：「元始四年，羣臣奏言：『公以八月載生魄庚子，奉使朝用書，臨賦營築。』」字亦作「載魄」，與此同，皆本三家書。今僞孔本康誥、顧命作「哉生魄」，乃雜采今、古文爲之。康誥釋文引馬云：「魄，朏也。謂月三日始生兆朏，名曰魄。」鄉飲酒義云：「月者三日則成魄。」孔疏云：「魄謂月輪生，傍有微光也。此謂月盡之後而生魄，非必月三日也。若初以前月大，則月二日生魄；前月小，則三日乃生魄。」藝文類聚一引乾鑿度云：「月三日成魄，八日成光。」白虎通日月云：「月之爲言，闕也，有滿有闕也。所以有闕，何歸功于日也？三日成魄，八日成光，二八十六日轉而歸功晦至朔旦，受符復行。故援神契曰：『月三日而成魄，三月而成時。』」初學記一引釋名云：「朏，月未成明也。魄，月始生魄然也。」併引注云：「承大月，月生二日謂之魄；承小月，月生三日謂之朏。」是其義也。「既望則終魄于東」，書鈔一百五十引作「月之望則魄落於東」。「其遡於日乎」者，御覽四引劉向七略載京房易説云：「月與星，至陰也，有形無光，日照之乃有光。喻如鏡照日卽有影見。（類聚一引物理論引京房説作「如以鏡照日而有影見」。）月初光見西方，望已後光見東㊀，皆日所照也。」宋史律歷志引京房占云：「月有形無光，日照之乃光。始知月本無光，遡日以爲光。」卽此文所本。此文蓋爲元后發也。古以月爲后妃之象，元后之生，其母有夢月之祥，故子雲作元后誄云：「太陰之精，沙麓之靈，作合於漢，配元生成。」漢書元后傳引此，而釋之云：「太陰精者，謂夢月也。」莽既篡，改號太后爲新室文母，絶之於漢，不令得體元帝。墮壞孝元廟，更爲文母太后起廟，獨置孝元廟故殿，以爲文母篹食堂，太后驚泣。莽知太后怨恨，求所以媚太后無不爲，然愈不説。具見元后傳。子雲蓋有感其事，故著此語。言后之於帝，猶月之於日，月不能背日以爲光，后豈得絶帝以爲尊？以見莽之爲逆人情而悖天理也。　注「載，始也；魄

㊀「後」下「光」字，原本作「先」，形近而訛，據太平御覽改。

光也」。按：此皆尚書舊訓。皐陶謨：「乃賡載歌。」鄭注云：「載，始也。」魄之爲光，義見上引各條。劉歆作三統歷，推算牧誓、武成、召誥、顧命諸篇所紀月日，乃以死霸爲朔，生霸爲望。見漢書律曆志。彼孟康注云：「月二日以往，月生魄死，故言死魄。魄，月質也。」僞孔承之，云：「始生魄，月十六日，明消而魄生。」於是，説書者一變舊義。僞武成孔疏云：「魄者，形也，謂月之輪郭無光之處名魄也。朔後，明生而魄死；望後，明死而魄生。」正與其所作禮記疏之説相反。此説盛行，學者習知魄爲月質，遂以古訓爲非。雖近人治許書者，亦不免此惑。徐氏灝説文注箋云：「月體渾圓，隨天旋轉，受日而成光，其黑體謂之霸。晦則光盡，至朔而蘇，謂之生明。明生而霸死，故曰死霸。望則光滿，既望，黑體漸見，謂之生霸。故漢志曰：『死霸，朔也；生霸，望也。』古通作『魄』，孟康云：『魄，月質也。』是也。許云『月始生霸然』者，謂月初生明時，見其黑體霸然也。蓋光盛則霸不可見矣。鄉飲酒義、白虎通謂月三日成魄，蓋就月魄初見時而言，猶自可通。若馬融以爲『月三日始生兆朏，名曰魄』，則大誤矣。」此正以不誤爲誤也。此文宋注云：「朏爲明，魄爲晦。」月未望者，即始生明之時也，正文宜曰：「月未望則載朏于西。」夫月既望者，即始生魄之時也，正文故曰：「既望則終魄于東。」今未望亦言魄，蓋字之誤也。司馬從之，於「載魄于西」云：「『魄』當作『朏』，明也。」皆襲僞孔之謬。雷氏浚説文引經例辨云：「霸從月，月始生爲本義，假借爲王霸。哉生霸，今書作『魄』，假借字。魄，陰神也，與『霸』義遠而音相近。淺人不知其借音，泥魂魄之義以求之，遂有以魄爲月質者，以哉生魄爲月十六日，皆巨謬也。生魄爲月之三日，見於經文者，見於漢人舊注者，皆與許合。而劉歆三統歷獨云：『成王元年，正月己巳朔。後三十年，四月庚戌朔，十五日甲子哉生魄。故顧命曰惟四月哉生魄云云。』其説引顧命爲證，而實於顧命文義尚未了了。案顧命：惟四月哉生魄，王不懌；甲子，王乃洮頮水。哉生魄與甲子一日乎？非一日乎？後世又誤以十五日爲十六日，相沿至今不改。段氏注說文，於『霸』字條歷舉鄉飲酒義、周書馬注、白虎通及三統歷『死霸，朔也；生霸，望也』之文，而云『三統說是，則此說非矣。』蓋猶未免騎牆之見。云甘溪卽以顧命文義證三統歷之謬，其言最中肯綮。愚更以聲訓求之，魄之爲言，白也。（見白虎通情性，又古微書引援神契。）月之始生，魄然而白，故謂之魄。因聲製字，則爲霸。霸從月、䨣聲，䨣、魄古音同也。以魄爲無光之處，乖於聲理。弘範不惑劉歆謬說，其識甚卓。」俞云：「李注曰『魄，光也』云云，此古義也。魄者，『霸』之假字。壁中古文本作『霸』，後人因經傳相承作魂魄字，遂誤以魄爲月質，而有『死霸朔，生霸望』之說，與禮記鄉飲酒義、白虎通之說皆不合矣。是故康誥之『惟三月哉生魄』，實卽洛誥之『惟三月丙午朏』。」說詳羣經平議。（按：釋名『朏爲月三日，生魄爲月二日』，義自有別。俞此說亦臆測。）此文云云，足徵僞孔傳之誤。宋咸輒生異說，温公亦爲之惑，信古義之久湮矣。注「光始生於西面，以漸東滿。光稍虧於西面，以漸東盡。」按：世德堂本作「光始出於西而漸東滿，光稍虧於西而漸東盡」。朱子語類引「稍虧」作「消虧」。歷象考成云：「太陰之體賴太陽而生光，其向日之面恆明，背日之面恆晦，而行則甚速於太陽。當其與太陽相會之時，人在地上見其相背，故謂之朔。朔後漸遠太陽，人可漸見其面，其光漸長。至距朔七日有奇，其距太陽九十度，人可見其半面，太陽在後，太陰在前，其光向西，其魄向東，（此俗說所謂魄，下皆同。）故名上弦。上弦以後，距太陽逾遠，其光漸滿，至一百八十度，正與太陽相望。人居其間，正見其面，故謂之望。自望以後，又漸近太陽，人不能正見其面，其光漸虧，其魄漸生。至距望七日有奇，其距太陽亦九十度，則又止見其半面，太陽在前，太陰在後，其光向東，其魄向西，故名下弦。下弦以後，距太陽逾近，其光漸消，至復與太陽相會，其光漸晦，復爲朔矣。」此月光始生於西面，而終盡於東面之理。朱子語類說此文云：「載者，加載之義。如老子云『載營魄』，左氏云『從之載』，正是這個『載』字，諸家都亂說，只有古注解云『月未望則光始生於西面，以漸東滿；既望則光消虧於西面，以漸東盡』，此兩句略通而未盡。此兩句盡在『其遡於日乎』一句上。蓋以日爲主，月之光也，日載之；光之終也，日終之。載猶加載之『載』。蓋初一、二間時，日落於酉，月是時同在彼。至初八、九，日落在酉，則月已在午。至十五日相對，日落於酉，而月在卯，此未望而載魄於西，蓋月在東而日在西，日載之光也。及日與月相去逾遠，則光漸消而魄生。少間，月與日相蹉過，日卻在東，月卻在西，故光漸至東盡，而魄漸復也。當改古注云：『日加魄於西面以漸東滿，日復魄於西面以漸東盡。』其載也，日載之；其終也，日終之，皆繫於日。」此亦因習於僞傳明消魄生之說，以魄爲月體無光之處，故於此極明白易曉之文不復能得其義，反以古注不誤者爲誤，紆回說之，而終不可通也。注「遡，迎也」。按：說文：「泝，向也。」重文作「遡」。字亦作「傃」，中庸：「素隱行怪。」鄭注云：「『素』讀爲攻城攻其所傃之『傃』，傃猶鄉也。」迎、向義同。呂氏春秋音初，高注云：「鄉，迎也。」鄉、向古通。注「言爲人」至「理然」。按：司馬云：「月迎日而有光，如臣賴君而有功㊀。」義同弘範。朱子語類云：「秦、周之士，貴賤拘肆，皆繫於上之人。猶月之載魄、終魄，皆繫於日。故曰：『其遡於日乎？』」則以此與上章連屬爲一。然士之貴賤、拘肆繫於上之人者，謂民俗視君德爲轉移，君德有隆汙，故民俗有美惡。月之載魄、終魄繫於日者，此月行去日有遠近，向日有正負使然，乃月之自爲，非日有晦明之異。二者之義固有不同，以彼喻此，蓋爲非類。似各隨文解之爲是，不必通其所不通也。

彤弓盧矢，不爲有矣。〔注〕以諭有君而無臣。〔疏〕「彤弓盧矢」，世德堂本「盧」作「驢」。按：說文：「齊謂

㊀「臣」字原本作「日」，形近而訛，今改。

黑爲黸。」經傳通以「盧」爲之。書文侯之命：「彤弓一，彤矢百，盧弓一，盧矢百。」僞傳云：「彤，赤；盧，黑也。」字亦作「玈」，左傳僖公篇：「彤弓一，彤矢百，玈弓矢千。」杜注云：「彤，赤弓；玈，黑弓。」釋文：「玈音盧。本或作『旅』字，非也。」按：彤弓盧矢，謂九錫之事。曲禮孔疏引含文嘉云：「九錫：一曰車馬，二曰衣服，三曰樂則，四曰朱户，五曰納陛，六曰虎賁，七曰斧鉞，八曰弓矢，九曰秬鬯。」「不爲有矣」者，論語云：「執德不弘，信道不篤，焉能爲有？焉能爲亡？」孔注云：「言無所輕重也。」皇疏云：「世無此人則不足爲輕，世有此人亦不足爲重，故云無所輕重也。」然則不爲有猶云不足重。元始五年，策莽加九命之錫。莽稽首再拜，受緑韍、衮冕、衣裳、瑒琫、瑒珌、句履、鸞路乘馬、龍旂、九旒、皮弁、素積、戎路乘馬、彤弓矢、盧弓矢，左建朱鉞，右建金戚，甲冑一具，秬鬯二卣，圭瓚二，九命青玉珪二，朱户納陛。事詳莽傳。是時，莽方詭稱盡力制作，篡迹未彰，其受此錫，必以爲人臣莫大之光寵。爾後居攝踐阼，服天子韍冕，負斧依于户牖之間，車服出入，警蹕前之，再拜稽首，受而寶之者，至此已不足輕重。及受嬗卽真，改正朔，易服色，變犧牲，殊徽幟，異器制，則務盡去漢舊，還視彤弓、盧矢，皆土苴矣。此莽篡國以後，子雲追感前事，私憤竊歎之辭。與前章論月之遡日同爲有爲而發，以意逆志，猶可得之者也。注「以諭有君而無臣」。按：此公羊傳僖公篇文，義見問明疏。白虎通考黜引禮説云：「能征不義者，賜弓矢。」曲禮疏引含文嘉，宋均注云：「内懷仁德，執義不傾，賜以弓矢，使其專征。」弘範蓋以莽之篡漢，内而公卿大臣，外而諸侯王，未有執義不傾能任誅伐者，子雲以爲慨，故有此言。若曰世無忠義之士，雖有彤弓、盧矢，將安用之？故注云「以諭有君而無臣」。依此爲解，似亦可通，然於義爲已曲矣。

聆聽前世，清視在下，鑑莫近於斯矣。〔注〕執古以御今，御今以古，則殷鑑不遠。〔疏〕「聆聽前世，清視在下」者，說文：「聆，聽也。」音義：「聆聽，俗本作『聆德』，非。」集注依宋、吴本作「聆德」，世德堂本承之。俞云：「聆聽疊用無義，故宋、吴本改作『聆德』，温公從之。今按『聆』當作『泠』，泠與清本雙聲字。（按：泠、清古雖異部，而令聲之字後轉入青，可以言疊韻，不可以言雙聲。曲園偶誤書耳。）風賦曰：『清清泠泠。』蓋聲近者義亦相同。『泠聽前世，清視在下』。泠亦清也，揚子正以泠聽與清視相對爲文。」按：美新云：「鏡照四海，聽聆風俗。」此聆聽疊用之證，不當作「聆德」，亦不必改泠聽也。「前世」，謂己所代者。「在下」，謂臣民。司馬云：「前世不可見，故云聽；臣民今在下，故云視也。」「鑑莫近於斯」者，廣雅釋器云：「鑑謂之鏡。」字亦作「鑒」，古止作「監」。林氏義光文源云：「監卽鑑之本字。上世未製銅時，以水爲鑑，象皿中盛水，人臨其上之形。從臣，臣伏也。」按：林說是也。後世以銅爲之，故施金旁，聲轉則曰鏡也。詩蕩云：「殷鑒不遠，在夏后之世。」大戴禮武王踐阼載武王席銘云㊀：「所監不遠，視爾所代。」皆謂以聆聽前世爲鑑也。酒誥云：「古人有言曰：『人無于水監，當于民監。』」殷本紀載湯誓云：「湯曰：『予有言，人視水見形，視民見治不。』」皆謂以清視在下爲鑑也。蓋法戒在近不在遠，博稽歷代之得失，不如切求勝朝之廢興。禍福在人不在天，仰觀垂象之吉凶，不如俯察庶民之從逆。故鑑古莫近於聆聽前世，鑑今莫近於清視在下也。注「執古」至「不遠」。按：聆聽前世，清視在下，各爲一事。此解爲執古以御今，似失其義。

或問：「何如動而見畏？」曰：「畏人。」「何如動而見侮？」曰：「侮人。」〔注〕禍福無門，惟人所召。夫見畏與見侮，無不由己。〔注〕我欲仁，斯仁至。〔疏〕「何如動而見畏？曰：畏人」者，宋云：「鄭康成云心

㊀「阼」字原本爲「作」，據大戴禮記改。

服曰畏。此言畏，猶心服而畏敬之也。」按：鄭義見曲禮注。廣雅釋詁云：「畏，敬也。」孟子云：「敬人者，人恆敬之。」「何如動而見侮？曰：侮人」者，曲禮云：「不侵侮。」釋文：「侮，輕慢也。」注「我欲仁，斯仁至」。按：世德堂本「至」下有「矣」，此校書者依論語增之。

或問「禮難以彊世」。〔注〕言禮事至難，難可以彊世使行。曰：「難故彊世。如夷俟倨肆，羈角之哺果而啗之，奚其彊？或性或彊，及其名，一也。」〔注〕性者，天然生知也；彊者，習學以至也。雖爲小異，功業既成，其名一也。〔疏〕「禮難以彊世」者，治平本「彊」作「強」，下同。按：前文「彊其所劣」，治平本作「強」，彼音義亦作「強其」。此音義出「彊世，其兩切。」字又作「彊」，蓋傳寫參差耳。司馬云：「世人皆苦禮之拘難以彊之。」按：此亦老氏「貴德賤禮」之意，言治天下者務因自然以爲教，何必以繁重難行之禮彊使人行之？「曰：難故彊世」者，吳云：「禮者，君子之所好，而世俗之所難也。以其難，故彊之，使過者俯而就之，不及者跂而及之。」司馬云：「以其難，故彊使遵之也。」「如夷俟倨肆，羈角之哺果而啗之，奚其彊」者，夷俟、倨肆皆古語蹲踞之謂。論語：「原壤夷俟。」馬注云：「夷，踞；俟，待也。踞待孔子。」漢書敍傳：「何有踞肆於朝？」倨肆卽踞肆。彼顏注云：「肆，放也，陳也。」焦氏循論語補疏引法言此文，又引廣雅「蹲跠，𡳐啓肆踞也」，云：「夷俟卽是倨肆。俟、肆音相近，夷俟猶跠肆，與鞠躬爲匑匑同。鞠躬，雙聲也；夷俟，疊韻也。馬氏訓俟爲待，而謂踞待孔子，失之。」按：焦說是也。夷俟、倨肆皆以二言爲一義，不當分釋。省言之曰跠，曰踞；備言之曰夷俟，曰倨肆，曰踞肆。師古以肆爲放，爲陳，其失與季長同。古者席地而坐，蹲、踞皆爲非禮。說文「居」篆下段注云：「跪與坐皆厀著於席，而跪聳其體，坐下其脾。若蹲則足底著地，而下其脾，聳其厀；箕踞則脾著席，而伸其脚於前。」徐氏灝箋云：「蹲脾不著席，踞則著席，唯此爲異。箕踞者，脾著席而兩足盤屈於前，如箕前闊後狹之形。段謂伸脚於前，乃承曲禮孔疏之誤。」然則「夷俟倨肆」謂居處之非禮者也。音義：「羈角，男角女羈。」按：内則文。彼鄭注云：「夾囟曰角，午達曰羈。」孔疏云：「夾囟曰角者，囟，首腦之上縫，夾囟兩旁當角之處留髮不翦。午達曰羈者，儀禮注云，一從一横曰午，今女翦髮留其頂上縱横各一，相交通達，故云午達。不如兩角相對，但縱横各一在頂上，故曰羈。羈者，隻也。」按：羈、角對文則異，散文亦通。穀梁傳昭公篇：「羈貫成童。」范注云：「羈貫謂交午翦髮以爲飾。」是男亦得爲羈也。羈角乃童子之飾，二十而冠，則不復爲此。此云「羈角之」，謂成人而如童子之飾，猶云不冠也。音義：「哺，薄故切。啗，徒濫切。」按：説文：「哺，哺咀也。」爾雅釋鳥，釋文引作「口中嚼食也」。又説文：「啗，食也。」朱氏通訓定聲云：「與啖微别。自食爲啖，食人爲啗。」按：古無此别。説文「噬」篆下云：「啗也。」明啗非食人之義。史記項羽本紀：「樊噲覆其盾於地，加彘肩上，拔劍切而啗之。」漢書霍光傳：「與從官飲啗。」詩東門之墠鄭箋：「栗人所啗食而甘者。」皆以啗爲自食。國語晉語：「主孟啗我。」史記高祖本紀：「啗以利。」又滑稽傳：「啗以棗脯。」則爲食人之義。猶自食曰食，食人亦曰食，異其音，不異其文也。啗亦有二音。項羽本紀索隱云：「啗，徒覽反。以食餧人則去聲，自食則上聲。」漢書高帝紀顔注云：「啗者本謂食啗耳，音徒敢反。以食餧人，令其啗食，音則改變爲徒濫反。」此哺果而啗乃自食之「啗」，若依彼説，則當讀上聲，音徒覽切；不當如音義讀去聲，音徒濫切也。「哺果而啗之」，謂若未知粒食之民，以果爲餌，無飲食之禮也。此言聖人作爲禮以教人，事爲之制，曲爲之防，居止有容，冠服有度，飲食有法，本不求其易也。苟求其易而已，則夷俟倨肆，豈不愈於戸坐齋立？羈之角之，豈不省於三加彌尊？哺果而啗，豈不便於疏食菜羹必祭？然而聖人不以此易彼者，人有禮則安，無禮則危。使人以有禮知自別於禽獸，故寧爲其難，不爲其易也。舊解皆以「羈角之哺果而咍之」八字爲句。宋云：「總角之童，哺咍其果亦易之耳。」（按：當作「易易」。）司馬云：「人之箕踞驕慢，及幼子咍果，皆其情所欲，何必彊也？」按：幼子可以謂之羈，角者，不可但謂之羈角。猶成人可以謂之冠者，不可但謂之冠。舊說似於文義未安。胡部郎云：「詩氓『總角之宴』，謂總角時之宴安。則此羈角之哺果而咍，亦云羈角時之咍果，不必解爲羈角者。」按：如綏之之說，則夷俟倨肆云云，猶言凡人之縱體自逸，及童時之嗜果食，皆性之自然，無待勉彊。於義亦通。「或性或彊，及其名，一也」者，王云：「名，成也。言或性或彊，及其成，則一也。廣韻引春秋說題辭曰：『名，成也。』廣雅同。」按：王說是也。中庸云：「或生而知之，或學而知之，或困而知之，及其知之，一也。或安而行之，或利而行之，或勉強而行之，及其成功，一也。」即此文之義。注「難可以彊世使行」。按：世德堂本無「以」字。注「天然生知也」。按：世德堂本「也」作「之」。注「功業既成，其名一也」。按：李以名爲聲聞之稱。言人之於禮，或生而能，或學而能，始雖不同，及學業已成，則俱爲令聞所歸，無生知與彊學之異矣。

見弓之張兮，弛而不失其良兮。〔注〕弛，舍。或曰：「何謂也？」曰：「檠之而已矣。」〔注〕弓良在檠格，人良在禮樂。〔疏〕音義：「檠之，居影切。檠所以正弓。」按：說文：「檠，榜也。榜，所以輔弓弩也。」亦謂之「柲」，儀禮既夕記鄭注云：「柲弓檠弛則縛之於弓裏，備損傷，以竹爲之。」賈疏云：「此弓檠謂凡平弛弓之時，以竹狀如弓，縛之於弓裏。亦名之謂柲者，以若馬柲然。馬柲所以制馬，弓柲所以制弓，使不頓傷，故謂之柲。」宋云：「言弓之一弛一張而不失其良者，以有檠正之也。人之一動一静而不失其善者，以有禮制之也。」注「弛，舍」。按：廣雅釋詁文。說文：「弛，弓解弦也。」

川有防，器有範，見禮教之至也。〔注〕川防禁溢，器範檢形，以諭禮教人之防範也。以舊防爲無所用而壞之者，必有水敗；以舊禮爲無所用而去之者，必有亂患也。〔疏〕説文：「防，隄也」；「笵，法也」。經傳通以「範」爲之。水曰法，木曰模，金曰鎔，土曰型，竹曰笵。注「以舊」至「患也」。按：經解文。彼文「防」皆作「坊」，坊記孔疏云：「坊字或土旁爲之，或阜旁爲之，古字通用也。」

經營然後知幹、楨之克立也。〔注〕幹，楨，築牆版之屬也。言經營宫室，立城郭，然後知幹、楨之能有所立也；建宗廟，立社稷，然後知禮樂之能有所成也。〔疏〕詩靈臺：「經之營之。」毛傳云：「經度之也。」鄭箋云：「營表其位。」孔疏云：「經度之，謂經理而量度之；營表其位，謂以繩度立表以定其位處也。」説文「營」篆下繫傳引此詩，釋之云：「東西爲經，周回爲營也。」劉向九歎：「經營原野。」王注云：「南北爲經，東西爲營。」按：經，猶今言徑；營，猶今言圍。度徑謂之經，度圍謂之營，皆建築測量之事。説文：「榦，築牆耑版也。從木，倝聲。」幹卽「榦」之俗體。六書故引唐本説文有此字，蓋隸變爲已久也。書費誓：「峙乃楨幹。」馬注云：「楨、幹皆築具，楨在前，幹在兩傍。」説文「栽」篆下段注云：「古築牆先引繩營其廣輪方正之制。詩曰『俾立室家，其繩則直』，是也。繩直則豎楨榦。題曰楨，植於兩頭之長杙也；旁曰榦，植於兩邊之長杙也。植之謂之栽。栽之言，立也。而後横施版於兩邊榦内，以繩束榦實土，用築築之。一版竣，則層絫而上。詩曰『縮版以載，捄之仍仍，度之薨薨，築之登登』，是也。」「經營然後知幹、楨之克立也」者，經營以喻爲國，幹、楨以喻賢才，作室非幹、楨不立，爲國非賢才不成。詩嵩高云：「維申及甫，維周之翰。」毛傳云：「翰，幹也。」又文王云：「王國克生，維周之楨，濟濟多士，文王以寧。」傳云：「楨，幹也。」楨、幹對文則異，散文亦通。注「然後知禮樂之能有所成也」。按：弘範蓋以此篇自「或問禮難以彊世」以下皆言禮教，故以此文爲喻禮樂。左傳成公篇云：「禮，身之幹也。」

莊、楊蕩而不法，墨、晏儉而廢禮，申、韓險而無化，〔注〕險克所以無德化 **鄒衍迂而不信。**〔注〕迂迴不可承信。

〔疏〕「莊、楊」，治平本作「莊、揚」。按：修身「楊、墨塞路」，治平本亦作「揚、墨」，今依世德堂本。「莊楊蕩而不法」者，曹侍讀元忠云：「晉書王坦之傳：『坦之有風格，尤非時俗放蕩，不敦儒教，著廢莊論，引楊雄曰：「莊周放蕩而不法。」』是文度所見本作『莊周』，與下『鄒衍迂而不信』句法一例，不作『莊、楊』也。蓋『楊』與『蕩』形近妄增。漢書藝文志無楊朱，子雲不見其書，詎能與莊竝論乎？」按：藝文志雖無楊朱，列子有楊朱篇，具載楊朱之言，大意謂「百年壽之大齊，仁聖亦死，凶惡亦死，生則堯、舜、桀、紂，死則腐骨。乃復規死後之餘榮，失當年之至樂，不能自肆於一時，重囚纍梏，何以異哉？」彼張湛注論此篇之要旨云：「夫生者一氣之暫聚，一物之暫靈。暫聚者終散，暫靈者歸虛。而好逸惡勞，物之常性。故當生之所樂者，厚味美服，好色音聲而已耳。而復不能肆性情之所安，耳目之所娛。以仁義爲關鍵，用禮教爲衿帶，自枯槁於當年，求餘名於後世者，是不達乎生生之趣者也。」此正楊朱蕩而不法之確證。子雲卽不見楊朱書，而據列子此篇，已可得其梗概。況彼時故書雅記不傳於今者甚多，安知其中不更有稱引及楊朱者？豈得以藝文志無楊朱，遂謂子雲不見其書，不能與莊竝論乎？若王坦之廢莊論引此文有莊無楊者，此自古人引書但取大意，不拘文辭之例。引「莊、楊」作「莊周」，不可謂其所見本無「楊」字，猶引「蕩」作「放蕩」，不可遂謂其所見本有「放」字也。胡部郎云：「坦之著論廢莊，故引此增損其文，不及楊朱。假使原文作『莊周』，不作『莊、楊』，則句當在『申、韓』句下，使與『鄒衍』句比聯，此文例也。」「墨、晏儉而廢禮」者，藝文志晏子八篇，入儒家。今按墨子非儒篇引晏子與齊景公論孔子云：「夫儒浩居而自順者也，不可以教下；好樂而淫人，不可使親治；立命而怠事，不可使守職；宗喪循哀，不可使慈民；機服勉容，不可使導衆。」鹽鐵論論誹云：「晏子有言，儒者華於言而寡於實，繁於樂而舒於民，久喪以害生，厚葬以傷業，禮煩而難行，道迂而難遵，講往古而言訾當世，賤所見而貴所聞。」是晏子之術非樂、非命、短喪、薄葬，全與墨同。晏子春秋內篇問上，又雜上，兩引墨子曰：「晏子知道。」明墨、晏爲一家也。藝文志論墨家之失云：「及蔽者爲之，見儉之利，因以非禮。」「申、韓險而無化」者，新書道術云：「反平爲險。」繫辭：「德行恆易以知險。」京注云：「險，惡也。」藝文志論法家之失云：「及刻者爲之，則無教化，去仁愛，專任刑法，而欲以致治，至於殘害至親，傷恩薄厚。」「鄒衍迂而不信」者，史記孟荀列傳云：「騶衍乃深觀陰陽消息，而作怪迂之變，終始、大聖之篇，十餘萬言。其語閎大不經。」迂即怪迂之謂，亦作「怪誤」。鹽鐵論論鄒云：「鄒衍非聖人，作怪誤，惑六國之君，以納其說。此春秋所謂匹夫熒惑諸侯者也。」張氏敦仁考證云：「『誤』當作『迂』，史記所謂作怪迂之變者也。」按：迂、誤音近，「怪誤」即「怪迂」，古語大言無實之意。封禪書：「燕、齊海上之方士傳其術不能通，然則怪迂阿諛苟合之徒自此興。」義同彼傳。亦謂之「詭譎」，說文「訏，詭譎也。」是也。以形體言，則謂之魁梧。留侯世家：「余以爲其人計魁梧奇偉。」應劭云：「魁梧，丘虛狀大之意。」是也。體之大而無實者曰魁梧；言之大而無實者曰詭譎，曰怪誤，曰怪迂，其義一也。合音言之，則曰夸逸，周書謚法「華言無實曰夸」，是也。省言之則曰訏，玉篇引說文「齊、楚謂大言曰訏」，是也。亦曰吴，說文「吴，一曰大言也」，是也。亦曰譸，說文「譸，妄言也」，是也。亦曰迂，國語周語：「郤犨見其語迂，郤至見其語伐。」又云：「叔迂、季伐。」新書禮容「迂」皆作「訏」。漢書五行志引「叔迂、季伐」，顏注云：「迂，夸誕也。」是也。此文迂亦夸誕之義。迂而不信，卽史云「閎大不經」也。注「險克所以無德化」。按：世德堂本無此注。「克」當爲「刻」，聲之誤也。詩雲漢：「后稷不克。」鄭箋云：「『克』當作『刻』。」問明：「好大累克。」音義：「俗本誤作『刻』。」卽其比。國策秦策：「深刻寡恩。」高注云：「刻，急也。」注「迂迴不可承信」。按：「迂而不信」，明用史記「怪迂」字。彼集解、索隱、正義皆無釋。漢書郊祀志「怪迂阿諛苟合之徒」句下，顏注云「迂，謂回遠也」，與弘範此注同，皆未達古語之義。

聖人之材，天地也；〔注〕覆載，與天地合其德。次，山陵川泉也；〔注〕次聖者，大賢也。高顯如山陵，通潤如川泉。次，鳥獸草木也。〔注〕區別各有所長。〔疏〕「聖人之材，天地也」者，司馬云：「無不覆載。」按：卽上文「大以成大，小以成小，雖山川、丘陵、草木、鳥獸，裕如也」之義。「次，山陵川泉也」者，司馬云：「得天地之一端，佐天地以育物。」按：山陵川泉，喻韞藏宏富，民用所資。祭法云：「山林、川谷、丘陵，民所取財用也。」卽其義。「次，鳥獸草木也」者，司馬云：「依於山陵川泉以自生，所得彌小。」按：鳥獸、草木亦各能以其羽毛、齒革、華實、枝幹效用於人，然性有所偏，量有所止。猶衆人之材，知效一官，德合一君，可小知而不可大受也。注「高顯如山陵，通潤如川泉」。按此章論材之大小，非論德性，「高顯」、「通潤」，似非其義。注「區別各有所長」。按：論語云：「譬諸草木，區以別矣。」朱子集注云：「區猶類也。」

法言義疏十二

先知卷第九

〔注〕圖難於其易，求大於其細，爲之乎其未有，治之乎其未亂，如斯而已矣。〔疏〕注「圖難」至「已矣」。按：老子云：「圖難於其易，爲大於其細。天下難事必作於易，天下大事必作於細。是以聖人終不爲大，故能成其大。夫輕諾必寡信，多易必多難，是以聖人猶難之，故終無難。」

法言　李軌注

「先知其幾於神乎！〔注〕幾，近也。神以知來，探未兆也。逆識先知，近於神也。敢問先知。」曰：「不知。〔注〕答以不知者，神悟則先知，非問之所及也。知其道者其如視，〔注〕舉目便見。忽、眇、緜作昞。」〔注〕眇緜，遠視。〔疏〕「先知其幾於神乎」者，音義：「其幾，音機。下『有幾』同。」中庸云：「至誠之道，可以前知。國家將興，必有禎祥；國家將亡，必有妖孽。見乎蓍龜，動乎四體，禍福將至。善必先知之，不善必先知之，故至誠如神。」孔疏云：「言至誠之道豫知前事，如神之微妙。」朱子集注云：「神謂鬼神。」「問先知，曰不知」者，天官書云：「傳其人，不待告。告非其人，雖言不著也。」「知其道者其如視」者，聖人所以能先知如神者，非有異術也，見微知著而已。此其道猶目之於視也，善用明者，察秋毫之末；善用知者，見幾微之萌，其理一也。「忽、眇、緜作昞」者，王云：「忽、眇、緜皆微也。漢書律歷志『無有忽微』，孟康曰：『忽微，若有若無，細於髮者也。』大戴禮文王官人篇曰：『微忽之言，久而可復。』是忽爲微也。方言十三曰：『眇，小也。』顧命曰：『眇眇予末小子。』是眇爲微也。說文曰：『緜，聯微也。』廣雅釋詁四曰：『緜，小也。』大雅緜篇：『緜緜瓜瓞。』鄭箋曰：『緜緜然若將無長大時。』司馬相如上林賦曰：『微睇緜藐。』是緜爲微也。廣雅釋詁四曰：『總、紗、絤，微也。』曹憲：『總音忽，紗音眇，絤音蔑。』集韻：『絤音緜。』總、紗、絤與忽、眇、緜同義。孫子算經曰：『蠶所吐絲爲忽，十忽爲秒。』忽與總同，秒與紗同。說文：『緬，微絲也。』玉篇：『絤，與緬同。』然則總、紗、絤皆絲之微者。」按：王解是也。說文無「總」，古止作「忽」；亦無「紗」。秒，禾芒也，故十忽爲秒。「眇」卽「秒」之假，「緜」卽「緬」之假也。音義：「作昞，音炳。」按：宋、吳本作「炳」。「昞」亦說文所無，卽「炳」之或體，猶「燿」之或爲「曜」，「煇」之或爲「暉」也。一切經音義七十四：「古文昺、苪二形今作『炳』。」是也。繫辭云：「知幾其神乎？幾者動之微，吉之先見者也。」春秋繁露二端云：「夫覽求微細於無端之處，誠知小之爲大也，微之將爲著也。吉凶未形，聖人所獨立也。故聖人能繫心於微而致之著也。」「忽、眇、緜作昞」，卽微者爲著之謂。疑此亦古書成語，子雲引之以證知之理通於視，不云微而云忽、眇、緜，字不作「炳」而作「昞」，皆引古故然，非故作此艱深之語也。注「幾，近也」。按：爾雅釋詁文。注「神以知來，探未兆也」。按：繫辭云：「神以知來，知以藏往。」注「舉目便見」。按：李於「其如視」絕句而釋之如此，義雖未安，句讀則是。宋以「其如視」下屬爲句，云：「此言先知之道，臨事則悟。如明目之視，忽輕、眇細、緜遠之物皆炳然而見也。」王從其讀云：「視忽、眇、緜作昞者，見微而知著也。」義似可通。然如此則「其如」二字殆成衍文，但云「知其道者，視忽、眇、緜作昞」足矣。榮謂此以目證心，以視驗知。蓋精視則見微，精思則知微，見微則明，知微則神。知明視之道，則知先知之道矣。故云「知其道者其如視」，三字不得屬下讀。注「眇緜，遠視」。按：上林賦：「微睇緜藐。」郭璞注云：「緜藐，遠視貌。」弘範以眇緜雙聲連語，卽緜藐之倒言，故用郭義爲訓。忽者，忽然。言苟知其道，則忽然遠視皆爲明也，故上文云「舉目便見」。然如此説之，先知之義乃近頓悟。斯晉人之玄言，非子雲之法語已。

先甲一日易，後甲一日難。〔注〕甲者，一旬之始，已有之初也。先之一日，未兆也；後之一日，已形也。夫求福於未兆之前易，救禍於已形之後難。〔疏〕易蠱孔疏引鄭注云：「甲者，造作新令之日。」按：古者國家發布政令，四時各有定日，當春發政，必以甲乙。春者，歲始。甲日之政爲一歲之政之首。言甲足以統其他發政之日，故云「甲者，造作新令之日」也。政令當慎思於未發之前，不得輒改於已發之後。「先甲一日易」者，先時圖惟，則其成功也易。「後甲一日難」者，事後補救，則其致力也難。云一日者，從其至迫之期言之也。注「甲者」至「後難」。按：「已有之初」，世德堂本作「已有之袐」。宋云：「甲者，教令之始也。夫明王之道，先令後刑，故先甲一日以昭而示之也。示之而雖犯，猶宥之，故曰『先一日易』也。後甲一日，以廣而諭之也。諭之而再犯，則刑之，故曰『後一日難』也。」吴云：「周禮縣治象之法于象魏，使萬民觀治象，挾日而斂之。鄭司農云：『從甲至癸謂之挾日，凡十日。』是以易稱『先甲三日』、『先庚三日』皆爲申命令之義。夫干有十日，自甲至癸，皆挾日之義。而易獨取甲庚者，以甲木主仁，而示其寬令也；庚金主義，而示其嚴令也。今夫先見者，察民未犯之前，先一日申其令，則其爲治易也。如當已犯之後，後一日申其令，則其爲治難也。」二説皆略本弘範義敷衍之。俞云：「管子四時篇曰：『春三月，以甲、乙之日發五政。夏三月，以丙、丁之日發五政。秋三月，以庚、辛之日發五政。冬三月，以壬、癸之日發五政。』是以周易稱先甲三日，後甲三日，蓋以春三月言也；又稱先庚三日，後庚三日，蓋以秋三月言也。揚子此文獨稱先甲，則事以春言耳。其三日、一日皆行事之節，如冠禮『前期三日筮賓』，此先三日之例也：『子生三日，卜士負之』，此後三日之例也。祭禮『前期一日，視濯、視牲』，此先一日之例也；鄉射禮『明日有息，司正之事』，此後一日之例也。」說互見羣經平議。先甲一日易，後甲一日難，即所謂靡不有初，鮮克有終耳。此以管子「春三月發政之日」釋先甲、後甲，舉證甚確，而以先後一日爲行事之節，則近穿鑿。不如弘範求福未兆易，救禍已形難之說爲近是矣。

或問：「何以治國？」曰：「立政。」曰：「何以立政？」曰：「政之本，身也。身立則政立矣。」

〔注〕子帥以正，孰敢不正？

或問：「爲政有幾？」〔注〕幾，要也。欲知爲政善惡之要。曰：「思斁。」〔注〕斁，厭。或問「思斁」。曰：「昔在周公，征于東方，四國是王；〔注〕王，正。召伯述職，蔽芾甘棠，其思矣夫！齊桓欲徑陳，陳不果內，執袁濤塗，其斁矣夫！〔注〕伐楚雖美，而御師不整，故不欲令徑。於戲！從政者審其思斁而已矣。」或問：「何思？何斁？」曰：「老人老，孤人孤，病者養，死者葬，男子畝，婦人桑之謂思。〔注〕爲政如此，民所思也。若汙人老，〔注〕汙，慢。屈人孤，〔注〕屈，窮。病者獨，死者逋，田畝荒，杼軸空之謂斁。」〔注〕民厭苦也。〔疏〕「昔在周公」云云者，詩破斧：「周公東征，四國是皇。」毛傳云：「皇，匡也。」王應麟詩考引董氏云：「齊詩作『四國是匡』。」按：此作「王」者，蓋魯詩異文。春秋繁露深察名號云：「王者，皇也，匡也。」然則三字聲近義同。古文詩作「皇」，傳寫或爲「匡」，或爲「王」，其義皆爲正也。荀子王制云：「周公南征而北國怨，曰：『何獨不來也？』東征而西國怨，曰：『何獨後我也？』」公羊傳僖公篇云：「古者周公東征則西國怨，西征則東國怨。」解詁云：「此道黜陟之時也」，引詩云「周公東征，四國是皇」。白虎通巡狩云：「三歲一閏，天道小備；五歲再閏，天道大備。故五年一巡狩；三年二伯出，述職黜陟；一年物有終始，歲有所成，方伯行國，時有所生，諸侯行邑。傳曰：『周公入爲三公，出爲二伯，中分天下，出黜陟。』詩曰：『周公東征，四國是皇。』言東征述職，周公黜陟，而天下皆正也。」陳氏喬樅魯詩遺說考云：「何邵公述破斧詩義，與白虎通合。公羊家用齊詩，邵公則用魯詩者，是此篇齊、魯說同矣。荀子言『周公南征而北國怨，東征而西國怨』，卽魯詩之義所本也。」榮按：子雲說詩，皆用魯義。此以周公東征與召伯述職竝舉，是亦以破斧爲黜陟時之作，其以此爲思義之證，卽用東征西怨、南征北怨之說。音義：「召伯，寔照切。」述職有二義：諸侯時朝於王，因而助祭，謂之述職，孝經云「是以四海之內，各以其職來祭」；孟子云「諸侯朝於天子曰述職。述職者，述所職也」，書大傳云「古者諸侯之於天子，五年一朝，朝見其身，述其職」。公羊傳桓公篇解詁云：「王者亦貴得天下之歡心，以事其先王，因助祭以述其職。」是也。二伯三年一出行國，因而黜陟，亦謂之述職。公羊傳隱公篇解詁云：「三年一使三公絀陟。」白虎通封公侯云：「王者所以有二伯者，分職而授政，欲其亟成也。」又巡狩云：「三年二伯出，述職黜陟。」是也。此「召伯述職」，則行國之辭也。音義：「蔽芾，上必袂切，下非貴切。」「蔽芾甘棠」，詩甘棠文。韓詩外傳引詩作「蔽茀」，蕩陰令張遷碑作「蔽沛」，涼州刺史魏元丕碑作「蔽芾」，竝三家異文。今說苑貴德，漢書韋玄成傳載王舜、劉歆廟議，白虎通封公侯又巡狩，引詩皆作「蔽芾」，與法言文同。蔡伯喈劉鎮南碑亦云：「蔽芾甘棠，召公聽訟」。似魯詩字如此。或皆校書者據毛詩改之。毛傳云：「蔽芾，小貌；甘棠，杜也。」史記燕世家云：「召公之治西方，甚得兆民和。召公巡行，鄉邑有棠樹，決獄政事其下，自侯伯庶人各得其所，無失職者。召公卒，而人民思召公之政，懷甘棠，不敢伐。」說苑貴德引詩傳云：「自陝以東者，周公主之；自陝以西者，召公主之。召公述職，當桑蠶之時，不欲變民事，故不入邑中，舍於甘棠之下，而聽斷焉。陝間之人，皆得其所。是故後世思而歌詠之。善之，故言之；言之不足，故嗟歎之；嗟歎之不足，故歌詠之。夫詩思然後積，積然後滿，滿然後發，發由其道，而致其位焉。百姓歎其美而致其敬，甘棠之不伐，政教惡乎不行？孔子曰：『吾於甘棠，見宗廟之敬也。』甚尊其人，必敬其位。順安萬物，古聖之道幾哉！」按：子政世傳魯詩，此所引詩傳必甘棠魯故文。法言此文云「述職」，云「其思矣夫」，亦皆本詩傳爲說。漢書王吉傳載吉上疏諫昌邑王云：「昔召公述職，當民事時，舍於棠下而聽斷焉。是時，人皆得其所。後世思其仁恩，至乎不伐甘棠，甘棠之詩是也。」吉傳韓詩，而此疏云云，與說苑引傳全合，是魯、韓說同。「齊桓欲徑陳」云云者，「齊桓」世德堂本作「齊桓公」。音義：「果內，音『納』。」按：說文：「內，入也。」自入曰內，使入亦曰內。使入字今皆以「納」爲之。「袁」治平本作「轅」，今依世德堂本。公羊傳僖公篇：「齊人執陳袁濤塗。」字正作「袁」。左傳作「轅」。子雲於春秋用公羊，此治平本作「轅」，乃後人據左傳改之。國三老袁良碑云：「周之興，滿爲陳侯，至玄孫濤塗，立姓曰袁。」可證漢人皆以濤塗之氏字作袁也。公羊傳云：「濤塗之罪何？辟軍之道也。其辟軍之道柰何？濤塗謂桓公曰：『君既服南夷矣，何不還師濱海而東，服東夷且歸？』桓公曰：『諾。』於是還師濱海而東，大陷于沛澤之中。顧而執濤塗。執者曷爲或稱侯？或稱人？稱侯而執者，伯討也；稱人而執者，非伯討也。此執有罪，何以不得爲伯討？古者周公東征則西國怨，西征則東國怨。桓公假途于陳而伐楚，則陳人不欲其反由己者，師不正故也。不脩其師而執濤塗，古人之討，則不然也。」按：此以齊桓之執袁濤塗與周公東征對舉，分證思斁之說，即本公羊爲義。吳云：「左氏無『斁之』之文，楊據公羊而言。」是也。「於戲」，世德堂本作「嗚呼」。按：學行：「於戲！學者審其是而已矣。」問明：「於戲！觀書者違子貢，雖多亦何以爲㊀？」温公𣶒云：「宋、吴本作『嗚呼』，今從李本。」則此亦當爾。「老人老，孤人孤，病者養，死者葬，男子畝，婦人桑之謂思」者，吴云：「使人各得其所，則見思矣。」按：卽本甘棠詩傳之義詳言之。老與孤爲韻，養、葬、桑爲韻。段表老聲在第二部，瓜聲在第五部，以「孤」協「老」，所謂合韻也。琴操猗蘭雨、野、所、處、者、老六字爲韻，亦以「老」入第五部。段云：「第二、第三、第四、第五部，漢以後多四部合用，不甚區分。」「汙人老，屈人孤，病者獨，死者逋，田畝荒，杼軸空之謂斁」者，音義：「汙人，哀都切。」俞云：「『逋』乃『膞』之假字，膞從專聲，專從甫聲，逋亦從甫聲，故得通用。說文肉部：『膞，薄脯，膞之屋上也。』方言：『膞，暴也。燕之外郊，朝鮮洌水之間，凡暴肉、發人之私、披牛羊之五藏謂之膞。』然則『死者膞』猶言暴露也，正與上文『死者葬』相對。」按：俞說是也。音義：「杼軸，直吕切。」按：說文：「杼，機之持緯者。」又：「縢，機持經者。」軸卽縢也，以似車軸，故亦謂之軸。詩大東「杼柚其空」，字作「柚」。按：作「柚」者，古文詩；作「軸」者，今文詩。彼釋文云：「柚，本又作軸。」正三家異文也。老、孤、逋爲韻，荒、空爲韻。荒從巟聲，段表第十部；空聲，段表第九部。段云：「古人以第九部入第十部用者，如老子『五音令人耳聾』，聾讀如郎，合韻盲、爽、狂字。其合用最多者，如東方朔七諫沈江章用第十部二十四字，而以第九部韸、同、降、功、公、矇、江、聰、縱、蓬、凶、容、重、東、壅十五字合韻；莊忌哀時命用第十部二十字，而以第九部桐、通、空、忠、容、凶、宫、窮、匈、慵十字合韻。」按：此以空韻荒，亦其例。注「幾，要也」。按：弘範讀幾爲機，故訓爲要。國策秦策：「聽者，存亡之機。」高注云：「機，要也。」注「斁，厭」。按：爾雅釋詁文。注「王，正」。按：世德堂本「正」作「匡」。注「伐楚」至「令徑」。按：「御師不整」者，卽傳云「師

㊀「爲」字原本訛作「違」，據本書問明篇改。

不正」之謂。公羊傳陳疏云：「左傳：『濤塗謂鄭申侯曰：師出于陳、鄭之間，國必甚病。』明師不正也。通義云：『師有失律，不便于陳者。』是也。」「不欲令徑」，世德堂本「欲」作「敢」。注「汗，慢。屈，窮」。按：荀子儒效云：「行不免於汙漫。」漫、慢聲同義近。呂覽安死云：「智巧窮屈。」窮、屈一聲之轉。

爲政日新。或人：「敢問日新。」曰：「使之利其仁，樂其義。厲之以名，引之以美，使之陶陶然之謂日新。」〔疏〕論語云：「智者利仁。」王注云：「智者知仁爲美，故利而行之也。」音義：「樂其，音洛。下『樂陶』同。」荀子富國：「故使或美或惡。」楊注云：「美謂褒寵。」

或問「民所勤」。〔注〕勤，苦。曰：「民有三勤。」曰：「何哉所謂三勤？」曰：「政善而吏惡，一勤也；吏善而政惡，二勤也；政、吏駢惡，三勤也。〔注〕政，君也。駢，竝也。禽獸食人之食，土木衣人之帛，穀人不足於晝，絲人不足於夜之謂惡政。」〔注〕人君苑囿禽獸，故穀人竭力於晝也；土木衣綈錦，故絲人竭力於夜也。晝夜竭力而猶不足，是故爲惡政。〔疏〕「民所勤」者，俞云：「僖二年穀梁傳：『不雨者，勤雨也。』釋文曰：『糜氏音覲。』集韻去聲二十二：『稕勤，渠吝切，憂也。』春秋傳勤雨，糜氏說此文『勤』字，當從彼讀。音義無音，失之。」按：穀梁傳勤雨字本有二音，彼釋文云：「勤雨，如字。糜氏音『覲』。」是陸固讀勤如字也。廣韻：「慬，憂哀，巨斤切。」即勤雨之勤，而音仍巨斤切。然則此勤字雖訓爲憂，不必音覲也。「政善而吏惡」云云者，政猶法也。論語：「道之以政。」孔注云：「政謂法教也。」皇疏云：「政謂法制也。」法者治人之具，吏者治人之人。政善吏惡，徒法不能以自行也；吏善政惡，徒善不足以爲政也。「禽獸食人之食」云云者，用之無節，則取之無厭，民力竭而不能供，則亂作而不可止矣；

故曰惡政。音義：「衣人，於既切。」世德堂本「惡政」下有「也」字，御覽八百十六引作「此謂惡政也」。注「勤，苦」。按：修身云：「樂天則不勤。」是勤者樂之反，故訓爲苦。憂、苦同義。注「政，君也。駢，竝也。」按：廣雅釋詁云：「正，君也。」政、正古通。弘範以此文政、吏對舉，故讀爲「正」，而訓以君。然「禽獸食人之食」云云之謂惡政，明非專指惡君而言，則「政善吏惡」云云之「政」，亦不當訓爲君也。駢、竝一聲之轉。

聖人，文質者也。〔注〕因人才質，刻而畫之，文而藻之。車服以彰之，〔注〕車服等差，辨彰貴賤。藻色以明之，〔注〕藻色輕重，顯明尊卑。聲音以揚之，〔注〕歌於管絃，詠其德美。詩、書以光之。〔注〕載其功德，光照後世。籩豆不陳，玉帛不分，琴瑟不鏗，鍾鼓不抎，則吾無以見聖人矣。〔注〕言此諸禮存，故得覩聖人。〔疏〕「聖人，文質者也」者，謂施文於質。鹽鐵論毁學云：「故學以輔德，禮以文質。」與此同義。今本後漢書輿服志注引作「聖人文質備也」，此校書者誤以文、質二字平列爲義，遂用説文「份」篆之訓，改「者」字爲備耳。紹興本後漢書正作「文質者也」，不誤。彰、明、揚、光爲韻。「琴瑟不鏗」者，論語云：「鏗爾，舍瑟而作。」孔注云：「鏗者，投瑟之聲。」廣韻十三耕：「鏗，鏗鏘，金石聲也，口莖切。」説文無「鏗」；「硻，餘堅聲」，卽「鏗」字。「鍾鼓不抎」者，鍾、鐘古字通用。音義：「不抎，于粉切。天復本作『耺』，音『雲』，耳中聲也。」按：紹興本後漢書輿服志注引正作「耺」，與天復本同。廣韻：「耺，耳中聲。」卽音義所本，集注從之。然鍾鼓不耺，義殊未協。説文：「抎，有所失也。」亦非此文之義。按：子華子虎會云：「鐘鼓柷圉，日以抎考，而和聲不聞。」抎考連文，義當相近，正合法言此文語意。今本後漢書作「鏘」，亦妄人所改。陳、分、鏗、抎爲韻。鏗從堅聲，堅從臤聲。説文：「臤讀若鏗鏘之鏗。」明鏗音如「臤」。今韻以鏗入耕，非古音也。「則吾無以見聖人矣」，世德堂本「吾」字在「則」上，輿服志注引作「吾無以見乎聖也」。注「因人才質，刻而畫之，文而藻之」。按：宋云：「質者，言世之質野，如鳥獸草木然。聖人因爲禮樂制度以文飾之，故有別也。」司馬云：「質者，爲政之大體也。質既美矣，又須禮樂以文之。」注「言此諸禮存㊀，故得覩聖人」。按：世德堂本「覩」作「覯」㊁。司馬云：「言聖人事業皆在制禮作樂之中也。」

或曰：「以往聖人之法治將來，譬猶膠柱而調瑟，有諸？」曰：「有之。」曰：「聖君少而庸君多，如獨守仲尼之道，是漆也。」〔注〕漆甚於膠。曰：「聖人之法，未嘗不關盛衰焉。昔者堯有天下，舉大綱，命舜、禹；夏、殷、周屬其子，不膠者卓矣！〔注〕卓，遠。唐、虞象刑惟明，〔注〕法度彰也。夏后肉辟三千，不膠者卓矣！〔注〕二帝、三王，期於存公，不恤私也。堯親九族，協和萬國；湯、武桓桓，征伐四克。由是言之，不膠者卓矣！〔注〕五君之迹雖異，隨時順宜，其道一也。禮樂征伐自天子所出，春秋之時，齊、晉實與，不膠者卓矣！」〔注〕禮樂征伐當由天子所出，而春秋之時，天子微弱，齊桓、晉文專命征討。然而所爲皆尊王室，故春秋公羊傳文雖不予，而實予之，存於公正也。〔疏〕「以往聖人之法治將來，譬猶膠柱而調瑟」者，淮南子齊俗云：「今握一君之法，籍以非傳代之俗，譬由膠柱而調瑟也。」鹽鐵論相刺云：「大夫曰：『堅據古文，以應當世，猶辰參之錯，膠柱而調瑟，固而難合矣。』」是漢時說者有此語，故欲問其信然否也。「曰：有之」者，司

㊀「存」字原本作「在」，據其上原注文改。

㊁原本「覩」、「覯」二字誤倒，據世德堂本乙。

馬云：「言當隨時制宜。」「聖人之道未嘗不關盛衰」者，鹽鐵論錯幣云：「三王之時，迭盛迭衰。衰則扶之，傾則定之，是以夏忠，殷敬，周文。」「堯有天下，舉大綱，命舜、禹」者，司馬云：「大綱謂天下之政。」「夏、殷、周屬其子」者，音義：「屬其，音『燭』。」「唐、虞象刑惟明」者，「象刑惟明」，書皋陶謨文。大傳云：「唐、虞象刑而民不敢犯，苗民用刑而民興胥漸。唐、虞之象刑，上刑赭衣不純，中刑雜屨，下刑墨幪，以居州里，而民恥之。」又云：「唐、虞象刑，犯墨者蒙皂巾，犯劓者赭其衣，犯髕者以墨幪其髕處而畫之，犯大辟者布衣無領。」史記孝文本紀云：「蓋聞有虞氏之時，畫衣冠，異章服，而民不犯。何則？至治也。」此唐、虞象刑之說。「夏后肉辟三千」者，音義：「肉辟，婢亦切。」漢書刑法志云：「禹承堯、舜之後，自以德衰，而制肉刑。湯、武順而行之者，以俗薄於唐、虞故也。」大傳云：「夏刑三千條。」按：肉刑三千者，呂刑云：「墨罰之屬千，劓罰之屬千，剕罰之屬五百，宮罰之屬三百，大辟之罰其屬二百。五刑之屬三千。」白虎通五刑云：「科條三千者，應天地人情也。」「堯親九族，協和萬國」，堯典文。白虎通宗族云：「族所以有九，何？九之爲言究也，親疏恩愛究竟謂之九族也。父族四，母族三，妻族二。四者，謂父之姓爲一族也，父女昆弟適人有子爲二族也，身女昆弟適人有子爲三族也，身女子適人有子爲四族也。母族三者，母之父母爲一族也，母之昆弟爲二族也，母昆弟子爲三族也。母昆弟者，男女皆在㊀，外親，故合言之也。妻族二者，妻之父爲一族，妻之母爲二族。妻之親略，故父母各爲一族。」按：白虎通此說於母族則以一世爲一族，於妻族則又以一人爲一族，義甚可疑。左傳桓公篇：「親其九族。」孔疏引異義稱「今禮戴、書歐陽說母族三，母之父姓爲一族，母之母姓爲一族，母女昆弟適人者與其子爲一族。妻族二，妻之父姓爲一族，妻之母姓爲一族。」較白虎

㊀「在」下原本有偏書小字「句」，蓋作者以示句讀，今删。

通説爲密。堯典孔疏引異義此條作「夏侯、歐陽等」，是尚書三家説同。白虎通云云，蓋傳述之誤。至近儒王氏夫之書經稗疏乃謂按諸爾雅，有姑、王姑、曾祖王姑、從祖姑、族祖姑，則是父族六也。母之考、妣與從母，母族三也。妻則父、母二族而已。俞氏樾九族考又别爲之説，謂父族四，曰高祖之族，曰曾祖之族，曰祖之族，曰父之族；母族三，曰母之曾祖之族，曰母之祖之族，曰母之父之族；妻族二，曰妻之祖之族，曰妻之父之族。此皆率臆虚造，不可爲訓。「萬國」僞孔本作「萬邦」。按：史記高祖功臣侯年表、漢書王莽傳、論衡藝增引書皆作「萬國」，蓋今文尚書有然，非必避諱。説詳撰異。「湯、武桓桓，征伐四克」者，爾雅釋訓云：「桓桓，武也。」國與克爲韻。「禮樂征伐自天子所出」者，論語云：「天下有道，則禮樂征伐自天子出。」按：此文當云「自天子所」，無「出」字。「堯親九族」四句，句皆四言，國、克爲韻。此文「禮樂征伐」四句，亦句皆四言，所、予爲韻。「自天子所」，語本詩出車，淺學人習知論語「自天子出」之文，遂於「所」下妄增「出」字，既失句例，又失其韻。不知二語雖用論語文，而變「出」爲「所」，所以協韻。古人多有此法，説詳古書疑義舉例變文協韻條。「春秋之時，齊、晉實予」者，音義：「實予，音與。」公羊傳僖公篇云：「齊師、宋師、曹師次於聶北，救邢。救不言次，此其言次何？不及事也。不及事者何？邢已亡矣。孰亡之？蓋狄滅之。曷爲不言狄滅之？爲桓公諱也。曷爲爲桓公諱？上無天子，下無方伯，天下諸侯有相滅亡者，桓公不能救，則桓公恥之。曷爲先言次而後言救？君也。君則其稱師何？不與諸侯專封也。曷爲不與？實與而文不與。文曷爲不與？諸侯之義不得專封也。諸侯之義不得專封，則其曰實與之何？上無天子，下無方伯，天下諸侯有相滅亡者，力能救之，則救之可也。」此實予之説。予、與古通。「實與文不與」，公羊於僖公篇凡三發傳，其一卽此，其二爲城楚丘，其三爲城緣陵，竝齊桓公事。又文公篇：「晉人納接菑于邾婁，弗克納。納者何？

入辭也。其言弗克納何？大其弗克納也。何大乎其弗克納？晉郤缺帥師，革車八百乘，以納接菑于邾婁，力沛若有餘，而納之。邾婁人言曰：『接菑，晉出也。貜且，齊出也。子以其指，則接菑也四，貜且也六。子以大國壓之，則未知齊、晉孰有之也。貴則皆貴矣，雖然，貜且也長。』郤缺曰：『非吾力不能納也，義實不爾克也。』引師而去之。故君子大其弗克納也。此晉郤缺也，其稱人何？貶。曷爲貶？不與大夫專廢置君也。曷爲不與？實與而文不與。文曷爲不與？大夫之義，不得專廢置君也。」又定公篇「晉人執宋仲幾于京師」，傳亦有是語。皆晉事，故云「齊、晉實予」。宣公篇「楚人殺陳夏徵舒」，亦發是傳，則楚莊王事，此不及之，舉齊、晉以見義耳。注「卓，遠」。按：說文：「卓，高也。」高、遠義同。吳云：「卓然可見。」則讀爲「焯」。說文：「焯，明也。」注「五君之迹雖異，隨時順宜，其道一也」。按：五君謂堯、舜、禹、湯、武，卽上注云二帝三王。世德堂本作「人君」，誤。注「禮樂」至「正也」。按：陶氏鴻慶讀法言札記云：「『實』讀爲『是』。齊、晉實予者，齊、晉是予也。問明篇云：『不聰，實無耳也；不明，實無目也。』俞氏云兩『實』字皆當爲『是』，卽其例矣。此言世治則宗王，時衰則思霸，皆見不膠之卓，與上文意同。李注云云，正得其旨，惟解『實』字意稍迴曲耳。」榮謂「實予」字正用公羊傳「實與而文不與」之說，弘範解此，援據至當。以爲迴曲，竊所未喻。又按：上三節不膠者卓，指禹、湯、武；此節不膠者卓，指孔子，非指齊、晉。言明王在上，人臣而專禮樂征伐誅絶之罪也。而春秋之義，於齊、晉之征伐廢置，文雖不與而實與之。此素王黜陟之法，亦隨時順宜，與三代聖王之變革同也。吳乃云：「自湯、武以上稱。由是言之，明二霸之迹不可繼也。」失之遠矣。

或曰：「人君不可不學律、令。」曰：「君子爲國，張其綱紀，謹其教化。」〔注〕網之有綱紀，猶君之有股肱也，綱紀張則網目正，股肱良則庶事康。導之以仁，則下不相賊；莅之以廉，則下不相盜；臨之以正，則下不相詐；修之以禮義，則下多德讓。此君子所當學也。如有犯法，則司獄在。」〔注〕執契而已。〔疏〕律、令者，刑法志云：「漢興，相國蕭何攟摭秦法，取其宜於時者，作律九章。及至孝武即位，招進張湯、趙禹之屬，條定法令，律令凡三百五十九章，大辟四百九條、千八百八十二事，死罪決事比萬三千四百七十二事。」「謹其教化」，治平本「謹」作「議」，秦校云：「『議』當作『謹』。」按：世德堂本作「謹」，今從之。韓詩外傳云：「謹其教道。」「導之以仁，則下不相賊」云云者，賊盜、詐僞皆律、令所有事，李悝法經首盜法，次賊法，漢律沿用之，詳長孫無忌等唐律疏義。律、令之用，在罰已然；仁義廉正之用，在禁未然。罰已然者，有司之事；禁未然者，化民成俗，大學之事。人君當爲化民成俗之學，不當爲有司之學也。「如有犯法，則司獄在」者，周禮大司徒鄭注云：「爭罪曰獄，爭財曰訟。」然則獄即今刑事訴訟，訟即今民事訴訟。獄、訟對文則異，散文亦通。國語周語：「夫君臣無獄。」韋注云：「獄，訟也。」漢時司獄之官爲廷尉，百官公卿表：「廷尉，秦官，掌刑辟。有正、左、右監，秩皆千石。景帝中六年，更名大理。武帝建元四年，復爲廷尉。宣帝地節三年，初置左、右平，秩皆六百石。哀帝元壽二年，復爲大理。」顏注云：「廷，平也。治獄貴平，故以爲號。」注「執契而已」。按：老子云：「是以聖人執左契，而不責於人。有德司契，無德司徹。」河上公注云：「古者聖人執左契，合符信也。但刻契之信，不責人以他事也。」晉書劉惔傳云：「古之善政，司契而已。」此弘範語所本。然法言此文固與老氏無爲之旨不同。弘範此義，乃晉人常語，亦當時風習如此。

或苦亂。〔注〕苦，患。曰：「綱紀。」〔注〕綱紀然後網目正。曰：「惡在於綱紀？」曰：「大作綱，小作紀。〔注〕網賴綱紀，君任輔佐。如綱不綱，紀不紀，〔注〕謂失綱紀之任。雖有羅網，惡得一目而正諸？」〔注〕網無綱紀目不正，君無股肱國不治。〔疏〕「或苦亂」者，吳云：「或人以專任有司，苦患其紊亂。」按：苦亂猶論語云「季康子患盜」，當自爲一章，不必承上而言。「綱紀」者，詩棫樸：「綱紀四方。」鄭箋云：「以網罟喻爲政，張之爲綱，理之爲紀。」孔疏云：説文：「綱，網紘也。紀，別絲也。」然則綱者網之大繩，故盤庚云：「若網在綱，有條而不紊。」是其事也。以舉綱能張網之目，故張之爲綱也。紀者別理絲縷，故理之爲紀。「惡在於綱紀」者，音義：「惡在，音烏。下『惡得』同。」「大作綱，小作紀」云云者，白虎通三綱六紀云：「何謂綱紀？綱者，張也；紀者，理也。大者爲綱，小者爲紀，所以張理上下，整齊人道也。人皆懷五常之性，有親愛之心，是以綱紀爲化，若羅網之有紀綱而萬目張也。」注「苦，患」。按：廣雅釋詁云：「患，苦也。」是苦、患互訓。

或曰：「齊得夷吾而霸，仲尼曰小器。請問大器。」曰：「大器其猶規矩準繩乎？先自治而後治人之謂大器。」〔注〕夫以規矩準繩而能使上下無猜者，大器也。大器者必籠沓羣疑之表，莫得與之爭量也。管子相桓公，不能以之自固，三歸反坫，然後獲安。〔疏〕「齊得夷吾而霸，仲尼曰小器」者，論語云：「子曰：『管仲之器小哉！』」皇疏云：「管仲者，齊桓公之相管夷吾也。器者，謂管仲識量也。」孫綽曰：「功有餘而德不足，以道觀之，得不曰小乎？」「大器其猶規矩準繩乎？先自治而後治人之謂大器」者，吳云：「規矩先自圓方，準繩先自平直，然後能爲器。器出於是，大器者也。管子不知禮，安能以禮正國哉？」惠氏棟云：「堯、舜，性之也；湯、武，身之也。此先自治而後治人者也。五霸，假之也，故器小。此王、霸之辨也。以大學言之，誠意、正心、脩身，規矩、準繩也，所謂先自治也；齊家、治國、平天下，所謂治人也。先誠意、正心、脩身，而後齊家、治國、平天下，所謂先自治而後治人。由本達末，原始反終，一以貫之之道也。」注「大器者必能籠沓羣疑之表」。按：籠沓卽籠罩之謂。夏侯孝若東方朔畫贊：「籠罩靡前。」沓、罩一聲之轉，籠罩之爲籠沓，猶騰踔之爲騰踏也。器大則能籠罩萬物，故云「籠沓羣疑之表」。注「管子」至「獲安」。按：國策東周策云：「齊桓公宮中七市，女閭七百，國人非之，故爲三歸之家，以掩桓公非㊀，自傷於民也。」列子楊朱云：「管仲之相齊也，君淫亦淫，君奢亦奢。」說苑善說云：「桓公立仲父，致大夫曰：『善吾者入門而右，不善吾者入門而左。』有中門而立者，桓公問焉，對曰：『管子之知可與謀天下，其强可與取天下，君恃其信乎，內政委焉，外事斷焉，驅民而歸之，是亦可奪也。』桓公曰：『善。』乃謂管仲：『政則卒歸於子矣，政之所不及，惟子是匡。』管仲故築三歸之臺，以自傷於民。」論語八佾皇疏引李充云：「齊桓隆霸王之業，管仲成一匡之功，免生民於左衽，豈小也哉！然苟非大才者，則有偏失。好內極奢，桓公之病也。管生方恢仁大勳，宏振風義，遺近節於當年，期遠濟乎千載，寧分謗以要治，不潔己以求名，所謂君子行道，忘其爲身者也。漏細行而全令圖，唯大德乃堪之。季末奢淫，愆違禮則，聖人明經常之訓，塞奢侈之源，故不得不貶以爲小也。」是舊說皆以管仲之淫奢爲分謗求全之計。弘範此注，亦用此義。

或曰：「正國何先？」曰：「躬工人績。」〔注〕躬，身也；工，官也。言先正身以臨百官，次乃覽察其人，考其勳績也。〔疏〕「躬工人績」者，司馬云：「工巧則績善，工拙則績惡。言當先正其身，而後正人。」按：躬與人對文，工與績同義，工讀爲「功」，績亦功也。躬工人績，謂己勤其職，則人亦效之，而事無不治也。注「躬，身」至「績也」。按：弘範

㊀「非」下原本有偏書小字「句」，蓋作者以示句讀，今删。

以躬、工、人、績平列爲四事，似失其義。「覽察其人」，世德堂本作「覺察其人」。

或曰：「爲政先殺後教。」曰：「於乎！〔注〕於乎者，駭歎之聲。天先秋而後春乎？將先春而後秋乎？」〔注〕天道先春後秋以成歲，爲政先令後誅以成治。〔疏〕「爲政先殺後教」者，法家之蔽有如此。藝文志序法家云：「及刻者爲之，則無教化，去仁愛，專任刑法，而欲以致治。」「於乎」，音義：「於，音『烏』。」世德堂本作「嗚呼」。「天先秋而後春乎？將先春而後秋乎」者，御覽二引風俗通云：「易稱天先春而後秋，地先生而後凋，日月先明而後幽，聖人則之，故先教而後刑。」按：蓋易緯文。漢書董仲舒傳云：「王者承天意以從事，故任德教而不任刑。刑者不可任以治世，猶陰之不可以成歲也。爲政而任刑，不順於天，故先王莫之肯爲也。」注「於乎者，駭歎之聲」。世德堂本亦作「嗚呼」。按：字作「於乎」，故有此注。若作「嗚呼」，則注爲贅設矣。

吾見玄駒之步，〔注〕玄駒，蚍蜉子也。雉之晨雊也，〔注〕雊，鳴。化其可以已矣哉！〔注〕感陽應節，自然之化。化之所感，有自來矣。〔疏〕「玄駒之步」者，夏小正：「十有二月，玄駒賁。」傳云：「玄駒也者，螘也。賁者何也？走於地中也。」按：步猶賁也。賁者，奔之假。疾行爲奔，徐行爲步，對文則異，散文亦通。吳云：「步，行也。」是也。俞云：「襄二十六年左傳：『左師見夫人之步馬者。』杜注曰：『步馬，習馬。』字亦作『⿰馬步』，玉篇馬部：『⿰馬步，盆故切，習馬。』此云玄駒之步，蓋因螘有駒名，故借用步馬之義。」按：玄駒合二言以成辭，不可分釋。亦作玄蚼。蚼者，北方蚼犬，食人。呼螘爲玄駒，而謂之有駒名，然則呼螘爲玄蚼者，亦得謂之有蚼犬名乎？古今注云：「河內人竝河而見人馬數千萬，皆如黍米，遊動往來，從旦至暮。家人以火燒之，人皆是蚊蚋，馬皆是大蟻，故今人呼蚊蚋爲黍民，名螘曰玄駒也。」斯則委巷之無稽，不可以爲雅訓。且習馬之爲步馬，乃調良之事，螘之走於地中，誰爲習之，而謂之步耶？夫以步爲行，經典常語。詩白華：「天步艱難。」毛傳：「步，行也。」左傳僖公篇：「將步師出於敝邑。」釋文：「步猶行也。」玄駒之行，辭順理昭，無須穿鑿也。「雉之晨雊也」者，「晨」當爲「震」。晨篆作晨，震之壞體似晨，傳寫者又因詩匏葉有「雉之朝雊」語，遂改爲「晨」矣。夏小正：「正月，雉震呴。」傳云：「呴也者，鳴也；震也者，鼓其翼也。正月必雷，雷不必聞，惟雉爲必聞之。何以謂之㊀？雷則雉震呴，相識以雷。」（據孔氏廣森補注本。）然則鼓翼而鳴謂之震。呴震者，振之假。說文：「振，一曰奮也。」呴、雊同聲通用。「化其可以已矣哉」，司馬云：「宋、吳本『已』作『成至』。」按：「至」蓋「止」之誤。寡見云：「得已則已矣。」宋、吳本「已」作「至」，正其例。止亦已也。止誤爲至，而以至矣哉爲歎美之辭，遂於「可以」字下妄增「成」字耳。注「玄駒，蚍蜉子也」。按：說文作「𧖇𧕴」，重文作「蚍蜉」，大螘也。方言云：「蚍蜉，齊、魯之間謂之蚼蟓，西南梁、益之間謂之玄蚼，燕謂之蛾蛘。」注「雊，鳴」。按：說文：「雊，雄雉鳴也。雷始動，雉鳴而句其頸。」

民可使覿德，〔注〕是以堯、舜之民可比屋而封。不可使覿刑，〔注〕是以桀、紂之民可比屋而誅。覿德則純，覿刑則亂。〔疏〕「民可使覿德，不可使覿刑」者，說文：「儥，見也。」經傳皆作「覿」。國語周語云：「武不可覿。」「覿德則純，覿刑則亂」者，純讀爲惇，說文：「惇，厚也。」經傳通以淳、醇、敦、肫、純爲之。吳云：「覿德則民歸厚，故純；覿刑則民生僞，故亂。」

象龍之致雨也，難矣哉！〔注〕象，似也。言畫繒刻木以爲龍而求致雨，則不可得也。曰：「龍乎！龍

㊀「之」下原本有偏書小字「句」，蓋作者以示句讀，今删。

乎！」〔注〕歎非真龍。真龍而後能致雲雨，明君而後道化行也。〔疏〕「象龍之致雨也，難矣哉」，後漢書禮儀志注引作「艱矣哉」。按：春秋繁露求雨云：「春旱求雨以甲乙日，爲大蒼龍一，長八丈，居中央；爲小龍七，各長四丈，於東方。皆東向，其間相去八尺。小童八人，皆齋三日，青衣而舞之。夏求雨以丙丁日，爲大赤龍一，長七丈，居中央；又爲小龍六，各長三丈五尺，於南方。皆南鄉，其間相去七尺。壯者七人，皆齋三日，赤衣而舞之。季夏以戊己日，爲大黄龍一，長五丈，居中央；又爲小龍四，各長二丈五尺，於南方。皆南鄉，其間相去五尺。丈夫五人，皆齋三日，黄衣而舞之。秋以庚辛日，爲大白龍一，長九丈，居中央；又爲小龍八，各長四丈五尺，於西方。皆西鄉，其間相去九尺。鰥者九人，皆齋三日，白衣而舞之。冬以壬癸日，爲大黑龍一，長六丈，居中央；又爲小龍五，各長三丈，於北方。皆北鄉，其間相去六尺。老者六人，皆齋三日，黑衣而舞之。」又云：「四時皆以水日爲龍，必取潔土爲之結蓋，龍成而發之。」禮儀志注引新論云：「劉歆致雨，具作土龍，吹律及諸方術無不備設。譚問求雨所以爲土龍，何也？曰：『龍見者，輒有風雨興起以迎送之，故緣其象類而爲之。』」按：子雲此言，當卽爲此而發，乃因請雨術之不驗，而歎一切作僞之無益，以譏王莽制作之爲徒勞也。「曰：龍乎！龍乎」，禮儀志注引無「曰」字，「龍乎！龍乎」，與重黎云「禹乎！盧乎！始終乎」義同。言作僞者皆可作如是觀也。

或問「政核。」曰：「真僞。〔注〕用真人，遠佞僞。真僞則政核。〔注〕善善明則真人顯，惡惡著則佞僞息，真僞審則政事核也。如真不真，僞不僞，則政不核。」〔注〕北面之禍，南面之賊也。〔疏〕「政核」者，音義：「政核，下革切。」按：讀爲「覈」。宋云：「核，實也。問爲政之實。」司馬云：「謂精確得其實。」「真僞，真僞則政核」者，司馬云：

「『真僞，真僞』當作『真真，僞僞』，古書多然。」按：司馬説是也。古書凡遇重言及複舉之辭，皆省略不書，止於本字下作二短畫以識之，傳寫每易致誤。詩羔羊：「委蛇委蛇。」釋文云：「沈讀作『委委蛇蛇』。」即其例。此文真真僞僞，與真不真、僞不僞相對爲義。正與論語「君君、臣臣、父父、子子，君不君、臣不臣、父不父、子不子」，本書吾子「姦姦、詐詐，不姦姦、不詐詐」，文例相同。真者真之，僞者僞之，則事得其序，而物莫能遁其情，故曰政核。「如真不真，僞不僞，則政不核」者，真不真者，以不真爲真；僞不僞者，以不僞爲僞。吳云：「真僞而僞真，則政事不核。」按：此亦譏莽之作僞。注「北面之禍，南面之賊也」。按：莊子天地文。

鼓舞萬物者，雷風乎！鼓舞萬民者，號令乎！〔注〕天以雷風鼓舞萬物，君以號令制御萬民。**雷不一，**〔注〕三令五申。**風不再。**〔注〕制無二也。〔疏〕世德堂本「雷風乎」上有「其」字，「號令乎」上同。「雷不一，風不再」者，後漢書郎顗傳載顗奏云：「雷者號令，其德生養。號令殆廢，當生而殺，則雷反作，其時無歲。」又云：「風者號令，天之威怒，皆所以感悟人君忠厚之戒。」又寇榮傳載榮上書云：「連年大風，折拔樹木，風爲號令。」章懷太子注引翼奉云：「凡風者，天之號令，所以譴告人也。」然則雷、風雖同爲號令，而雷象生養，風象譴告，乃齊詩舊説。生養之令不厭周復，故當不一；譴告之令無取狎見，故當不再。不一謂不可止於一，不再謂不可至於再也。注「制無二也」。按俞云：「李解甚得楊子之旨，惜其説下句未了耳。易通卦驗曰：『立春調風至，春分明庶風至，立夏清明風至，夏至景風至，立秋涼風至，秋分閶闔風至，立冬不周風至，冬至廣莫風至。』是一時有一時之風。風不再，謂不竝至也。王者法之，故號令亦無錯出矣。」榮謂一時有一時之風，乃風因氣候之變而異其涼燠，遂各爲之名。非此諸異名之風之不竝至。且「不竝」之與「不再」，義亦有別。俞說非也。

聖人樂陶成天下之化，使人有士君子之器者也，故不遁于世，不離于羣。遁離者，是聖人乎？〔注〕言遁離者非聖人也。〔疏〕「聖人樂陶成天下之化」，世德堂本依宋、吳本「樂」下有「天」字。俞云：「疑『天』乃『夫』字之誤。『聖人樂夫陶成天下之化，使人有士君子之器者也』，其旨亦與李本不殊。因『夫』字誤作『天』，宋、吳遂依誤本爲說，鑿矣。」「使人有士君子之器者也」者，春秋繁露俞序云：「教化流行，德澤大洽，天下之人，人有士君子之行，而少過矣。」「不遁於世，不離於羣」者，音義：「不離，力智切。下同。」「遁離者，是聖人乎」者，論語云：「鳥獸不可與同羣也，吾非斯人之徒與而誰與？」孔注云：「隱居於山林，是與鳥獸同羣也。吾自當與此天下人同羣，安能去人從鳥獸居乎？」明遁世離羣非聖人之道也。注「言遁離者非聖人也」。按：世德堂本無此注。

雌之不才，其卵毈矣，〔注〕毈，敗。君之不才，其民野矣。〔注〕民之陶化，猶泥之在鈞。〔疏〕「雌之不才，其卵毈矣」者，音義：「毈，徒玩切，卵壞。」「君之不才，其民野矣」者，荀子勸學云：「不由禮則夷固僻違，庸衆而野。」按：「野」與上文「士君子」相反爲義。注「毈，敗」。按：說文：「毈，卵不孚也。」

或問曰：「載使子草律。」〔注〕載，設也；草，擬也。曰：「吾不如弘恭。」「草奏。」曰：「吾不如陳湯。」曰：「何爲？」曰：「必也律不犯，奏不剡。」〔注〕論語云：「聽訟吾猶人也，必也使無訟乎？」此亦言當以純德化之，使不犯律，不剡奏也。〔疏〕「或問曰」，世德堂本無「問」字。「載使子草律。曰：吾不如弘恭」者，漢書佞幸傳云：「弘恭，沛人也。恭明習法令、故事，善爲請奏，能稱其職。」「草奏。曰：吾不如陳湯」者，論衡對作云：「上書謂之奏。」獨斷云：「凡羣臣上書於天子者，有四名：一曰章，二曰奏，三曰表，四曰駁議。」陳湯傳云：「字子公，山陽瑕丘人也。少好書，博達，善屬文。」「必也律不犯，奏不剡」者，音義：「剡，以冉切。」說文：「剡，鋭利也。」按：鋭所以刺，故此借以爲譏刺之意。民無罪行則律不犯，君無過舉則奏不剡。犯、剡韻語。注「載，設也」。按：經傳釋詞云：「載猶則也，則猶若也。」注「論語」至「奏也」。按：弘範意似專以奏爲劾治之事，與律同意，故云：「以純德化之，使不犯律，不剡奏。」謂以德化民，使民無罪，既不犯律，又不煩削牘爲劾奏也。

甄陶天下者，其在和乎？剛則甈，柔則坏。〔注〕甈，燥也；坏，濕也。言失和也。夫陶者失剛柔之和則不成器，爲政者失寬猛之中則不成治。〔疏〕「甄陶天下者，其在和乎」，何平叔景德殿賦李注引無「者」字。「剛則甈，柔則坏」，音義：「甈，五計切，破瓦也。坏，芳盃切，未燒瓦也。俗本作『伾』，字之誤也。」按：宋、吴本作「伾」。景德殿賦注引李聃曰：「埏埴爲器曰甄陶。王者亦甄陶其民也。」胡氏克家考異云：「『聃』當作『軌』，謂李軌注法言也。」按：今各本皆無此注。注「甈，燥」至「成治」。按：音義注「甈，燥也」，俗本誤作「躁」；「坏，濕也」，誤作「伾，懼也」。世德堂本「坏，濕也」，「濕」作「慢」。司馬云：「坏，土疎慢不黏也。言甄者和土剛柔之齊，太剛則破裂，太柔則疎慢。治天下之道，亦猶是也。」似温公所據本亦作「慢」。說文：「甈，康瓠，破罌也。」段注云：「康之言，空也；瓠之言，壺也。空壺謂破罌也。罌已破矣，無所用之，空之而已。釋器曰：『康瓠謂之甈。』甈之言，滯而無用也。法言曰『甄陶天下者』云云，此引申之義也。」榮按：康之言孔，非謂空虛。器有罅隙謂之甈。埏埴過燥，則器生罅隙。非有二義也。又說文：「坏，丘一成者也，一曰瓦未燒。」段注云：「今俗謂土坏，古語也。」按：未燒謂之坏，燒而未成亦謂之坏。太玄干云：「或錫之坏。」范注云：「坏，未成瓦也。」

龍之潛亢，不獲其中矣。〔注〕初九，潛龍勿用；上九，亢龍有悔。是以過中則惕，〔注〕九三居下卦之上，過其中則夕惕也。不及中則躍，〔注〕九四居上卦之下，不及中故躍淵。其近於中乎！〔注〕二五得中，故有利見之吉。〔疏〕「龍之潛亢，不獲其中矣」者，繫辭云：「天下之理得，而易成位乎其中矣。」荀注云：「陽位成於五，陰位成於二，五爲上中，二爲下中，故易成位乎其中也。然則初爲下下，六爲上上，極卑極高，去中彌遠，故云不獲其中也。」「是以過中則惕，不及中則躍」者，繫辭云：「三多凶，四多懼。」惠氏棟周易述云：「六爻以二五爲中和，卦二五兩爻又以五爻爲主。四不中而近五，故多懼；三過中，故多凶也。」「其近於中乎」者，吳云：「以其惕躍故近中，愈於潛亢。」惠氏棟易例云：「惕躍近中，猶忠恕近道，進德修業，故近於中。」按：過而能惕則知退，不及而能躍則知進，斯勉幾於中之道也。

聖人之道，譬猶日之中矣。〔注〕光被四表。不及則未，〔注〕不及中，未盛明。過則昊。〔注〕日昊明盡，言昏昧也。〔疏〕「不及則未」者，方言云：「未，未及也。」「過則昊」者，易豐云：「日中則昃。」昊與昃同。注「光被四表」。按：堯典：「光被四表。」鄭注云：「言堯德光燿及四海之外，至于天地，所謂大人與天地合其德，與日月齊其明。」弘範此注，亦同鄭義，不以光被爲廣被也。

什一，天下之中正也。〔注〕什一稅民，天下之中賦正法也。多則桀，寡則貉。〔注〕公羊傳曰：「多乎十一，大桀、小桀；寡乎十一，大貉、小貉。」〔疏〕「什一天下之中正也」，各本皆無「中」字，今依錢本補。注「中賦正法」，乃分釋中、正二字，明李本如此。孟子云：「夏后氏五十而貢，殷人七十而助，周人百畝而徹，其實皆什一也。」趙注云：「民耕五十畝，貢上五畝；耕七十畝者，以七畝助公家；耕百畝者，徹取十畝以爲賦。雖異名，而多少同，故曰皆什一也。」公羊傳宣公篇云：「什一者，天下之中正也。」注「公羊」至「小貉」。按：宣公篇文。「十一」，世德堂本作「什一」。按：治平本作「十一」，必是弘範所據公羊傳如此。今本公羊傳亦作「什一」，彼解詁云：「奢泰多取於民，比於桀也。蠻貉無社稷、宗廟、百官、制度之費，稅薄。」徐疏云：「夏桀無道，重賦於人，今過什一，與之相似。若十取四五，則爲桀之大貪；若取二三，則爲桀之小貪。故曰：『多乎什一，大桀、小桀。』所以不言紂者，略舉以爲說耳。舊說云，不言紂者，近事不嫌不知。若十四五乃取其一，則爲大貉行；若十二、十三乃取一，則爲小貉行，故曰：『寡於什一，則大貉、小貉也。』然則多於什一則有爲桀之譏，寡於什一則有蠻貉之恥，是以什一而稅，三王所不易，故傳比于中正之言。」按：孟子云：「欲輕之於堯、舜之道者，大貉、小貉也；欲重之於堯、舜之道者，大桀、小桀也。」趙注云：「堯、舜以來，什一而稅，足以行禮，故以此爲道。今欲輕之，二十而稅一者，夷貉爲大貉，子（按：謂白圭。）爲小貉也。欲重之過什一，則是夏桀爲大桀，而子爲小桀也。」尚書大傳云：「古者十稅一，多於十稅一謂之大桀、小桀，少於十稅一謂之大貊、小貊。王者十一而稅，而頌聲作矣。故書曰：『越維有胥賦，小大多政。』」公羊傳陳疏云：「伏氏以小桀、大桀、小貊、大貊明多方大小二字。政者，正也，今書作『正』，小大多得其正也。」按：伏、趙、徐解大小二字，義各不同，似以徐說爲優。

井田之田，田也；〔注〕謂古八家是治田也。肉刑之刑，刑也。〔注〕三千之屬，是正法也。田也者，與衆田之，刑也者，與衆弃之。〔疏〕「井田之田，田也」者，孟子云：「方里而井，井九百畝，其中爲公田，八家皆私百畝，同養公田。」公羊傳宣公篇解詁云：「是故聖人制井田之法而口分之，一夫一婦受田百畝，以養父母妻子，五口爲一家。

公田十畝，即所謂什一而稅也。廬舍二畝半。凡爲田一頃十二畝半，八家而九頃，共爲一井，故曰井田。」「肉刑之刑，刑也」者，荀子正論云：「世俗之爲說者曰：『治古無肉刑而有象刑。』是不然。以爲治邪？則人固莫觸罪，非獨不用肉刑，亦不用象刑矣。以爲人或觸罪矣，而直輕其刑，則是殺人者不死，傷人者不刑也。罪至重而刑至輕，庸人不知惡矣，亂莫大焉。」本篇云：「夏后肉辟三千，不膠者卓矣。」「田也者，與衆田之」者，音義：「衆田，音佃。」鹽鐵論未通云：「什一而藉民之力也，豐耗美惡與民共。民饑己不獨衎，民衎己不獨饑。」「刑也者，與衆弃之」者，王制云：「刑人於市，與衆棄之。」注「謂古八家是治田也」。按：萬氏斯大學春秋隨筆云：「孟子言三代田制莫善於助。言助法之形體曰方里而井，井九百畝，其中爲公田，八家皆私百畝，同養公田。非謂成周之徹法如此也。趙岐孟子注云：『周人耕百畝者，徹取十畝以爲賦。』斯言得之矣。司馬法云：『畝百爲夫，夫三爲屋，屋三爲井。』小司徒亦云：『夫九爲井。』據此二文，是周人井九百畝，分之九夫，每夫百畝，中以十畝爲公田，君取其入，而不收餘畝之稅。周氏柄中四書辨正云：『徹本無公田，故孟子云惟助爲有公田。商家同井，公田在私田外。周九夫爲井，公田在私田中。周何以變八家爲九夫，此則任鈞臺嘗言之矣。蓋自商至周，歷六百餘年，生齒必日繁，無田可給，不得不舉公田授之民。及列國兵争，殺戮過甚，民數反少於周初，而徹法之壞已甚，故孟子欲改行助法，所謂與時宜之者，此真通人之論也。然則八家九夫，商、周已異其制，井田之田，但當就稅制爲言。孟子云，其實皆什一也。苟行什一之稅，即是井田之意，似不必泥古八家爲說也。」又按：陶氏鴻慶讀法言札記云：「田也之『田』，當讀爲『佃』；刑也之『刑』，當讀爲『型』。李注云，謂古八家是治田也，三千之屬是正法也，正得其義。音義於下文『衆田』及『田侯田』皆音『佃』，此獨無音，失之。」榮謂「田也」云者，謂田制之正；「刑也」云者，謂刑法之正。李注治田乃對正法而言，治亦正也，不讀平聲。陶解殊誤。世德堂本「治田」作「治宜」，誤。

法無限，則庶人田侯田，處侯宅，食侯食，服侯服，〔注〕法制無限，則興奢侈，長僭亂。人亦多不足矣。〔注〕僭亂既興，民多匱竭。〔疏〕「法無限，則庶人田侯田」云云者，音義：「田侯田，上『田』同上音，下如字。」按：同上音，謂同「與衆田之」之「田」。食貨志云：「至秦，用商鞅之法，改帝王之制。除井田，民得賣買，富者田連阡陌，貧者無立錐之地。」鹽鐵論散不足云：「宮室、輿馬、衣服、器械、喪祭、食飲，聲色、玩好，人情之所不能已也，故聖人爲之制度以防之。間者士大夫務於權利，怠於禮義，故百姓仿效，頗踰制度。」

爲國不迪其法，〔注〕迪，蹈。而望其效，〔注〕效，功。譬諸算乎？〔注〕夫算者不運籌策，不能定其數；治國者不蹈法度，不能致其治。〔疏〕「爲國不迪其法，而望其效，譬諸算乎」，治平本「算」作「筭」，各本皆作「算」。説文：「算，數也。從竹，從具。讀若筭。」又：「筭長六寸，計歷數者。從竹，從弄，言常弄乃不誤也。」算者計數之事，筭者計數之器，音同義近，古書通用。此言爲國之有治法，猶算之有數術。爲算者不循數術，不可以得數；爲國者不循治法，不可以致治。不循治法而冀治效，猶不循數術而冀得數之效也。「譬諸算乎」云者，謂譬諸算不迪其法而望其效，蒙上而省耳。注「迪，蹈」。按：廣雅釋言文。注「效，功」。按：淮南子脩務：「效亦大矣。」高注云：「效，功也。」注「夫算」至「其治」。按：籌策卽筭。老子云：「善計不用籌策。」俞云：「正文竝無不運籌策之説，以意增益，非楊子意也。『算』疑『篡』字之誤。方言曰：『凡取物而逆謂之篡。』爲國者，必先迪其法，而後望其效。今不迪其法，而卽望其效，猶之乎逆而取之矣。故曰：『譬諸篡乎？』論語陽貨篇：『譬諸小人，其猶穿窬之盜也與？』亦以人事爲喻，正與此同。」榮按：運籌策者，算之法。不運籌策，卽不迪算法之謂，非以意增益。俞説殊謬。「不能致其治」，世德堂本作「不能致康哉」。